언어학

제2판

Linguistics : An Introduction

2nd Edition

風間喜代三·上野善道·松村一登·町田健 저

진남택·손재현 역

제이앤씨
Publishing Company

목 차

[서 장] **언어의 연구** ·· 9

말의 과학···9   랑그와 빠롤···11
언어기호 : 시니피앙과 시니피에···14
통어관계와 패러다임관계···17   문법이론···20
구절구조와 의존관계···26
문장의 통어구조와 의미구조···28
의미구조에 근거한 문법이론···34
언어데이터···41   코퍼스···43

[제1장] **단어의 구조** ·· 51

형태소···51   단어, 어휘소···54
단어와 단어 관계···60   형태소의 유형···62
어형변화···64   이형태···69
어형성 : 파생어와 복합어···74 단어의 의미와 형태의 투명도···81

[제2장] **문장의 구조** ·· 91

통어론···91   형태소의 분류···93
문장을 구성하는 단위···96   구조를 표시하기 위한 방법···99
문장에 구조가 있는 이유···103 구조의 유형···107
구조유형을 결정하는 원리···111여러 가지 통어현상···115

[제3장] **단어의 의미** ·· 131

의미론···131   의미의 정의···132
의미소···140   성분 분석···141
의미 관계···144   범렬적 의미관계···144
연사적 의미 관계···158   기능어의 의미···163
격과 의미역할···164   탁월사···168
접속조사·접속사···169
정과 부정 그리고 특정과 총칭···172

[제4장] **문장의 의미** ··· 177

사태의 구조…177   시제와 어스펙트 형식…180
동작태…183   동작태와 어스펙트 형식…186
모달리티…190   문장의 구조와 의미…194
단어의 의미의 합성…197   문장의 의미와 진리값…200
상황과 의미…206   주제와 초점…208
회화의 함의…213

[제5장] **언어의 다양성과 유형** ······································· 219

세계 언어의 다양성…219   언어 유형론…221
기본 어순…223   원형…229
타동사문의 주어와 목적어…232   주어·목적어의 격표시…237
관계절의 유형…239   관계절과 명사구의 계층…247
언어 접촉과 문법의 유사성…254

[제6장] **언어의 변화** ··· 263

언어의 역사적 연구…263   언어는 변화한다…264
역사적 연구의 실마리…265   문자…267
문자와 발음…269   음변화…270
조건변화…273   음변화와 단어…274
여러 가지 음변화…278   문법의 변화와 유추…282
의미의 변화…285   어원론과 차용어…289
어족의 설정과 음의 대응…291   어족 특유의 문법사항…295
조어와 조어의 재구…296

[제7장] **음의 구성** ·· 301

음성···301 음성학의 분야···302
조음음성학의 필요성···304 음성학 훈련···306
음성기관···309 발성과 조음···313
음성기호···318 국제음성기호표···320
국제음성기호의 자음의 조음점···321
국제음성기호의 자음의 조음법···326
국제음성기호의 모음의 조음···332
조음과 발성의 타이밍···335 폐 이외의 기류체계···338
음성기호의 성격···340 일본어의 음성표기···340
음성표기의 문제점···342 음성기호의 성격에 대하여···344
음성의 기능적 견해···346 음운론···346
일본어의 음소···347 음소설정의 작업원칙(1)···350
음소설정의 작업원칙(2)···357 음운론의 다른 견해(1)···359
음운론의 다른 견해(2)···360 액센트···366
결론···373

저자 후기 ·· 383
역자 후기 ·· 387

[부록]

THE INTERNATIONAL PHONETIC ALPHABET ······················ 390

세계어족지도 ·· 394

세계언어지도 ·· 396

본서에 나오는 언어의 해설 ··· 398

색인 ··· 410

▌로마자 표기

일본어의 로마자 표기는 다음의 원칙에 따른다.

⑴ 장모음은 모음글자를 두 개 연속해서 표기한다.

　예: aa suru(ああする), gaataa(ガーター) ; ii(いい), iizji (イージー) ; kuu

　　　(空), uuru(ウール) ; ee(間投詞), seetaa (セーター) ; ookii(大きい),

　　　aaru nuu-boo(アール・ヌーボー).

　　〔주의 1〕「えい」「エイ」는 ei로 표기한다.

　　예 : eigo(英語), iei(遺影), eizu(エイズ), essei(エッセイ).

　　〔주의 2〕장모음의 「おう」는 oo로 표기한다.

　　예 : ootoo(応答), ikoo(行こう, 意向).

　　비교 : koosi (講師) - kousi (子牛).

⑵ 促音(っ)은 같은 자음글자 2개로 표기한다.

　예: itte(行って), syoppai(しょっぱい)

　　〔주의〕촉음이 형태소경계에 나타나는 경우에 한해 작은 대문자 $_Q$로

　　　　표기하기도 한다.

　　예 : mizu-$_Q$poi(みずっぽい), abura-$_Q$koi(あぶらっこい), i$_Q$-pon(1本),

　　　　i$_Q$-ken(1件)

⑶ 撥音(ん)은 작은 대문자 $_N$으로 표기한다.

　예: o$_N$i$_N$(音韻), a$_N$nai(案內), ka$_N$pa$_N$(甲板), si$_N$bu$_N$(新聞).

⑷ ヤ行 및 요음(拗音)은 y를 이용해서 표기한다.

　예: ya(矢), yu(湯), yo(夜), kyoo(今日), syoo(章), nyoo(尿).

⑸ 「チ, ツ」「チャ, チュ, チョ」는 c를 이용해서 표기한다.

　예: ci(血), cu(津), cya(茶), cyuu(注), cyoo(腸).

⑹ 조사 「は」「へ」「を」는 wa, e, o로 표기한다.

언어학

제2판

Linguistics : An Introduction

2nd Edition

서 장
언어의 연구

▌말의 과학

언어학(linguistics)은 「말의 과학」이라고도 불리듯이 인간의 말을 연구대상으로 하는 연구영역이다.

언어학 연구에 이용될 수 있는 형태로 컴퓨터에 입력된 한 뭉치의 텍스트를 **코퍼스**(corpus)라고 한다. 필자가 개인적으로 이용하고 있는 문고본 코퍼스[1]에서 검색한 용례를 살펴보면서 우리가 「말」이라는 단어를 평상시에 어떤 의미로 사용하고 있는지 생각해 보자.

(1) a. 피폭체험이라고 하는 말이 도츠가와의 머리를 스쳐 지나갔다.

b. 아무래도 적당한 말이 좀처럼 떠오르지 않는다.

c. 상대의 말을 믿은 것은 아니었다.

d. 만약 정말로 죽은 사람의 말을 전해 주는 것이라면 들

어 보고 싶어.

e. 시라시마는 말을 끊고 차를 한 모금 마셨다.

f. 병으로 말이 부자연스럽게 되었기 때문에 만나고 싶지
   않은 지도 모르겠습니다.

g. 말이 명료하지 않아 분명하게 알아들을 수 없다.

h. 말에 키타칸토(北関東)의 사투리가 있었다.

i. 우츠노미야市(宇都宮市) 부근의 말에는 어미를 높이는
   특징이 있다.

j. 같은 오키나와(沖縄)지만 모토지마(本島)와 사키시마(先
   島)에서는 완전히 다른 말을 사용하고 있다고 한다.

k. "이민"이라고 하는, 문자도 읽지 못하고 말도 하지 못
   하는 사람들도 많다.

「말」의 의미는 위에서 조금 살펴본 것만으로도 (a) 말·단어 (b)
표현 (c) 이야기의 내용 (d) 메시지 (e) 이야기하는 행위 (f) 이야기
하는 능력 (g) 소리를 내는 방법·발음 (h) 말투 (i) (j) 방언 (k) 개
개의 언어(영어, 일본어 등) 등의 다양한 의미로 쓰이고 있음을 알
수 있다.

언어를 구성하는 블록의 역할을 하는 「말」이라고 불리는 요소를
언어학에서는 일반적으로 **언어기호**[2]라고 부른다. 기호라는 개념을
언어연구에 도입한 **소쉬르**(Ferdinand de Saussure, 1857-1913)에 의
하면 언어는 기호의 체계이다. 다르게 말하면 언어는 언어기호가
무질서하게 모여 있는 것이 아니며 언어를 구성하는 언어기호 사
이에는 일정한 질서와 규칙성이 있다는 것이다. 이 질서 또는 규칙

성을 구조(structure)라고 하고 「구조를 가진 요소의 집합」을 「체계 (system)」라고 한다.

(1)의 용례에서 볼 수 있듯이 「말」은 우리가 생각이나 감정 등을 표현하기 위해서 이용하는 기호체계를 나타내며 동시에 그 기호체계를 이용해서 행해지는 인간의 다양한 사회적 활동도 포함한 개념이다. 언어학은 이 기호체계가 구체적으로 어떠한 모습을 하고 있는지를 밝혀 인간이 말을 이용해서 자신의 생각이나 감정 등을 서로 전달하는 구조를 규명하는 것을 목표로 하는 연구분야이다.

▌ 랑그와 빠롤

일본어를 모어로 하는 사람들은 모두 일본어를 구사하기 위한 일반적인 지식을 지니고 있어서 그 지식을 이용하여 이야기를 하거나 다양한 문장을 만든다. 일본어 화자가 서로 의사소통을 할 수 있는 것은 이 「일본어」라고 불리는 언어의 지식을 일본어 모어 화자 모두가 공유하고 있기 때문일 것이다. 이와 같이 어느 언어의 화자가 집단적으로 공유하고 있다고 생각되는 언어적인 지식을 그 언어의 **랑그**(langue)라고 한다. 또 랑그를 지식으로서 공유하고 있는 화자의 집단을 **언어공동체**(speech community)라고 부른다. 랑그는 널리 보급되어 있어서 모든 사람이 가지고 있는 컴퓨터 프로그램과 같은 것이라고 생각하면 이해하기 쉬울 것이다. 이 경우 언어공동체는 그런 프로그램을 사용해 파일을 교환하고 있는 사람들의 총체이다.

(2) 흔히 오사카 사람은 논리적으로 행동하는 경향이 있다고 말한다. 단지 멋이 있기 때문에, 그 일이 보기 좋기 때문에 그렇게 하고, 모두가 그렇게 하기 때문에 일체감을 유지하기 위해서 그렇게 하거나 이미 진행되고 있는 일을 그만두기 어려워서 계속하는 경우는 오사카에서는 보기 어렵다. 스스로 생각해서 그렇게 하는 것이 좋기 때문에 그렇게 하고, 그렇게 하는 것이 재미있기 때문에 그렇게 하고, 그렇게 하는 것이 이득이니까 그렇게 하며, 그 때문에 다른 사람과 달라져도 상관하지 않으며, 아니 오히려 다른 사람과 다른 것을 하기 때문에 재미있다고 생각하는 경향이 강하다*(尾上圭介 1999 『大阪ことば学』 創元社, pp.79-80)

이 문장의 저자가 (2)의 문장을 쓰면서 한 일을 컴퓨터에 비유하여 설명하면 다음과 같다. 이 저자는 하드 디스크(자신의 뇌)에 설치되어 있는 「일본어」라는 프로그램을 기동하여 (2)의 문장에 해당하는 것을 메모리(머릿속)에 만들고 그것을 문자라고 하는 매체를 사용해 눈에 보이는 형태로 출력했다고 볼 수 있다.

반대로 내가 이 문장을 읽을 때는 (2)를 스캐너(눈)로 읽어 들여 그 결과를 하드 디스크(뇌)에 설치되어 있는 「일본어」라는 프로그

---

* 大阪の人は理づめで動く傾向があるということは，よく指摘されるところである．ただ格好がよいから，その方が見映えがよいからそうする，みんながそうするから一体感を維持するためにそうする，ことの勢いで今さら止まらないからやってしまう，というような傾向は，どちらかと言えば大阪では低い．自分で考えて，そうする方がよいからそうする，そうする方がおもしろいからそうする，そうする方が得だからそうする，そのために人とちがうことになってもかまわない，いやむしろ人とちがうことをするからおもしろい，というような傾向がどちらかと言えば高い．

램을 실행해서 해석하는데, 만약 「일본어」라는 프로그램이 설치되어 있지 않은(일본어를 모르는) 사람이 (2)를 읽어 들이려고 하면 적당한 프로그램이 없기 때문에 바르게 처리하지 못하고 에러메시지가 나타날 것이다. 즉 일본어를 모르는 사람은 (2)를 이해할 수 없다.

보통 「일본어를 학습한다」라고 할 때의 「일본어」는 이러한 의미이며 일본어의 지식(랑그)을 몸에 익히는 것이지만 우리는 「일본어」라는 말을 언제나 이 의미로 사용하고 있는 것은 아니다. 예를 들어 도서관의 책꽂이에 나열되어 있는 책을 보고 이것은 「일본어 책이다」라고 할 때의 「일본어」나 외국의 공항에서 들려오는 회화에 대해 「아, 일본어다」라고 할 때의 「일본어」는 말하는 사람·듣는 사람·쓰는 사람·읽는 사람이 가지고 있는 일본어의 지식이 아니라 어떤 사람이 문자나 음성을 사용해서 만든 일본어의 구체적인 문장이나 이야기를 가리키고 있다. 이와 같이 일본어 화자가 만든 구체적인 문장이나 이야기의 총체를 일본어의 「**빠롤**」(parole)이라고 부른다.

일본어 화자는 몸에 밴 일본어의 랑그(문법이나 어휘의 지식)를 완벽하게 활용해서 각각의 상황에 맞는 구체적인 문장(=일본어의 빠롤)을 만들어 내면서 다양한 언어활동을 하고 있다고 볼 수 있다. 이렇게 랑그와 빠롤의 구별을 언어학에 도입한 학자는 소쉬르이다.

소쉬르에 따르면 일본어연구란 일본어의 빠롤로부터 얻을 수 있는 구체적인 문장을 데이터로 하여 그러한 문장을 만들 때 나타나는 체계성·규칙성(랑그)을 찾아내고, 일본어 화자가 어떻게 문장을 만들고 또 이야기를 구성해서 서로간의 의사소통을 하는지 그 구조를 밝히는 연구이다.

▌언어기호 : 시니피앙과 시니피에

언어기호는 대부분 우리가 일상적으로 「단어」라고 부르는 것에 해당한다. 소쉬르는 언어기호에 **시니피앙**(기호표현)과 **시니피에**(기호내용)라는 독자적인 용어를 도입하면서 언어기호는 이 두 가지가 결합된 것이라고 규정했다[3]. 여기서 시니피앙과 시니피에는 각각 「말의 음형(音形)」과 「말의 의미」로 바꿀 수 있다. 즉 알기 쉽게 말하면 단어는 음형과 의미의 쌍으로 되어 있다는 것이다.

시니피앙과 시니피에는 종이의 앞뒷면과 같은 관계이다. 즉 앞면만 있는 종이나 뒷면밖에 없는 종이는 있을 수 없듯이 시니피앙만 있는 언어기호나 시니피에만 있는 언어기호는 없으며 언어기호는 반드시 양면을 가지고 있어야 한다. 그러므로 언어기호의 양면은 분리할 수 없다.

그러나 소쉬르는 언어기호에 있어서의 시니피앙과 시니피에의 관계는 **자의적**(恣意的 arbitrary)이라고 지적하였다. 즉 시니피앙과 시니피에가 쌍을 이룰 때 기호로 성립하지만 특정한 시니피앙과 특정한 시니피에가 결합해야 한다는 필연성은 없다. 각각의 기호는 우연한 파트너와 쌍이 되어 기호가 된다.

예를 들어 일본어의 「水」라고 하는 단어(=언어기호)의 음형은 mizu이고 「水」의 의미는 「산소와 수소의 화합물」이라고 정의하고 있는 사전이 많지만 이 설명은 「水」의 의미라기보다는 「水」라는 언어기호가 가리키고 있는 대상의 설명이다. 여기서는 의미의 문제를 더 이상 깊이 고려하지 않고 「산소와 수소의 화합물의 액체 상태」를 「水」의 의미를 나타내는 근사값으로 하여 논의를 진행하겠다. 또한 논의가 혼동되지 않도록 필요에 따라서 「水」의 시니피앙을 mizu, 시니피에를 ≪水≫로 나타내기로 한다.

일본어의 mizu를 영어에서는 water라고 부른다는 것을 우리는 영어시간에 배워서 알고 있다. ≪水≫는 다른 언어에서는 mizu 이외의 시니피앙과 결합하는데 프랑스어에서는 eau, 터키어에서는 su, 핀란드어에서는 vesi 등이 ≪水≫와 쌍을 이루는 시니피앙이다. 이렇게 시니피앙이 언어에 따라 다양한 이유는 ≪水≫에 「그것 본래의 이름」이라고 부를 수 있는 것이 없기 때문일 것이며 이러한 사실은 ≪水≫에 한정된 것이 아니다. 모든 것에 대해서 「그것 본래의 이름」이라고 할 수 있는 것은 없으며 그것을 어떤 이름으로 부를지는 각 언어의 자유이다. 이것을 언어기호의 자의성이라고 한다.

언어기호의 자의성 때문에 재미있는 일도 일어난다. 일본어에는 높은 관리에 대해 kakka(각하)라고 하는 경의를 표현하는 호칭이 있는데 핀란드어에서 kakka는 일본어의 「똥」에 해당하는 유아어이다. 거의 같은 음형의 언어기호가 왜 일본어와 핀란드어에서 이렇게 동떨어진 의미를 가질까? 이는 어떤 특정한 소리의 배열이 특정한 의미로 이용되어야 한다는 필연성이 없기 때문이다. 즉 언어기호가 자의적이기 때문이다.

지금까지의 논의는 너무나 명백해서 특별히 강조할 필요가 없을지도 모른다. 그러나 소쉬르가 「언어기호의 자의성」을 새삼스럽게 문제 삼은 데는 좀 더 깊은 이유가 있다. 여기서 ≪水≫의 이야기

로 되돌아가자. 같은 ≪水≫인데도 일본어에서는 mizu, 영어에서
는 water로 나타나듯이 하나의 언어기호가 언어에 따라 다른 이름
으로 불리고 있다고 했는데 사실 이 설명은 정확하지 않다. 왜냐하
면 일본어의 mizu와 영어의 water가 나타내는 대상이 같다는 전제
에서 이루어진 논의이기 때문이다.

일본어의 「水(mizu)」와 영어의 water가 시니피에의 면에서 등가
가 아님을 밝히는 것은 간단하다. 영어의 water는 일본어의 「水」와
「お湯」를 모두 포함하는 개념이다. 예를 들어 영어로 add more
water to tea 라고 할 경우 일본어에서는 「水」가 아니라 「お湯」를
넣을 것이다. 따라서 일본어에서 이에 대응하는 표현은 「차에 お湯
(뜨거운 물)을 더 넣는다」이며 「차에 水를 더 넣는다」라는 표현은
일본어에서는 있을 수 없는 상황이다. 바꾸어 말하면 같은 장면에
서 일본어는 「水」와 「お湯」를 구별해야 하지만 영어에서는 그러한
구별을 할 필요가 없다. 즉 일본어의 「水」와 영어의 water는 같은
것을 나타내고 있다고는 볼 수 없다. 「水」처럼 그 나타내는 대상이
얼핏 보면 명확해 보이는 경우에도 언어에 따라 나타내는 범위는
자의적이다.

이처럼 같은 장면이나 상황에서도 언어에 따라 그 개념화의 방
법에 차이가 있다는 것이 소쉬르가 말하는 자의성의 더 깊은 의미
이다. 자의성의 첫 번째 의미를 설명할 때에는 무엇인가 정해진 「것」
이 있고 그것에 대해 각각의 언어가 마음대로 이름(=음형)을 붙인
다는 식으로 단순하게 설명하였다. 그러나 이는 현실언어의 존재
방식을 반영하고 있지 않은 견해이며 사실은 개념(시니피에) 세계
를 정리하는 방법 그 자체를 각 언어가 자의적으로 결정하고 있다

는 것이 올바른 견해이다[4].

소쉬르는 시니피앙과 시니피에의 관계를 주로 언어기호(=단어)만의 레벨에서 논하고 있지만 이 테마는 언어기호가 결합된 언어기호의 복합체인 문장의 레벨에서도 문제가 되는 부분이다.

❚ 통어관계와 패러다임관계

언어기호(=단어)는 단독으로 또는 몇 개를 조합해서 이용되고 있다. 실제로 이용된 언어기호나 몇 개의 언어기호가 결합된 언어기호의 결합체(또는 복합적인 언어기호)를 「통어」(syntagm 「連辞」)라고 부르기로 한다. 예를 들어 「높다」와 「산」이라는 두 개의 언어기호로부터 「높은＋산」이라고 하는 통어구조가 생기고 「높은＋산」은 「과」 및 「푸른＋하늘」과 결합하여 「[높은＋산]＋과＋[푸른＋하늘]」이라는 더 크고 복잡한 구문이 생긴다. 이러한 과정을 반복하면 이윽고 우리가 「문장(sentence)」이라고 부르는 것에 도달한다. 즉 「나는 높은 산에 올랐다」와 같은 문장도 통어 즉 복합적인 언어기호라고 볼 수 있다.

즉, 통어는 단순한 단어의 배열이 아니다.

(3)   a. 赤い屋根の家 (빨간 지붕 집)
       b. 赤い絹のネクタイ (빨간 실크 넥타이)

(3)의 두 개의 통어는 각각 「赤い＋屋根＋の＋家」「赤い＋絹＋の＋ネクタイ」로 해석할 수 있는데 얼핏 보면 같은 유형의 통어로

보인다. 그러나 잘 분석해 보면 (3a)에서는 「赤い 빨갛다」와 「屋根 지붕」이 우선 결합하고 그 「赤い屋根 빨간 지붕」이 「家 집」과 결합하여 「빨간 지붕이 있는 집」이라는 의미가 되는데 비해 (3b)에서는 「赤い 빨갛다」와 「絹 실크」가 둘 다 「넥타이」와 결합되어 양쪽이 함께 「비단으로 된 색이 빨간 넥타이」라는 의미를 이룬다는 것을 알 수 있다. 이처럼 (3a)와 (3b)는 통어를 구성하고 있는 단어의 결합방식이 다르다는 것을 알 수 있다. 또 「바람의 소리」라는 통어는 「바람」 「의」 「소리」라고 하는 세 개의 단어로 구성되며 이 통어는 바람이 불 때 나는 소리를 의미한다고 이해된다. 그러나 이 세 개의 단어의 차례를 바꾸어 「소리의 바람」으로 하면 의미를 알 수 없는 단어의 나열이 되고 만다. 즉 「바람」 「의」 「소리」라고 하는 세 개의 언어기호는 「바람의 소리」라고 하는 배열로 나열되면 통어구조를 이루는 관계가 될 수 있지만 「소리의 바람」이라는 배열로는 통어구조를 이룰 수 없다.

이와 같이 통어구조를 구성하는 언어기호는 단순히 일렬로 배열되어 있는 것이 아니라 서로 여러 관계를 맺으며 결합하고 있음을 알 수 있다. 언어기호 간의 여러 가지 결합방식을 소쉬르를 따라서 언어기호 간의 **통어관계**(syntagmatic relation 연사관계, 통합관계)라고 부르기로 한다.

통어관계는 다른 말로 하면 문장을 구성하고 있는 단어와 단어 간의 문법적인 결합방식이다. 통어와 통어가 결합되는 것을 반복하여 점차 복잡한 통어가 구성되고, 마지막으로 문장이 성립되기 때문에 예를 들어 일본어의 문법(=일본어의 문장을 만드는 방법의 구조)이란 일본어에 있어서의 통어관계의 총체라고 할 수 있다.

그런데 여기서 (4)와 같은 통어를 생각해 보자.

(4)   厚い 本 を 読む (두꺼운 책을 읽다)

(4)에서 「厚い(두꺼운)」을 「薄い(얇은)」이나 「古い(낡은)」 등으로 바꾸면 (5)처럼 (4)와 같은 유형의 통어구조가 생긴다.

(5)   a. 薄い 本 を 読む (얇은 책을 읽는다)
      b. 古い 本 を 読む (낡은 책을 읽는다)

또한 (4)에서 「本(책)」을 「雑誌(잡지)」나 「書類(서류)」로 바꾸거나 「を」를 「も」나 「さえ」로 바꾸고, 「읽다(読む)」를 「읽었다(読んだ)」나 「읽자(読もう)」로 바꾸어도 역시 모두 (4)와 같은 유형의 통어구조가 된다.

(6)   a. 厚い   雑誌 を   読む   (두꺼운 잡지를 읽는다)
      b. 厚い   本   を   読む   (두꺼운 서류를 읽는다)
(7)   a. 厚い   本   も   読む   (두꺼운 책도 읽는다)
      b. 厚い   本   さえ 読む   (두꺼운 책마저 읽는다)
(8)   a. 厚い   本   を   読んだ (두꺼운 책을 읽었다)
      b. 厚い   本   を   読もう (두꺼운 책을 읽자)

또한 (4)를 이루는 네 개의 단어를 모두 다른 단어로 바꾸어서 같은 유형의 통어구조를 만들 수도 있다.

(9) a. 薄い 雑誌 さえ 読んだ (얇은 잡지마저 읽었다)

   b. 古い 書類 も 読もう (낡은 서류도 읽자)

이와 같이 어느 통어구조에 있어서 통어구조의 유형을 바꾸지 않은 채 특정한 단어를 그 단어와 등가인 다른 단어로 바꾸어 다른 통어구조를 만드는 조작을 언어학에서는 **치환**(substitution)이라고 부른다. 그리고 「두껍다」와 「얇다」처럼 서로 치환할 수 있는 단어를 **패러다임 관계**(paradigmatic relation 範列関係, 系列関係)[5]에 있다고 한다. 즉 「本」「雑誌」「書類」 등이, 「を」「も」「さえ」 등이, 「読む」 「読んだ」「読もう」 등이 각각 패러다임 관계에 있다.

패러다임 관계를 일반화하면 명사나 형용사처럼 단어의 매우 큰 부류를 정의하는 방법 중 하나가 되며 더 한정하면 같은 명사와 형용사 중에서 어떤 성질을 공유하는 단어로 이루어진 하위 부류를 정의하는 방법이 된다. 그리고 동사의 종지형(yomu, kau, taberu, ikiru…)과 연용형(yomi, kai, tabe, iki…)등의 활용형도 각각 독자적인 패러다임 관계를 이루고 있는 부류로 파악할 수 있다.

언어는 언어기호의 체계(=구조를 갖는 집합)라고 한다. 언어의 구조를 직물에 비유하면 통어관계와 패러다임관계는 가로실과 세로실이며 언어기호 간에 성립하는 이 두 형식의 관계가 복잡하게 얽혀 언어의 구조를 만들어낸다[6].

▌문법이론

소쉬르 이후, 언어학자들은 앞에서 서술한 의미로서의 언어구조를 밝히는 것이 언어의 연구라고 생각하게 되었으며 이들에 의해 언어구조에 관한 다양한 견해가 제시되었다. 언어구조에 관한 견해를 일반적으로 **문법이론**(또는 문법모델)이라고 부른다.

문법이론 중에서 가장 잘 알려져 있는 이론은 **생성문법**(generative grammar)[7]이라고 불리는 **촘스키**(Noam Chomsky, 1928-)가 제시한 언어의 수학적인 모델이다. 언어구조에 관한 연구는 생성문법에 의해 20세기 후반에 비약적으로 발전하였다. 생성문법의 틀 속에서 제안된 개념 중에는 이미 언어학의 기초개념으로 간주되는 것도 많아서 생성문법모델에 근거하지 않고 문법연구를 하고 있다고 생각하고 있는 언어학자들도 이러한 개념을 자기도 모르는 사이에 사용하고 있는 경우도 많다.

생성문법을 특징짓는 것은 문장의 문법구조에 대한 연구이다. 생성문법의 기본적인 생각은 「언어는 문장의 집합이다」라는 말로 상징적으로 나타낼 수 있다.

지금 일본어를 모어로 하는 화자가 「言語は文の集合である 언어는 문장의 집합이다」라는 문장을 말했다고 하자. 이 때 이 화자는 기억하고 있는 일본어의 단어 중에서 필요한 단어 (「ある」「言語」「集合」「で」「の」「は」「文」)를 머릿속에서 꺼내 그것들을 어떤 규칙에 따라서 배열하는 작업을 행하였다고 볼 수 있다. 여기서 「어떤 규칙」은 「일본어 문법」에 해당한다. 즉 일본어화자는 일본어의 단어리스트(사전)와 일본어의 문법을 겸비하여 일본어의 모든 문장을 만들 수 있는 일종의 장치로 생각할 수 있다. 이것이 일본어화자의 추상적인 모델이다.

촘스키의 이론에 따르면 일본어는 실제로 누군가가 말한 구체적인 문장 외에 아직 아무도 말한 적은 없지만 누군가가 말하더라도 이상하지 않은 잠재적인 문장을 포함한 일본어의 문장 전부를 요소로 하는 집합이라고 볼 수 있다. 여기서 집합이란 어떤 요소가 그 집합에 속하는지 않는지를 명확하게 정할 수 있는 것들의 모임이다. 일본어를 「일본어의 문장」을 요소로 하는 집합으로 간주하는 것은 나열된 일본어의 단어가 주어졌을 때 그것이 일본어의 문장인지 아닌지를 명확하게 판단할 수 있다는 것이다.

어느 집합에 속하는 요소와 속하지 않는 요소를 명확하게 정하는 것을 그 집합을 정의한다고 한다. 일본어는 잠재적인 문장까지 고려하면 무한개의 문장이 포함된다고 생각될 수 있다. 즉 무한집합이다. 무한집합(무한개의 요소를 포함한 집합)의 정의는 그 집합에 속하는 요소만이 가지고 있는 특징을 명확하게 서술하는 것에 의해서 이루어진다. 이런 방법으로 일본어를 정의하면 다음과 같이 나타낼 수 있다.

(10) 일본어란 일본어의 단어를 나열한 기호열 가운데 일본어의 문법에 맞는 모든 것으로 이루어진 집합이다.

(10)에 있어서 일본어 단어의 집합 즉 일본어의 어휘를 확정하고 이와 함께 「일본어의 문법에 맞다」라는 부분의 의미를 명확하게 할 수 있다면 일본어의 문장의 집합을 정의할 수 있다. 일본어 사전에 실려 있는 단어를 일본어의 문법에 따라서 배열한 것이 일본어의 문장이기 때문에 생성문법의 관점에서는 일본어에 있어서 「단어의 올바른 배열방법」의 규칙 전체를 밝히는 것이 일본어연구라

고 생각할 수 있다. 일본어 단어의 올바른 배열방법의 규칙의 총체가 **문법**이며 문법을 구성하는 규칙을 **문법규칙**이라고 부른다. 따라서 생성문법은 언어는 사전과 문법으로 구성된다는 우리의 상식을 수학적인 모델로 나타낸 것이다.

언어의 어휘는 유한집합이지만 그 유한개의 단어를 문법적으로 조합해서 만들어내는 문장은 무한개이기 때문에, 문법은 유한개의 단어를 조합해서 무한개의 문장을 만들어 내는 (그 자체로서는 유한의) 구조로 나타낼 필요가 있다. 이 조건에 적합한 문법의 수학적 모델 중에서 인간언어에 있어 문법연구의 출발점으로서 최적이라고 촘스키가 생각했던 것을 일반적으로 **구절구조문법**(phrase structure grammar)이라고 부른다[8].

구절구조문법은 일반적으로 「X→Y⋯Z」(X라는 기호를 Y⋯Z이라는 기호열로 바꿔 쓴다)라는 형식의 구절구조규칙(phrase structure rule)으로 이루어져 있다. 여기서 (11)과 같은 간단한 구절구조문법을 생각해 보자.

(11)

a. $S \rightarrow T + C$ h. $N \rightarrow$ {승객, 운전사, 학생, 교사, 환자, 의자}

b. $C \rightarrow K + W$ i. $A \rightarrow$ {젊은, 친한, 시끄러운, 어른스러운}

c. $C \rightarrow V$ j. $W \rightarrow$ {칭찬했다, 비방했다, 불렀다}

d. $T \rightarrow M + P$ k. $V \rightarrow$ {웃었다, 왔다, 굴렀다}

e. $K \rightarrow M + Q$ l. $P \rightarrow$ {이/가, 은/는, 도}

f. $M \rightarrow A + N$ m. $Q \rightarrow$ {을/를, 도}

g. $M \rightarrow N$

구절구조문법에서는 문장을 의미하는 기호 S를 왼쪽에 포함한 규칙(규칙a)을 첫 번째로 적용하고, 다음의 구절구조규칙 중에서 적용 가능한 것을 차례로 적용해 나가서 더 이상 적용할 수 있는 규칙이 없을 때 문장이 완성된다. 구절구조문법(11)의 규칙을 (12) 와 같은 차례로 적용하면 「젊은 운전기사가 친한 의사를 칭찬했다」 라고 하는 문장 (13)을 만들 수 있다.

(12)

  i. S

  ii. T + C   (규칙 a)

  iii. T + K + W   (규칙 b)

  iv. M +P + K + W   (규칙 d)

  v. A + N + P + K + W   (규칙 f)

  vi. A + N + P + M + Q + W   (규칙 e)

  vii. A + N + P + A + N + Q + W   (규칙 f)

  ix. 젊은 + N + P + 친한 + N + Q + W   (규칙 i)×2회

  x. 젊은 + 운전사 + P + 친한 + 의사 + Q + W   (규칙 h)×2회

  xi. 젊은 + 운전수 + 가 + 친한 + 의사 + Q + W   (규칙 l)

  xii. 젊은 + 운전수 + 가 + 친한 + 의사 + 를 + W   (규칙 m)×2회

xiii. 젊은 + 운전수 + 가 + 친한 + 의사 + 를 + 칭찬했다 (규칙 j)

(13) 젊은 운전수가 친한 의사를 칭찬했다.

구절구조문법 (11)의 규칙을 차례로 적용해서 만들어진 문장이

(13)이다. 즉, (13)의 문장을 구절구조문법 (11)이 생성(generate)하는 문장이라고 부른다. 또 언어는 문장의 집합이기 때문에 구절구조문법 (11)에 의해서 생성되는 문장을 모두 모으면 하나의 언어가 정의된다. 이와 같이 어느 문법이 정의하는 언어를 그 문법에 의해 생성되는 언어라고 한다. (12)는 또 (14)와 같은 **수형도**(樹形図 tree)로도 나타낼 수 있다. 수형도라고 부르는 이유는 위아래를 거꾸로 해서 S를 뿌리로 보면 나무처럼 보이기 때문이다. (14)의 수형도는 문장 (13)의 **구절구조**(phrase structure)를 나타내고 있다.

(14)

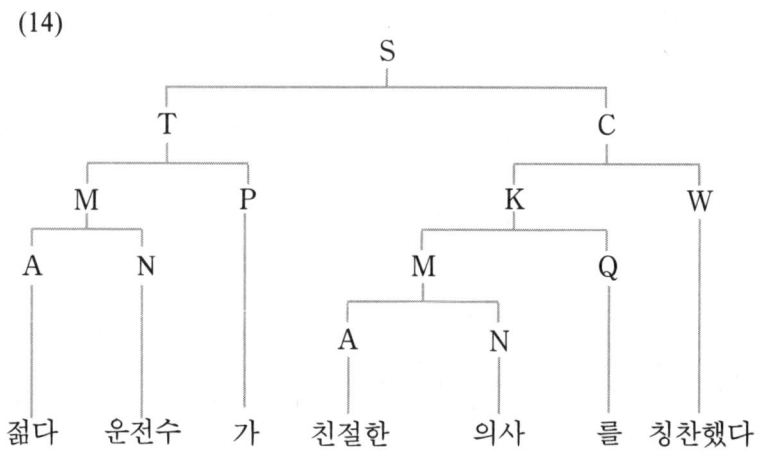

실제의 일본어는 (11)과 같은 간단한 문법으로 나타낼 수 있을 만큼 간단한 것은 아니지만 생성문법에 입각한 연구자들은 이와 같은 문법규칙의 집합으로 문법을 파악하는 방식을 발전시키면 인간언어의 문법구조를 밝힐 수 있다고 생각하고 있다.

▌구절구조와 의존관계(dependencies)

모어화자는 문장구조를 직관적으로 이해할 때 문장을 구성하고 있는 단어가 평면적으로 대등하게 나열되어 있지 않고 몇 개의 그룹으로 나뉘어 계층적인 단위를 이루고 있다는 것을 알 수 있다. 구절구조문법에서는 이것을 수학적으로 정식화하고 문장구조를 수형도라고 불리는 도식으로 나타낸다. 생성문법의 근거가 되는 이러한 이해는 문장구조를 파악하는 가장 널리 보급된 방법이지만 문장구조를 다른 관점에서 파악하려고 하는 견해도 있다.

구절구조와 다른 방법으로 문장구조를 파악하는 방법 중 가장 잘 알려져 있는 것은 문장을 구성하는 단어 사이에서 관찰되는 다른 형태의 관계 즉 **의존관계**(dependencies)에 주목하는 견해이다. 예를 들어 「때린다」의 경우는 「범인을 때린다」와 같이 격조사 「을」을 수반한 명사를 취할 수 있는데 비해 「떨어진다」의 경우는 「구멍을 떨어진다」라고는 하지 못하고 「구멍에 떨어진다」처럼 격조사 「에」를 수반한 명사를 요구하는데 이때 의존관계는 「취하다」와 「요구하다」의 개념이 확장된 것이며 명사가 격변화를 하는 유럽언어의 문법에서 「여격 지배 동사」나 「탈격 지배 전치사」[9] 등에서의 「지배(govern)」라는 이해방법과 통한다. 의존관계에 있어서는 요구하는 쪽을 「지배성분(governor)」, 요구되는 쪽을 「의존성분(dependent)」이라고 부른다.

구절구조는 문장을 의미하는 기호 S를 토대로 한 수형도로 나타내는데 비해, 의존관계에 바탕을 둔 문장구조의 분석에서는 문장을 모으는 역할은 동사가 담당하므로 동사를 근원에 둔 (15)와 같은 수형도로 문장구조를 나타낸다.

　이 그림에서는 지배성분을 위쪽에 놓고 의존성분을 아래쪽에 놓아서 두 단어를 실선으로 연결하여 의존관계를 나타낸다.

(15)

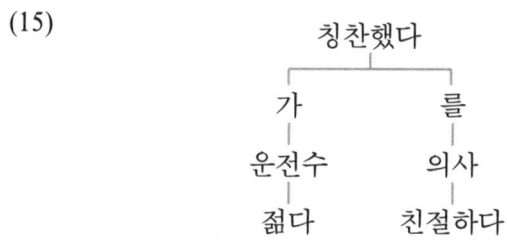

　의존관계를 바탕으로 하고 동사를 중심으로 하는 문장구조를 생각하는 문법이론을 **의존문법**(dependency grammar)이라고 부른다. 구절구조에 근거하는 문법이론은 북아메리카를 중심으로 촘스키의 생성문법에 의해 크게 발전하였고 의존문법은 독일을 중심으로 대부분 유럽에서 발전해 온 문법이론이다. 의존문법은 구절구조문법에 비해 인지도가 낮고 그 수학적 성질에 관한 연구도 적지만 어떤 조건에서 수학적으로 정식화하면 구절구조문법과 같아진다는 것이 1960년대에 이미 밝혀졌다. 즉 의존문법도 넓은 의미에서 생성문법의 일종이다.

　구절구조문법과 의존문법은 1970년대 무렵까지는 사실상 독자적으로 발전하고 있었지만 현재는 문장의 구조를 구절구조만으로 혹은 의존관계만으로 파악하는 것은 무리이며 두 방법이 모두 필요하다고 서로 인식하게 되었다. 그 결과 생성문법에 있어서 의존관계에 해당하는 개념이 도입되고 있는 한편, 의존문법에서도 본래는 구절구조문법의 개념인 「명사구」 등의 개념을 도입한 문법기술이 행해지고 있다. 즉 구절구조문법과 의존문법은 문장의 구조에 관한 상반된 견해가 아니라 서로 보충하는 관점을 가진 문법이론이라는 것이다.

▌문장의 통어구조와 의미구조

문법이론나 문법모델에 관한 논의는 언어기호의 복합체(통어구조)인 문장의 형태적 측면 즉 소쉬르의 말을 빌리면 시니피앙의 측면에서 행해지는 문장구조에 관한 논의이다. 그런데 우리가 구체적인 문장을 이해할 때 문장의 문법적인 구조(구절구조, 의존관계)가 같더라도 의미(시니피에)가 똑같다고 하기 어려운 경우가 많이 있다. 예를 들어 (16)의 세 문장을 보자.

(16)   a. 少年が穴を掘った.(소년이 구멍을 팠다)
       b. 少年がボールを蹴った.(소년이 공을 찼다)
       c. 少年がリンゴを食べた.(소년이 사과를 먹었다)

이 세 문장의 문법적인 구조는 구절구조 (17a) 로 분석해도 의존관계 (17b) 로 분석해도 기본적으로 같다.

(17)

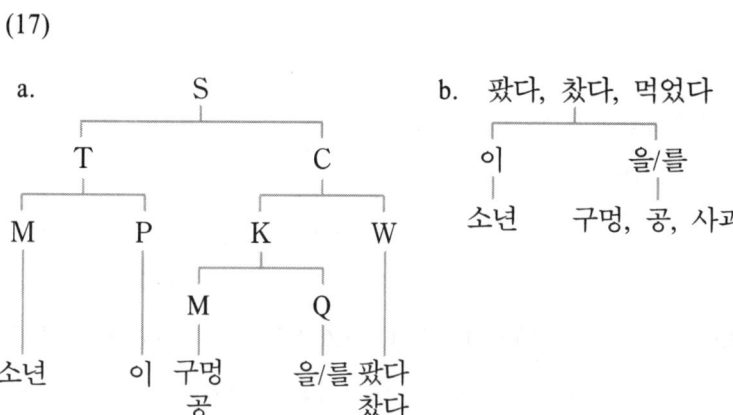

그러나 (16)의 세 문장을 이해할 때 동사와 그 목적어 사이의 의미적인 관계까지 같다고는 할 수 없다. 예를 들어 (16a)는 소년이 「판다」라는 행위를 한 결과로서 「구멍」이라고 불리는 흙이 없는 공간이 지면에 생겼다고 하는 사태(事態)를 나타내고 (16b)는 「공」이라고 불리는 물체가 지면 또는 마루 위에 놓여 있고 소년은 그 물체를 향해 자신의 다리를 강하게 부딪쳤다고 하는 사태를 나타내며 그 결과 공은 빠르게 움직이기 시작해서 어딘가 멀리 날아가 버렸을 것으로 생각된다. 또 (16c)에서는 소년은 「사과」라고 불리는 물체를 아마도 손으로 잡아 자신의 입까지 가져가서 이빨을 사용해 씹고 삼켜버렸다는 사태를 나타내며 그 결과 사과는 눈앞에서 자취를 감추었을 것이다. 즉 「구멍을 파다」,「공을 차다」,「사과를 먹다」는 「A를 B하다」라고 하는 도식으로는 다 설명할 수 없는 측면을 가지고 있다고 할 수 있다.

문장에 있어서 문법구조로는 다 설명할 수 없는 다른 측면은 보통 「문장의 의미」라고 불리는 영역에 속하는 것이다. 즉 단독의 언어기호(=단어)뿐만이 아니라 문장처럼 여러 언어기호로 만들어지는 언어기호의 복합체에 이르기까지 모든 통어구조는 형태와 의미(=시니피앙과 시니피에) 양면이 짝을 이루고 있다. 바꿔 말하면 문장을 포함해서 모든 통어구조는 복합적인 언어기호라는 것이다. 따라서 「언어는 기호의 체계이다」라는 소쉬르의 말은 문장에 대해서도 확장해서 적용할 수 있다.

그리고 중요한 점은 문장의 형태적인 측면에 구절구조 및 의존관계와 같은 체계성이 있는 것처럼 문장의 의미적인 측면에도 체계성이 있다는 것이다. 이것을 문장의 「의미구조」(semantic structure)라고 부르기로 한다. 문장의 의미구조를 대상으로 하는 연구를 일반적으로 **의미론**(semantics)이라고 한다. 지금까지 문장의 형태적인 측면에 대해서 「문법구조」라고 하였는데 문장의 「의미구조」와 명확하게 대비시킬 필요가 있는 경우에는 「통어구조」(syntactic structure)라고 하기로 한다. 문장의 통어구조의 연구는 **통어론**(syntax)이라고 한다.

생성문법에서는 문장의 통어구조의 연구를 문법연구의 중심에 놓고 문장의 의미구조는 통어구조에 의존하고 있다고 본다. 여기서 (18)의 두 문장의 의미를 고찰해 보자. 이 두 문장의 구절구조는 (16)의 세 문장과 같다(17a).

(18) a. 작가가 책을 썼다
　　　b. 작가가 책을 팔았다

　문장 (18a)는 「작가」 「가」 「책」 「을」 「썼다」라는 다섯 개의 단어로
이루어져 있다. 이 다섯 개의 단어의 의미를 각각 ≪작가≫ ≪가≫
≪책≫ ≪을≫ ≪썼다≫로 나타내면 이 문장의 의미는 다섯 개의
단어의 의미를 이 문장의 구절구조 (17a)에 따라서 (19a)처럼 보다
작은 통어구조에서 보다 큰 통어구조로 차례로 합성하여 얻어질 수
있다고 할 수 있다. 마찬가지로 문장 (18b)는 문장(18a)와 동사가 다
를 뿐 구절구조는 같은 문장이기 때문에 똑같은 순서로 (19b)처럼
다섯 개의 단어의 의미가 합성됨으로써 그 의미를 유추할 수 있다.

　즉 (18)의 두 문장의 의미 차이는 전적으로 「쓰다」와 「팔다」라는
두 동사의 의미 차이에 의하며 정해지며, 동사 이외의 네 단어의
의미와 그 연결방법은 기본적으로 같다.

(19)

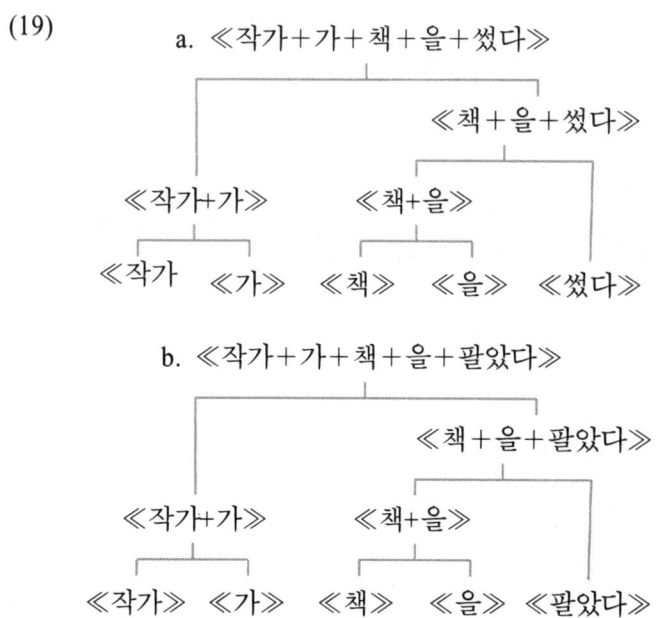

그런데 이 설명은 즉시 문제점에 봉착하고 만다. 같은 「책」이라고 하는 단어가 사용되고 있지만 각각 미묘하게 다른 것을 나타내고 있기 때문이다. 즉 (18a)에서 작가가 쓴 「책」은 「텍스트의 집합」으로서의 언어작품을 가리키고 있는데 비해 (18b)에서 작가가 파는 「책」은 텍스트의 집합으로서의 언어작품(내지 그 원고)이 아니라 언어작품이 출판사와 인쇄소에서 종이에 인쇄되고 제본되어 서점의 매장에 진열된 물리적인 형태의 「책」 즉 서적이다. 이것은 (18a)의 「책」은 「소설」 및 「시집」등과 패러다임관계에 있고 (18b)의 「책」은 「CD」나 「달력」등과 패러다임 관계에 있다는 점에서도 알 수 있다. 게다가 (18a)에서는 작가가 「쓰다」라는 행위의 산물로서 텍스트의 집합인 언어작품이 파일이나 자필 원고로 완성된 것이지 「책」이 존재하는 것은 아니다. 이에 비해서 (18b)에서는 작가는 그 책의 소유권을 「판다」는 행위를 통해 그 책을 돈과 교환하여 타인에게 양도하는 것이기 때문에 그 행위 이전에 이미 그 책은 이 세상에 존재하지 않으면 안 된다. 즉 같은 「책」이지만 어떤동사의 목적어가 되는지에 의해 그 의미가 미묘하게 달라진다. (18a)와 (18b)의 의미의 차이는 동사 「쓰다」와 「팔다」의 의미의 차이만으로 설명할 수 있는 단순한 성질의 것이 아니다.

다음의 문장을 비교해 보자.

(20) a. 나는 연필을 샀다
      b. 나는 맨션을 샀다

이 두 문장의 의미의 차이를 산 물건의 차이만으로 설명할 수도

있지만 잘 생각해 보면 두 문장에서 「사다」라는 행위에 공통되는 것
은 「돈과 교환하여 소유권을 획득」한다는 것 정도이며 실제의 행위
로서 행한 내용은 매우 다르다. (20a)의 나는 대개 매장에서 가지고
싶은 연필을 선택해 손에 들고 그것을 가게의 계산대로 가지고 가서
그 상품의 가격을 묻고 대금을 지불하고 상품을 받아 자신의 소유물
로 하는 과정을 거쳤을 것이다. 한편 (20b)의 나는 우선 부동산 중개
인에게 가서 지금 나와 있는 맨션 목록을 보고 그 중에서 적당한 것
을 선택해서 현지에 가서 직접 본 후 다시 부동산 중개소로 돌아와
주택담보대출과 부동산등기를 위한 여러 가지 서류를 작성하는 등
의 수속을 한 후 며칠(혹은 수개월)이 지나고 나서 그 소유권을 획득
하였을 것이다. 즉 (18)과는 반대로 (20)에서는 같은 「사다」로 보이
지만 구매하는 대상에 따라 그것이 나타내고 있는 행위의 내용이 매
우 다르다는 것을 알 수 있다. 이 경우도 「연필」과 「맨션」이 나타내
는 대상물의 차이만으로는 다 설명할 수 없는 차이일 것이다.

  게다가 「足の骨が折れる(다리뼈가 부러지다)」와 「この仕事は骨
が折れる(이 일은 애를 먹는다)」를 비교해 보자. 전자의 「骨が折れ
る」는 「골절」의 의미이기 때문에 「뼈」와 「부러지다」를 합성하여
문장이 의미를 가진다고 할 수 있다. 그러나 후자의 「この仕事は
骨が折れる」의 「骨が折れる」는 「고생하다」 「노력하다」라는 의미
로 골절에 관한 이야기가 아니기 때문에 「뼈」와 「부러지다」의 의
미를 합성해서 설명하는 것은 무의미하다. 이와 같이 어떤 구절구
조에서는 단어의 의미를 합성해도 통어구조 전체의 의미가 되지
않는 경우도 많다.*

---

* 警察が目を光らせる. 値段が高くて手が届かない.

이와 같이 수형도로 나타낸 문장의 통어구조에 따라서 문장을 구성하고 있는 단어의 의미를 합성하여 문장전체의 의미를 나타내려는 시도는 완전히 잘못된 것은 아니다. 그러나 문장의 의미구조를 파악하기 위한 방법으로서는 너무 조잡해서 본격적인 의미구조의 연구에서는 별로 기대할 만한 방법이 될 수 없다.

▌의미구조에 근거한 문법이론

문장의 의미를 고찰하기 위해서는 문장전체의 의미와 문장을 구성하고 있는 하나하나의 단어의 의미와의 관계, 바꾸어 말하면 각각의 단어의 의미가 어떻게 서로 관련되어 문장전체의 의미를 구성하는지를 밝힐 필요가 있다. 문장의 의미를 통어구조에 의존하여 해석하는 의미구조 모델에서는 문장을 구성하는 단어 간의 관계는 문장의 의미구조에 있어서도 기본적으로 구절구조에 있어서의 관계와 같다고 하는 전제에 선다. 이에 비해 의미구조에 근거한 문법이론에서는 문장의 전체적인 의미와 문장을 구성하고 있는 단어의 의미와의 관계가 문장의 통어구조와 관계없는 것은 아니지만 통어관계에 의존하지 않는 독자적인 원리가 작용하고 있다고 본다.

문장의 의미구조의 모델로서 비교적 잘 알려져 있는 것은 명사구의 **의미역할**(semantic role) 또는 **참여자 역할**(participant role)이라고 불리는 개념에 바탕을 둔 문법모델이다.

이 모델에서 문장이라는 것은 사건, 상황, 상태 등의 「사태(事態)」를 나타내고 이 사태의 틀을 나타내는 것은 동사의 역할이며 한편 그 사태에 참가하는 사람과 물건(=**참여자**, participant)을 나타내는 것이 명사의 역할이라고 본다. 그리고 그 사태 속에서 참여자가 어떠한 역할(role)을 하고 있는가 하는 관점에서 문장전체의 의미를 파악하려고 한다. 예를 들어 「원숭이와 게의 싸움」이 있는 장면을 떠올리면서 다음의 문장을 생각해 보자[*].

(21) a. 원숭이가 감을 던진다

　　 b. 원숭이가 손으로 감을 던진다

　　 c. 원숭이가 나무에서 감을 던진다

　　 d. 원숭이가 게를 겨냥해서 감을 던진다

　　 e. 원숭이가 나무에서 게를 겨냥해서 손으로 감을 던진다.

　(21)에서 화제가 되고 있는 사태의 틀은 동사 「던지다」에 의해서 나타나고 참여자는 「원숭이」, 「감」, 「나무」, 「게」, 「손」의 다섯이다. 각각의 참여자의 역할은 「동작의 주체(=던지는 사람)」, 「동작의 대상(=던져진 물체)」, 「(던져진 물체의 운동의) 기점」, 「(던져진 물체의 운동의) 목표점」, 「(물체를 움직이 운동의) 사용된) 도구」[10]라고 생각할 수 있다. 즉 동사 「던지다」가 나타내는 틀은 예를 들면 (22)와 같이 도식적으로 나타낼 수 있다.

(22)

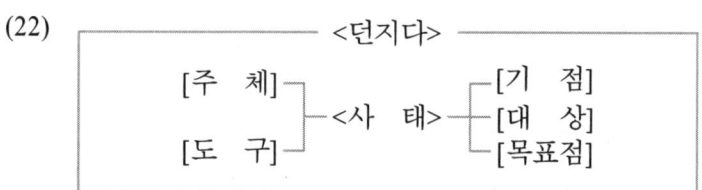

(22)에 등장하는 다섯 참여자는 (21e)처럼 모두 실제의 문장에 등장할 수도 있지만 (21a)~(21d)처럼 가능한 참여자 중 일부만이 나타나고 나머지 참여자는 나타나지 않는 경우가 오히려 더 많다. 실제로는 「원숭이가 던졌습니다」「손으로 던졌는지요?」「게를 겨냥해서 던지다니 심하다」 등과 같이 참여자가 하나만 나타나거나 「어, 정말로 던졌어?」와 같이 참여자가 전혀 나타나지 않는 문장도 가능하다. 그러나 이처럼 참여자가 명시적으로 나타나지 않는 문장의 경우에도 (22)와 같이 동사 「던지다」가 나타내는 문장의 의미의 틀이 작용하지 않으면 우리는 그러한 문장을 정확하게 이해할 수 없을 것이다. 이러한 경우 청자는 화자가 말로 나타내지 않은 참여자에 대한 정보를 회화의 문맥이나 눈앞에서 전개되고 있는 장면 또는 일본어화자라면 상식적으로 알고 있는 지식 등에서 보충하여 문장의 의미를 완성시켜서 이해할 것이다. 가끔 오해가 생기는 것은 화자가 의도한 대로 청자가 정보를 보충하여 이해하지 못한 경우이다.

이러한 문장의 의미구조 모델을 발전시키면 서로 다른 동사가 나타내는 사태의 틀을 통일적으로 다룰 수 있는 도구를 고안할 수 있다.

(23) a. 하루가 아키에게 메일을 보냈다
        (ハルが亜樹にメールを送った)
      b. 아키가 하루로부터 메일을 받았다
        (亜樹がハルからメールを受け取った)

  (23)의 두 문장에 공통되는 것은 보내는 사람(하루)과 받는 사람
(아키)의 관계와 메일이 보내는 사람으로부터 받는 사람으로 이동
하는 점이다. 이 공통점을 파악하기 위해서는 <보내다>와 <받다>
가 나타내는 틀을 일반화한 <메일 등의 교환>을 나타내는 틀을 생
각할 필요가 있다. 이 틀의 참여자는 「(메일 등의) 보내는 사람」,
「(메일 등의) 받는 사람」, 「(주고 받는) 대상」이다.

(24)

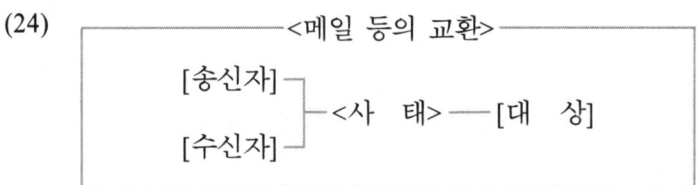

(25)

a.

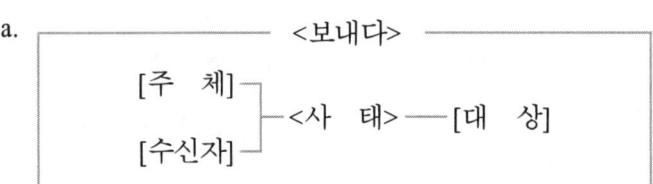

b.

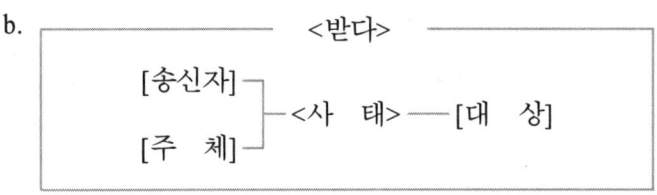

이 경우 (25a)의 <보내다>와 (25b)의 <받다>는 둘 다 (24)의 <메일 등의 교환>의 틀을 구체적으로 나타낸 경우인데 주체는 격조사 ガ, 보내는 사람은 격조사 カラ, 받는 사람은 격조사 ニ, 대상은 격조사 ヲ가 붙어 실제의 문장을 이룬다고 하면 (25a)와 (25b)의 의미역할의 조합의 차이로부터 (23a)와 (23b)에서 볼 수 있는 격조사의 차이(「하루가 아키에게」「아키가 하루로부터」)도 잘 설명할 수 있다. 즉 「보내다」와 「받다」의 차이는 <메일 등의 교환>의 틀을 「보내는 사람」을 주체로 파악하는지 받는 사람을 주체로 파악하는지의 차이라고 설명할 수 있다.

이러한 방법을 이용하면 구절구조에서는 「목적어＋타동사」로 분석하여 같은 것처럼 보이는 「편지를 태운다」와 「편지를 보낸다」의 사이에도 큰 차이가 있음을 명시적으로 나타낼 수 있다. 즉 둘 다 주체가 대상(편지)에 대해서 하는 행위이지만 두 동사가 나타내는 사태의 틀을 비교하면 「보내다」의 경우는 대상이 받는 사람에게 이동되도록 하는 주체의 행위를 나타내는 데 비해 「태우다」의 경우에는 주체의 행위에 의해서 대상의 소유자가 바뀌지 않는다는 점을 명확하게 알 수 있다.

(23)은 사물을 논리적으로 정리하는 방법을 선택할 수 있기 때문에 선택에 따라서는 같은 사태를 표현하지만 겉보기에는 다른 문장이 되는 예이다. 같은 사태에 대해 몇 가지 다른 문장으로 표현할 수 있는 것은 이런 경우에만 한정된 현상은 아니다.

(26)　a. 太郎のお母さんが病気だ
　　　　　(타로의 엄마가 아프다)

　　b. 太郎はお母さんが病気だ

　　　(타로는 엄마가 아프다.)

　위의 두 문장은 같은 사태를 나타내지만, 청자에게 전달되는 내용은 같지 않다. (26a)는 「타로의 엄마」라는 인물의 건강상태에 대해 기술하고 있는데 타로 자신은 직접 나타나지 않고 제 삼자처럼 취급되고 있다. 이에 비해 (26b)는 타로를 문장의 중심에 놓고 타로가 「자기 엄마가 아프다」라는 사태를 체험하고 있음을 기술하는 문장이다. 다르게 말하면 (26a)의 문장의 화자는 타로 엄마의 병을 염려하고 있지만 (26b)의 화자는 병든 엄마보다 오히려 타로를 염려하고 있다고 말할 수 있다.

　(27)　a. Jaani　　ema　　on　　haige.
　　　　　얀　屬格　어머니　이다　아픈
　　　　　「얀의 어머니는 아프다」
　　　　b. Jaanil　　on　　ema　　haige.
　　　　　얀　接格　이다　어머니　아픈
　　　　　「얀은 어머니가 아프다」

　화자가 두통을 호소하는 에스토니아어의 문장에서도 같은 현상을 볼 수 있다.

　(28)　a. Mu　　pea　　valutab.
　　　　　나　屬格　머리　아프다

b. Mul   valutab pea.
　　나 接格   아프다   머리

　이 두 문장을 일본어로 번역하면 모두 「나는 머리가 아프다」가
되지만 그 의미는 매우 다르다. (26a)나 (27a)처럼 속격과 함께 나
오는 (28a)의 「나」는 두통의 직접적인 당사자로서 나타나지 않는
데 비해 (28b)는 「두통」을 화자인 내가 직접 체험하고 있는 사태로
서 전달하며 일본어의 「나는 머리가 아프다」에 딱 맞는 표현이다.
그러나 일본어에는 (28a)에 해당하는 표현이 없다. 참고로 (28a)를
일본어로 직역하면 「私の頭が痛む(痛い) 나의 머리가 아프다」 또
는 「私の頭は痛む(痛い) 나의 머리는 아프다」가 되지만 일본어에
서는 이상한 문장이다. 화자는 사태를 말로 표현할 때에 장면이나
목적에 따라 사태의 어느 부분에 초점을 맞추고 어떠한 관점에서
표현할지를 선택한다고 볼 수 있다.
　다른 식으로 말하면 사태는 다양한 문장을 사용하여 다양하게
나타낼 수 있다. 문장의 의미구조에 관한 이론은 이러한 사실을 잘
설명해야 한다.
　문장은 사태의 객관적 표현이 아니고 화자에 의해서 주체적으로
파악된 사태를 언어적으로 나타낸 것이라는 생각에 근거해서 언어
현상에 나타나는 「화자가 주체적으로 파악하는 방법」의 메커니즘
을 연구하여 문장의 의미구조나 통어구조를 규명하려는 언어연구
의 방법을 **인지언어학**(cognitive linguistics)[11]이라고 한다.

┃ 언어데이터

언어연구에 사용하는 구체적인 문장이나 회화의 기록 등을 **언어자료**라고 부른다. 연구자는 연구를 시작할 때 우선 자신이 연구하려고 하는 언어의 **모어화자**(native speaker)로부터 언어자료를 수집할 필요가 있다. 대학이나 연구소 등에 교육용 및 연구용의 언어자료가 축적되어 있어서 각 연구자가 스스로 언어자료를 수집할 필요가 없는 경우도 있지만 그러한 경우에도 그 언어의 모어화자의 언어자료를 누군가가 수집해 놓은 것이다. 또 문학작품이나 신문기사와 같이 출판된 텍스트를 언어자료로 사용하는 경우에도 작가나 저자가 모어화자이면 같은 경우이다.

모어화자로부터 언어데이터를 얻는 방법은 크게 세 가지 방법으로 나눌 수 있다. 우선 연구자가 스스로 그 연구를 위해서 작문한 문장이나 연구자 자신이 어느 문장에 대해 일본어로서 문법적인지에 대해 판단한 것을 언어자료로 그대로 이용하는 방법이다. 이 경우의 언어자료는 연구자의 모어화자로서의 직관에 근거하여 얻을 수 있는 자료라는 의미에서 **모어화자 직관자료**라고 부르기로 한다. 이러한 자료는 돈과 시간을 들이지 않고 수집할 수 있기 때문에 연구자 혼자서 모어를 대상으로 하는 문법연구에 가장 널리 이용된다. 당연히 이 방법은 연구자 자신의 모어가 연구대상인 경우 이외에는 이용할 수 없다.

두 번째 방법은 연구자가 특정한 모어화자나 모어화자의 집단으로부터 면접이나 앙케이트를 통하여 언어자료를 수집하는 방법이다. 이 경우 언어자료를 제공하는 모어화자를 **인포먼트**(informant)

라고 부른다. 또한 모어화자로부터 언어자료를 얻는 방법에는 연구자가 미리 테마를 정해 질문 사항을 종이에 적어 그것을 보면서 차례로 질문을 하고 대답을 얻는 「조사」방식으로부터 연구자가 적당히 맞장구를 치면서 인포먼트로부터 신상 이야기나 잡담을 유도해 가는 「자유회화」 방식까지 다양하다. 그리고 면접 이외에도 전화로 이야기하거나 편지, 전자 메일 등으로 설문자가 보내고 회신을 요청하는 방법도 이용된다. 이런 유형의 언어자료 수집법을 「인포먼트 조사」라고 부른다. 인포먼트 조사는 모어 이외의 언어자가 연구할 때 특히 데이터가 부족한 소수언어의 현지조사에 있어 언어자료 수집을 위한 거의 유일한 방법이지만 연구자의 모어가 연구의 대상인 경우에도 유효한 언어자료 수집법이다.

　세 번째 방법은 여러 형태의 빠롤 자료(개인의 편지, 오래된 사본, 속기기록, 출판물, 인터넷 상의 문자정보 등)를 생생한 언어자료로 이용하는 방법이다. 최근에 이런 언어자료를 가능한 한 대량으로 모아 전자화(디지털화)하고 문법정보나 텍스트구조 및 담화구조를 나타내는 정보를 더하여 컴퓨터로 처리가 가능한 데이터 형식으로 만드는데 「코퍼스(corpus)」란 보통 이러한 언어자료를 가리킨다. 앞에서 설명한 두 방법(모어화자의 직관, 인포먼트 조사)과 이 방법의 가장 큰 차이는 앞의 두 방법이 주문제품방식으로 연구목적에 맞는 언어자료를 얻는 방식인데 비해 이 방법은 과거에 실제로 사용된 언어의 방대한 기록 중에서 목적에 맞는 언어데이터를 찾아내고 연구에 이용한다는 점이다. 코퍼스로부터 데이터를 얻는 방법은 연구대상 언어가 연구자의 모어든 아니든 이용할 수 있다.

언어자료를 얻는 이 세 가지 방법은 모두 언어연구의 긴 전통 속에서 확립된 방법이지만 각각 장점과 한계가 있으므로 어떤 한 방법만으로 연구하면 언어연구의 가능성이 제약될 수 있다. 반면에 인포먼트조사에서 수집한 회화자료를 문자화하여 컴퓨터로 처리 가능한 데이터 형식으로 만든 후 회화자료의 코퍼스로 다시 만들면 더 다면적인 언어데이터로서 이용할 수 있게 된다.

코퍼스

언어학자가 문법연구의 데이터로 이용하는 텍스트 자료는 보통 그림 0.1처럼 원어의 텍스트에 단어마다 그 의미와 품사형태 정보(글로스, gloss, 「주해(註解)」라고도 함)를 덧붙여서 축적되고 있다.

tošto jüla-m	kudalt-m-em	ok	šu.	[원어의 문장]
낡은 습관-대격 폐기한다-분사-1인칭단수 부정-3인칭단수 닳는다 [글로스]				
(나는 낡은 습관을 버리고 싶지 않다)				[번역]

그림 0.1 마리 어의 문장

위의 예에서 볼 수 있듯이 원어의 부분은 라틴문자로 전사(원어는 키릴문자표기)한 것이거나 문자가 없는 언어일 경우는 음성기호로 표기되어 있는 경우가 많다. 그리고 원어가 연구자의 모어가 아닐 때에는 이 예처럼 문장단위로 번역이 되어 있는 경우도 드물지 않다. 이러한 기초데이터는 이전에는 용례 카드 등의 형태로 정리되어 있었지만 최근에는 이것을 컴퓨터로 정리하는 연구자가 늘고 있다.

컴퓨터에 입력되어 이용할 수 있는 텍스트를 「전자화(된) 텍스트」라고 부르는데 가장 간단한 구조의 코퍼스는 텍스트를 그대로 입력한 이른바 단순 텍스트이다. 그러나 최근에는 단순 텍스트에 태그를 붙여서 구조화하고 동시에 각 단어마다 글로스에 해당하는 품사형태정보를 붙이고 문장마다 화자를 표시하여 구별(대화 등의 경우)하거나 이중언어화자의 경우 단어 또는 문장마다 사용한 언어를 표시하여 명시한 이른바 「정보 부가 코퍼스(annotated corpus)」가 일반화되고 있다. 정보 부가 코퍼스의 이점은 동음이의어를 구별해 검색할 수 있거나 특정한 문법 카테고리에 속하는 어형을 화자별로 조사하는 것이 쉬워진다는 점이다. 그리고 사전이 없는 언어의 경우에는 적당한 검색방법으로 필요한 용례만을 찾아내서 문맥과 함께 배열하여 얻어진 정보 부가 코퍼스를 사전처럼 사용하는 것도 가능하다.

그림 0.2의 어구색인처럼 문맥이 덧붙여진 **KWIC 색인**(KWIC는 Key Word In Context)이 코퍼스로부터 얻을 수 있는 데이터 중에서 가장 자주 이용된다.

코퍼스를 이용하면 문법에 관한 직관을 실증적으로 증명할 수도 있다. 예를 들어 「동사＋사역＋수동」은 사용되지만 「동사＋수동＋사역」은 사용되지 않는다고 기술하는 문법서가 많이 있다.

んでぃしぇ-, 難さぐとぅ, 各島々ぬ	くとぅば	掘り起こすんでぃしぇ-, て
ぬ-んち芝居や, 各村々ぬ	くとぅば	人りらんたが, うぬわけのあ
各里々ぬ	くとぅば	, んじゃし-ね-, 芝居やな
島ぬ	くとぅば	し-ね-, 好かんすたん
島ぬ	くとぅば	-あしぇ-ましやしが, 今ま
島ぬ	くとぅば	大切にすんでぃ-しぇ-, 暮
しが, 今まてぃぬ沖縄ぬ政治や,鳥ぬ	くとぅば	むるね-らんなするはかれい
島	くとぅば	んかいや 沖縄ぬ 眞心ぬく
んなたくとぅ うぬくとぅんかい 島	くとぅば	し意見聞かしんでぃち 来よ
やいびいぐとぅ まじ 島	くとぅば	ぬ 稽占から 始みやびた
歌んでぃいせ- 島	くとぅば	っし作らっと-いびん.
あてぃらってぃ いちゅしんで- 島	くとぅば	ぬ 深さる意味ん 分かて
島ぬ文化財 島	くとぅば	っし 作たい 伝-らったい

그림 0.2 KWIC색인의 예[12]

(29) 使役 = 受動態(たとえば, 「なぐらせられる」)は, かたちの
     うえでは, 使役態をさらに受動態にしたものなのだが, そ
     れでは, 逆に, 受動態を使役態にしたもの(たとえば, 「な
     ぐられさせる」)は可能だろうか。なるほど, あたまのなか
     でかんがえてみると, 受動 = 使役態とでもいうべき「なぐ
     られさせる」といういいかたは, 不可能ではない。[中略] し
     かし実際の使用はどうだろうか。理知的にはかんがえられ
     るとしても, ほとんど使用されることがないのではないだ
     ろうか゛。(鈴木康之 1977『日本語文法の基礎』三省堂, 46頁)

_____

* 사역 = 수동태(예를 들면, 「なぐらせられる」)는 형태상으로는 사역태에 수
  동태를 첨가한 것인데 반대로 수동태에 사역태를 덧붙인 형태(예를 들면
  「なぐられさせる」)는 가능할까? 머릿속으로 생각해보면 수동 = 사역태라고

실제로 문고본 코퍼스를 검색해 보면「なぐらせられる」의 유형으로 볼 수 있는 용례는 약 1,100개 인데 비해「なぐられさせる」의 유형의 용례는 하나도 없다. (29)는 저자의 직관적인 판단이지만 매우 정확하게 실제의 언어사용을 설명하고 있다는 것을 알 수 있다.

코퍼스는 언어연구를 위한 전체문장 검색형의 데이터베이스의 일종이라고 볼 수 있다. 처음에는 신문기사나 문학작품 등의 문장체를 전자화한 것으로부터 시작되었지만 그 후 대화나 회화 등을 문자화한 담화 코퍼스나 표준어뿐만이 아니라 언어의 지역적 방언 및 사회적 방언의 코퍼스 등 회화체의 코퍼스도 다양하게 구축되었다. 문자화된 담화 자료만으로 이루어진 종래형 코퍼스와 달리 녹음자료를 참조하면서 이용할 수 있는 코퍼스도 현실화되고 있다. 얼굴을 맞대고 하는 회화에서는 화자의 표정이나 몸짓도 커뮤니케이션의 일부인 점을 감안하면 영상자료와도 연동되는 담화코퍼스가 등장하는 것도 시간문제일 것이다.

코퍼스를 이용한 언어연구는 **코퍼스 언어학**(corpus linguistics)이라고 불리지만 생성문법이나 인지문법 등의 문법이론이나 언어이론과 대등한 이론적 틀이라고 하기보다는 언어자료를 컴퓨터를 사용해 해석하는 언어연구의 총칭이다. 사실 코퍼스의 데이터를 기초로 특정 문법이론에서 제안된 가설을 검증하거나 반증을 찾는 연구도 활발한데 이런 연구를「코퍼스에 근거한 (corpus-based) 연구」라고 부른다.

할 수 있는「なぐられさせる」라는 형태는 불가능하지는 않다. [중략] 그렇지만 실제의 사용 실태는 어떨까? 생각으로는 가능하지만 거의 사용되지 않는 것 같다.

코퍼스는 문법기술을 위해서 많이 이용될 뿐만 아니라 다른 시대의 텍스트를 모은 「역사자료 코퍼스」를 이용한 언어의 역사적 변화에 대한 연구나 다른 지역 방언이나 언어의 사회적 방언을 모은 코퍼스를 이용한 언어 변이(variation)의 연구, 원문과 그 번역을 대조한 「다언어 코퍼스」를 이용한 외국어교육이나 번역을 위한 연구 등 언어연구의 여러 방면에서도 코퍼스가 이용된다. 그리고 위기언어의 다큐멘테이션(제5장 참조)은 정보 부가 코퍼스나 다언어 코퍼스의 응용영역의 하나로 볼 수 있다.

【주】

1) 본서에서「문고본 코퍼스」라고 부르는 것은 필자가 인터넷 상에서 텍스트 파일의 형식으로 시판되고 있는 문고본의 전자판을 구입하여 그 텍스트를 우선 문장마다 다른 줄로 나누고 문장번호를 붙인 후에 나라(奈良)첨단과학기술대학원대학 정보과학연구과 자연언어처리학 강좌가 공개한 형태소해석시스템인「茶筌」으로 해석하여 일종의 문법정보 코퍼스로 사용하고 있는 것을 말한다. 2008년 1월 현재 문고본 400권의 텍스트로부터 용례 검색을 할 수 있다.

2) 여기서「기호」라고 하는 것은 프랑스어 signe의 역어이다. 소쉬르의 signe를 영어에서는 sign으로 번역한다. 그런데 일본어에는「기호」로 번역되는 단어가 또 하나 있는데「기호논리학」(영어 symbolic logic, 프랑스어 logique symbolique)이라고 할 때의「기호」(영어 symbol, 프랑스어 symbole)이다. 기호논리학에서 말하는「기호」도 소쉬르의「기호」에 매우 가까운 개념으로 볼 수 있다.

3) 시니피앙(signifiant)과 시니피에(signifié)는「의미하다」라는 뜻을 지닌 프랑스어 동사 signifier의 현재분사와 과거분사를 각각 명사로 사용한 것으로 시니피앙은「(무엇인가를) 의미하는 것」이라고 하는 능동적인 의미를 지니고 시니피에는「(무언가에 의해) 의미된 것」이라고 하는 수동적인 의미를 지닌다. 소쉬르는 기호를 의미하는 프랑스어 signe와 같은 계열의 동사를 바탕으로 만든 용어를 이용하여 기호가 가지는 두 측면, 즉 음형과 의미의 관계의 밀접함을 보다 명시적이고 인상적으로 나타내려고 하였다.

4) 미국의 언어학자 보아스(Franz Boas, 1858-1942)도 1911년의 Handbook of American Indian Languages의 서론에서 이와 매우 유사한 견해를 피력하고 있다. 이 개념을 넓히면 언어에 따라 준비되어 있는 개념의 세트가 다르므로 모어가 다르면 세계를 보는 방법도 다르다는 생각, 이른바「언어의 상대성(linguistic relativity)」에 도달한다. 이 생각은 미국의 두 명의 언어학자의 이름을 따서「사피어 워프의 가설」(Edward Sapir, 1884-1939; Benjamin Lee Whorf, 1897-1934)이라고도 불리지만 그 기원은 독일의 언어학자 훔볼트(Wilhel von Humboldt, 1767-1835)에서 볼 수 있다.

5) 「패러다임 관계」는 소쉬르가 사용한 용어는 아니다. 소쉬르가 통어관계(syntagmatic relation)와 대비시키고 있는 것은 연상관계(rapport

associatif, associative relation, 연합관계)이다. 소쉬르가 제시한 네 가지 연상관계의 유형을 적용한 「重さ(무게)」라는 명사를 다음과 같이 나타낼 수 있다.

a. 어근이 공통 : 重い(무겁다), 重たい(묵직하다), 重み(무게), 重石(お もし 누름돌), 重り(저울추), …

b. 의미가 유사 : 目方(무게), 重量(중량), 体重(몸무게), ウェート (weight), ずっしり(묵직이), …

c. 접사가 공통 : 軽さ(가벼움), 長さ(길이), 広さ(넓이), 大きさ(크 기), 高さ(높이), …

d. 음형이 유사 : いくさ(싸움, 전쟁), つかさ(관아), うわさ(소문), あおさ(푸름), つばさ(날개), …

이 중 a, b, c는 패러다임관계의 하위유형이지만 d는 패러다임관계에 포함되지 않을 것이다.

6) 소쉬르가 구체적인 문장이 빠롤에 속한다고 생각했다는 것은 「일반언어학강의」의 통어관계를 논하고 있는 제5장의 기술을 통해 분명히 알 수 있다. 그러나 이것이 소쉬르가 문장을 만드는 메커니즘 그 자체까지 빠롤에 포함된다고 하였다는 것을 의미하지는 않는다. 왜냐하면 계속되는 설명에서 「지구는 돈다」라는 문장은 「일반적인 형태」에 의거한 문장이며 이런 종류의 「일반적인 형태」는 랑그에 속한다고 기술하고 있기 때문이다. 바꾸어 말하면 구체적인 문장과 그 문장을 만들기 위한 메커니즘을 소쉬르가 구별하고 있었다는 근거도 충분히 있다. 소쉬르를 이렇게 해석할 수 있다는 것은 이미 본서의 1993년 발행본에서 논의하였다. 이 「일반적인 형태」가 인지문법의 「스키마 Schema」와 통한다고 하는 흥미로운 해석도 존재한다.

7) 생성문법은 촘스키의 Syntactic Structure(1957)에서 제안된 문법이론이지만 그 후 몇 번의 대대적인 이론의 수정(예를 들어 「문법이론의 제 양상」(1965) 등)이 이루어졌을 뿐만 아니라 촘스키가 주장하는 바와 다른 생성문법의 모델도 제안되고 있기 때문에 본서와 같은 언어학 입문서에서 자세히 해설하기는 어렵다. 1970년대까지의 촘스키의 언어이론에 관한 해설로는 Lyons(1985)가 알기 쉽다.

8) 구절구조문법은 당시 미국언어학에서 문장구조의 기술방법으로 넓게 이용되고 있던 「직접구성소분석(immediate constituent analysis ; IC분석)」을 수학적으로 정식화한 것이다. 문법의 수학적 모델에 대한 전문적인 지식은 長尾眞 외(1999) 등을 참조. 그리고 구절구조문법 (11)이 생성

하는 언어는 유한개의 문장이지만 이는 예시를 위해 단순한 구절구조 문법을 예로 들었기 때문이지 구절구조문법 그 자체의 성질은 아니다.

9) 일본어 문법의 「격조사」는 「명사의 격을 표시하는 조사」라는 의미이다. 여격(dative), 탈격(ablative)은 거의 일본어의 「に격」「から격」에 해당한다.

10) 「의미역할」은 개별 언어에 의존하지 않는 개념이지만 다양한 체계가 제안되고 있어 사실상 같은 「의미역할」을 나타내는 용어가 몇 종류 사용되고 있는 등 문제점도 있다. 본서는 특정한 이론적 입장을 해설하는 것이 아니고 기본적인 개념을 예시하고자 한다. 그러므로 여기서 제시한 「의미역할」의 명칭은 특정한 이론적 입장의 논문에서 쓰이는 역어가 아니라 일본어에서 비교적 자연스러운 느낌이 드는 것으로 선택하였다.

11) 인지언어학에 대해서는 Ungerer & Schmid(1998), Lacoff(1993) 등을 참조하기 바란다.

12) 出典 : 「残さびらな島くとぅば」の沖縄語テクスト(「沖縄タイムス」紙, http://www.okinawatimes.co.jp/spe/o_index.html#kotoba).

【참고문헌】

ソシュール 『一般言語学講義』(岩波書店, 1972)[原著 1916].

J·カラー 『ソシュール』(岩波書店, 1992).

チョムスキー 『文法の構造』(研究社出版, 1963)[原著 1957].

チョムスキー 『文法理論の諸相』(研究社出版, 1970)[原著 1965].

J·ライアンズ 『チョムスキー』(岩波書店, 1985).

J·レイコフ 『認知意味論』(大修館書店, 1993).

F·ウンゲラー／H- J·シュミット 『認知言語学入門』(大修館書店, 1998).

長尾真ほか 『言語の数理』(岩波講座「言語の科学」第8巻, 岩波書店, 1999).

T. McEnery & A. Wilson 2001. *Corpus Linguistics*. 2nd Edition. Edingburgh University Press.

제 1 장
단어의 구조

▌형태소

(1) 真っ黒クロスケ, 出ておいで！出ないと目玉をほじくるぞ！
    (검댕아, 나와라! 안 나오면 눈을 후비겠다!)

이 문장은 미야자키 하야오 감독의 만화영화 「이웃집 토토로」의 등장인물인 사츠키와 메이가 함께 외치는 대사이다. 일본어를 모어로 하는 사람은 영화를 보면서 이것이 일본어임을 바로 알 것이며 또한 그 의미를 이해할 것이다. 이 문장을 이해할 때 뇌에서 어떤 일이 일어나는지는 현대 과학의 최첨단 지식을 총동원해도 알 수 없지만 어떠한 일이 생길지는 쉽게 알 수 있다.

문제를 단순히 하기 위해 (1)의 첫 번째 문장에 한정해서 설명하겠다. 이 문장을 들으면 우리는 이것을 (2)와 같이 **모음**과 **자음**이 이어진 것으로 인식할 것이다.

(2)   makkurokurosukedeteoide

그러나 문제의 소리를 (2)와 같이 모음과 자음의 연속으로 인식
하는 것만으로는 이것이 일본어의 문장이라는 것을 이해했다고 할
수 없다.

우리가 모음과 자음의 연쇄인 (2)를 의미를 가진 문장으로 이해
할 수 있는 이유는 (3)과 같이 모음과 자음이 (몇 개의 모음이나 자
음으로 이루어진) 의미를 가진 작은 무리를 이루고 있다는 것을 인
식할 수 있기 때문일 것이다.

(3)   makkuro kurosuke dete oide

즉 일본어의 문장은 모음이나 자음으로부터 바로 만들어지는 것
이 아니다. (3)과 같이 우선 그 자체로는 의미를 지니지 않는 모음
이나 자음을 몇 개 조합해서 만든 비교적 작은 요소에 의미가 부여
되고 그 다음에 의미를 지닌 이러한 요소 몇 개를 조합하여 더 큰
문장이 완성되는 이단구성인 것이다[1]. 여기서 「의미를 가지는 요소」
로 인식되는 「모음 및 자음의 연결체」를 보통 단어(単語 word)*라
고 부른다.

이러한 이단구조는 일본어뿐 아니라 인간의 모든 언어에서도 성

---

* 역자주) 일본의 언어학계에서 単語의 경우는 단순어(単純語)로 오인될 여
  지가 있어서 word에 해당하는 용어로 「語」를 사용하는 경우가 있다. 원
  문에서도 「語」를 사용하고 있으나 본서에서는 「단어」로 통일한다.

립될 것이다. 우선 모음과 자음 몇 개를 조합한 것에 일정한 의미를 부여하여 단어를 만들고 그렇게 만든 단어 몇 개를 조합하고 배열하여 다양한 의미를 지니는 문장을 구성한다. 이러한 이단구조로 기능하는 것이 우리의 언어이다.

언어가 이러한 이단구조를 이루고 있는 것을 언어학에서는 언어의 **이중분절**(double articulation) 또는 이중성(duality)이라고 부르며 이는 인간 언어의 가장 기본적인 특징의 하나이다. 문장의 경우, 문장은 우선 단어로 나누어지고 단어는 모음과 자음으로 나누어지는데 이 때 단어의 레벨을 제1차 분절, 모음과 자음의 레벨(즉 소리의 레벨)을 제2차 분절이라고 한다.

「真っ黒クロスケ, 出ておいで」
제1차 분절 (단어의 레벨)   makkuro kurosuke dete oide
제2차 분절 (소리의 레벨)   makkurokurosukedeteoide

그림 1.1 언어의 이중분절

제2차 분절의 요소인 모음이나 자음은 소리의 레벨에서의 기본적 단위라는 의미로 **음소**(phoneme)라고 부른다. 음소를 이용한 표기임을 나타내는 경우에는 /hito/의 예처럼 /…/로 나타낸다.

제1차 분절, 즉 단어의 레벨을 좀 더 자세히 살펴보면, 단어 중에는 「真っ黒」→「真っ」+「黒」처럼 더 작은 요소로 나눌 수 있는 것과 「黒 /kuro/」처럼 더 이상 의미가 있는 단위로 분할할 수 없는 것이 있다.

더 분할하면 의미가 손상되는 마지막 단계까지 분할된 음소의 무리를 **형태소**(morpheme)라고 한다. 형태소는 단어를 이루는 단위라는 의미이다. 즉 의미를 가진 최소의 단위는 단어라기보다는 형태소이다. 그리고 단어를 형태소로 분할하는 것을 형태론적 분석이라고 한다.

어떤 언어의 음소에, 어떤 자음과 모음이 사용되는지, 또한 그 언어의 형태소에 어떤 음소의 결합이 사용되는지는 언어 공동체의 일원이라면 누구나 알고 있는 랑그에 속하는 것이다.

형태소는 단어보다 더 기본적인 단위이다. 단어 중에는 「黒 검정」「目 눈」와 같이 한 개의 형태소만으로 이루어진 것도 있으며, 「真っ黒 새까만」「出ておいで 나와라」처럼 복수의 형태소가 결합하여 이루어진 것도 있다. 일반적으로는 후자의 유형이 더 많다.

이와 같이 언어의 제1차 분절의 단위는 엄밀하게 말하면 형태소이다.

▌단어, 어휘소

다음의 문장 속에서 「考える 생각하다」라고 하는 말이 몇 번 사용되고 있는지 생각해 보자.

(4) ソシュールのえらいところは, まあ, えらい学者はたいていそうなんだけど, それまでの学者があたり前のことだと思っていたことを問題にして, 基本的なことを徹底して考えたところにあります.今ここでぼくが「助けて」と叫んで, この中のだれかが今夜の11時45分に歌舞伎

町の暴力バーで「助けて」と叫んだとします.じゃ, ぼく
とその人とが, 別べつの時と場所で同じことばを発生し
たのだという言いかたは正しいかどうか.正しいとすれ
ばそれはなぜか.そんな馬鹿ばかしいこと, それまでは
誰も考えなかった.無意味だと思われたし, そんなこと
ははじめから正しいってことがわかっているというので
誰も問題にしなかったの.ところがソシュールは,
じゃ, それがなぜわれわれにわかっているのか.わかって
いるとはどういうことかを考えました*.(筒井康隆　1990
『文学部唯野教授』岩波書店, p.229)

앞의 질문에 대한 대답은 단어를 어떻게 해석할지에 따라 적어
도 두 가지가 가능하다. 첫 번째로「徹底して考えた 철저히 생각
했다」「誰も考えなかった 아무도 생각하지 않았다」「どういうこ
とかを考えました 어떤 것인지를 생각했습니다」의 세 표현을 지
적하여「考える」가 세 번 사용되고 있다는 대답이 가능하다.

이와 같이 대답하는 사람은 질문을「考える」라는 동사가 몇 번
사용되고 있는가라는 의미로 해석하고 있을 것이다. 일본어 사전

---

* 소쉬르의 대단한 점은, 뭐, 대단한 학자는 대부분 그렇긴 하지만, 지금까
지의 학자가 당연하다고 생각하고 있던 것을 문제 삼아 기본적인 부분을
철저히 생각했다는 데에 있습니다. 지금 여기서 내가「살려 주세요!」라고
외치고 이 안의 누군가가 오늘 밤 11시 45분에 가부키쵸의 술집에서「살
려 주세요!」라고 외쳤다고 합시다. 그러면 나와 그 사람이 다른 시간과
장소에서 같은 단어를 사용했다고 하는 것은 올바른가? 올바르다고 한다
면 그것은 왜인가? 이런 어리석은 질문은 지금까지 아무도 생각하지 않
았고 무의미하다고 생각하였으며 처음부터 맞다고 생각하기 때문에 아무
도 문제 삼지 않았지요. 그런데 소쉬르는 우리가 왜 그것을 알고 있는지,
그리고 알고 있다는 것은 어떤 것인지를 생각했습니다.

의 편집자들도 단어를 이와 같이 이해하고 있다.

일본어 사전에서는 「考えない 생각하지 않는다」, 「考えた 생각했다」 등은 모두 동사 「考える 생각하다」가 활용한 형태로 간주하여 각각을 독립된 표제어로는 인정하지 않는다. 즉 「考える」라고 하는 「단어」의 항목을 펼치면 「考えない 생각하지 않는다」, 「考えた 생각했다」 등의 의미와 용법은 자동적으로 알 수 있다고 간주한다[2].

이러한 의미로 쓰이는 「단어」는 **어휘목록**(語彙目録 lexicon)*(어떤 언어에서 이용되는 단어의 총체)를 구성하는 단위이므로 보통 **어휘소**(lexeme)라고 불린다. 「단어」를 어휘소의 의미로 사용하고 있다는 점을 명시할 필요가 있을 경우에는 ≪考える≫와 같이 ≪ ≫에 넣어 표기하여 나타내기로 한다. 즉 이 경우의 대답을 엄밀하게 나타내면 「어휘소 ≪考える≫는 세 번 사용되었다」가 된다.

그러나 문제가 된 질문을 「考える」라고 하는 형태가 몇 번 나타나는지를 묻는 것으로 이해하는 사람도 있을 것이다. 이렇게 해석할 경우에는 (4)의 인용부분에는 「考えた」, 「考えなかった」, 「考えました」라는 형태가 사용되고 있을 뿐 「考える」라는 형태는 한번도 나타나지 않기 때문에 「한번도 사용되지 않았다」라고 대답할 것이다.

즉 이런 식으로 보면, 단어를 어휘소로 볼 때에는 같은 단어가 다른 형태로 나타난 것으로 간주하는 「考える」, 「考えた」, 「考えない」, 「考えて」 등을 각각 다른 「단어」로 간주하게 된다. 이런 의미로 쓰인 단어를 어휘소와 구별할 필요가 있을 경우에는 **어형**(語形 word form)이라고 부르기로 한다. 또 어형을 다루고 있음을 밝힐 필요가 있는 경우에는 <考える>와 같이 < >기호를 사용하기로 한다. 단어

** 역자주) 원문에서는 「어휘」로 되어있으나, 「어휘목록」으로 번역한다.

를 두 번째 의미로 이해했을 경우의 답은 「어형 <考える> 는 한번
도 나타나지 않았다」이다.

　「영어에서 가장 긴 단어는 무엇인가?」라는 물음에서 「단어」는
두 번째 의미로 이해하는 것이 좋을 것이다. 예를 들어 만약 영어
에서 가장 긴 단어가 가산명사(복수형이 있는 명사)일 경우 그 명
사의 단수형과 복수형의 길이를 비교하면 규칙명사일 경우에는 당
연히 끝에 -s가 붙는 복수형이 단수형 보다 긴 단어일 것이다.

　영어의 텍스트(문장이 모여서 이루어진 글)의 길이를 「단어수」
로 나타낼 때에도 엄밀하게는 「어형」의 수를 말하는 것이다. 예를
들어 다음의 영어 텍스트의 길이는 53단어이다.

(5)　　With the introduction of the Web, the sheer volume of
　　　　graphics being manipulated has increased enormously. Even
　　　　without the Web the amount of image processing would have
　　　　grown, simply due to the fact that computers are faster than
　　　　they used to be and have more memory, which makes dealing
　　　　with graphics more feasible.[3]

　(5)에서 예를 들어 the는 6회 사용되었는데 단어수를 셀 때에는
모두 다른 단어로 간주한다. 영어뿐 아니라 띄어쓰기가 있는 언어
의 경우 단어가 나뉘는 곳에서 띄어쓰기를 하므로 단어수를 간단
히 셀 수 있다. 예를 들어 다음의 (6)은 핀란드어의 텍스트로서 단
어수는 핀란드어를 전혀 모르는 사람도 단어수가 31개라는 것을
쉽게 알 수 있다.

(6) Autonomian ajan ensimmäinen puolivuosisataa Venäjän valtakunnan yhteydessä ei ollut taloudellisesti tai poliittisesti niin ruusuista aikaa mitä Porvoon valtiopäivillä annetut lupaukset olisivat antaneet odottaa. Silti tänä aikana luotiin perusta Suomen kansalliselle kehitykselle.[4]

그런데 일본어에서는 단어수 대신에 「글자수」를 텍스트의 길이의 기준으로 하는 습관이 있다. 이는 워드프로세서가 보급되기 이전에 문장을 원고지에 적은 후 원고지의 칸 수를 세어 원고의 길이를 계산하던 시대의 영향이다. 예를 들어 다음의 일본어 텍스트의 길이는 구두점을 포함해서 127자이다.

(7) われわれ人間は，外界からの情報をいわゆる五感を通して獲得している.そのなかでもっとも重要なものは，視覚を通してえられる情報である.視覚による情報は，さらに，対象の大きさ，形，運動，および色彩などの情報に分けられるが，色彩はなかでも重要な情報の一つである.(千々岩秀彰 1983 『色彩学』福村出版, p.9)[*]

일본어에서 텍스트의 길이의 단위로서 글자수가 이용되는 것은 활자화할 때에 편리하다는 실제적인 이유 외에도 일본어는 띄어쓰

---

[*] 우리 인간은 외계로부터의 정보를 이른바 오감을 통해 얻고 있다. 그 중에서 가장 중요한 것은 시각을 통해 얻는 정보이다. 시각에 의한 정보는 대상의 크기, 형태, 운동 및 색채 등의 정보로 더 나눌 수 있는데 색채는 그 중에서도 중요한 정보의 하나이다.

기를 하지 않기 때문에 단어를 구별하는데 문제가 있어서 단어수를 세기가 쉽지 않다는 점 때문일 것이다. 그러나 이는 일본어에서 단어를 판별하는 것이 불가능하다는 것은 아니다. 일본어를 로마자로 표기할 때 볼 수 있듯이 일본어도 표기상의 규칙을 잘 정하기만 하면 띄어쓰기가 가능할 것이다. 즉 일본어의 텍스트에 있어서도 단어수라고 하는 개념을 적용하는 것은 가능하다.

텍스트를 어휘통계의 관점에서 연구하는 경우에 **총어수**(延べ語数)와 **개별어수**(異なり語数)가 대비된다. 총어수는 텍스트의 길이를 재는 기준으로서 사용한 단어수의 개념과 실질적으로 같으며, 텍스트에서 같은 어형이 반복해 나타나도 모두 다른 단어로 집계했을 때의 총 단어수이다. 이에 비해 개별어수는 텍스트 중에 다른 단어가 몇 개 나타나고 있는가를 집계한 것으로 개별어수에서 「단어」는 보통 어휘소를 가리킨다[5].

어휘소를 어형보다 한층 추상적인 개념으로 보고 어휘소는 어형의 집합이라고 생각하면 「단어」의 두 가지 다른 용법을 구별하기 쉬워진다. 예를 들어 동사 ≪考える≫는 <考える> <考えた> <考えて> <考えない>등의 어형을 요소로 하는 집합이며, 형용사 ≪長い≫는 <長い> <長く> <長かった> <長ければ>등의 어형을 요소로 하는 집합으로 보는 것이다. ≪考える≫나 ≪長い≫처럼 복수의 어형으로 이루어진 어휘소는 보통 활용(活用)을 하는 단어이며 각각의 어형은 **활용형**(活用形)이라고 불린다. 한편 명사 ≪目玉≫나 부사 ≪じっと≫처럼 활용하지 않는 어휘소는 하나의 어형만을 요소로 갖는 집합으로 볼 수 있다.

▌단어와 단어 관계

「山 산」과 「ひどい 심하다」, 혹은 「落ちる 떨어지다」와 「明るい 밝다」와 같이 일본어의 단어 중에는 의미와 형태의 어느 쪽을 보더라도 이렇다 할 만한 직접적인 관계가 보이지 않는 경우가 많지만 「高い 높다」와 「高さ 높이」, 「横 옆」과 「横切る 횡단한다」와 같이 의미 및 형태의 면에서 밀접한 관계가 인정되는 경우도 적지 않다. 이 경우 두 단어가 의미 및 형태적으로 관련이 있는 이유는 두 단어에 공통으로 나타나는 형태소(taka-, yoko)가 있기 때문이다.

高い	taka-i	横	yoko
高さ	taka-sa	横切る	yoko-giru

그림 1. 2 단어 사이에 성립하는 패러다임 관계

이렇게 공통의 형태소를 포함하는 단어 사이에 성립하는 의미 및 형태적 관계는 패러다임 관계의 일종이다. 이는 「단어와 단어 사이의 의미적·형태적인 관계」인데 간략히 「단어 사이의 관계」 라고 부르기로 하자.

세 단어 이상에서도 단어사이의 관계가 인정된다. 예를 들어 「長い 길다」, 「長さ 길이」, 「長め 약간 긴」는 형태소 naga-를 공유하고 있는 단어의 그룹을 형성하고, 「長さ 길이」, 「高さ 높이」, 「重さ 무게」, 「広さ 넓이」, 「熱さ 뜨거움」은 형태소 -sa를 공유하는 단어의 그룹을 형성하고 있다.

앞에서 「단어」의 두 가지 의미를 구별하였는데 이 구별은 단어

사이의 관계를 분석할 때에도 중요한 역할을 한다. 예를 들어 (8)
에 나타나는 어형은 모두 taka-라는 형태소를 포함하고 있지만, 이
러한 어형들을 관찰하면 세 개의 다른 어휘소 (a. ≪高い≫, b. ≪高
める≫, c. ≪高ぶる≫)가 있음을 알 수 있다. (표 1.1).

(8)　　a. 高い, 高かった, 高ければ, 高く, 高くて, 高くない, …

　　　　b. 高める, 高めた, 高めれば, 高め, 高めて, 高めない, …

　　　　c. 高ぶる, 高ぶった, 高ぶれば, 高ぶり, 高ぶって, 高ぶらない,
　　　　　…

　이와 같이 단어와 단어 관계는 <高い>와 <高く> 또는 <高める>
와 <高め>처럼 같은 어휘소에 속하는 어형 사이에서 성립될 뿐 아
니라, <高い>와 <高める> 또는 <高めれば>와 <高ぶれば>의 관계
처럼 다른 어휘소에 속하는 어형 사이에도 성립됨을 알 수 있다.
　단어와 단어 관계 및 각각의 어형의 내부에 나타나는 형태소의 연
결방법을 밝히는 언어학의 영역을 **형태론**(morphology)이라고 한다.

표 1.1 형태소 taka-

taka-i	taka-meru	taka-buru
taka-katta	taka-meta	taka-butta
taka-kereba	taka-mereba	taka-bureba
taka-ku	taka-me	taka-buri
taka-kute	taka-mete	taka-butte
taka-kunai	taka-menai	taka-buranai
……	……	……

┃ 형태소의 유형

형태소는 의미를 가지는 가장 작은 단위라고 정의되지만 모든 형태소가 같은 특징을 지닌 것은 아니며 몇 가지 유형이 존재한다.

우선 yama(산)의 예처럼 단독으로도 어형으로 나타날 수 있는 형태소와 o-kane(돈)의 예에서 o-처럼 단독으로는 나타날 수 없는 형태소가 있다. 후자에 속하는 형태소는 다른 형태소와 같이 나타날 때에만 단어 형성에 이용된다. yama와 같이 단독으로 단어로 쓰일 수 있는 형태소를 「자유형태소」, o-처럼 언제나 다른 형태소와 함께 사용되는 형태소를 「구속형태소」라고 한다.

그리고 어휘적인 단어와 문법적인 단어의 구별처럼 형태소도 어휘적인 의미를 갖는 것과 그렇지 않은 것으로 구별할 수 있다. 어휘적인 의미를 가지는 형태소를 일반적으로 **어근**(語根 root)이라고 부른다. 예를 들어 sema-sa(좁음)와 sema-i(좁다)에 공통된 형태소 sema-는 어근이며 「면적이 작아서 무엇인가를 하기에 여유가 없는 모습」이라고 하는 어휘적인 의미를 가진다. 이에 비해 sema-sa의 -sa나 sema-i의 -i에 어휘적인 의미가 있다고 인정하기는 어렵다. -sa는 sema-를 「좁은 것」이라는 의미의 명사로 기능하게 하는 형태소이며, -i는 sema-를 「좁다」라는 의미의 형용사의 종지형(終止形)으로 쓰이는 형태소로 볼 수 있다. 이와 같이 기능적 혹은 문법적인 의미는 지니지만 어휘적인 의미는 없는 형태소를 **접사**(接辞 affix)라고 한다.

접사 중에서 huka-mi의 -mi처럼 다른 형태소의 뒤에 붙는 것을 **접미사**(接尾辞 suffix)라고 하고, o-kane의 o-처럼 다른 형태소의 앞에만 붙는 것을 **접두사**(接頭辞 prefix)라고 한다. 접두사를 표시할 때에는 o-와 같이 보통 오른쪽에 하이픈을 붙이고 접미사를 표시할 때에는 -mi와 같이 왼쪽에 하이픈을 붙인다.

어근은 자유형태소일 경우도 있고 구속형태소일 경우도 있다. 예를 들면 huka-i(깊다), huka-mi(깊이), huka-zake(과음) 등에 나타나는 어근 huka-는 단독으로는 단어로 사용되지 않는다. 따라서 자유형태소가 아니다. 반면 yama(山)나 kuro(黑)와 같은 어근은 자유형태소이다. 이에 비해 접사는 일반적으로 구속형태소이다. 대부분의 단어는 taka-sa(높이), yama-oku(산속), mono-siri-gao(박식한 얼굴), o-konomi- yaki(오코노미야키) 등과 같이 복수의 형태소로 구성되어 있다. 형태소 두 개로 구성된 단어 중에서 yama-oku(산속), naga-ame(장마), too-asa(얕은 바다), te-sage(손에 듦), age-sage(올리고 내림) 등과 같이 구성요소가 모두 어근인 경우를 **복합어**(합성어)라고 한다. 이에 비해 huka-mi(깊이), taka-sa(높이), o-mizu(물), do-aho(진짜바보)처럼 형태소 하나는 어근이고 다른 하나는 접사인 경우는 **파생어**(派生語)라고 한다. 파생어를 만들 때 사용되는 형태소를 파생접사라고 한다. 파생접사가 붙는 대상을 파생의 **기본형**(basic form)라고 한다. 파생의 기본형은 taka-sa의 taka-처럼 하나의 형태소인 경우도 있고 [horo-niga]-sa(쌉쓰레한 맛)의 horo-niga처럼 복수의 형태소인 경우도 있다.

형태론에 있어서 복합어나 파생어의 구조를 분석하거나 복합어나 파생어가 만들어지는 과정을 밝히는 연구를 **어형성**(語形成, 단어구성 word formation)의 연구라고 한다.

▌어형변화

어형변화(inflection ; 활용)[6)의 연구는 형태론의 연구 분야 중에서 활용하는 단어에 나타나는 활용형의 내부 구조를 밝히거나 활용형을 체계적으로 정리하는 분야로서, 어형성과 함께 형태론의 가장 중요한 분야의 하나이다.

언어에 따라 어형변화가 일어나는 범위는 매우 다르다. 중국어와 태국어처럼 어형성으로 볼 만한 문법현상이 거의 없는 언어도 있으며 영어와 스웨덴어처럼 비교적 간단한 어형변화의 체계만을 가진 언어도 있는 반면에 핀란드어(표 1.2 참조)를 비롯하여 에스토니아어, 터키어, 라틴어, 러시아어처럼 동사, 명사, 형용사 등이 확연히 활용을 하고 어형변화가 문법에서 매우 중요한 역할을 하는 언어도 있다.

표 1.2 핀란드어 명사 talo(집)와 동사 sano-(말한다)의 활용예

主格	talo	집	1인칭단수	sanon	나는 말한다
属格	talon	집의	2인칭단수	sanot	당신은 말한다
分格	taloa	집을	3인칭단수	sanoo	그(녀)는 말한다
内格	talossa	집안에서	1인칭복수	sanomme	우리들은 말한다
入格	taloon	집안으로	2인칭복수	sanotte	당신들은 말한다
出格	talosta	집안에서	3인칭복수	sanovat	그들은 말한다
接格	talolla	집옆에서			
向格	talolle	집을 대면해서			
奪格	talolta	집으로부터			

그리고 어형변화가 중요한 역할을 하는 언어라도 어느 품사에 속하는 단어가 활용하는지는 언어에 따라 다르다. 예를 들어 일본어나 한국어는 동사가 어형변화를 하지만 명사는 어형변화를 하지 않으며 핀란드어는 동사와 명사가 모두 어형변화를 한다.

동사 「食べる 먹다」의 활용을 분석해 보자. 일본의 학교문법에서는 동사의 활용을 「五段活用」「一段活用」 등의 개념을 이용해 설명하지만 여기에서는 학교문법과 달리[7] 동사「食べる」의 활용형(의 일부)을 표 1.3처럼 정리하기로 한다(형태소는 하이픈으로 구분한다).

활용형을 정리해서 나타낸 것을 활용표 또는 어형변화표라고 한다. 표 1.3을 보면 「食べる」의 모든 활용형에 공통으로 나타나는 부분(tabe-)이 있다는 점 이외에도 모든 활용형에 나타나지는 않지만 의미적으로 연결되는 몇 개의 활용형에 공통적으로 나타나는 부분(tabe-ru-, tabe-ta-)이 있음을 알 수 있다.

표 1.3 동사 [食べる]의 어형변화

tabe	tabe-ru	tabe-ta
tabe-te	tabe-ru-ka	tabe-ta-ka
tabe-temo	tabe-ru-si	tabe-ta-si
tabe-nagara	tabe-ru-kara	tabe-ta-kara
tabe-reba	tabe-ru-ga	tabe-ta-ga
tabe-yoo	tabe-ru-keredo	tabe-ta-keredo
tabe-ro	tabe-ru-node	tabe-ta-node
tabe-tatte	tabe-ru-noni	tabe-ta-noni
tabe-tari	tabe-ru-nara	tabe-ta-nara
tabe-tara	tabe-ru-to	……
……	……	……

　이 표에서 모든 활용형에 나타나는 공통의 부분 또는 의미적으로 묶이는 일부의 활용형에 규칙적으로 나타나는 공통의 부분(한 개 또는 몇 개의 형태소로 이루어진 부분)을 **어간**(語幹 stem)이라고 한다. 그리고 어간 이외의 부분 즉 활용형마다 다르게 나타나는 부분을 **어미**(語尾 ending)라고 한다.

　표 1.3의 「食べる」의 어형변화에서 얻어진 세 개의 어간을 비교해 보면, tabe-는 나머지 두 개의 어간 (tabe-ru-, tabe-ta-)을 만들 때에도 이용되는 가장 기본적인 어간이다. 그래서 tabe-를 기본어간이라고 부르기로 한다. 이 tabe-는 형태소의 분류에서는 어근에 속한다. 그리고 나머지 두 개의 어간(tabe-ru-, tabe-ta-)은 기본어간에 접사가 붙어 생긴 것인데 이러한 어간을 파생어간(派生語幹)이라고 부르기로 한다.

　파생어간 tabe-ru-는 현재를 나타내는 활용형에 공통으로 나타나는 어간이며 접미사 -ru-는 「현재」를 나타내는 형태소로 볼 수 있다. 한편 파생어간 tabe-ta-는 과거를 나타내는 활용형에 공통으로 나타나는 어간이며 접미사 -ta-는 「과거」를 나타내는 형태소로 볼 수 있다. 이 두 개의 어간을 기본어간과 구별하여 그 의미에 따라 각각 현재어간, 과거어간이라고 부르기로 한다. 활용형은 일반적으로 「어간＋어미」의 구조이지만 tabe(父は朝食を食べ，散歩に出かけた 아버지는 아침 식사를 하고 산책하러 나갔다), tabe-ru(猫がネズミを食べる 고양이가 쥐를 먹는다), tabe-ta(子供がリンゴを食べた 아이가 사과를 먹었다)와 같이 어간이 그대로 활용형으로 이용되는 경우가 있는데 어미가 「제로」인 경우이다[8].

표 1.4 동사 「食べさせる」의 어형변화표

tabe-sase	tabe-sase-ru	tabe-sase-ta
tabe-sase-te	tabe-sase-ru-ka	tabe-sase-ta-ka
tabe-sase-temo	tabe-sase-ru-si	tabe-sase-ta-si
tabe-sase-nagara	tabe-sase-ru-kara	tabe-sase-ta-kara
tabe-sase-reba	tabe-sase-ru-ga	tabe-sase-ta-ga
tabe-sase-yoo	tabe-sase-ru-keredo	tabe-sase-ta-keredo
tabe-sase-ro	tabe-sase-ru-node	tabe-sase-ta-node
tabe-sase-tatte	tabe-sase-ru-noni	tabe-sase-ta-noni
tabe-sase-tari	tabe-sase-ru-nara	tabe-sase-ta-nara
tabe-sase-tara	tabe-sase-ru-to	……
……	……	……

　다음으로 동사 「食べさせる 먹이다」의 어형변화표(표1.4)를 보자. 표 1.3과 표 1.4를 비교해 보면 알 수 있듯이 「食べさせる」는 기본적으로 「食べる」와 같은 유형의 활용을 한다. 「食べさせる」의 기본어간은 tabe-sase-, 현재어간은 tabe-sase-ru-, 과거어간은 tabe-sase-ta-이다. 「食べさせる 먹이다」와 「食べる」의 활용에 있어서는 기본 어간의 형태만 차이가 난다. 즉 「食べる」의 기본어간이 어근 tabe-인데 비해 「食べさせる」의 기본어간은 「食べる」의 기본어간 (어근 tabe-)에 사역을 나타내는 접미사-sase-가 붙은 tabe-sase-인 점만 다르다.

　더 나아가 동사 「食べ慣れる 평소 즐겨 먹다」의 활용표(표1.5)를 보면 이 동사도 기본적으로 「食べる 먹다」와 같은 형태의 활용을 하고 있다는 것을 알 수 있다. 「食べ慣れる」의 기본어간은 tabe-nare-, 현재어간은 tabe-nare-ru-, 과거어간은 tabe-nare-ta-이다.

표 1.5 복합동사 [食べ慣れる]의 어형변화표

tabe-nare	tabe-nare-ru	tabe-nare-ta
tabe-nare-te	tabe-nare-ru-ka	tabe-nare-ta-ka
tabe-nare-temo	tabe-nare-ru-si	tabe-nare-ta-si
tabe-nare-nagara	tabe-nare-ru-kara	tabe-nare-ta-kara
tabe-nare-reba	tabe-nare-ru-ga	tabe-nare-ta-ga
tabe-nare-yoo	tabe-nare-ru-keredo	tabe-nare-ta-keredo
tabe-nare-ro	tabe-nare-ru-node	tabe-nare-ta-node
tabe-nare-tatte	tabe-nare-ru-noni	tabe-nare-ta-noni
tabe-nare-tari	tabe-nare-ru-nara	tabe-nare-ta-nara
tabe-nare-tara	tabe-nare-ru-to	……
……	……	……

「食べ慣れる」는 기본어간과 어근이 다르다는 점에서 「食べさ
せる」와 비슷하지만 「食べ慣れる」와 「食べさせる」의 사이에는 현
저한 차이가 있다. 그 차이는 「食べさせる」의 기본어간이 「어근＋
접미사」인데 비해 「食べ慣れる」의 기본어간은 「어근＋어근」의 구
조라는 점이다. 「食べさせる」의 기본어간 tabe-sase-는 「食べる」의
기본어간 tabe-에 「수동」을 나타내는 접미사 -sase-가 붙어 파생된
어간인데 이러한 동사를 파생동사라고 한다. 한편 「食べ慣れる」
의 기본어간 tabe-nare-는 「食べる(먹다)」의 기본어간 tabe-와 「慣れ
る(익숙해지다)」의 기본어간 nare-가 연결되어 만들어진 형태의 복
합어이다. 기본어간이 복합어인 동사를 **복합동사**(compound verb)라
고 한다.

이와 같이 「食べる(먹다)」「食べさせる(먹이다)」「食べ慣れる(즐

겨먹다)」라는 세 개의 동사는 같은 형태의 활용을 하는 동사이지
만 기본어간의 구성 방법에서 차이가 난다.

기본어간의 성립에 대한 연구는 어형성의 분야에서 다뤄진다.
어형변화의 연구에서는 파생어간을 만드는 방법과 어간과 활용어
미의 관계 및 활용어미의 형태를 연구대상으로 하며 기본어간 그
자체의 성립은 일반적으로 어형변화의 관점에서는 이차적인 문제
이다.

▌이형태(異形態)

지금까지 형태소는 항상 같은 형태로 나타난다고 가정하여 논의
하였다. 예를 들어 「食べる」「食べさせる」「食べ慣れる」의 어형
변화표(각각 표1.3, 표1.4, 표1.5)에서는 모든 활용형에 tabe-라는
형태의 형태소가 나타나고 있다. 「형태소는 항상 같은 형태로 나타
난다」라는 가정은 얼핏 이상적으로 보이지만 현실의 언어를 분석
할 때에는 이 원칙을 조금 완화할 필요가 있다. 한 형태소에는 몇
개의 다른 형태가 포함되는 경우가 많다.

일본어에는 (9)에서 볼 수 있듯이 같은 어근을 두 번 반복해서
만드는 복합어가 있다.

 (9) a. yama-yama (山々 많은 산)

    b. maru-maru-to (まるまると 토실토실)

    c. iki-iki-suru (生き生きする 생기있다)

    d. waka-waka-sii (若々しい 어려보이다)

그런데 (9)와 같은 방법으로 만들어졌다고 생각되는 단어 중에
는 엄밀히 말하면 같은 형태의 반복이 아닌 (10)과 같은 예가 꽤
많이 있다.

(10) a kuni-guni(国々 나라들), sima-zima(島々 섬들), hito-bito
(人々 사람들)

b. kuro-guro-to(黒々と 시커멓게), taka-daka-to(高々と 드
높이), haya-baya-to(早々と 서둘러)

c. kona-gona-ni(粉々に 산산조각으로), sama-zama-ni(様々
に 여러 가지), hisa-bisa-ni(久々に 오래간만에)

d. hore-bore-suru(ほれぼれする 마음이 사로잡히다)

(10)에서 반복되는 뒷부분의 첫 번째 자음이 유성음이 되는 것은
연탁(連濁)이라고 불리는 현상인데 연탁현상은 두 단어가 결합되어
복합어를 형성할 때에 많이 나타난다.

(11) a. kasa(傘)   : koomori-gasa(こうもり傘 검정 우산)

b. sora(空 하늘) : ao-zora (青空 푸른 하늘)

c. tama(玉 구슬, 알) : teppoo-dama (鉄砲玉 총알)

d. hatake(畑 밭) : kuwa-batake(桑畑 뽕나무밭)

연탁은 접두사가 붙는 경우에도 일어날 수 있다.

(12) a. kura-i(暗い 어둡다) : hono-gura-i(ほの暗い 어슴푸레하다)

b. kanasi-i(悲しい 슬프다) : ura-ganasi-i(うら悲しい 서글프다)

c. cika-i(近い 가깝다) : ma-zika-i(間近い【文語】임박하다)

d. hoso-i(細い 가늘다) : ka-boso-i(か細い 가냘프다)

더 나아가 다음의 (13)에서 든 복합어는 모두 「あめ(雨)」라는 단어를 포함하고 있는 복합어인데 자세히 보면 (14)에서 볼 수 있듯이 세 가지 다른 형태가 있음을 알 수 있다.

(13) a. にわか雨(소나기), 通り雨(지나가는 비), 雨降り(비가 옴),
     雨風(비바람)

   b. 雨傘(우산), 雨蛙(청개구리), 雨雲(비구름), 雨垂れ(낙숫물)

   c. 小雨(가랑비), 春雨(봄비), 霧雨(이슬비), 村雨(소나기)

(14) a. ame : niwaka-ame, toori-ame, ame-huri, ame-kaze

   b. ama- : ama-gasa, ama-gaeru, ama-gumo, ama-dare

   c. -same : ko-same, haru-same, kiri-same, mura-same

이 세 가지 형태가 나타나는 환경에는 규칙성이 있다. 우선 「雨が降る」처럼 이 단어가 단독으로 나타나는 경우에는 (14a)의 ame라는 형태만이 이용된다. 이에 비해 (14b)의 ama-와 (14c)의 -same는 복합어에만 나타나는 형태이며, 복합어의 첫 번째 구성요소이면 ama-, 두 번째 구성요소이면 -same가 된다. 그리고 (14a)에서 볼 수 있듯이 ame는 복합어의 구성요소로도 쓰인다.

 (14a)의 ame, (14b)의 ama-, (14c)의 -same는 의미가 같을 뿐만

아니라 음성형도 매우 비슷해서 세 가지 모두 같은 단어라고 생각
된다. 모두 같은 한자 「雨」로 표기하는 것도 이 때문이다.

위에서 설명한 연탁이나 모음교체의 현상은 다음과 같은 예에서
도 관찰된다.

> (15)   a. sake ~ saka- ~ -zake ~ -zaka- (酒飲み(술꾼) ~ 酒屋(주류판매
> 점)~ 甘酒(단술) ~造り酒屋(양조장)
> b. ki ~ -gi ~ ko- (立木(입목) ~ 寄せ木(쪽매) ~ 木立(나무숲)

형태소가 항상 같은 형태로 나타난다고 가정하면, (10)~(15)에
서 예로 든 연탁 현상이나 (13), (14)에서 예로 든 「あめ」, (15)의
「さけ」,「き」의 예는 다른 형태소로 볼 수밖에 없는데 이는 우리의
직관에 어긋난다. 그러므로 형태론에서는 형태소 중에는 언제나
같은 형태로 나타나는 것도 있지만 환경에 따라서 조금 다른 형태
로 나타나기도 한다고 생각한다. 즉 (10)~(15)에서는 같은 형태소
가 각각 약간씩 다른 형태로 나타나고 있다. 이 경우 예를 들어
(10a)의 kuni와 -guni, (14)의 ame, ama-, -same는 각각 동일한 형태
소에 속하며 서로 **이형태**(allomorph)의 관계이다.

이형태를 가진 형태소의 경우 이형태 중에서 가장 기본적이라고
생각되는 형태를 {⋯}에 넣어 그 형태소의 이름으로 한다. 또 각각
의 이형태는 /⋯/로 나타낸다. 그리고 형태소의 이름인 {⋯} 속의
형태에는 어떤 표기를 사용해도 상관없지만 이형태의 표기에는 음
소표기(경우에 따라서는 음성표기)를 사용하는 것이 일반적이다.
예를 들어 형태소{クニ}의 이형태는 /kuni/와 /-guni/이고 형태소

{ame}의 이형태는 /ame/ /ama-/ /-same/이다.

이형태는 (16)처럼 나타낼 수 있다. 그리고 항상 같은 형태로 나타나는 형태소는 이형태를 하나만 가지고 있다고 볼 수 있으므로 모든 형태소는 이 방식으로 나타낼 수 있다.

(16) a. {KUNI} = /kuni ~ -guni/

b. {アメ} = /ame ~ ama- ~ -same/

c. {さけ} = /sake ~ saka- ~ -zake ~ -zaka-/

d. {yama} = /yama/

접사도 이형태를 가지는 경우가 있다. 예를 들어 사역형태소 {SASE}는 일단동사(一段動詞)의 어간에 붙는 /-sase-/(食べさせる tabe-sase-ru)와 오단동사(五段動詞)의 어간에 붙는 /-ase-/(書かせる kak-ase-ru)의 두 개의 이형태를 가진다. 그리고 가능동사를 만드는 형태소 {RARE}는 문체를 구별하지 않으면 세 개의 이형태 /-rare-~-re-~-e/)를 가진다. 즉 일단동사의 어간에 붙는 경우에는 문장어에서는 /-rare-/(食べられる tabe-rare-ru), 회화체에서는 /-re-/(食べれる tabe-re-ru), 오단동사의 어간에 붙는 경우에는 /-e-/(読める yom-e-ru)라는 이형태를 가진다. 동사의 활용에 나타나는 현재형태소 {RU}는 일단동사의 어간에 붙는 /-ru/(食べる tabe-ru)와 오단동사의 어간에 붙는 /-u/ (書く kak-u)라고 하는 두 개의 이형태를 가진다.

이형태를 고려해서 ama-gumo(雨雲 비구름)와 tabe-re-ru(食べれる)의 형태소를 분석하면 각각 (17a)와 (17b)와 같다.

(17) a. {アメ}+{クモ}

　　b. {tabe-}+{RARE}+{RU}

▌어형성 : 파생어와 복합어

어형변화에 대한 연구가 같은 어휘소에 속하는 어형 사이의 관계에 관한 것이라면 어형성에 대한 연구는 어휘소 사이에 성립되는 형태 및 의미의 관계에 관한 연구이다.

어형성은 현재 사용되고 있는 단어를 토대로 새로운 단어를 만드는 구조이며 동시에 현재 실제로 사용되고 있는 단어를 우리가 분석해서 이해하는 과정이라는 양면성을 지닌다. 이러한 양면성은 한쪽이 다른 쪽에 우선하는 것이 아니다. 현재 사용되고 있는 단어 중에 어떤 유형의 형태 및 의미론적 성질을 가진 단어가 많이 있다는 것은 새로운 단어를 만들 수 있는 힘을 가진 어형성의 과정이 존재하고 있다는 것을 의미하기 때문이다. 새로운 단어를 많이 생성할 수 있는 잠재적인 힘을 가진 어형성의 과정을 **생산적**(productive)이라고 한다.

기존의 단어에서 새로운 단어를 만들어 내는 과정의 주된 유형에는 접두사나 접미사를 이용해 파생어를 만드는 **파생**(derivation)과 어근을 두개 이상 결합시켜 복합어를 만드는 **복합**(compounding ; 합성)이 있다.

일본어의 경우 접두사는 비교적 적으며 일반적으로 생산적이지 않다. 예를 들어 (18a)의 ka-(믿음직스럽지 않음을 나타내는 접두어)는 생산성을 잃어서 이 접두사가 인정되는 형용사 중에서 실제로 많이 사용되는 것은 아마 여기서 예로 든 두 단어뿐일 것이다. 한편 (18b)의 o-(정중한 문체를 만드는 접두사)는 생산적인 접두사의 드문 예이다. 또 (18c)의 su-(꾸미거나 덧붙인 것이 없음을 나타내는 접두사)나 (18d)의 do-(부정적 의미를 강조하는 속어적인 접두사)의 생산성의 정도는 (18b)의 o-와 (18a)의 ka-의 중간에 위치한다고 말할 수 있다.

(18) 일본어의 접두사의 예
   a. ka- か細い(연약하다), か弱い(가냘프다)
   b. o- お茶(녹차), お酒(술), お稽古(けいこ 연습), お手紙(편지), お話(이야기)
   c. su- 素足(すあし 맨발), 素顔(すがお 맨얼굴), 素肌(すはだ 맨살), 素通り(すどおり 그냥 지나침)
   d. do- どでかい(아주 크다), どけち(왕 구두쇠), どあほ(완전 바보), どすけべ(왕 호색가), どまんなか(한가운데)

일본어에서 접미사는 접두사에 비해 많으며 대부분 생산적이다. (19a)의 -taci는 복수를 나타내는 접미사로서 보통 인간이나 동물을 나타내는 명사에 붙지만 최근에는 「星たち」「果実たち」「映画たち」「ことばたち」「丼物たち」「音たち」[9]등 인간이나 동물 이외의 다양한 사물을 나타내는 명사에도 사용된다. (19b)의 -sa는 대부분의 형용사 어간에 붙어 「~인 상태」「~인 정도」를 나타내는 명사를 만든다. (19c)의 -ppoi도 생산적이어서 명사 뒤에 붙을 뿐 아니라 「安っぽい」「荒っぽい」와 같이 형용사의 어간 또는 「怒りっぽい」

「忘れっぽい」와 같이 동사의 어간에도 붙을 수 있다. (19d)의 -suru
는 동사 「する」의 의미가 약화된 것으로 원래는 「選挙する」「計算
する」와 같이 한자어의 숙어에 붙어서 동사를 만들 때 사용되었지
만 지금은 모든 단어를 동사로 바꾸는 동사화 접미사로서 널리 사
용된다. 최근 자주 듣는 「getする」「breakする」등의 영어를 섞어 쓴
표현을 일본어에서 사용할 수 있는 것도 -suru의 덕분이다.

(19) 일본어 접미사의 예
    a. -taci こどもたち(아이들), 犬たち(개들), 花たち(꽃들),
             星たち(별들)
    b. -sa 高さ(높이), 長さ(길이), 広さ(넓이), 深さ(깊이),
             大きさ(크기), 寒さ(추위)
    c. -ppoi 水っぽい(싱겁다), 俗っぽい(속되다), 色っぽい
             (요염하다), 熱っぽい(열이 있어서 뜨겁다)
    d. -suru カリカリする(바삭바삭하다, 짜증나다), JCBす
             る(JCB카드로 계산하다), トラバーユする(전직
             하다), 芸能人する(연예인을 직업으로 하다)

일본어에서는 동사의 어간이 비교적 독립된 요소로서 어형성에
적극적으로 이용된다. 여기서 말하는 동사의 어간이란 이른바 「연
용형(連用形)」이며 이 형태가 그대로 명사로 이용되는 경우를 **전성
명사**(転成名詞)라고 한다.

표 1.6 전성명사의 의미 유형

a. 동작·작용 등
   [하는 것] 笑い(웃음), 揺れ(흔들림), おどし(위협), しくじり(실수), 取り調べ(취조), 貸し出し(대출), 繰り上げ(위로 올림,앞당김) 願い(바람), 悩み(고민), 祈り(기도)
   [동작·작용 상태, 정도, 모양] 暮らし(살림), 構え(구조 준비), 育ち(출신), 成り立ち(구성), 滑り(がいい 미끄러짐이좋다), すわり(が悪い)안정감이 없다, 当たり(が柔らかい 대인관계가 부드럽다)

b. 동작·작용의 결과
   [타동사에서] 写し(복사), 貯え(저금), 包み(포장), (鰹の)たたき(다진 가다랭이회), 差し入れ(차입), 盛り合わせ(모둠), 割り当て(할당)
   [자동사에서] 響き(울림), (肌の)荒れ(살결이 거칠어짐), むくみ(부종), かぶれ(피부병, 물듦), 吹きこぼれ(끓어 넘침), ほころび(꿰맨데가 터짐), 狂い(がない)(빗나감(이 없다), 정확하다)

c. 동작·작용의 주체
   [사람] もぐり(암매상인), 見張り(망을 봄), 見習い(견습), 付き添い(수행자), 取り巻き(추종자), 呼び出し(相撲)(스모선수 이름을 부르는 사람), 飛び入り(예정자 이외의 불시에 참가하는 사람)
   [사람 이외] 流れ(흐름), 群れ(떼), 妨げ(방해), 支え(지지, 받침), 浮き(뜸), 代わり(대신), 続き(계속)

d. 동작·작용을 맡은 대상
   つまみ(손잡이), 引き出し(서랍), 引っかかり(걸림), まわし(돌림), まとい(방해가 됨), 重ね(겹침), 連れ(동반)

e. 동작·작용의 수단·도구
   はかり(저울), はたき(먼지떨이), はさみ(가위), つなぎ(연결), しぼり(カメラ)조리개(카메라), こやし(비료), 囲い(울타리)

f. 동작·작용이 행해진 장소
   渡し(나루터), (町の)はずれ(시내 외곽), (地の)果て(땅 끝), 受け付け(접수), (台所の)流し(싱크대), 振り出し(시작지점), 並び(にある)((줄)에 있다)

g. 동작·작용이 행해진 시간
   暮れ(연말), 始まり(시작), 終わり(끝), 休み(휴가), 締め切り(마감), はね(終演)(종연), (彼岸の)入り(춘분/추분이 시작되는 날)

(21)   동사의 어간과 복합어
　　　a. 명사와 결합된 예
　　　　負け犬 지고 도망치는 개 = 負け(←負ける 지다)+
　　　　犬(개)
　　　　玉子焼き 계란말이 = たまご+焼き(←焼く)
　　　b. 동사의 어간끼리 결합해 복합명사를 만든 예
　　　　出し入れ 출납, 내고 들임 = 出し(←出す 내다)+入
　　　　れ(←入れる 들다)
　　　c. 「동사＋동사」형의 복합동사의 첫 번째 구성성분이 된 예
　　　　食べ残す(먹다 남기다) = 食べ(←食べる 먹다)+残
　　　　す(남기다)

(22)   食べ残し(먹다 남김)(←食べ残す 먹다 남기다), 乗り換え
　　　(환승)(←乗り換える 갈아타다), 立ち上げ(시작함)(←立ち
　　　上げる 시작하다)

　　(21b)와 같은 복합어는 복합동사로부터 만들어진 전성명사와 혼
동하기 쉽지만 예를 들어 「出し入れ」에 대해서 「出し入れる」라는
동사가 사용되지 않는다는 점이 다르다. 이 유형의 복합어는 「行き
来」,「開け閉め」,「上げ下げ」 등 의미적으로 쌍을 이루는 동사를 두
개 합친 형태가 많으며 「出し入れする」,「上げ下げする」와 같이
-suru에 의해 동사화되는 것도 많다.
　　전성명사와 그 토대가 되는 동사와의 의미적 관계는 표 1.6에서
볼 수 있듯이 다양하다.

복합어 중에는 세 개 이상의 요소로 이루어진 것도 적지 않다.
또 많지는 않지만 동사의 부정형을 포함하는 복합어도 볼 수 있다.

(23) 猫なで声(간살스러운 소리), 炊き込みご飯(고기・생선
・채소 등을 넣어 지은 밥), お年玉付き年賀はがき(복
권 연하엽서)

(24) a. 猫いらず(쥐약【상표명】), 水入らず(집안식구끼리),
世間知らず(세상 상식을 모름), 食わず嫌い(먹어 보
지도 않고 덮어놓고 싫어함), 使わず捨て(사용하지
않고 버림)[10]

　　 b. 寝冷え知らず(냉기 방지 침구), トイレ雑巾いらず(화
장실 걸레 필요없음【상표명】)

동사의 어간이 명사와 결합해서 만들어진 **복합명사**의 경우 토대가
되는 동사(V)와 명사(N)의 사이에는 「N이 V한다」 「N을 V한다」 「N
으로 V한다」등과 같이 격조사가 들어가는 의미관계가 성립하는 경우
가 많다.

(25) a. ガス漏れ(가스 누출)← ガスが漏れる(가스가 누출되다)
　　 b. 神隠し(행방불명)← 神が(誰かを)隠す(신이 숨기다)
　　 c. 卵焼き(달걀부침) ← 卵を焼く(계란을 굽다)
　　 d. 里帰り(귀성)← 里へ帰る(고향에 간다)
　　 e. フランス帰り(프랑스에서 돌아옴)← フランスから帰
る(프랑스에서 돌아온다)

(26)　a.　落ち葉 (낙엽)← 葉が落ちる(잎이 떨어진다)

　　　b.　招き猫(손님 등을 부르는 고양이)←猫が(誰かを)招く

　　　　　(고양이가 누군가를 부른다)

　　　c.　焼き魚(생선구이) ← 魚を焼く(생선을 굽다)

　　　d.　負けいくさ(싸움에 짐) ← いくさに負ける(싸움에 지다)

　　　e.　磨き砂(연마용 모래) ←　砂で磨く(모래로 닦는다)

　　ガ격의 관계가 인정되는 경우는 「ガス漏れ」「雨漏り」와 같이 자
동사가 토대가 되는 경우가 압도적으로 많고 「神隠し」와 같이 타
동사가 토대가 되는 케이스는 예외적이다. 반대로 타동사가 토대
가 된 경우에는 「卵焼き」「人さらい」와 같이 ヲ격(목적격)이 압도
적으로 많다.

　　「卵焼き」는 굽는 대상에 의해 이름 붙여진 것이기 때문에 ヲ격
의 관계이지만 「目玉焼き」는 구워졌을 때의 형태에 의한 명명으로
ヲ격의 관계가 아니다. 「たこ焼き」와 「たい焼き」의 차이도 이와
비슷하다. 「清水焼き」는 도자기가 제조되는 지명, 「炉端焼き」는
음식을 굽는 장소, 「鉄板焼き」는 음식을 구울 때 사용하는 도구,
「しょうが焼き」는 음식을 구울 때 사용하는 재료에 의해 이름 지
어진 것이다.

　　「卵焼き」「大根おろし」와 함께 「焼き魚」「おろししょうが」라는
표현이 정착한 것을 보면, (25)의 「명사＋동사」의 유형과 (26)의
「동사＋명사」의 유형을 구분해서 사용하는 명확한 규칙은 없는 것
같다. 덧붙이자면 도쿄에서 「干し芋」(ほしいも 말린고구마)라고
불리는 먹거리가 필자의 고향인 나가노현 이이다지방에서는 「芋干

し」(いもぼし 말린고구마)라고 불리지만 도쿄지역의 명물인 「干し
柿」(ほしがき 곶감)는 그대로 「干し柿」로 불린다.

▌단어의 의미와 형태의 투명도

지금까지 어형변화나 어형성을 논하는 과정에서 실제로는 명확
하지 않음에도 불구하고 특별히 문제 삼지 않은 점이 있다. 그것은
임의의 단어(=어형)를 복수의 형태소로 나눌 수 있을지 없을지, 그
리고 만약 복수의 형태소로 나눌 수 있다면 형태소의 경계는 어디
인지를 확실하게 알 수 있다는 전제이다. 이 전제에 문제가 없다면
형태론의 연구에는 편리하겠지만 현실은 좀 더 복잡하다.

「さかや」(酒屋 주류 판매점)를 (27a)과 같이「さか」와 「や」로 나
누어 설명하는 것에 이의를 제기하는 사람은 없을 것이다. 여기서
「さか」는 형태소{sake}의 이형태로서 「さかだる」(酒樽 술통), 「さ
かぐら」(酒蔵 술창고), 「さかもり」(酒盛り 술잔치)등의 단어에도
나타난다. 또한 「や」(屋 집, 가게)는 「くつや」(靴屋 신발집), 「は
なや」(花屋 꽃집), 「そばや」(蕎麦屋 메밀국수집)등의 단어에도 나
타나는데 「~을 제공하는 가게」라는 의미이다.

(27) a. さかや(주류 판매점) ← さか(酒 술)＋や(屋 가게)
      b. さかな(술 안주) ← さか(酒 술)＋な(안주)

이에 비해 「さかな」를 (27b)과 같이 두 개의 형태소로 나누는 것
에 찬성하는 일본인은 없을 것이다. 현대 일본인은 「さかな」를 보

통 더 이상 분해할 수 없는 단일한 형태소로 된 단어라고 생각하며
이 단어가 원래 「さけ」(酒)와 안주를 의미하는 「な」라고 하는 두
개의 단어로 이루어진 복합어이며 「술을 마실 때 같이 먹는 음식」
을 의미했다는 것을 모른다. 본래의 의미가 「酒の肴」라고 하는 단
어에 남아 있지만, 현대 일본어의 「さかな」는 본래의 의미로부터
너무 동떨어져 버렸기 때문에 표기 면에서도 「酒の肴」와 구별되
었다. 그래서 이것이 같은 단어였다는 것은 표기상으로도 알 수
없다[11].

　「さかや」와 「さかな」가 다르게 이해되는 것은 왜일까? 우선 「さ
かや」는 「술을 빚고 있는 가게」 또는 「술을 팔고 있는 가게」를 의
미하고 「酒」와의 관계가 명확한데 비해, 「さかな」가 「酒」와 관계
있는 단어라는 의식이 일본인에게는 없다는 점을 들 수 있다. 즉
「さかな 생선」는 본래　관련이 있었음이 분명한 「酒」라는 단어와
의 관계가 완전히 단절되었다고 볼 수 있다. 게다가 「さかな」를
(27b)과 같이 분석해서 「さか」를 「酒」로 분석할 경우 나머지 「な」
를 분석하기가 어렵다. 현대 일본인에게 있어서 「さかや」의 「や」
는 (28)와 같은 패러다임 관계에 근거해서 형태소라고 인정할 수
있는데 비해, 「さかな」의 「な」에는 대응하는 패러다임 관계를 발
견할 수 없다. 즉 현대 일본어에서는 「な」를 형태소로 인정할 근거
가 거의 없기 때문에 「さかな 생선」는 단일형태소로 된 단어라고
볼 수밖에 없다.

(28)

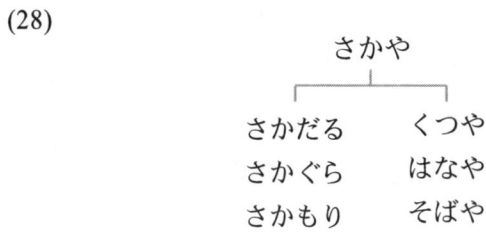

이와 같이 형태론에서는 현대 일본어화자가 그 단어를 어떻게 의식하고 있는지에 근거해서 단어를 형태소로 분석하기 때문에 단어의 형태소 분석에 있어서 그 단어의 어원이 충실히 반영되지는 않는다. 역사적으로 보면 복수의 형태소로 분석될 단어가 현대어의 관점에서 보면 한 개의 형태소로 보이는 경우 이 단어는 내부구조의 투명성을 잃었다고 한다.

(29)의 「きのこ」와 「こずえ」는 「さかな」보다는 그 내부 구조의 투명도가 높다고 생각된다. 그러나 「きのこ」도 「こずえ」도 하나의 한자로 나타낼 수 있다는 사실에서 알 수 있듯이 이 두 단어의 내부에 있어서의 형태소의 경계는 벌써 무너지기 시작했고 「さかな」의 처지에 가까워지고 있다고 볼 수 있다.

(29) a. きのこ(茸 버섯) ← {木} + {の} + {子}
　　　 b. こずえ(梢 나뭇가지끝) ← {木} + {末}

그러나 현대어 화자에게 있어서 두 단어가 「木」와의 관계는 완전히 단절된 것은 아니다. 왜냐하면 「木＋の＋子」「木＋末」(「こ」는 {木}의 이형태의 하나)에서 볼 수 있듯이 형태소로 나누었을 때의

의미 해석이 「きのこ」「こずえ」의 의미와 일치하기 때문이다. 이
는 「さか＋な」로 분석하면 현대 일본어화자가 그 의미를 설명하기
어렵다는 점과 대조적이다.

　복합어임이 명백하고 형태소 경계도 뚜렷하지만 의미가 투명하
지 않은 경우도 있다.

　(30)　a. 踏みつぶす(밟아서 뭉개다) ← {ふむ 밟다}＋{つぶす
　　　　　뭉개다}
　　　　b. 踏みにじる(짓밟다) ← {ふむ 밟다}＋{にじる 짓이기다}

　(30)의 예는 모두 두 개의 동사로 이루어진 복합동사이며 형태소
경계도 (30a) humi-cubus-u, (30b) humi-nizir-u와 같이 명백하다. 그
런데 「踏みつぶす」는 「踏んでつぶす」로 바꾸어 말할 수 있지만
「踏みにじる」는 그렇게 할 수 없다. 왜냐하면 현대일본어에서는
「にじる」가 독립한 동사로서 단독으로 사용되지 않기 때문이다. 또
한 문고본 코퍼스에는 「踏みにじる」의 예가 20번, 「にじり出る」의
예가 한번 나타나지만 「にじる」가 독립된 동사로 쓰인 예는 없다.
어쨌든 「踏みつぶす」를 「踏んでつぶす」로 바꾸어 말하는 방식으
로 「踏みにじる」를 「踏んでにじる」라고 바꾸어 말했을 때 「にじる」
의 의미가 확실하지 않은 이상 현대 일본어화자에게 있어서는 「踏
みにじる」라는 동사의 설명으로 이 분석은 거의 무의미하다. 덧붙
여 「踏みつぶす」와 「踏みにじる」의 의미적인 투명도의 차이는 「踏
みつぶす」가 실제로 다리를 움직여 행하는 동작을 가리키는데 비
해 「踏みにじる」는 실제로 다리를 움직여 행하는 동작이 아니고

「(존중해야 하는 원칙이나 규칙 등을) 무시하다, 부수다」라고 하는
추상적인 의미라는 점도 반영하고 있다.

　(31a)에 사용된 「まくる」는 「동작을 쉬지 않고 격렬하게 행하는
모습」을 나타낸다. 이에 비해 「袖をまくる」와 같이 독립해서 동사
단독으로 쓰이는 「まくる」는 「물건의 끝자락을 감아 올리다」라는
의미를 나타내고 (31b)의 「まくり上げる」의 「まくる」도 이와 같은
의미이다. 문고본 코퍼스에는 (31a)와 같이 「～まくる」로 끝나는
동사는 개별어수가 113개이고, 총어수가 475개이다. (31b)와 같은
유형의 복합동사는 「まくり上げる」만이 89개 나타나며, 독립된 동
사 「まくる」는 108개(腕まくり 22개 포함) 나타난다.

(31)　a. 逃げまくる(도망다니다), しゃべりまくる(조잘대다),
　　　　かせぎまくる(돈을 벌어대다), 遊びまくる(놀아대다)
　　　b. まくり上げる(걷어올리다)

　우리가 평상시에 이 두 종류의 「まくる」를 같은 동사라고 생각
하고 있는지는 매우 의심스럽다. 의미의 차이가 너무 크기 때문이
다. 그러나 만약 두 개의 「まくる」가 같은 동사가 아니라고 하면
(31a)의 동사는 「동사＋동사」형의 복합동사라고 볼 수 없다. 왜냐
하면 독립한 동사로 쓰이는 용법이 없고 다른 동사의 연용형의 뒤
에만 나타나는 「まくる」는 사역을 나타내는 「させる」처럼 동사의
어간에 붙는 접미사에 해당하는 형태소가 되고, (31a)의 동사는 동
사에 접미사가 붙은 파생동사이기 때문이다. 이에 비해 「まくり上
げる」는 「袖をまくる」의 「まくる」, 「足を上げる」의 「上げる」와

같은 동사로 이루어져 있다고 볼 수 있기 때문에 「동사＋동사」형의 복합동사가 된다.

(31a)의 「まくる]처럼, 같은 형태이지만 다른 동사와의 의미적인 관련성을 찾기 어려워서 접미사로 보는 편이 나은 경우가 적지 않다. 예를 들면 「嚙み切る 깨물다」의 「切る」는 「はさみで切る 가위로 자르다」의 「切る」와 공통되지만 「言い切る 단언하다」,「読み切る 독파하다」,「閉め切る 닫는다」 등의 「切る」는 「言う 말하다」「読む 읽다」,「閉める 닫다」라는 행위의 완료나 완결을 나타내는 기능이 있을 뿐이다. 따라서 「嚙み切る」는 복합동사로 인정되지만 「言い切る」 등은 복합동사로 보기 어렵다.

【주】

1) 의태어 sarasara「보송보송」와 zarazara「거칠거칠」처럼 자음 그 자체에 의미가 있는 것처럼 보이는 경우가 있다. 그러나 sarani「한층 더」와 zarani「흔하게」, saru「원숭이」와 zaru「소쿠리」 등을 비교하면 s와 z에 특정한 의미가 있다고는 생각하기 어렵다. 이는 모음에 있어서도 마찬 가지다. 예를 들어 asu-isu-osu (내일-의자-수컷)나 aku-iku-oku(비다-가다-두다)와 같은 대립을 근거로 모음 a, i, o에 각각의 고유한 의미가 있다고 주장하기는 어렵다.

2) 일본어사전에서 「考える」가 표제어인 것은 「사전에서 동사의 표제어를 종지형으로 한다」라고 사전편집자들이 결정했기 때문이다. 이는 관습적인 것으로 일본어의 동사는 활용의 형태나 어간을 바로 알 수 있는 연용형(「考え」)을 표제어로 하는 것이 합리적이라는 의견도 있을 정도이다. 동사의 활용형 중에 어느 것을 표제어로 할지는 언어에 따라서도 다양하다. 예를 들어 라틴어 사전의 경우 동사는 「내가~한다」의 활용형을 표제어로 하는 전통이 있다.

3) 「인터넷의 등장 이후 컴퓨터에 의해 처리되는 화상(画像)의 양은 엄청나게 증가하였다. 비록 인터넷이 없었더라도 화상처리는 양적으로 증가했을 것이다. 컴퓨터가 이전보다 빨라지고 메모리도 커져서 화상 처리가 더 용이하게 되었기 때문이다.」(Martien Verbruggen, *Graphics Programming with Perl*, Manning, 2002, p. 3)

4) 「자치령으로 러시아 제국에 편입된 직후의 반세기는 경제적으로도 정치적으로도 포르보 의회에 대한 약속에서 기대되던 장미빛 시대라고는 할 수 없었다. 그러나 이후의 핀란드 발전의 기초는 이 시기에 닦아졌다.」(Silmäys Suomen historiaan, *Turun maakuntamuseo*, 1996, s. 19)

5) 엄밀히 말하면 개별어수는 다른 어형이 나타난 수를 나타낸 경우도 있다. 즉 어휘소로 생각할 때 「考える」와 「考えた」는 둘 다 어휘소≪考える 생각하다≫가 나타난 것으로 집계되지만, 어형으로 생각하는 경우에는 어형<考える>와 어형<考えた>는 다른 단어로 집계된다. 예를 들어 단어의 출현 빈도수를 측정할 때에 이 차이를 엄밀하게 구별할 필요가 있다.

6) 많은 유럽 언어에서 명사와 형용사가 같은 유형의 어형변화(性·数·格)를 하고 동사는 다른 유형의 어형변화(인칭·시제)를 한다. 유럽의 전통적인 언어학 용어의 번역에 근거한 일본의 언어학 용어에서는 동

사의 어형변화를 나타내는 conjugation의 번역어로「활용」을, 명사와 형용사의 어형변화 declension의 번역어로서「곡용」또는「굴절」을 사용한다. 그러나 동사·형용사·형용동사가「활용」하고 명사는 활용하지 않는 일본어에서는「활용」과「곡용」을 유럽의 언어를 모방해 대립시킬 필요가 없을 뿐만 아니라 오히려 혼란을 야기하기도 한다. 본서에서는 동사와 명사 모두의 어형변화를 포함한 의미로서「활용」을 사용한다. 즉「활용」을 어형변화의 동의어로서 사용한다. 또 동사의 활용과 명사의 활용을 구별할 필요가 있는 경우에는 각각「인칭변화」(conjugation),「격변화」(declension) 로 나누기로 한다.

7) 이 절의 목적은 어형변화에 관한 기본적인 개념을 설명하는 것이지 일본어 동사의 활용체계 그 자체를 기술하는 것은 아니다. 따라서 이 절에서는 일본어 동사의 활용표로서 예로 든 표1.3~1.5는 일본어 동사의 활용형을 정리하는 방법의 한 예일 뿐 일본어 동사의 활용체계의 기술에 관해서 특정한 이론적 제안을 하려는 의도는 없다. 이번 장에서는 형태론의 개념의 설명을 외국어의 예는 가능한 한 들지 않고 가능한 한 일본어를 예로 들어 설명하려고 하였다.

8) 일본어를 포함해 우리에게 친숙한 언어는 어형변화가 기본적으로 접미사에 의해 이루어지는 언어이지만 어형변화가 접두사에 의해 이루어지는 언어도 있다. 예를 들어 스와히리어의 동사 -soma「읽다」의 일인칭 단수형은 다음과 같다.

ni-na-soma　　나는 읽는다
ni-li-soma　　나는 읽었다
ni-ta-soma　　나는 읽을 것이다
ni-me-soma　　나는 읽어 버렸다

일인칭 단수를 나타내는 형태소(ni-) 및 시제를 나타내는 형태소(현재 -na-, 과거-li-, 미래-ta-, 완료-me-)가 동사어간(-soma)의 앞에 나타나고 있는 점에 주의할 필요가 있다.

9) はるかかなたで生まれた星たちの光 (東京電力のテレビCM)
世界の珍しい果実たち (ＡＮＡ機内誌, 1993年2月18日号)
私が感動した映画たち (ＤＣカード会員誌)
すてきなことばたち (ＮＨＫ;子供向けの歌の歌詞)
ボリューム満点の丼物たちです. (寿司屋の出前用メニュー)
その哀愁の調べを盛り上げる, 宮本文昭やショーロ·クラブの音たち.(http://www.Amazon.co.jp)

10) 「使い捨てどころか「使わず捨て」もあってゴミ問題が深刻になっている」(読売新聞，1990年11月29日)

11) 이에 비해 「생선」을 의미했던 본래의 단어인 「うお 물고기」는 현대 일본어에서는 「とびうお 날치 」「しらうお 뱅어」「うおいちば 어시장」 등의 복합어에는 나타나지만 단독으로는 쓰이지 않는다. 「さかな」가 「うお」를 의미하게 된 것은 「うお」의 건어물 등이 「酒の肴 안주」가 되는 경우가 많았기 때문일 것이다. 현대적으로 말하면 「刺身 생선회」를 「さかな 생선」의 의미로 사용하기 시작한 것과 같으며 이는 환유(換喩)에 의한 의미 변화로 볼 수 있다.

【참고문헌】

グリースン 『記述言語学』 竹林滋·横山一郎訳，大修館書店，1970 [Gleason, H. A., *An Introduction to Descriptive Linguistics*, 1961].

鈴木重幸 『日本語文法·形態論』 むぎ書房，1972.

西尾寅弥 「動詞連用形の名詞化に関する一考察」 『国語学』43，1961.

ブルームフィールド 『言語』 三宅鴻·日野資純訳，大修館書店，1962 [Bloomfield, L., *Language*, 1933].

ブロック ＆ トレーガー 『言語分析の概要』 玉崎孫治訳，南雲堂，1980 [Block, B. & Trager, G. L., *Outline of Linguistic Analysis*, 1942].

ライオンズ 『理論言語学』 国広哲弥訳，大修館書店，1973 [Lyons, J., *An Introduction to Theoretical Linguistic*, 1968].

Bauer, L., *Introducing Linguistic Morphology*. Edinburgh University Press, 2003.

Matthews, P.H., *Morphology*. 2nd Edition. Cambridge University Press, 1991.

언어학

Linguistics : An Introduction

제 2 장
문장의 구조

▌통어론

문장은 단어나 형태소를 일렬로 나열해서 만들어진다(이하, 단
어와 형태소를 특별히 구별할 필요가 없는 경우에는 단어라고 한
다). 모든 언어에는 문장을 구성하는 단어가 배열되는 형태에 규칙
성이 있다. 다음의 일본어 문장을 보자.

(1) 太郎は学生だ. (타로는 학생이다)

이 문장을 구성하는 단어는 「太郎」「は」「学生」「だ」의 네 단어이
며 순서를 바꾸면 24가지 문장이 만들어질 수 있다. 그러나 모든
배열이 일본어에서 가능한 것은 아니며 다음과 같은 배열은 일본
어 문장으로 인정되지 않는다. 앞으로 어떤 언어의 표현으로서 문

법적으로 혹은 의미적으로 받아들여질 수 있는 것을 「적격(適格)」
이라 부르기로 한다.

(2) *は太郎だ学生.

(3) *太郎だは学生.

(*는 문법이나 의미적으로 부적격한 표현임을 나타내는 기호이다.)

영어의 문장에서도 (4)와 같은 적격의 문장에 포함된 단어의 순
서를 변경하면 부적격한 문장이 되거나 혹은 원래의 문장과는 다
른 의미를 나타낸다.

(4) John is a student.

(5) *Is student a John.

(6) Is John a student?

(5)는 영어문장으로서 부적격하며 (6)은 적격인 문장이지만 (4)
와는 다른 의미를 나타낸다.

일본어의 문장(1)과 영어의 문장(4)을 비교해 보면 알 수 있듯이
두 언어의 단어를 배열하는 규칙에는 차이가 있다. 일반적으로 언
어에 따라 단어의 배열 규칙도 다소 달라진다. 그러나 일본어와
한국어, 영어와 중국어처럼 배열방식이 매우 비슷한 언어도 많이
있다.

언어에 있어서 문장과 구 등의 큰 단위를 구성하는 작은 단위인
단어의 배열방식에 규칙성이 있는 것을 「구조(構造)」가 있다고 한

다. 문장을 구성하는 단어의 배열방식에도 명확한 규칙성이 있기 때문에 문장에도 구조가 있다고 할 수 있다. 문장의 구조를 연구하는 언어학의 분야를 **통어론**(統語論 syntax), 통사론(統辞論), 구문론(構文論)이라고 한다.

통어론의 목표는 문장에는 왜 구조가 있는지 그리고 문장의 구조를 결정하는 보편적인 원리는 무엇인지를 해명하는 것이다. 모든 언어의 문장에 예외 없이 구조가 있다면 거기에는 반드시 이유가 있을 것이다. 그리고 언어에 따라 단어의 배열방식에 차이가 있다면 그 차이가 생기는 근거도 합리적으로 설명할 필요가 있다. 또한 통어론에서는 각각의 언어에 나타나는 특정한 구조의 성질에 대해서도 분석한다.

▌형태소의 분류

문장의 구조를 일반적인 형태로 나타내기 위해서는 먼저 단어를 그 기능에 따라서 분류해 둘 필요가 있다. 단어의 분류가 이루어지지 않으면 각각의 문장이 갖는 구조는 분석할 때마다 다른 유형의 구조가 될 것이고 결국 한 언어의 문장이 가질 수 있는 구조를 일반화하여 기술할 수 없게 된다.

단어를 분류하는 데에는 전통적으로 「명사」 「동사」 「형용사」, 「부사」 등의 **품사**가 이용되고 있다. 단어를 품사로 분류하는 것은 고대 그리스의 문법가[1]로부터 시작되었으며 그 분류가 라틴어의 문법기술[2]에 적용되었고 그 후 유럽언어의 기술문법에도 널리 사용되었다. 품사분류[3]는 유럽언어와 계통과 유형이 다른 일본어와 같은 언어에도 마찬가지로 효과적으로 이용될 수 있다.

그리스어와 라틴어의 문법에 사용된 품사는 주로 형태론적인 관점에서 분류된다. 그러나 일본어와 영어 등, 유럽의 고전어와는 형태적 특징이 다른 언어에도 동일한 품사분류가 적용될 수 있다는 것은 사실 품사의 설정이 형태가 아니라 문법적·의미적인 기능에 근거를 두고 있기 때문이라는 것을 시사한다.

각 품사의 문법적인 기능으로 여겨지는 내용은 다음과 같다.

a. **명사** : 사물을 표현한다. 사물은 「산」과 「의자」로 표현되는 물건(개체) 혹은 개체의 집합이 가장 알기 쉽다. 그러나 「운동」과 「변화」등의 단어는 「어떤 물건이 어떤 시점에서 운동하다/변화하다」와 같은 형태로 나타나서 다양한 사태와 사태의 집합을 나타내고 있다. 즉 이러한 단어가 나타내는 것은 주체와 성립시점 등이 정해져 있지 않은 사태 혹은 사태의 집합이다.

b. **동사** : 사물의 움직임, 변화, 상태 등을 나타낸다. 더 일반적으로는 어떤 사물을 주체로 해서 성립하는 사태가 어떤 성질을 가지고 있는지를 나타내기 위한 단어가 동사이다. 동사는 사태의 기본적인 큰 틀을 나태내고, 그 큰 틀 속에 사물이 들어가서 최종적으로 개별적인 사태가 완성된다.

「はしる」(달리다)라는 동사는 「誰かがどこかで走る(누군가가 어디에선가 달린다)」라는 주체와 장소가 불특정인 사태를 나타낸다. 따라서 동사가 나타내는 것은 사태 그 자체가 아니라 사태의 틀이다. 이 틀에 가령 「太郎」라는 주체와 「運動場」이라는 장소를 넣으면 최종적으로 「太郎が運動場で走る」라

는 특정한 사태를 나타내게 되는 것이다. 앞으로 동사가 나타내는 사태의 틀을 사태의 기초가 된다는 의미로 **사태기**(事態基)라고 부르기로 한다.

c. **형용사** : 사물의 집합을 어떤 특징에 의해 한정한다. 한정하는 방법은 어떤 특징에 관해서 기준을 설정하고 그 기준보다 더 위인지 또는 아래인지를 표시하는 것이 일반적이다. 「大きい」라는 형용사는 「大きさ」라는 특징에 관한 기준보다 위인 사물을 나타낸다.

d. **부사** : 사태가 성립하는 양태, 사태가 성립하는 시점과 가능성 등 사태의 성질을 더 자세히 한정하는 역할을 한다.

이상의 대표적인 품사 이외에도 언어에 따라 다음과 같은 품사가 설정된다.

e. **전치사** : 명사가 나타내는 사물의 의미역할[4]을 나타낸다. 명사 앞에 놓인다.

f. **후치사** : 명사가 나타내는 사물의 의미역할을 나타내며 명사의 뒤에 놓인다. 일본어의 격조사는 후치사의 일종이다.

g. **조동사** : 동사의 앞 또는 뒤에 놓이며 사태가 성립하는 시점과 가능성을 나타낸다. 부사와 기능적인 공통점이 있지만 동사와 일체가 되어 하나의 단위를 이루는 점이 부사와 다르다.

h. **관사** : 사물의 정성(定性)을 나타낸다. 정성이란 어떤 사물이 같은 단어에 의해서 나타내어지는 다른 사물과는 확연히 구별되어지는 성질이다[5].

품사분류를 이용하면 문장의 구조를 품사를 배열하는 방법으로 일반화시켜 나타낼 수 있으며 이는 구조를 결정하는 일반적 규칙을 해명하는데 유용한 기술 방법을 제공한다.

품사분류 이외에도 미국 구조주의언어학[6]에서 시작된 단어의 이분법이 있다. 이 분류에서는 단어가 사물과 사태의 성질 등과 같은 실질적 내용을 나타내는지 아니면 의미역할과 사태의 성립시점과 가능성 등의 문법적 기능을 나타내는지의 기준에 따라 **내용어**(內容語)와 **기능어**(機能語)로 이분된다[7]. 품사와의 대응관계는 다음과 같다.

내용어: 명사, 동사, 형용사, 부사
기능어: 전치사, 후치사, 관사

그리고 문법적 기능을 나타내는 형태소 중에서 내용어에 직접 붙으며 그 사이에 다른 내용어가 올 수 없을 정도로 독립성이 낮은 것을 「접사」라고 부른다. 일본어의 조사와 조동사는 접사의 일종이다.

내용어와 기능어에 의한 단어의 분류는 여러 가지 단어가 나열되어 상위의 단위를 구성할 때에 그 상위 단위의 일반적 구조를 기술하기에 유용하다. 예를 들면 「山が」는 「명사+후치사(격조사)」로 「見た」는 「동사+조동사」라는 구조로 표시되는데 둘 다 「내용어+기능어」라는 더 일반적인 구조로 기술할 수 있다.

▌문장을 구성하는 단위

문장을 구성하는 가장 작은 단위는 형태소이지만 전통적으로

「단어」도 사용된다. 형태소와 단어가 같은 단위를 가리키는 경우도 많지만 단어에는 일종의 독립성이 요구되는데 비해 형태소에는 독립성이 요구되지 않는다. 예를 들면 일본어에서 「山 산」이나 「犬 개」와 같은 명사는 독립성이 있으며 형태소임과 동시에 단어이다. 한편 「見た 보았다」는 두 개의 형태소 「見」와 「た」로 만들어지지만 둘 다 독립성이 높다고는 할 수 없다. 이런 이유로 「見た」 전체를 한 개의 단어로 보기도 하지만, 한편으로는 「た」를 한 개의 단어로 보는 경우도 있다.

어느 쪽이든 최종적으로 문장은 몇 개의 형태소로 분할되지만 문장의 구조를 표시할 때에 형태소만을 사용하면 구조를 일반화하기가 어려워진다. 다음의 문장을 보자.

(7)　　大きいイヌが小さいネコを追いかけていた.
　　　　큰 개가 작은 고양이를 쫓아가고 있었다.

이 문장에서 「大きいイヌ 큰 개」 전체가 주어로서 기능하고 「小さいネコ 작은 고양이」 전체가 목적어로서 기능하고 있다. 즉 「大きいイヌ」「小さいネコ」는 두 단어로 구성되어 있지만 이 두 단어가 한 단어인 「イヌ 개」나 「ネコ 고양이」와 같은 기능을 하는 경우도 많기 때문에 복수의 단어로 구성되어 있으면서 단어보다 상위에 있는 단위를 설정할 필요가 있다. 이러한 성질을 갖는 상위의 단위를 구(句)라고 부른다[8]. 「大きいイヌ」는 「イヌ」라는 명사 하나와 같은 기능을 갖고 있기 때문에 「명사구」라고 부를 수 있다. 「大きいイヌが 큰 개가」는 명사구에 격조사(후치사)가 붙어서 명사구가 문법적으로 무슨 역할을 하는지를 나타내고 있는 단위이다. 일본어에서는 명사구 단독으로 문법적 기능을 하는 경우가 없기 때문에 「명사구＋격조사」라는 단위는 명사구와는 확실히 성질이 다르다. 구에 어떠한 단어가 부가되어 문법적 기능을 갖는 단위를 본서에서는 **군(群)**이라고 부르기로 한다[9]. 「大きいイヌが」는 명사구에 문법적 기능이 표시된 군(群)이기 때문에 「명사군」이라고 부르기로 한다.

　「追いかけていた 뒤쫓고 있었다」는 「追いかけ」「て」「い」「た」라는 네 개의 단어로 구성된 단위이다. 「追いかけ」는 동사이며 뒤따르는 단어들이 동사가 나타내는 사태의 성질의 문법적 기능을 나타내고 있다[10]. 문법적 기능이 나타나는 단위를 「군(群)」이라고 부르기로 하였는데 「追いかけていた」의 경우는 「동사군(動詞群)」이다.

　일본어의 경우 동사에는 반드시 문법적 기능을 나타내는 단어 또는 형태소가 붙기 때문에 동사의 상위에 있는 「동사구」를 설정할 수 없다. 그러나 영어와 같은 언어에서는 다음과 같은 예문에서 볼 수 있듯이 동사구의 존재를 인정할 수 있다.

(8)　Tom ran fast.

　영어에서는 ran에 독립성이 인정되므로 이러한 단위를 「단어」라고 부르고 있다. 이 단어는 사태의 성질을 나타낼 뿐만 아니라 사태가 과거에 성립했다는 문법적 기능도 나타내고 있다. 이 ran이라고 하는 단어에 fast가 덧붙여져서 사태가 성립하는 양태를 나타내고 있으며 전체적으로 동사보다 상위의 단위를 구성하고 있다고 볼 수 있다. 따라서 영어의 경우에는 ran fast를 동사의 바로 상위에 위치하는 단위인 「동사구」라고 부르는 것이 적절하다.

영어에서 동사군으로 적당한 단위는 다음의 (9)에 있는 will run fast와 같은 어군이다.

(9)   Tom will run fast.

will은 run의 앞에 놓여서 run이 표시하는 사태가 미래의 시점에서 성립한다는 것을 나타내고 있다. 즉 단독의 단어가 동사에 부가되어서 문법적인 기능을 나타내는데 이는 군(群)의 성질에 부합한다.

그리고 구(句)나 군(群)에는 이러한 단위의 중심이 되는 단어가 있다. 명사구나 명사군의 경우는 명사이며 동사구나 동사군의 경우는 동사이다. 구나 군의 중심이 되는 단어를 **주요어**(主要語)라고 부른다.

이상과 같이 문장과 단어 및 형태소 간에는 문장-군-구-단어나 형태소의 순서로 각각 다른 성질을 지닌 단위를 인정하고 있다. 다만 문장의 구조를 기술할 때에는 이러한 단위를 구성하는 하위의 단위가 어떠한 규칙으로 배열되는지가 문제가 된다.

▌구조를 표시하기 위한 방법

단어에 내용어와 기능어의 두 종류가 있고 내용어에 기능어가 부가되어 문법적 기능을 나타내는 방식은 언어에 일반적이며 이들

두 종류의 단어에 의해서 형성되는 단위인 군은 어떠한 형태로든 모든 언어에 존재할 것이다. 그리고 형용사는 명사가 나타내는 사물의 내용을 한정하고 부사는 동사가 나타내는 사태기(事態基)의 양태를 특징짓는 구조도 언어에 보편적이기 때문에 내용어가 결합해서 형성되는 단위인 구도 역시 모든 언어에 나타날 것이다. 따라서 앞에서 기술했듯이 문장을 구성하는 단위에 나타나는 계층성은 사태를 구성하는 요소가 갖는 기능적 성질이라는 점에서도 설명이 가능하다.

미국 구조주의언어학에서 행해진 문장의 구조분석에서는 문장을 구성하는 단위를 **구성소(構成素)**라고 하고 상위 단위의 바로 아래 단위를 **직접구성소**라고 불렀다[11]. 본서에서도 이 용어를 사용하고자 한다.

문장에 포함되는 단위의 구성소를 간략하게 나타내면 다음과 같다.

(10) 문장 : 군1, 군2... 군n
　　　군 : 구, 기능어1... 기능어n
　　　구 : 내용어1... 내용어n

다음의 일본어 문장에서 (10)의 타당성을 검토해 보자.

(11) 可愛い少女が公園で小さなイヌと遊んでいた.
　　　(귀여운 소녀가 공원에서 작은 개와 놀고 있었다)

(11)을 구성하는 각 단어의 특징은 다음과 같이 나타낼 수 있다[12].

(12) 可愛い : 형용사, 내용어

　　　少女 : 명사, 내용어

　　　が : 격조사, 기능어

　　　公園 : 명사, 내용어

　　　で : 격조사, 기능어

　　　小さな : 형용사, 내용어

　　　イヌ : 명사, 내용어

　　　と : 격조사, 기능어

　　　遊ん : 동사, 내용어

　　　で : 조사, 기능어

　　　い : 조동사, 기능어[13]

　　　た : 조동사, 기능어

이 단어들은 다음과 같이 군과 구를 구성한다.

(13) 명사군 : {可愛い少女が}[명사구＋격조사]

　　　명사구 : {可愛い少女}[형용사＋명사]

　　　명사군 : {公園で}[명사＋격조사]

　　　명사군 : {小さなイヌと}[명사구＋격조사]

　　　명사구 : {小さなイヌ}[형용사＋명사]

　　　동사군 : {遊んでいた}[동사＋접속조사＋조동사＋조동사]

그리고 문장(11)은 전체적으로 [명사군1 ＋ 명사군2 ＋ 명사군3 ＋ 동사군]이라는 구성으로 되어 있음을 알 수 있다. 따라서 (10)에서 분석된 단위의 구성소에 관한 기술내용에 부합한다.

문장을 구성하는 단위의 구성소가 확정되면 문장의 구조를 표시하기 위해서 구성소의 순서에 관한 규칙이 필요하다. 위의 예를 보면 일본어에는 다음과 같은 구성소 배열 규칙이 있다고 볼 수 있다. 명사 단독으로 명사구를 구성하는 경우나 「遊ぶ 놀다」와 같이 조동사를 수반하지 않는 동사군도 있으므로 규칙 속에서 임의로 선택될 수 있는 요소는 (   )에 넣어 나타낸다.

(14)　문장 : 명사군 1(... ＋명사군n)＋동사군

　　　　명사군 : 명사구＋격조사

　　　　명사구 : (형용사＋)명사

　　　　동사군 : 동사＋조사(＋조동사 1...＋조동사 n)[14]

문장 (11)의 구조를 (14)의 분석을 토대로 하여 구성소의 배열방식을 반영하는 형태로 표시하면 다음과 같다.

(15)

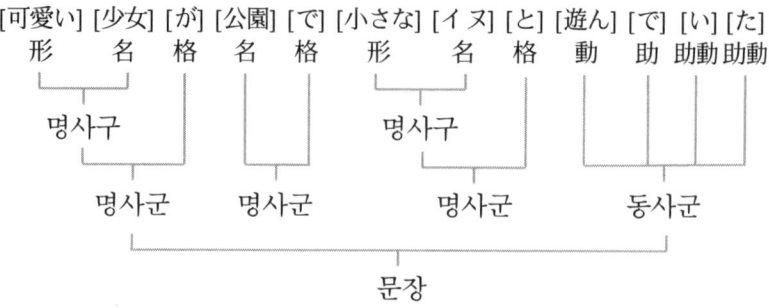

(15)와 같이 구조를 표시한 것이나, 거꾸로 문장을 가장 위에 놓고 구조를 표시한 것을 「수형도」라고 부른다. 수형도는 문장을 구성하는 요소가 계층성을 이루는 것을 나타낼 수 있다는 점에서 편리하지만 반드시 이 방법으로 구조를 표시할 필요는 없고 다음과 같이 나타낼 수도 있다.

(16) 문장 [[명사군 [명사구 [形 [可愛い] 名 [少女]] 格[が]]
     [명사군 [명사구 [名 [公園] 格[で]] [명사군 [명사구 [形 [小さな] 名 [イ ヌ]] 格 [と]]
     [동사군 [動 [遊ん] 助 [で] 助動 [い] 助動 [た]]]]

이러한 방식으로 구조를 표시하면 지면은 절약되겠지만 전체구조를 보기 어렵다는 단점이 있다.

문장에 구조가 있는 이유

문장과 단어의 중간에 위치하는 「군」과 「구」와 같은 단위를 도입하여 문장의 구조를 알기 쉽게 나타낼 수 있게 되었다. 그러면 원래 문장에는 구조가 있다는 것, 바꿔 말하면 단어, 구, 군 등의 단위의 배열방식에 규칙성이 있는 이유는 무엇일까?

문장은 사태(事態)를 나타내는 언어기호이다. 즉 기호로서의 문장의 의미는 사태이다. 문장은 단어로 분할되기 때문에 단어는 사태의 일부분을 나타낸다고 생각할 수 있다. 단어가 나타내는 사태의 일부분을 조합해서 얻어지는 것이 문장의 의미로서의 사태이다.

언어는 화자가 청자에게 의미를 전달하는 수단이고 화자가 의도하는 의미와 청자가 이해하는 의미가 같아야 한다. 만약 양자 간에 의미가 같지 않아도 된다면 어떤 문장으로도 모든 사태를 나타낼 수 있게 되는데 그렇다면 같은 의미를 전달한다는 언어 본래의 역할이 상실될 것이다.

문장을 구성하는 단위는 선적(線的)으로 배열되므로 청자가 문장의 의미를 이해할 때에는 주어진 단어의 의미를 동사가 나타낼 사태의 틀 (事態基) 속에 차례로 넣어 최종적으로 하나의 사태가 만들어지는 과정을 거칠 것이다[15]. 다음의 문장을 보자.

(17) 花子がネコを見た.
　　　하나코가 고양이를 보았다.

이 문장에서는 「花子」「が」「ネコ」「を」「見」「た」라는 단어가 순서대로 나열되어 있다. 이 문장이 나타내는 의미를 이해하는 과정은 대략 다음과 같을 것이다.

(18) 花子 → 「花子」인 개체가 사태 속에 포함된다.
　　　　　　이 개체의 의미역할은 미정.
　　　が 　→ 「花子」인 개체의 의미역할은 「주체」.
　　　ネコ → 「ネコ」인 개체가 사태 속에 포함된다.
　　　　　　이 개체의 의미역할은 미정.
　　　を 　→ 「ネコ」인 개체의 의미역할은 「대상」.
　　　見 　→ 사태의 틀을 만드는 동사는 「見る」이다.

た → 사태가 과거에 성립하였다.

(18)에서 제시된 의미를 이해하는 과정에서는 「花子」의 바로 다음에 「が」가 있고 「ネコ」의 바로 다음에 「を」가 붙어서 각각의 단어(명사)가 나타내는 개체의 의미역할이 결정된다. 즉 일본어에서는 단어와 문법적 기능을 나타내는 단어가 인접한다(후자가 전자의 바로 다음에 놓인다)는 규칙이 있고 이 규칙을 언어사용자가 알았을 때 단어의 문법적 기능을 정확하게 이해할 수 있다.

다시 말하면 「花子」라는 명사의 바로 다음에 「が」라는 격조사가 놓여서 전체로서 「花子が」라는 명사군이 형성되고 이 명사군에 의해서 주체가 「花子」라고 이해된다. 마찬가지로 「ネコを」라는 명사군에 의해 대상이 「ネコ(고양이)」라는 것을 알 수 있다. 그리고 「見」라는 동사의 바로 다음에 「た」라는 조동사가 놓이는 구조의 동사군에 의해서 사태기가 무엇이고 사태가 언제 성립하는지가 이해되는 것이다.

그 규칙에 맞지 않는 예를 보자. 다음의 (19) (20)과 같은 문장을 가정해 보자.

(19) *花子ネコ見たを.
(20) *を見た花子ネコが.

위의 표현에서는 명사의 의미역할을 표시하는 「が」 「を」라는 단어가 명사와 떨어진 곳에 위치하고 있다. 따라서 「花子」와 「ネコ」의 의미역할이 주체 또는 대상 중 하나라는 것은 알 수 있지만 어

느 쪽이 주체이고 어느 쪽이 대상인지 결정하는 것은 불가능하다. 그 결과 이 문장을 듣는 사람이 모두 같은 의미로 이해한다고 보장할 수 없으며 따라서 언어로서의 기능이 불완전하다.

주어와 목적어를 나타내는 「が」「を」와 같은 특별한 단어를 갖지 않는 영어와 같은 언어의 경우에는 단어의 배열방식만으로 단어들의 문법적 기능을 나타낸다.

(21) Tom loves Mary.

(22) Mary loves Tom.

(23) *Tom Mary loves.

(21)에서는 주어가 Tom이고 목적어가 Mary인데 비해 이들 명사의 순서를 바꾼 (22)에서는 주어가 Mary이고 목적어가 Tom이 된다. 즉 같은 단어가 사용되지만 단어의 배열방식이 다르면 문장이 나타내는 의미가 달라지며 어떤 특정한 의미를 나타내고 싶다면 반드시 영어가 정한 배열방식 규칙에 따라야 한다. (23)은 「주어+동사+목적어」라는 영어가 요구하는 규칙을 위반하고 있기 때문에 문법적으로 적격한 문장이 아니다[16].

이처럼 같은 단어를 사용해서 만들어진 문장이 모두에게 같은 의미를 지니는 것으로 이해되기 위해서는 단어의 배열방식에 일정한 규칙성이 있어야 한다. 그리고 동시에 그 규칙을 같은 언어의 사용자가 공통으로 알고 있어야 한다. 어떤 언어든 의미를 전달하는 기능은 보편적이기 때문에 이러한 이유로 모든 언어의 문장에는 구조가 반드시 있어야 한다.

구조의 유형

모든 언어의 문장에는 반드시 일정한 구조가 있으며 그 구조를 어떤 방법으로 나타내면 좋을지를 지금까지 설명하였다. 그런데 일본어와 영어를 비교해도 알 수 있듯이 언어가 다르면 보통 문장의 구조도 달라진다. 일본어는 「명사+격조사」의 순서이지만 영어에서는 격조사와 같은 역할을 하는 전치사(前置詞)는 그 이름으로도 알 수 있듯이 명사 앞에 놓인다.

언어에 따른 구조의 차이가 어디에서 유래하는지를 밝히는 것도 중요한 과제이다. 일본어와 한국어는 문장의 구조가 비슷하고 영어와 중국어도 「주어+동사+목적어」와 「전치사+명사」라는 구조를 갖는다는 점에서 비슷하다.

이처럼 여러 언어에 나타나는 문장의 구조는 몇 가지 **유형**으로 분류할 수 있다. 다음으로 문장의 구조에 어떠한 유형이 있는지를 살펴보자.

우선 영어와 일본어에 나타나는 구조의 차이를 비교해 보자. 일본어에 대해서는 이미 설명하였기 때문에 영어의 구조에 나타나는 특징을 보자.

a. 명사구와 동사군의 위치 관계에 의해서 명사구의 주요한 의미 역할인 「주체」와 「대상」을 나타낸다[17].
b. 주체와 대상 이외의 의미역할은 명사구의 앞에 놓이는 단어인 「전치사」에 의해서 나타낸다. 전치사를 가지는 명사군은 대상을 표시하는 명사구의 뒤에 놓인다.

c. 명사의 앞에 사물의 정성(定性)을 표시하는 관사가 오기도
   한다.
d. 동사군의 하위에 동사구가 위치한다.
e. 조동사는 동사구의 앞에 놓인다. 그러나 조동사 없이 동사 뒤
   에 부가되는 형태소나 동사의 어형변화에 의해서 동사의 문법
   적 기능이 표시되기도 한다[18].

따라서 영어에서의 직접구성소 배열규칙은 다음과 같다[19].

(24)   문장 : 명사구1＋동사군 (＋명사구2) (＋명사군1 … ＋명사
        군 n)
        명사군 : 전치사＋명사구
        명사구 : (관사＋)(형용사＋) 명사
        동사군 : (조동사＋) 동사구
        동사구 : (부사＋) 동사

이 규칙에 근거해서 다음의 문장 (25)를 분석하면 그 구조는 (26)
과 같이 표시된다.

(25) A pretty cat was chasing a small mouse in the room.

(26)

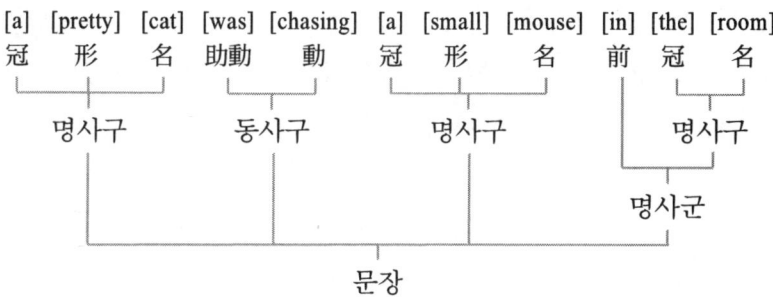

일본어와 영어에 나타나는 구조의 차이는 일본어에는 「が」와 「を」와 같은 주체와 대상을 나타내는 단어(격조사)가 있지만 영어에는 그러한 역할을 하는 단어가 없다는 점에서 기인할 것이다. 영어에는 이런 종류의 단어가 없으므로 「명사구+동사군+명사구」라는 순서에 의해 주체와 대상을 구별해 나타내는 방법이 선택되었다고도 볼 수 있을 것이다. 영어와 비슷한 성질을 가진 중국어에서도 다음의 예가 보여주듯이 구성소가 같은 순서로 나타난다.

(27) 我   写   信
      나   쓰다   편지
      「나는 편지를 쓰다」

(28) 他   坐   车
      그   타다   차
      「그는 차를 탄다」

세계의 모든 언어는 조사와 조동사가 나타내는 문법적인 기능을 어떤 방법으로 나타내는지에 따라 **고립어**(孤立語), **교착어**(膠着語), **굴절어**(屈折語)라는 몇 가지 대표적인 유형으로 분류할 수 있다. 각 유형의 대략적인 특징은 다음과 같다.

a. 고립어 : 형태소가 모두 독립성이 있는 단어이며 단어는 어형 변화를 하지 않는다. 따라서 주체와 대상이라고 하는 주요한 의미역할을 나타내는 단어가 없고 이들의 의미역할은 단어 의 배열순서에 의해서 표시된다. 중국어 등이 고립어에 포함 된다.

b. 교착어 : 내용어의 문법적 기능은 원칙적으로 내용어에 붙는 기능어(형태소)에 의해서 나타내어진다(이런 기능어를 「접사」 라고 하자). 일본어 등.

c. 굴절어 : 내용어의 문법적 기능은 단어 자체의 변화형에 의해 서 나타내거나, 부가되는 기능어에 의해 표시된다. 부가되는 기능어(형태소)의 형태는 같은 품사에 속하는 단어라도 다른 경우가 많다[20]. 라틴어 등.

각각의 유형을 전형적으로 보여주는 구조는 다음과 같다[21].

a. 고립어
   문장 : 명사구<주체>＋동사군(＋명사구)(＋명사군 1...＋명사군n)
   명사군 : 전치사＋명사구
   명사구 : (형용사＋)명사

　　　동사군 : (조동사＋)동사구

　　　동사구 : (부사＋)동사

　b. 교착어

　　　문장 : 명사군 1<주체>(＋명사군 2...＋명사군n)＋동사군[22]

　　　명사군 : 명사구＋접사

　　　명사구 : (형용사＋)명사

　　　동사군 : 동사＋접사 1(＋접사 2...＋접사n)

　c. 굴절어[23]

　　　문장 : 명사군 1(＋명사군 2...＋명사군n)＋동사군

　　　명사군 : (전치사＋)명사구

　　　명사구 : 명사(＋형용사)

　　　동사군 : (조동사＋)동사구

　　　동사구 : 동사(＋부사)

　언어의 유형에 따라 직접구성소의 배열방식에 일정한 경향이 있다는 것은 언어의 유형적 특징과 문장의 구조 간에는 어떤 상관성이 있다는 것을 의미할 것이다.

▌구조유형을 결정하는 원리

　통어론의 중요한 목표 중 하나는 언어의 유형에 따른 구조의 경향성을 어떤 원리에 의해 설명하는 것이다. 그러나 보편적으로 받아들여질 수 있는 원리는 아직 해명되지 않았다. 가령 언어가 의미를 전달하는 경우에 언어를 사용하는 인간이 가능한 한 노력을 적게 하려

고 한다는 **경제성**의 원리가 작용하고 있다는 주장이 있었다[24]. 그리고 구성소의 배열방식을 결정할 때에는 문장 구조의 틀을 문장의 처음 몇 단어가 주어진 단계에서도 이해될 수 있는 배열방식으로 선택한다는 학설도 있다[25]. 이 학설도 문장의 의미를 이해하는 과정에 경제성의 원리가 작용한다고 주장하고 있는 예이다.

이 절에서는 이 학설들을 참고로 하여 문장의 구조를 결정하는 원리로서 어떤 것이 고려될 수 있는지를 예를 들어 살펴보고자 한다.

단어는 일렬로 배열되기 때문에 문장이 표시하는 사태를 이해할 때 우리는 (17) 「花子がネコを見た」라는 문장에 대해 앞에서 설명한 것처럼 이해할 것이다. 문장이 나타내는 사태를 구성하는 요소 중에서 중요한 것은 명사가 나타내는 사물과 동사가 나타내는 사태기이다. 사태기가 주어지지 않으면 어떤 사태인지를 이해할 수 없고, 사태기가 나타내는 틀에 들어갈 사물이 주어질 때 처음으로 사태의 특정화가 가능하게 된다.

따라서 명사나 동사 등의 내용어가 문법적 기능을 나타내는 기능어에 선행하는 배열방식이 그 반대의 배열방식보다 이해 과정에서 사태를 빠르게 특정화할 수 있다. 사태의 특정화를 달성하는 정도를 **효율성**이라고 부르기로 한다면 「내용어＋기능어」의 배열방식 쪽이 「기능어＋내용어」라는 배열방식보다 효율성이 높다. 일본어와 같은 교착어에서 명사군이 「명사구＋접사」, 동사군이 「동사＋접사」의 구조인 것은 효율성이 높은 배열방식이 선택된 예라고 볼 수 있다.

다음으로 중국어와 같은 고립어를 보자. 고립어에서는 주체와

대상이라고 하는 중요한 의미역할을 특별한 단어나 명사의 형태
변화에 의해 표시하지 않는다는 특징이 있다. 그래서 명사구의 배
열순서에 의해서만 의미역할을 나타낼 수 있는데 보통 「주체+동사
+대상(주체+동사+목적어)」의 순서가 된다. 왜 이런 순서가 선택되
는가 하는 것도 중요한 문제이지만 여기에서는 일단 이 순서는 이
미 결정되어 있다고 하자.

　이때 사용되는 동사가 타동사일 경우 동사군의 바로 다음에 오
는 명사구가 나타내는 사물의 의미역할은 「대상」이 되는 것이 원
칙이다. 그러나 특히 고립어의 경우는 일본어의 「とる」와 「とれる」
와 같은 타동사와 자동사가 형태적으로 구별되지 않고 같은 동사
가 자동사와 타동사로 기능하는 예가 많다. 이런 경우 만약 명사구
의 의미역할을 나타내는 단어가 명사의 뒤에 놓이는 규칙이라면
그 명사의 의미역할을 이해할 때 오해가 있을 수 있다. 영어는 전
형적인 고립어는 아니지만 사물의 의미역할을 나타내는 방법에 관
해서는 고립어와 같은 특징을 보이므로 영어를 예로 들겠다. 영어
에서 전치사가 아니라 후치사가 쓰인다고 가정해 보자. 이 경우
「나는 그 경기장에서 달렸다」라는 의미의 문장은 다음과 같은 형
태로 나타날 것이다.

(29)　I ran the stadium in.

　그런데 이 문장의 이해과정에서 동사 ran의 바로 다음에 the
stadium이라는 명사구가 놓여 있으면 the stadium의 의미역할은 우
선 「대상」으로 이해된다(즉 「나는 그 경기장을 경영했다」라는 의

미를 나타내는 것으로 이해될 것이다). 그러나 이 명사구의 바로 다음에 in이라는 후치사가 오면 이 명사구의 의미역할은 대상이 아니라 「장소」이고 ran은 자동사였다고 수정해야 한다.

즉 이해할 때 I ran the stadium까지의 단계에서 이해된 의미와 in이 주어진 단계에서의 의미가 모순되는 것이다. 이런 이해의 과정은 효율이 나쁘다. 한편 (30)과 같이 전치사를 이용하는 경우라면 이런 모순은 발생하지 않는다.

(30) I ran in the stadium.

동사 직후에 in이 오는 것으로 이 동사는 자동사이며 게다가 다음에 오는 명사구의 의미역할은 「장소」라는 것을 정확히 알 수 있다. 이처럼 고립어에서 「전치사+명사구」라는 얼핏 보기에는 효율성이 떨어질 것 같은 나열방식이 선택된 것은 이해의 과정에 나타날 수 있는 모순을 회피하기 위해서 일 것이다.

굴절어에서도 「전치사+명사」의 배열방식이 일반적이다. 굴절어의 명사는 형태 변화에 의해 의미역할을 나타낸다. 형태 변화로 표시할 수 없는 의미역할을 나타내는 기능어가 바로 전치사이다. 그런데 후치사가 이용되면 명사의 변화형에 의해서 표시된 의미역할을 뒤에 오는 후치사가 수정하게 된다. 즉 이 경우도 이해의 과정에서 모순이 생긴다. 전치사를 이용한다면 이러한 모순을 피할 수 있다.

앞에서 열거한 간단한 사례로 판단할 때 각각의 유형에 속하는 언어는 사태의 특정화를 최대로 하는 「효율성」의 달성과 이해의 과정에서의 모순을 회피한다는 원리에 따라서 구성소의 배열방식을 선택하고 있는 것처럼 보인다. 물론 이러한 원리로 모든 배열방식을 설명할 수 있는 것은 아니다. 다만 단어가 선적으로 일렬로 나열되는 것은 모든 언어에서 공통적인 성질이며 인간의 언어이해는 일렬로 나열된 단어의 의미를 처음부터 차례로 통합하는 과정을 통해 이루어진다는 점은 확실하다. 따라서 단어의 배열방식을 결정하는 규칙 선택을 지배하는 원리를 탐구할 때 단어의 의미가 통합되는 과정을 고려할 필요가 있다.

┃ 여러 가지 통어현상

1. 수량사유리(数量詞遊離)

「1명」「2개」「3마리」「전원(全員)」 등 사물의 수량을 나타내는 어구를 「수량사(数量詞)」라고 한다. 영어에서는 all, each, both, many, much 등의 단어가 수량사에 속하지만, 일본어에서는 「1」「2」 등의 수사에 「人」「個」「匹」 등의 조수사(助数詞)가 붙은 것을 수량사라고 부른다.

수량사는 명사가 나타내는 사물의 수량을 나타낸 것으로 형용사와 같은 역할을 하기 때문에 일본어도 영어도 명사 바로 앞에 놓이는 것이 원칙이다.

(31) 3人の男が来た. (세 명의 남자가 왔다)

(32) Three men came.

(33) 私は全部の問題を解いた. (나는 모든 문제를 풀었다)

(34) I answered all the questions.

영어의 수량사 중 all, both, each는 명사의 바로 앞에 올 수도 있지
만 다음의 예와 같이 명사로부터 떨어진 위치에 나타날 수도 있다.

(35) a. All the people will accept the plan.

　　　b. The people will all accept the plan.

　　　　「모든 사람들이 그 계획을 받아들일 것이다.」

이와 같이 수량사가 명사의 바로 앞 이외의 위치에도 나타나는
현상을 **수량사유리**(数量詞遊離)라고 부른다. 일본어의 수량사에서
수량사유리는 일반적으로 나타나는 현상이다.

(36) a. 男3人が来た. (남자 세 명이 왔다)

　　　b. 男が3人来た. (남자가 세 명 왔다)

(37) a. 私は問題全部を解いた. (나는 문제 전부를 풀었다)

　　　b. 私は問題を全部解いた. (나는 문제를 전부 풀었다)

이상의 예에서 알 수 있듯이 일본어의 수량사유리는 「명사+수량
사+격조사」, 「명사+격조사+수량사」의 구조이다. 단 명사의 바로
뒤에 수량사가 오는 유리에는 제약이 없지만 격조사의 뒤에 수량
사가 오는 유리의 경우는 가능한 격조사가 한정된다.

(38) a. 太郎は友達3人と遊んだ. (타로는 친구 세 명과 놀았다)

　　　 b. *太郎は友達と3人遊んだ. (*타로는 친구와 세 명 놀았다)

(39) a. 花子はメンバー全員から電話をもらった.

　　　　 (하나코는 멤버 전원으로부터 전화를 받았다)

　　　 b. *花子はメンバーから全員電話をもらった.

　　　　 (*하나코는 멤버로부터 전원 전화를 받았다)

「명사+격조사+수량사」구조의 수량사유리가 허용되는 경우는 격조사가 「が」와 「を」일 경우에 한하며 그 이외의 격조사에서 이러한 수량사유리는 부적격하다.

2. 주제화(主題化)

일본어에서 부조사(副助詞)가 붙는 명사가 나타내는 사물을 **주제**(主題)라고 부른다[26]. 주제인 사물은 그 장면에 이미 등장하였기 때문에 청자가 이미 알고 있다고 판단되는 사물을 나타내며 그 사물을 중심으로 문장이 나타내는 사태가 구성된다.

「명사구+は」를 「주제군(主題群)」이라고 부르기로 하며 주제군은 일본어에서 반드시 문장의 맨 앞에 놓여야 한다. 주제는 문장이 나타내는 사태 속에서 가장 중요한 성분이기 때문에 주제를 문장의 맨 앞에 놓음으로서 청자가 사태의 핵심을 처음부터 이해할 수 있고 사태를 이해하는 과정의 효율성이 높아지게 된다.

사태에 포함되는 사물은 기본적으로 어떤 의미역할의 경우라도 주제로 세울 수 있다.

(40) 太郎が花子を公園で見かけた.

(타로가 하나코를 공원에서 발견했다)

(40)에 포함되는 「太郎」, 「花子」, 「公園」을 각각 주제로 한 문장을 만들면 다음과 같다.

(41) a. 太郎は花子を公園で見かけた.

(타로는 하나코를 공원에서 발견했다)

b. 花子は太郎が公園で見かけた.

(하나코는 타로가 공원에서 발견했다)

c. 公園では太郎が花子を見かけた.

(공원에서는 타로가 하나코를 발견했다)

사태에 포함되는 사물을 주제로서 세우는 것을 **주제화**(主題化)라고 한다. 사물이 주제화될 때 의미역할이 「주체」 혹은 「대상」(격조사가 「が」 혹은 「を」)이면 격조사는 「は」에 선행하지 않지만 그 이외의 의미역할이면 격조사가 「は」 앞에 나타나는 것이 일반적이다.

(42) a. 花子には太郎が連絡をした. <수용자>

(하나코에게는 타로가 연락을 했다)

b. 大阪からは部長が会議に出席した. <기점(起点)>

(오사카에서는 부장님이 회의에 참석했다)

c. 太郎とは花子が一緒に作業をする. <동반자>

(타로와는 하나코가 함께 작업을 한다)

주제화가 항상 가능한 것은 아니다. 문장이 복문이고 종속절을 포함하고 있을 경우, 종속절이 나타내는 사태에 포함되는 사물을 주제화하는 것은 불가능하다.

(43) 花子が庭に鳥がいると言った.
    (하나코가 정원에 새가 있다고 말했다)

(44) 太郎が買ってきた本を花子が本棚に置いた.
    (타로가 사온 책을 하나코가 책꽂이에 놓았다)

(43)은 「庭に鳥がいる」라는 종속절(명사절)을 포함하고 있고 (44)는 「太郎が買ってきた 타로가 사온」이라는 종속절(관계절)을 포함하고 있다. 이들 종속절에 포함되어 있는 「鳥」와 「太郎」를 주제화한 문장은 부적격이다.

(45) *鳥は花子が庭いにると言った.
    (*새는 하나코가 정원에 있다고 말했다)

(46) *太郎は買ってきた本を花子が本棚に置いた.
    (*타로는 사온 책을 하나코가 책꽂이에 놓았다)

주제는 문장이 나타내는 사태 전체의 핵심이기 때문에 사태의 일부 요소인 하위 사태에 포함되는 사물이 주제가 되는 것은 가능하지 않을 것이다. 사태에 있어서의 주제의 이러한 우위성은 종속

절이 나타내는 사태 속에 주체와 대상을 나타내는 사물이 없을 경
우에 그 주체와 대상은 주제로 나타난 사물이라고 해석하게 한다.

(47)　太郎は学校に行ってくると言った.
　　　(타로는 학교에 갔다 온다고 했다)

(48)　花子は太郎が見かけた時黒い服を着ていた.
　　　(하나코는 타로가 보았을 때 검은 옷을 입고 있었다)

(47)의 종속절은 「学校に行ってくる」라는 명사절이지만 누가
가는 것인지 주체가 나타나 있지 않다. 이 경우 나타나지 않은 주
체는 문장 전체의 주제인 「太郎」라고 해석된다. (48)의 종속절은
「太郎が見かけた時」인데 누구를 보았는지 대상이 나타나 있지 않
다. 이 경우도 종속절에서의 사태의 대상은 문장 전체의 주제인
「花子」라고 해석된다.

3. 관계절

명사가 나타내는 사물의 내용을 한정하는 (수식하는) 역할을 하
는 단어는 형용사이고 문장에 가까운 형태로 형용사와 같은 역할
을 하는 것을 **관계절**(혹은 **형용사절**)이라고 한다[27]. 앞의 예문 (44)
및 다음의 문장은 관계절을 포함하는 문장이다.

(49)　車を運転する人は免許証を携帯しなければならない.
　　　(차를 운전하는 사람은 면허증을 가지고 다녀야 한다)

(50) 妻が作る料理はみなおいしい.

(아내가 만드는 음식은 전부 맛있다)

(49)에서는 「車を運転する」, (50)에서는 「妻が作る」가 관계절이
며 각각 「人」와 「料理」를 수식하고 있다.

관계절의 유형은 영어처럼 관계대명사를 사용하는 언어와 일본
어처럼 관계대명사를 사용하지 않는 언어로 나누어진다. 관계대명
사를 사용하는 언어에서는 관계대명사가 관계절의 제일 앞에 놓이
고 관계절은 명사의 뒤에 놓이는 것이 원칙이다.

(51) John read the book which he had bought the day before.

(51)에서는 which he had bought the day before의 부분이 관계절
이고 which가 관계대명사로 선행하는 book의 내용을 한정하고 있
다. 관계대명사 which는 선행하는 book과 동일한 사물을 가리키며
book은 which의 「선행사」이다.

이 관계절 속에서 관계대명사 which는 목적어의 역할을 담당하
고 있기 때문에 관계절이 나타내는 사태를 보통의 문장으로서 표
현하면 다음과 같다.

(52) He had bought the book the day before.

일본어처럼 관계대명사를 사용하지 않는 언어에서는 관계절은
명사의 앞에 놓인다. 중국어와 한국어 등도 마찬가지이다. 관계대

명사를 사용하지 않는 언어의 경우 다음과 같은 관계절을 만들 수
있다.

(53) 音楽室で生徒たちが歌う声が聞こえる.
(음악실에서 학생들이 노래 부르는 소리가 들린다)

(54) 雪が降った翌日は交通事故が多い.
(눈이 내린 다음날은 교통사고가 많다)

(53)에서는 「生徒たちが歌う」, (54)에서는 「雪が降った」가 관계
절이다. 그러나 (53)과 (54)의 관계절은 그 관계절이 수식하는 명사
를 포함한 문장을 만들 수 없다. 즉 「声」와 「翌日」는 「生徒たちが
歌う」, 「雪が降った」라는 문장이 나타내는 사태 속에서 적절한 의
미역할이 없다.

한편 (49)와 (50)의 경우에는 관계절이 수식하는 명사를 관계절
속에 포함시킬 수 있어서 「人が車を運転する」「妻が料理を作る」
라는 문장을 만들 수 있다. 일본어학에서는 (49)와 (50)과 같은 관
계절과 그것이 수식하는 명사 사이에 있는 관계를 **내적 관계**, (53)
과 (54)와 같은 관계를 **외적 관계**라고 한다[28].

관계대명사를 사용하는 언어에서는 관계대명사가 나타내는 사
물이 관계절 속에서 적절한 의미역할을 가지지 않으면 안 되기 때
문에 선행사와 외적 관계에 있는 관계절을 만들 수 없다. 관계대명
사를 사용하지 않는 언어의 경우 어떤 사태와 어떤 명사가 나타내
는 사물 간에 관련성이 있으면 그 사태를 관계절의 형태로 나타내

고 명사를 수식할 수 있다. 즉 내적 관계도 외적 관계도 가능하다.

(53)에서는 「生徒たちが歌う」라는 사태의 결과로 「声」가 발생하는 것은 당연하며 (54)에서는 「(어떤 날에) 눈이 내리다」라는 사태가 일어난 후 반드시 그 다음날이 존재한다. 관계대명사가 없으므로 사태와 사물 간에 관련성이 있다는 것만으로도 사태를 나타내는 문장을 관계절로 사용할 수 있다.

4. 수동태

다음의 두 문장을 비교해보자.

(55)　a. 太郎は花子を見た.
　　　b. 花子は太郎に見られた.

위의 (55a)가 나타내는 사태에서는 「太郎」가 주체이고 「花子」는 대상이다. 동사군의 형태는 「見た」이며 동사에 과거를 나타내는 조동사가 붙었을 뿐이다. 한편 (55b)가 나타내는 사태에서는 「花子」가 주체이기때문에 동사군에는 「見」와 「た」에 「られ(る)」라는 특별한 형태소가 덧붙여져 있다.

(55a)처럼 사태 속에 주체와 대상이 포함되어 있고 동사군에 「られ(る)」와 같은 특별한 형태소를 사용하지 않는 문장을 **능동태**라고 한다. 한편 (55b)처럼 사태 속에 주체는 있지만 대상이 포함되어 있지 않아 동사군에 특별한 형태소가 사용된 문장을 **수동태**라고 한다.

두 문장 모두 「見る」라는 같은 동사가 술어이기 때문에 공통의

성질을 갖는 사태를 나타내고 있다. 그러나 능동태가 나타내는 사
태에서는 대상이었던 사물이 수동태가 나타내는 사태에서는 주체
가 된다는 점이 다르다. (55b)와 같은 수동태의 문장에는 능동태의
문장에서 주체였던 사물이 격조사 「に」를 동반하는 형태로 표현되
어 있다. 이 수동태의 문장에서 「太郞」의 의미역할은 물론 주체가
아니며 **수동의 동작주** 혹은 **관여자**라고 불린다.

영어에도 일본어와 마찬가지로 능동태와 수동태의 구별이 있다.

(56) a. Taro saw Hanako.

b. Hanako was seen by Taro.

(56a)가 능동태 (56b)가 수동태 문장이지만 능동태의 문장에는
동사가 saw인데 비해 수동태의 문장에는 was seen으로 되어 있고
수동태 쪽이 능동태보다 동사의 형태가 복잡하다.

(55)와 (56)을 보면 능동태에서는 주체가 「太郞」이고 대상은 「花
子」이며 수동태에서는 주체가 「花子」이고 수동의 동작주가 「太郞」
인 점이 공통적이다. 그러나 같은 사태를 나타내고 있지만 언어가
다르면 같은 태(態)일지라도 주체가 달라지는 경우도 있다.

(57) a. 花子はその贈り物を喜んだ.

b. その贈り物は花子に喜ばれた.

(58) a. The present pleased Hanako.

b. Hanako was pleased with the present.

일본어의 「喜ぶ」라는 동사의 능동태가 나타내는 사태의 경우 주체는 인간이어야 한다. 한편 영어의 please라는 동사의 능동태가 나타내는 사태에서는 어떤 인간이 기뻐하는 원인이 되는 사물(사람이든 사물이든 관계없다)이 주체가 된다. 따라서 두 언어의 수동태는 일본어에서는 「その贈り物」이라는 물건이 주체인 반면 영어에서는 Hanako라는 인간이 주체가 된다.

이처럼 능동태와 수동태는 어디까지나 사용되는 동사의 형태가 단순한지 아니면 특별한 형태소가 부가되어서 더 복잡하게 되었는지를 기준으로 구별한다. 따라서 능동태와 수동태의 각각의 문장이 나타내는 사태를 언어에 상관없는 일반적인 특징으로 구별하기는 어렵다.

일본어에서는 대상(목적어)을 필요로 하지 않는 동사 즉 자동사에도 수동태의 문장이 존재한다.

(59) 太郎は息子に死なれた.
(60) 花子は雨に降られた.

「死ぬ(죽다)」와 「降る(내리다)」는 자동사임에도 불구하고 「死なれる」,「降られる」와 같은 수동태를 만들 수 있다. 이는 일본어의 수동태 문장은 능동태 문장이 나타내는 사태 속에 있는 대상을 주체로서 만드는 과정이라고 보는 것이 적당하지 않다는 것을 나타낸다. 오히려 「어떤 주체에 있어서 어떤 사태 X가 일어난다」라는 사태를 「되어지다 (られる)」라는 조동사가 나타내고, 그 어떤 사태 X가 능동태의 동사에 의해서 표현되어진다는 복문에 가까운 형성과정을 생각하는 편이 적절하다.

　이와 같이 생각하면 (55b)와 같은 타동사의 수동태와 (59)와 같은 자동사의 수동태는 어느 쪽이든 다음과 같은 구조를 갖는 것으로 분석할 수 있다.

　(61)　花子は [太郎が (花子を) 見る] られた.

　(62)　太郎は [息子が死ぬ] られた.

　각각의 문장이 나타내는 사태를 설명하면 「花子에게 있어서 어떤 사태가 성립하는데 그것은 타로가 하나코를 보는 것이었다」 「太郎에게 있어서 어떤 사태가 성립하며 그것은 아들이 죽는 것이었다」와 같은 형태가 된다.

【주】

1) 기원전 100년경의 Dionysius Thrax에 「Technē grammatikē」가 대표적
   이다.
2) 기원후 4세기의 도나투스, 5세기의 프리스키아누스의 라틴어 문법서가 있
   다. 중세에도 두 책은 모두 라틴어 문법의 교과서로서 계속 사용되었다.
3) 그리스어나 라틴어 문법에는 「형용사」라는 품사는 없었지만 근대 유럽
   제언어의 문법에서 이 품사가 추가되었다.
4) 「의미역할」이란 사태속에서 명사가 나타내는 사물에 부여되는 문법적
   기능으로 「주체」, 「대상」, 「장소」, 「도구」 등이 있다. 자세한 내용은 제3
   장을 참조.
5) 영어나 프랑스어, 독일어 등의 언어에는 관사가 있지만 일본어, 중국어,
   한국어, 러시아어, 라틴어 등에는 관사가 없다.
6) 주로 미국 원주민의 여러 언어를 기술하는 것을 목적으로 하고 언어를
   가능한 한 객관적인 방법으로 분석하는 것을 목표로 한 언어학의 일파.
   1930년대부터 1950년대에 걸쳐 활발하게 활동하였다. Sapir나
   Bloomfield가 대표적인 학자이다. 음소 확정의 방법이나 형태소 분석
   등의 분야에서 엄밀한 분석 방법을 제시했다.
7) 형태소의 분류로서 「내용형태소」, 「기능형태소」라는 용어로 불리기도
   한다.
8) 복수의 단어로 구성된 구와 하나의 단어는 기능적으로는 동일하다. 따
   라서 한 단어로 이루어진 단위도 「구」의 일종이라고 볼 수 있다.
9) 「군(群)」이라는 명칭은 일반적으로 사용되는 명칭은 아니다. 그러나 일
   본어 문법에서 「구＋기능형태소」로 구성된 단위에 대한 일반적 호칭이
   없기 때문에 본서에서는 설명을 가능한 한 간단히 하기 위해 이 명칭을
   사용한다.
10) 「た」에 의해 사태가 과거의 시점에서 성립하였음이 표시되고 「て」와
   「い」에 의해 사태가 미완료(계속중)임이 표시된다.
11) 이 용어로부터 미국 구조주의언어학에 있어서의 구조 분석을 「직접구
   성소분석(immediate constituent analysis)」이라고 한다.
12) 앞으로 일본어 문장의 구조를 고찰할 때에는 「후치사」 대신 「격조사」
   를 사용한다. 그리고 일본어 문법의 「형용동사」나 「연체사」는 명사를
   수식하는 기능을 가진다는 점에서 형용사와 동일하므로 모두 「형용사」
   로 통일한다.

13) 「～ている」「～ていた」에 나타나는 형태소 「い」는 전통적인 일본어 문법에서는 「보조동사」로 분류하지만 기능적으로는 상(aspect)을 표시하는 형태소이고 과거조동사 「た」 등과 공통성이 많으므로 본서에서는 「조동사」로 분류한다.

14) 「遊ぶ 놀다」는 asob-와 -u의 두 구성소로 분할되며 -u의 부분은 「見る」의 구성소 -ru와 동일한 형태소 {-ru}에 속한다. 일본어문법에서 이 형태소를 「조사」라고 부르지 않지만 적당한 명칭이 없으므로 기능적으로 판단하여 조사에 포함시키기로 한다.

15) 문장이 표시하는 사태의 일반적인 구조에 관해서는 제4장 참조.

16) (23)은 「메리가 좋아하는 톰」이라는 의미를 나타낸다면 적격한 표현이 될 수 있다. 그러나 이 경우 「X는 Y를 좋아한다」라는 사태를 나타내기 위한 문장으로서는 부적격하다.

17) 「주체」라는 의미역할을 표시하는 형태소 또는 단어가 「주어」이고, 「대상」이라는 의미역할을 표시하는 형태소 또는 단어가 「목적어」이다.

18) 예를 들어 picked에서는 형태소 {-ed}에 의해 과거에 일어났음이 표시되고 came에서는 어형변화에 의해 같은 기능이 표시된다.

19) 영어에는 who나 when 등의 의문사가 문두에 놓인다는 중요한 규칙이 있다. 의문사는 명사 또는 부사와 같은 기능을 가지기 때문에 특히 who나 what과 같은 명사적 기능을 가지는 의문사(의문대명사)가 문두에 위치하는 것은 여기서 든 의미역할 표시규칙에 위반된다. 의문대명사의 의미역할이 어떠한 방식으로 표시되는지는 영어 문법에서 중요한 문제이지만 여기서는 설명을 간단하게 하기 위해서 의문사의 위치에 대해서는 언급하지 않기로 한다.

20) 교착어인 일본어에서는 명사가 표시하는 사물이 주체인 경우는 어떤 명사라도 형태소 「が」에 의해 규칙적으로 표시된다. 그런데 굴절어인 라틴어에서는 dominus 「주인이」, poeta 「시인이」, mons 「산이」, ignis 「불이」처럼 명사에 따라 주체를 표시하는 형태가 다르다.

21) Greenberg(1963)에서는 구성소 배열규칙 간에 상관관계가 있다는 점이 지적되었다. 예를 들면 「동사＋목적어」라는 규칙과 「전치사＋명사구」, 그리고 「목적어＋동사」라는 규칙과 「명사구＋후치사」라는 규칙 간에는 무시할 수 없는 상관성이 있다.

22) 교착어에서는 「타로는 학생이다」나 「하나코는 귀엽다」처럼 「학생」이나 「귀엽다」와 같은 명사나 형용사도 사태의 틀을 표시할 수 있다. 따라서 동사군만이 사태의 틀을 표시할 수 있는 것이 아니라 전체적으로

「술어군」도 사태의 틀을 표시할 수 있다.

23) 굴절어의 경우 명사나 동사의 형태변화에 의해 문법적 기능이 표시되기 때문에 구성소배열이 비교적 자유로워서 여기서 든 규칙에 반드시 따르는 것은 아니다. 따라서 이 규칙은 일반적인 경향성을 보이는 것이다.

24) 프랑스의 언어학자 마르티네(André Martinet)의 학설. 마르티네는 음소 체계가 변화할 때에도 경제성의 원칙이 작용한다고 주장했다.

25) 미국의 언어학자 John A. Hawkins의 학설.

26) 주제가 나타내는 의미에 대해서는 제3장에서 자세하게 해설하고 있다.

27) 일본어의 전통문법에서는 「연체수식절(連体修飾節)」이라고도 부른다.

28) 「내적 관계(内の関係)」「외적 관계(外の関係)」는 일본의 언어학자 寺村 秀夫가 사용한 용어이다.

【참고문헌】

井上和子編 『日本文法小事典』 大修館, 1989.
郡司隆男 『自然言語の文法理論』 産業図書, 1987.
紫谷方良 『日本語の分析』 大修館書店, 1978.
セルズ 『現代の文法理論-GB理論, GPSG, LFG 入門』 郡司隆男・田窪行則・石川彰訳, 産業図書, 1988 [Sells, Peter, *Lectures on Contemporary Syntactic Theories : An Introduction to Government-binding Theory, Generalized phrase Structure Grammar, and Lexical- functional Grammar*, 1985].
寺村秀夫 『日本語のシンタクスと意味 1~3巻』 くろしお出版, 1982-91.
ブル-ムフィールド, 『言語』 三宅鴻・日野資純訳, 大修館書店, 1962 [Bloomfield, Leonard, *Language*, 1935].
マルチネ 『一般言語学要理』 三宅徳嘉訳, 岩波書店, 1972 [Martinet, André, *Éléments de linguistique générale*, 1960].
Greenberg, Joseph H., *Universals of Language*, MIT Press, 1963.
Hawkins, John A., *A Performance Theory of Order and Constituency*, Cambridge University Press, 1994.

언어학

Linguistics : An Introduction

제3장
단어의 의미

▌의미론

단어나 형태소 그리고 단어나 형태소의 집합인 구나 문장에는 의미가 있다. 제3장에서는 그 중에서도 단어 및 형태소의 의미를 고찰의 대상으로 한다. 단어나 형태소 또는 문장의 의미를 대상으로 하는 언어학의 분야를 **의미론**(semantics)이라고 한다. 이 장에서는 단어와 형태소를 구분하지 않고 모두 「단어」라고 부르기로 한다.

단어든 문장이든 의미를 대상으로 하는 분야에서 우선 전제가 되는 것은 의미를 어떻게 정의하는 것이 가장 적절한가라는 문제이다. 의미란 무엇인가라는 문제를 해결한 후에야 의미에 대한 분석을 진행시킬 수 있다. 단어의 의미를 가능한 한 보편적이고 일반적인 방법으로 나타내려는 시도가 계속 있었는데 그런 방법이 과연 가능한지를 검토할 필요가 있다.

그리고 단어의 의미는 체계를 이루고 있다. 즉 각각의 의미는 패러다임 (paradigm) 관계에 있으면서도 서로 다른데 이 성질을 기초로 해서 단어의 의미를 결정하는 수순이 필요하다. 게다가 단어를 배열하여 실제로 구나 군 등의 상위 단위를 형성할 때 사용되는 몇 개의 단어의 의미는 통어구조 관계에 있게 된다. 이 경우 통어구조 관계가 각 단어의 의미 혹은 상위의 단위가 나타내는 의미에 어떻게 영향을 미치는지를 고찰하는 것도 의미론의 과제이다.

의미의 정의

1. 개념설 · 이미지설

의미라는 개념을 엄밀하게 정의하기는 매우 어렵다. 단어는 기호이기 때문에 시니피앙와 시니피에로 이루어져 있는데 소쉬르에 의하면 시니피에가 의미에 해당한다. 시니피에는 **개념**이라고 이해되기도 하지만 의미를 시니피에나 개념으로 바꾸어 부른다고 의미를 정의한 것은 아니다. 시니피에나 개념의 정의가 원래 불명확하기 때문이다. 의미는 시니피앙이 환기시키는 **이미지**나 **표상**(表象)이라는 견해도 있다. 확실히 /yama/나 /ie/ 등의 시니피앙은 각각 「산」과 「집」을 의미하고 일본인이라면 어느 정도는 공통된 이미지를 떠올릴 것이며 그림으로 간단히 그려 보라고 하면 그 결과는 상당히 공통된 특징이 있을 것이다. 그러나 이 경우는 시니피앙이 환기시키는 대상이 구체적인 경우이다. 바꾸어 말하면 기호가 구체적인 지시대상을 가지는 경우에 한정되는 것이며 예를 들어 /heiwa/ 「평화」라든지 /iki/ 「멋」과 같은 기호의 경우에는 구체적인 개체를 지시대상으로 하지 않으므로 이미지를 떠올리기 힘들 것이며 비록 떠올린다고 해도 그 이미지는 사람마다 다를 것이다. 예를 들어 「평화」의 이미지는 어떤 사람에게는 「비둘기」일 수도 있지만 다른 사람에게는 「사람들이 손을 잡고 서 있는 모습」일지도 모른다. 그리고 그 두 이미지에는 공통점이 전혀 없다. 그러므로 의미를 시니피앙이 환기시키는 이미지라고 정의하는 것은 적절하지 않다.

2. 반응설

의미를 기호에 대한 **반응**으로 일어나는 인간의 행위로 보는 블룸필드(Leonard Bloomfield,1887-1949)에 의해 제창된 행동주의적인 정의도 있다. 「산」이나 「평화」라는 기호를 일본어를 아는 사람들이 들었다고 할 때 그들이 그 기호의 의미를 이해하는 데 공유하고 있는 것이 있음은 확실하다. 그러나 그들이 들은 기호에 대해 어떤 행동을 취할지는 알 수 없고 비록 행동을 취했다고 해도 거기에 어떤 공통점이 있을 가능성은 낮을 것이다. 의미를 행위라는 관찰 가능한 현상과 연결하여 의미의 객관적인 성질을 파악하려는 입장의 의도는 이해할 수 있다. 그러나 기호가 행위와 직접적으로 결합되지 않는 경우도 분명히 있기 때문에 이 정의도 역시 적당하다고 하기 어렵다.

3. 용법설

의미를 기호가 적절히 사용되는 상황의 집합으로서 파악하려는 입장 즉 의미를 기호의 **용법**으로 보는 비트겐슈타인(Ludwig Wittgenstein, 1889-1951)적인 견해도 있다. 구조를 가진 단어의 연속체인 문장이

어떤 상황을 기술한 것이라면 어느 단어가 적절히 사용되는 상황
을 문장의 형태로 제시할 수 있다. 또 아이가 단어의 의미를 습득
하는 경우에 상황이 깊이 관련되어 있을 것이다.

예를 들어 부모가 밖에서 집으로 돌아왔을 때에 「ただいま」라는
말을 듣고 아이는 그런 상황에서 「ただいま」라고 한다는 것을 이
해한다. 그러나 그 아이가 집 밖에 나갈 때도 「ただいま」라고 하는
것을 부모가 듣는다면 그 경우에는 「行ってきます」라고 한다고 고
쳐 줄 것이고 아이는 「ただいま」라는 단어를 적절히 사용하는 상
황은 외부에서 집으로 이동하는 경우에 한정된다는 것을 알게 된
다. 이 시점에서 아이는 이 단어의 의미를 바르게 습득했다고 할
수 있으므로 의미가 기호의 용법이라는 견해도 부적절하다고 하기
는 어려울 것이다. 그러나 「산」이나 「집」 등의 기호의 경우에는 그
기호를 적절히 사용하는 상황이 거의 무한하기 때문에 무한한 상
황이 의미를 규정한다고 하는 것은 「산」이나 「집」 등의 기호의 의
미가 일본인에게는 매우 단순한 것인 만큼 역시 적절하지 않다. 다
만 모든 기호에는 그것을 적절히 사용하는 특정한 상황이 존재한
다는 점은 확실하기 때문에 이 상황을 유한의 요소로 기술할 수 있
다면 기호 자체의 의미를 규정하는데 기여할 수 있을 것이다.

4. 지시대상설

기호가 **지시하는 대상**을 의미로 간주하는 입장도 있다. 「산」이라
는 단어의 의미를 알고 있으면 그 지시대상이 무엇인지도 당연히
알아야 한다. 그리고 일반적으로 「산」이라는 기호가 지시하는 대
상은 어느 특정한 산이 아니고 모든 산이기 때문에 이 기호의 지시

대상은 집합을 이룬다고 할 수 있다. 이 입장도 의미를 이미지로 간주하는 입장과 같은 문제점이 있는 것 같다. 「평화」와 같은 추상적인 의미를 가지는 단어에는 지시대상이 없는 것처럼 보이기 때문이다. 이는 「지시대상」을 구체적인 것이라고 생각하고 있기 때문인데 「상태」나 「행위 및 운동」 등의 사태도 지시대상에 포함시킨다면 「평화」는 어떤 종류의 사태의 집합을 지시대상으로 한다고 생각할 수 있다[1].

이 설의 또 하나의 문제점은 「귀신」처럼 현실세계에 지시대상이 없는 기호는 의미를 갖지 못한다는 것이다. 그러나 이 문제는 지시대상이 존재하는 세계를 현실세계로 한정하지 않고 현실세계 이외의 다른 가능한 세계로 넓히면 해결된다. 이 입장에서는 「美しい 아름답다」(엄밀히는 어간 {ucukusik-})나 「走る 달리다」(엄밀히는 어간 {hasir-})라는 기호의 의미는 대략 「어떤 세계에 있어서 임의의 시점에 아름다운 것들의 집합」, 「어떤 주체가 어떤 세계에서 임의의 시점에 달린다고 하는 사태의 집합」이 된다.

여기까지는 의미를 지시대상으로 간주하는 견해에 그다지 불합리한 점은 보이지 않았지만 「はっきり 분명히」나 「とても 매우」와 같은 부사, 「そして 그리고」 「しかし 그러나」와 같은 접속사, 그리고 후치사(조사)나 조동사(의 어간)의 의미를 지시대상설로 바르게 정의할 수 있을까? 예를 들어 「はっきり 분명히」의 의미를 「뚜렷한 것이나 상태의 집합」으로 간주하는 것은 분명히 부적절하다. 왜냐하면 이 경우 이 단어의 지시대상이 「はっきりした」 혹은 「はっきりしている」라는 형용사의 지시대상과 같아지기 때문이다. 「はっきり 분명히」는 부사이며 「はっきり言う 분명하게 말하다」와 같이 동사를 수식하고, 「はっきり言う 분명하게 말하다」라는 동사구의 의미는 어느 임의의 시점에서 잘라 말하는 것의 집합이다. 그러므로 「はっきり」라는 부사의 지시대상은 「어느 임의의 시점에서 분명하게 어떤 행위를 하고 있는 집합」이 된다. 마찬가지로 「とても」는 형용사 또는 부사를 수식하기 때문에 그 지시대상은 「어떤 임의의 시점에서 어느 상태에 있는 것이나 어떤 양태에서 행위를 하고 있는 것 중에서 그 상태나 양태의 정도가 높은 집합」이라고 하면 될 것이다. 요컨대 부사의 지시대상은 그것이 수식하는 단어에 의해 지시되는 대상의 집합의 부분집합이라고 할 수 있다.

접속사의 지시대상은 어떨까? 접속사는 아니지만 영어의 and와 같은 기능을 하는 일본어의 접속조사 「と」 등은 「犬と猫 개와 고양이」와 같이 명사를 결합하기 때문에 그 지시대상은 「개의 집합」과 「고양이의 집합」의 합집합이 되므로 간단하다. 그런데 앞에서 든 「そして 그리고」는 「美智子は起きたそして顔を洗った 미치코는 일어났다 그리고 얼굴을 씻었다」와 같이 문장과 문장을 결합하는 기능을 한다는 점에서 「と」와 대조된다. 「と」의 지시대상이 두 개(혹은 그 이상)의 명사구의 지시대상의 합집합이라면 「そして」의 지시대상은 복수의 문장의 지시대상의 합집합이다.

그러면 문장의 지시대상이란 무엇일까? 이 장에서는 단어(형태소)의 의미를 논하는 것을 목적으로 하고 문장의 의미에 대해서는 제4장에서 자세하게 살펴보겠지만 문장의 의미라는 개념 자체에 대해서는 여기서 논하는 것이 단어의 의미와 대조할 수 있으므로 적당할 것이다. 문장의 의미에 대해서는 언어학보다 논리학 쪽에

서 연구가 더 이루어져 왔다. 논리학적 의미론에서는 문장의 의미
를 문장의 지시대상이라고 정의하며 그 지시대상은 **진리값(眞理值)**
혹은 진위치(眞僞値) 즉 「참」과 「거짓」 중 하나라고 한다[2]. 고전적
인 명제논리학에서 다루는 문장은 「명제」 즉 참인지 거짓인지 명
확하게 판단할 수 있는 문장에 한정되며 그러한 명제는 p 또는 q와
같은 기호로 바뀌고 명제 자체의 내용은 고려되지 않은 채 명제를
요소로 하는 논리식 사이의 논리적 관계가 고찰된다. 이러한 고찰
의 틀 안에서 문장의 지시대상을 진리값으로 간주하는 것은 이해
할 수 있다.

그러나 언어학에서는 「弘明は学者だ 히로아키는 학자이다」와
「和子は今走っている 가즈코는 지금 달리고 있다」라는 문장이 모
두 현실세계에서 실제로 존재하고 있는 상태나 행위를 의미하고
있다고 한다면 양자를 모두 「참」이라는 지시대상을 가지는 같은
「의미」의 문장으로 보는 것은 곤란할 것이다. 이러한 문장이 비록
모두 사실이고 통사구조가 기본적으로 같다고 하더라도 사용되고
있는 단어가 완전히 다르므로 「의미」가 같다고 주장하는 것은 언
어 사용자의 직관에는 부합하지 않고 무한하게 존재할 수 있는 문
장의 의미를 너무 단순화하여 파악하는 것으로 보인다[3].

그러나 문장을 지시대상의 진리값으로 보는 견해는 논리학적 의
미론의 기본적인 입장이며 특히 추론의 타당성을 검토하는 경우에
는 명제의 진리값이 중요한 역할을 한다. 언어학에서도 의문문이
나 부정문의 의미를 검토하는 경우에는 문장이 나타내는 사태가
참인지 거짓인지가 문제가 된다[4]. 여기에 「의미」와 「지시대상」을
잘 구별할 필요가 있다.

다음은 오그덴과 리처드(Ch. K. Ogden, 1889-1957 ; I. A. Richards, 1893-1979)가 제시한 의미에 관한 삼각형이다.

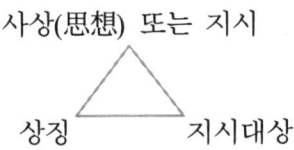

사상(思想) 또는 지시

상징   지시대상

상징을 「시니피앙」, 사상 또는 지시를 「시니피에=의미」로 바꾸면 위의 삼각형은 다음과 같이 고쳐 쓸 수 있다.

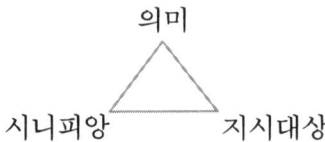

의미

시니피앙   지시대상

즉 의미는 시니피앙과 지시대상을 대응시키는 일종의 함수가 된다. 이렇게 의미를 함수적으로 보는 관점은 논리학에서 단어의 지시대상을 **외연**(extension)이라고 하고 그 단어가 가지는 개념을 **내포**(intension)라고 하여 내포를 단어와 외연을 묶는 함수로 간주하는 입장과 같다. 문장의 의미를 이와 같이 파악한다면 지시대상이 비록 「참」과 「거짓」의 둘뿐이더라도 의미는 무한하게 있을 수 있다.

접속사 「そして 그리고」는 문장과 문장을 결합해서 새로운 문장을 만드는 기능을 하기 때문에, 의미 및 지시대상에 관한 이러한 견해에 따르면 「そして」의 지시대상은 진리값의 집합이고 의미는 /sosite/라는 시니피앙을 그 진리값의 집합에 대응시키는 함수가 된다.

그러면 후치사나 조동사처럼 기능어로 분류되는 형식에는 도대체 지시대상이 존재할까? 우선 후치사 「を」({-o})를 생각해 보자. 일본어의 이 단어의 기능을 여기서 자세하게 논할 수는 없지만 일단 「대상」이라는 의미역할을 표시한다고 하자. 그렇다면 이 후치사의 지시대상은 의미역할 「대상」을 가지는 모든 사물의 집합으로 간주할 수가 있다. 물론 이것만으로는 「を」의 의미의 실질적인 내용을 밝히지는 못하지만 의미가 주어졌다고 가정하면 그 지시대상은 대략 위와 같이 규정될 것이다. 의미론에서는 당연히 대상이라는 의미역할의 실질을 밝히지 않으면 안 된다.

「(ら)れる)」(정확하게는 그 어간 부분인 {-re-})는 「수동」의 의미를 가진다. 바꾸어 말하면 어떤 대상에 대해서 어떤 사태가 성립한다고 하는 사태의 성질을 표시한다. 그러므로 이 단어의 지시대상은 임의의 대상에 대해서 임의의 사태가 성립한다고 하는 사태의 집합이 된다.

이와 같이 기능어의 지시대상은 세계에 존재하는 임의의 대상 및 어떤 성질을 가지는 임의의 사태의 집합이다. 한편 내용어의 지시대상은 「개」의 경우는 「개의 집합」이고 「달리다」는 「어떤 주체가 어떤 세계의 임의의 시점에서 달린다고 하는 사태의 집합」이다. 즉 내용어가 지시하는 것은 세계를 만들고 있는 모든 사물의 집합의 일부에 지나지 않는다. 두 종류의 단어의 지시대상은 이 점에서 다르다. 즉 단어의 의미에 관해서 「내용」이 있다는 것은 임의의 대상이나 사태의 집합에 관해 어떠한 성질을 나타내는 것이 아니라 일부의 한정적인 집합을 지시하는 것이다.

▌의미소(意味素)

언어학의 기술이나 설명의 대상은 추상적인 존재로서의 랑그이다. 따라서 의미의 기술도 랑그를 대상으로 하는 것은 당연하다. 그러나 언어를 사용하는 사람은 구체적인 상황에서 단어나 문장의 의미를 이해하며 그 때에는 랑그가 아니라 빠롤의 의미가 중요하다. 물론 「준이치는 개를 기르고 있다」라는 문장 속에서 「개」라는 명사의 의미는 랑그든 빠롤이든 차이가 없다. 언어를 기술할 때 이 두 레벨을 구별할 필요성이 있는 경우는 비유 특히 은유[5]의 경우이다.

예를 들어 「明子はネコだ 아키코는 고양이이다」라는 문장에서 「고양이」라는 명사의 의미를 생각해 보자. 「아키코」가 고양이의 이름이 아니고 사람의 이름이라면 아키코는 고양이가 아니기 때문에 이 문장은 은유 표현으로 이해해야 할 것이다. 즉 아키코는 고양이가 가지는 속성을 가지고 있다고 해석될 것이며 이 속성이 「이기적」인지 「타산적」인지 그렇지 않고 다른 속성인지는 이 문장의 화자가 고양이에 대해 믿는 것을 상황이나 문맥에서 모르면 결국 결정할 수 없다. 랑그의 레벨에서 이 문장의 의미로 제시할 수 있는 것은 「아키코라는 사람이 고양이가 가지고 있다고 화자가 믿고 있는 속성 중에서 적어도 하나를 가지고 있다」라는 내용뿐이다.

랑그의 단위로서 「문장」과 빠롤의 단위로서의 **발화**를 구별하는 입장에서는 발화의 의미를 「의미」, 문장의 의미를 「의의(意義)」라고 부르고 문장을 구성하는 단어의 의미를 **의미소(意味素)**라고 부르기도 한다. 그러므로 의미소라는 용어가 사용되는 경우의 「의미」는 빠롤의 레벨에 있어서의 의미도 포함하게 된다. 그러나 여기서 분석의 대상으로 하는 것은 랑그이므로 형태소의 「의미」라고 할 경우 위의 「의미소」를 가리킨다.

▌성분 분석

내용어의 의미(의미소)를 기술하는 것은 사전을 만드는 작업 속에서 전통적으로 이미 오랫동안 행해져 온 일이다.

여기서 말하는 사전은 어떤 언어에 있어서 주로 내용어의 의미를 그 언어의 단어를 사용해서 정의하는 것을 목적으로 하는 이른 바 「국어사전」이며 단어의 의미를 같은 의미를 갖는 외국어 단어로 바꿔 놓은 「외국어 사전」이 아니다. 「영일사전」「불일사전」 혹은 「일영사전」「일불사전」 등에서는 예를 들어 dog나 chien이라는 내용어의 의미를 일본어 단어 「犬」({inu})라고 설명하는 방법이 보통인데 「犬」라는 단어의 의미 자체를 정의하지는 않는다. 「국어사전」에서 단어의 의미를 기술할 때 바람직한 방법은 가능한 한 적은 수의 단어만을 사용하는 것이다. 즉 어느 정도의 「기본어」를 설정하고 기본어만을 사용하여 그 언어의 모든 단어의 의미를 정의하는 방법이다. 이런 방법이 왜 바람직한지는 우선 첫 번째로 우리가 영영사전을 이용할 경우에 자주 경험하듯이 어느 단어의 의미를 알기 위해서 사전을 찾아보았더니 그 정의 속에 모르는 단어가 또 나오는 경우가 있는데 이런 상황을 피한다는 실용적이고 학습상의 편리함을 들 수 있다. 그리고 이 이유보다 기본적으로 더 중요한 것은, 예를 들어 A라는 단어의 정의에 B라는 단어가 사용되고 그 단어 B의 정의에 다시 단어 A가 사용되면 A의 정의에 A 자

신이 포함되어 결국 정의를 하지 않는 것이 된다. 이러한 동어반복
(totology)를 피하기 위해서 유한수의 단어만을 의미기술에 사용하
는 것이 필요하다.

예를 들어 어느 일본어사전의 「範圍」라는 명사의 의미의 정의
는 「어떤 정해진 넓혀짐(広がり)」라고 되어 있다. 다음으로 「広が
り」를 찾으면 이 명사는 표제어로는 등재되어 있지 않고 「広がる」
이라는 동사의 명사형으로서 이 동사의 항목 안에 포함되어 있다.
거기서 「広がる」의 정의를 보면 「넓은 면적이나 범위에 이르다」
라고 되어있다. 즉 「範圍」의 의미는 이 사전에 의하면 「어떤 정해
진 넓은 면적이나 범위에 이르고 있는 것」으로 정의되는데 자기
자신으로 자신을 정의하는 것이 된다.

가능한 한 적은 수의 기본적인 의미를 나타내는 단어만을 「정의 용
어」로서 사용하면 이러한 사태를 당연히 피할 수 있다. 이러한 의미
정의의 방법을 **성분분석**(componential analysis)이라고 하는데 예를 들
어 친족 명칭의 의미는 이 방법으로 어느 정도 정의할 수 있다.

아버지 : 「남자」 「세대 1」 「직계」
어머니 : 「여자」 「세대 1」 「직계」
조부 : 「남자」 「세대 2」 「직계」
조모 : 「여자」 「세대 2」 「직계」
아들 : 「남자」 「세대 −1」 「직계」
딸 : 「여자」 「세대 −1」 「직계」
손주 : 「남자 또는 여자」 「세대 −2」 「직계」
삼촌 : 「남자」 「세대 1」 「방계」

　　고모 : 「여자」「세대 1」「방계」

　　사촌 : 「남자 또는 여자」「세대 0」「방계」

　　형/오빠 : 「남자」「세대 0」「동계」「연상」

　　남동생 : 「남자」「세대 0」「동계」「연하」

　　누나/언니 : 「여자」「세대 0」「동계」「연상」

　　여동생 : 「여자」「세대 0」「동계」「연하」

　여기서 사용되고 있는 [남자]「여자」「세대 n」「직계」「방계」 등의 의미적인 성분을 **의미성분, 의미특징, 의의특징** 이라고 부른다.

　친족 명칭은 체계성이 뛰어나서[6] 이러한 성분 분석이 가능한데 언어의 어휘가 체계를 이룰 것이라는 소쉬르의 주장이 타당하다면 한 언어의 단어의 의미는 모두 성분 분석에 의해 기술할 수 있을 것이다.

　그러나 어느 언어의 사전에 기재되어 있는 단어의 수는 적어도 수만 이상이며 그러한 의미를 모두 몇 개의 의미특징을 이용해 기술하는 것은 매우 곤란할 것이다. 실제로 앞에서 예를 든 일본어사전을 보더라도 성분 분석의 작업이 아직 완료되지 않은 것은 확실하다. 게다가 「まわる」와 「めぐる」, 「さわる」와 「ふれる」, 「中心」과 「中央」과 「眞ん中 한가운데」등은 의미의 대부분은 공통되지만 같은 의미라고는 할 수 없는 이른바 「유의어(類義語)」인데 이런 유의어의 의미를 엄밀하게 구별하려면 의미특징의 수는 유의어의 의미를 분석하려고 할 때마다 증가할 것이다.

　이와 같이 성분 분석이라는 의미 기술의 방법은 극복해야 할 커다란 문제점이 있다. 그러나 예를 들어 「まわる」와 「めぐる」는 「운동」 및 「회전」이라는 의미특징을, 「さわる」와 「ふれる」는 「운동」
및 「접촉」이라는 의미특징을 가진다는 기술은 각각의 의미특징에
대해서는 한층 더 검토할 필요가 있지만 거의 타당할 것이다. 그러
므로 단어의 의미를 성분분석 방법으로 모두 정의할 수는 없지만 그
의미의 중심부분을 정의하는 데에는 기여한다고 볼 수 있다.

의미 관계

내용어의 의미가 체계를 이룬다고 하면 체계를 구성하는 요소의
가치는 이런 요소 사이의 차이에 근거하므로 의미의 체계에 있어
서도 각각의 의미 사이의 차이를 만드는 요인이 있을 것이다. 요소
사이의 차이라는 것은 요컨대 요소 사이의 관계의 성질이므로 의
미에 대해서도 다른 의미적인 요소 사이에 어떠한 성질의 관계가
존재하고 있는지를 아는 것이 문제가 된다.

더 나아가 단어가 배열되어 더 상위의 범주인 구나 문장을 구성
하는 경우에는 그 의미도 통합되는데 구나 문장을 구성하는 단어
가 구조를 이루듯이 그것들의 의미도 어떠한 형태로 구조를 이루
고 있다고 생각된다. 여기서는 이러한 의미의 체계와 구조를 구성
하는 원리인 의미 관계를 살펴보자.

범렬적 의미관계

1. 상하관계 · 비양립관계

단어는 의미를 통해 현실 및 비현실의 세계에 존재하는 사물이

나 거기서 생기는 현상을 지시하는 것이지만 그 사물이나 현상은 본질적으로는 연속적으로 변하고 있는 것이며 거기에 어떤 객관적인 경계가 있는 것은 아니다.

예를 들어 식물에는 커다란 녹나무나 소나무처럼 전형적인 「나무」로 볼 수 있는 것과 길가에 나 있는 강아지풀이나 냉이처럼 전형적인 「풀」로 볼 수 있는 것도 있다. 녹나무나 소나무는 전형적인 나무이고 강아지풀이나 냉이는 전형적인 풀이며 양자 사이에는 명확한 구별이 있는 것처럼 보인다. 그러나 잘 생각해 보면 나무로부터 풀에 이르는 변화는 연속적인 것이며 고사리나 선인장과 같은 식물은 식물학상의 분류는 차치하고(언어를 만든 인간은 식물학자는 아니었으며 현대인의 대다수는 식물학상의 분류를 모른다), 나무라고 해야 좋을지 풀이라고 해야 좋을지 알기 어렵다.

마찬가지로 색도 흰색·검정·빨강·파랑·노랑·녹색 등 많지만 색이라는 것은 원래 무한의 변이가 있는 것이다. 패션 관계의 사람이 가지고 있는 색채의 샘플책에 브르시안 블루라든지 페퍼민트 그린 등 들어 본 적도 없는 외래어의 색채명과 그 샘플이 실려 있는데도 색채명이 모자란다고 느낀다는 사실로도 알 수 있다.

이와 같이 기호로서의 단어에 의해 어떤 언어에 주어진 의미는 연속하는 사물이나 현상을 불연속적인 단위로 나눈 것(어떤 대상의 집합)과 시니피앙인 음소의 연속을 대응시킨 것이다. 그리고 어떤 언어에서 내용어의 수만큼 의미가 존재한다고 할 수 있다.

의미에 계층이 있다는 것은 분명하다. 즉 어떤 단어의 지시대상이 다른 단어의 지시대상을 모두 포함하는 일이 있다.

(1)   소나무는 나무이다.

(2)   녹나무는 나무이다.

(3)   강아지풀은 풀이다.

(4)   냉이는 풀이다.

(5)   나무는 식물이다.

(6)   풀은 식물이다.

(7)   식물은 생물이다.

(8)   동물은 생물이다.

(1)~(8)의 문장은 모두 의미적으로 적격이며 「소나무」 및 「녹나무」의 지시대상은 모두 「나무」의 지시대상에 포함되고 「강아지풀」과 「냉이」의 지시대상은 모두 「풀」의 지시대상에 포함되며 「나무」와 「풀」의 지시대상은 모두 「식물」의 지시대상에 포함되고 「식물」과 「동물」은 그 지시대상이 「생물」의 지시대상에 포함된다는 것을 알 수 있다. 즉 「소나무」,「녹나무」,「나무」,「강아지풀」,「냉이」,「풀」,「식물」,「생물」이라는 단어의 의미는 다음과 같은 계층적인 관계에 있다.

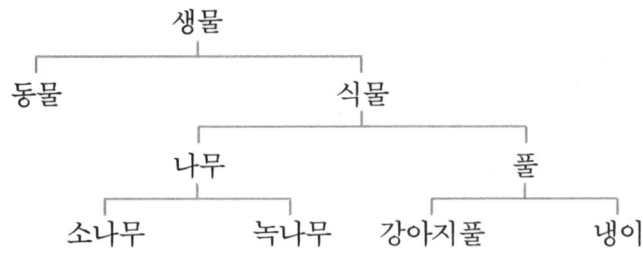

「생물」과 「동물」 및 「식물」의 관계를 **상하관계** 혹은 **포섭관계**라고 부르고 「생물」처럼 계층의 상위에 위치하는 단어를 **상위어**, 「동물」이나 「식물」처럼 계층의 하위에 위치하는 단어를 **하위어**라고 부른다. 상위어나 하위어는 어디까지나 의미적인 계층관계에서 정해지는 것이어서 「식물」과 「나무」 및 「풀」의 관계에서는 「식물」이 상위어이고 「나무」와 「풀」은 하위어이다. 그리고 같은 상위어를 공유하는 하위어 단어에서는 예를 들어 「동물」과 「식물」의 경우 그 지시대상은 겹치지 않을 것이다. 물론 「나무」와 「풀」에 관해서 위에서 기술한 것처럼 실제로는 이 두 단어의 지시대상의 집합의 경계는 불분명하다. 그러나 랑그의 레벨에서는 지시대상의 집합이 명확하게 구별된다고 볼 수 있다[7]. 그리고 「나무」와 「풀」의 각각의 의미 사이에 존재하는 관계 즉 같은 상위어의 아래에 위치하면서 다른 지시대상을 가지는 단어의 의미 사이의 관계를 **비양립**(非両立) **관계**라고 부른다.

동사를 예로 들면 「動く 움직이다」라는 상위어에 대해서 「歩く(걷다)」「走る(달리다)」「とぶ(날다)」「回る(돌다)」 등의 하위어가 있고 이러한 하위어는 서로 비양립 관계에 있다. 일본어의 형용사의 경우는 원래 수가 적기 때문에 이러한 상하 관계를 찾아내기가 꽤 어렵다.

이와 같이 단어의 의미 사이에 존재하는 상하관계를 파악하면 의미의 계층체계를 구축할 수 있을 것이다. 그리고 계층의 상위에 위치하는 의미가 성분분석을 할 때 의미특징으로서 사용된다. 다만 위의 몇 예에서도 알 수 있듯이 「나무」 바로 아래에는 「소나무」나 「녹나무」와 같은 개별적인 나무의 종류가 하위어로서 나타나는데 이들 중간에 존재하면서 나무보다는 특수하지만 개별적인 나무보다는 포괄적인 의미를 지니는 것은 적어도 일상어의 레벨에서는 존재하지 않는다. 따라서 결국 비양립 관계에 있는 의미를 구별하기 위해서는 기본적인 의미를 갖고 있다고는 볼 수 없는 단어를 사용해야 하기 때문에 소수의 의미특징만으로 구별한다고 하는 성분 분석의 목표는 의미의 체계를 이해한 것만으로는 달성되지 않는다.

2. 유의어(類義語), 동의어(同義語)

어느 상위어에 대한 하위어로 몇 개의 단어가 인정될 때 그러한 단어의 지시대상이 공통의 부분을 가지지 않으면 비양립 관계에 있는 것이지만 실제로는 공통의 부분을 가지는 경우가 많다. 「中心」과 「中央」, 「走る(달리다)」와 「駆ける(뛰다)」와 같은 단어들이 그러한데 이러한 단어를 **유의어**(類義語)라고 한다. 일본어뿐 아니라 모든 언어에는 보통 유의어의 예가 많다.

여기서 「지시대상이 공통 부분을 가진다」라는 점에 대해 생각해 보자. 위에서도 설명한 것처럼 하위어의 집단은 상위어에 의해 표시되는 의미를 공통의 의미특징으로 가지지만, 「나무」와 「풀」처럼 그 전형적인 것이 명확하게 구별되는 경우에도 양자의 지시대상의 집합은 명확한 경계를 가진다고는 할 수 없다. 그러나 「나무」와 「풀」의 중간적인 위치에 있는 예로서 든 「고사리」를 어느 화자가 「풀」이라고 판단했을 경우 그 화자에게는 「고사리는 나무이기도 풀이기도 하다」라는 내용의 문장은 부적격이다. 즉 의미가 명확하게 구별되는 단어에 대해서는 그 지시대상도 명확하게 구별될 가능성이 있는 것이다.

그런데 유의어의 경우는 그렇지 않다. 「走る」와 「駆ける」를 사용한 (9) (10)의 문장을 보자.

(9)　正博は走っている.

(10)　正博は駆けている.

「走る」와 「駆ける」의 의미는 공통되지 않는 부분도 많지만 이 두 단어의 의미를 습득하고 있는 일본어 화자는 누구라도 (9)가 성립하면 (10)도 성립하며 그 역도 성립된다는 것을 알고 있다. 즉 이 두 동사의 지시대상은 공통부분을 반드시 가지고 있다. 「走っている人 달리고 있는 사람」은 「駆けている人 달리고 있는 사람」이다. 이 부분이 비양립관계에 있어서 본래는 공통부분을 갖지 않는 「나무」와 「풀」과 같은 단어와 유의어가 다른 점이다.

유의어에 대해서는 당연히 유의어 사이의 의미의 차이를 나타낼 수 있는 의미 기술이 필요하다. 이때 보통 유의어 중 한 단어는 사용할 수 있지만 다른 단어는 사용할 수 없는 예문을 찾아내고 그 예문의 의미적인 환경을 의미의 구별에 이용하는 방법이 사용된다. 「走る」와 「駆ける」에 대한 다음의 예문을 보자.

(11)　a. 新幹線は時速200キロで走る.
　　　　　(신간선은 시속 200킬로로 달린다)
　　　b. *新幹線は時速200キロで駆ける.
　　　　　(신간선은 시속 200킬로로 달린다)

(12)　a. 隆は非行に走った. (다카시는 비행에 빠졌다)

　　　b. *隆は非行に駆けた. (다카시는 비행에 빠졌다).

(13)　a. 知子は金策に走った.

　　　　(토모코는 돈을 마련하기 위해 분주했다)

　　　b. *知子は金策に駆けた.

　　　　(토모코는 돈을 마련하기 위해 분주했다)

　(11)~(13)에서 「走る」를 사용한 a의 문장은 의미적으로 적격인데 비해 「駆ける」를 사용한 b의 문장은 모두 부적격이다. 한편 「駆ける」를 사용하면 적격이지만 「走る」는 부적격이 되는 예는 「駆け足」「速駆け」 등의 복합명사를 제외하면 없는 것 같다. 따라서 「走る」도 「駆ける」도 「어떤 사람이 보통 때의 이동보다 빠른 속도로 (다리를 사용해) 이동한다」라는 공통의 의미를 가지지만 「駆ける」는 주체가 「사람이나 말」에 한정되는데 비해 「走る」는 이동하는 성질을 가지는 대상일 경우 동물이나 무생물도 주체가 될 수 있고 비유적으로 「어떤 상태나 행위를 향해 이동한다」라는 의미로도 사용할 수가 있다는 의미적인 차이가 있다.

　유의어는 적어도 지시대상의 집합이 완전히 겹치지는 않지만 「소금」과 「염화나트륨」, 「탄산가스」와 「이산화탄소」, 「정수(定数)」와 「상수(常数)」, 「根」과 「解」처럼 지시대상이 완전히 동일한 단어의 쌍도 존재한다 (화학이나 수학과 같은 전문분야에서는 이 단어들을 엄밀하게는 구별하고 있을지도 모르지만 적어도 일상적인 생활에서는 이러한 단어들의 지시대상은 동일할 것이다).

이러한 단어들을 **동의어**(同義語)라고 부른다. 다만 「소금」과 「염화나트륨」처럼 지시대상은 완전히 같지만 사용되는 문체적 레벨은 다른 경우가 많다. 우리는 일상적인 언어적 상황에서는 「소금」을 사용하여 「찬장 안에 있는 염화나트륨을 가져다 줄래」라고는 말하지 않는다. 「맹장염(盲腸炎)」과 「충수염(虫垂炎)」과 같은 단어의 쌍도 마찬가지여서 사용되는 문체적 레벨도 고려하면 완전한 동의어는 거의 없다.

3. 반의어(反義語)

반의어(反義語/反意語), **반대어**(反對語)라고 불리는 단어의 쌍이 존재한다. 그 예로 「크다」와 「작다」, 「남자」와 「여자」, 「팔다」와 「사다」 등을 들 수 있지만 이러한 예를 보고 반의어 사이의 의미적인 관계를 일반화하는 것은 매우 어렵다.

「크다」와 「작다」라는 형용사는 사물의 「크기」의 정도에 대해 기준을 정하고 그 기준보다 상위에 속한다고 판단되는 것에 대해서 「크다」를 사용하고 기준보다 하위에 속한다고 판단되는 것에 대해서 「작다」를 사용한다. 그 척도의 중간을 0 이라고 하면[8] 플러스에 속하는 것이 「크다」이고 마이너스에 속하는 것이 「작다」라고 할 수 있을 것이다. 형용사는 일반적으로 「높이」「넓이」「아름다움」「무게」 등의 기준에 대해 어느 쪽에 속하고 있는지를 표시하는 기능을 갖고 있으므로 형용사의 반의어는 이 기준을 중간으로 하여 반대쪽 영역에 속하고 있는 것을 의미한다고 볼 수 있다.

이런 종류의 반의의 관계를 **반의**(反意)**관계**라고 부른다. 반의관계에 있는 단어의 특징적인 현상은 한 쪽을 부정했을 경우에도 그

것이 반드시 다른 쪽을 의미하지는 않는다는 점이다. 예를 들어 「히로아키는 크지 않다」라는 문장은 히로아키가 키의 기준보다 상위의 영역에 속하지 않는다는 것을 의미하는 것이다. 따라서 중간 또는 하위의 영역에 속하는 것을 의미하고 있다. 그렇다고 이 문장이 「히로아키는 작다」라는 것을 의미한다고는 할 수 없다.

「남자」와 「여자」, 「안」과 「밖」 등의 반의어는 「인간」, 「영역」 등의 상위어에 대한 하위어이다. 인간의 집합의 요소는 남자나 여자의 집합에 반드시 속하고 그 중간은 없으며 어느 영역을 둘로 분할하는 방법 중 하나로서 내부와 외부로 나눌 경우 「안」에 속하면 그것은 반드시 「밖」에 속할 수 없으므로 이러한 단어는 서로 비양립 관계에 있다. 그러나 「소나무」와 「녹나무」가 비양립 관계에 있는 단어와 다른 점은 상위어인 「나무」의 지시대상은 나무의 개별적인 종류라는 관점에서 보면 「소나무」와 「녹나무」뿐 아니라 「삼나무」, 「벚나무」, 「매화나무」 등 그 밖에도 많이 있는데 비해 「인간」의 집합은 「성(性)」이라는 관점에서 보면 「남자」와 「여자」의 둘로 밖에 분할되지 않고 그 이외의 집합에 속할 수 없다는 점이다.

「안」과 「밖」의 경우도 그러한데 이런 종류의 반의어는 비양립 관계에 있는 하위어 중에서 어떤 의미적인 특징에 관해서는 두 개밖에 존재하지 않는 경우의 단어의 쌍이다.

이러한 반의의 관계를 **배반(排反)관계**라고 부른다. 배반관계의 특징은 한쪽 단어를 포함한 술어를 부정하면 반드시 다른 쪽 단어를 포함한 술어를 의미하게 된다는 점이다. 「그 사람은 남자가 아니다」라는 문장의 의미는 「그 사람은 여자다」라는 문장의 의미와 같다[9]. 그 이유는 공통의 상위어에 의해 지시되는 대상의 집합이

이 두 단어의 지시대상의 집합으로 명확하게 이분되기 때문이다. 그러므로 배반관계에 있는 단어의 쌍은 보통 형용사가 아니라 명사에 속한다. 앞에서 든 예 이외에도 「겉」과 「속」, 「정(靜)」과 「동(動)」, 「생(生)」과 「사(死)」, 「전문가」와 「아마추어」, 「어른」과 「아이」 (「성인」과 「미성년자」의 의미) 등이 배반관계에 있다.

「부모(親)」와 「자식(子)」, 「오른쪽」과 「왼쪽」 등도 배반관계에 있는 것처럼 보이지만 그렇지 않다. 인간의 집합이 「부모」와 「자식」 중 하나로 분류된다고는 할 수 없고 어떤 사람이 부모이면서 동시에 자식일 수도 있다. 상위어를 「부모와 자식」으로 하면 반드시 「부모」이거나 「자식」이므로 이런 경우는 배반관계에 있게 되지만, 원래 「부모와 자식」이라는 단어 자체가 「부모」와 「자식」의 지시대상의 집합의 합집합을 지시하고 있기 때문에 이러한 자명한 상위어를 전제로 하지 않으면 성립할 수 없는 의미관계를 논하더라도 이러한 단어의 의미에 관해서는 어떠한 새로운 분석도 행해진 것이 아니다.

「오른쪽」과 「왼쪽」에 대해서는 「방향」 혹은 「위치」라는 상위어를 생각할 수 있는데 위치를 직선 위에서만 이동할 수 있다면 어느 기준점보다 「오른쪽」에 없는 경우에는 반드시 「왼쪽」에 있는 것이므로 그 경우에 한해 이 두 단어는 배반관계에 있다. 그러나 평면 위 혹은 공간 속을 자유롭게 이동할 수 있다면 「오른쪽」이 아닌 것은 「앞」이나 「뒤」 혹은 「위」나 「아래」일 수 있다. 따라서 이러한 단어쌍은 역시 배반관계와는 다른 반의관계에 있다고 볼 수 있다. 「선배」와 「후배」, 「상사」와 「부하」 등의 경우도 마찬가지이다.

동사에 있어서는 「ほめる 칭찬하다」와 「けなす 깎아내린다」

「増える 증가하다」와 「減る 줄어들다」 등이 반의관계, 「間に合う 시간에 맞다」와 「遅れる 늦다」, 「勝つ 이기다」와 「負ける 지다」 등이 배반관계에 있다고 볼 수 있다(「勝つ 이기다」와 「負ける 지다」에 대해서는 「引き分け 무승부」가 있는 경우에는 반의관계가 될 것이다). 그러나 동사의 반의어에 있어서 특징적인 것은 「売る 팔다」와 「買う 사다」, 「敎える 가르치다」와 「敎わる 배우다」, 「やる 주다」와 「もらう 받다」와 같은 단어(엄밀히는 {ur-}:{kaw-}와 같은 형태소)의 쌍이 있다고 하는 점이다. 이 단어쌍들은 지시대상의 집합을 어떠한 형태로 서로 나누는 식의 의미적인 대립을 하고 있지 않다. 「X가 Y에게 (Z를) 팔다[가르치다, 주다]」라는 문장이 「Y가 X로부터 (Z를) 사다 [배우다, 받다]」라는 문장과 같은 현상을 나타내고 있다는 점에서 알 수 있듯이 이러한 동사는 X로부터 Y에 물건이 이동하는 것을 공통으로 의미하고 있다. 한쪽은 보내는 사람의 시점에서 이 행위를 보고 있는데 비해 다른 쪽은 받는 사람의 시점에서 보고 있다. 이러한 시점의 차이에 의한 반의관계를 **역의(逆意)관계**라고 부른다.

「出る 나오다」와 「入る 들어가다」, [始まる 시작하다]와 「終わる 끝나다」 등도 반의어이다. 「出る」와 「入る」는 「어떤 영역과 그 영역 바깥 사이의 이동」이라는(이런 의미를 가지는 단어는 없겠지만) 상위 개념을 생각해 볼 때 이런 종류의 이동은 「영역 안에서 영역 바깥으로의 이동」과 「영역 바깥에서 영역 안으로의 이동」 중 하나만이 존재하므로 배반관계가 된다. 그리고 「시작하다」와 「끝나다」의 경우는 어느 시간적 구간에서 계속되는 행위에 있어서 그 구간의 양 끝에서의 사태를 나타내는 것이다. 그러므로 「행위가 계속되는 구간과 그 구간 이외의 구간 사이의 이동」이라는 상위 개념이 있으면 「出る」와 「入る」의 경우처럼 배반관계로 분류된다.

4. 동음이의어(同音異議語)와 다의어(多義語)

일본어에는 「創造」와 「想像」, 「科学」과 「化学」, 「私立」과 「市立」처럼 기호의 시니피앙인 음소의 연속(음소열)은 동일하지만 의미는 다른 단어의 집합인 이른바 **동음이의어**(同音異議語)가 많다. 동음이의어에 관해서는, (ソウゾウ)「創造」와 「想像」 또는 (カセイ)「火星」「化成」「仮性」「家政」「加勢」「歌聖」처럼 공유하는 의미 특징이 적은 경우가 많지만 (カガク)「科学」과 「化学」처럼 상하 관계에 있는 경우 및 (シリツ)「私立」과 「市立」처럼 비양립 관계에 있는 경우도 있다. 그러한 단어들은 비슷한 의미적 상황에서 사용되므로 한자에 의해 표기상으로 구별되지 않을 때에는 어느 쪽인지 애매하다. 실제로 (14)와 (15)에서는 다른 상황이 주어지지 않는다면 「カガク」와 「シリツ」라는 명사의 의미를 결정할 수 없다.

(14) 佳子はカガクに興味をもっている.
　　　요시코는 (과학/화학?)에 흥미를 갖고 있다.

(15) 義典はシリツの大学に通っている.
　　　요시노리는 (사립/시립?) 대학에 다니고 있다.

한편 「多義語(다의어)」로 불리는 단어가 있는데 다음에 든 「アシ다리」와 같은 경우이다.

(16)　人のアシ

(17)　椅子のアシ

(18)　垂線のアシ

(19)　アシの便

「アシ」라는 단어가 지시대상으로 하고 있는 것은 (16)은 인간의 신체의 부분이고 (17)은 물건을 지지하는 일부분, (18)에서는 수직선의 하부의 부분, (19)에서는 교통기관이다. 따라서 (16)～(19)의 「アシ」라는 형태의 의미는 차이가 있음을 알 수 있다. 그렇다면 앞에서 예로 든 「カガク」나 「シリツ」의 경우처럼 이 네 개의 「アシ」는 다른 단어이며 서로 동음이의어라고 볼 수도 있을 것이다. 그러나 이 네 개의 의미를 고려하면 「アシ」{asi}는 기본적으로는 인간이 이동을 위해서 사용하는 신체의 부분을 의미하고 다른 세 의미는 이 신체의 부분이 「물건을 지지한다고 하는 기능」「전체의 하부에 위치한다고 하는 상태」「이동의 수단으로서의 기능」을 중심적인 의미로서 각각 전용한 결과로 생긴 것이라고 간주할 수 있다.

즉 「アシ」{asi}라는 형태가 가지는 이러한 의미는 인간의 신체부분을 지시한다고 하는 기본적인 의미와 여기서 파생된 의미로서 불 수 있다. 이렇게 기본적 의미와 파생적 의미의 관계를 가지고 있고 같은 음소열을 가지면서 복수의 의미가 있을 경우 그것들은 한 단어에 속하며 한 단어가 몇 개의 의미를 가진다고 볼 수 있다. 이렇게 「アシ」처럼 복수의 의미를 가지는 단어를 **다의어**라고 한다.

일상적으로 사용되는 빈도가 높은 단어는 다의어인 경우가 많다. 「アシ 다리」처럼 「テ 손」도 인간 신체의 부분뿐 아니라, 「(일하는)

사람」「문자」「창작」「보살핌」「방법」 등 수많은 파생적 의미를 갖고
있다. 또한 「トル」라는 동사도 다의적이며 이 동사의 복수의 의미
는 동음이의어의 경우처럼 「取る 취하다」「採る 채용하다」「捕る
잡다」「盗る 훔치다」「執る 맡다」「摂る 섭취하다」「撮る 촬영하
다」「録る 녹음하다」처럼 다른 한자로 표기하여 구별하기도 한다.

이와 같이 동음이의어와 다의어 사이에 명확한 경계는 존재하지
않는다. 어느 음소열이 몇 가지 다른 의미를 갖고 있는 경우에 그
의미를 기본적인 의미와 그 의미로부터 파생된 의미로 볼 수 있는
경우에는 복수의 의미를 가지는 하나의 단어로 인정하여 다의어로
간주한다. 그렇지 않은 경우에는 서로 관계가 없고 다른 의미를 가
지는 복수의 단어로 인정하여 동음이의어로 간주한다.

문제가 되는 것은 기본과 파생이라는 의미적인 관계를 정하는
것이 항상 쉽지는 않다는 점이다. 예를 들어 「ハカル」라는 동사의
의미를 생각해 보자. 이 동사는 크게 나누면 「측정하다」「계획하다」
「질문하다」라는 의미가 있는데 한자에서는 각각 「計る·測る·量る」
「図る」「諮る」처럼 표기해서 구분하는 경우가 많다. 일본어사전에
서는 이러한 의미가 기본적으로는 하나로 묶인다고 보고 한 단어
로 인정하는 경우가 대부분이다. 즉 「ハカル」라는 동사는 하나밖
에 없으며 이것을 다의어로 본다. 한편 일영사전이나 일불사전 등
일본어로부터 외국어의 단어를 찾는 것을 목적으로 하는 사전에서
는 각각을 다른 단어로 보고 다른 표제어로 하는 것이 보통이다.
「측정하다」라는 의미를 기본으로 하고 그 의미로부터 「추측하다」
라는 의미가 파생되며 「어떤 목적을 가지고 상황을 추측하다」라고
의미를 한정한 후 그 의미로부터 「계획하다」라는 의미가 파생하였

다고 보거나 「어떤 목적을 가지고 타인의 심리를 추측하다」라는 상황으로부터 「질문하다」의 의미가 파생되었다고 논하는 것은 가능하지만 그러한 의미의 파생관계를 인정해야 할 필연성은 없다.

그러므로 관점에 따라서는 「ハカル」를 하나의 단어로 볼 수도 있고 세 개 이상의 단어를 대응시키는 경우도 있을 것이다. 이처럼 복수의 동음이의어인지 하나의 다의어인지를 결정하기는 어렵다.

▌연사(連辞)적 의미 관계

1. 선택 제한(共起制限)

단어가 명사구나 동사구를 구성하고 최종적으로는 문장을 구성한다는 것은 제2장 「문장의 구조」에서 배웠다. 그런데 구절구조 규칙에 맞는 단어의 모든 배열이 문법적으로는 적격일지라도 의미적으로 반드시 적격이라고는 할 수 없다.

예를 들어 「형용사 + 명사」라는 배열이 명사구를 구성하는 경우를 생각해 보자. 다음은 형용사가 명사를 수식하는 구조의 명사구이다.

(20) 大きい人　(큰 사람)

(21) 大きい車　(큰 차)

(22) *大きい紐 (*큰 끈)

(23) 大きい影響(큰 영향)

(24) 大きい悩み(큰 고민)

(25) *大きい癖 (*큰 버릇)

　이러한 예에서 알 수 있듯이 「크다」라는 형용사는 「사람」 「차」 「소리」 「영향」 「고민」과 같은 명사를 수식할 수 있지만 「끈」이나 「버릇」과 같은 명사는 수식할 수 없다. 「형용사+명사」라는 구조는 문법적으로 적격이므로 이러한 명사구의 의미적인 적격성을 결정하는 것은 「크다」라는 형용사와 수식되는 명사 사이에 존재하는 의미적인 관계이다. 다른 관점에서 말하면 「크다」라는 형용사의 피수식어가 될 수 있는 명사는 어떤 의미적인 특징을 가진다는 것을 알 수 있다. 이렇게 어느 구성소(문장을 포함)의 내부에서 어느 단어와 함께 사용되는 다른 단어의 의미가 제한되는 현상을 **선택제한** 혹은 **공기제한**(共起制限)이라고 한다.

　「크다」라는 형용사는 수식하는 명사가 구체적인 것일 경우에는 「사람」이나 「차」와 같은 3차원적이거나 「종이」나 「벽」처럼 2차원적인 넓이를 갖고 있어야 하며 「끈」이나 「실」처럼 1차원적인 성질밖에 없는 대상을 지시하는 명사는 피수식어로서 선택할 수 없다. 또 피수식 명사가 추상명사일 경우에는 「영향」이나 「고민」처럼 「정도」에 있어 차이가 있을 수 있는 명사이어야 하며 「버릇」이나 「추론」처럼 정도라는 성질을 가지지 않는 대상은 「크다」로 수식할 수 없다[10].

　문장의 레벨에서도 예를 들어 「走る 달리다」라는 동사는 「이동하다」라는 의미특징을 가지기 때문에 그 주체를 표시하는 명사도 역시 이동할 수 있는 대상을 지시해야 한다. 따라서 「사람」 「동물」 「차」 「전철」 등은 주체가 될 수 있지만 「나무」 「종이」 「집」 등 이동하지 않는 대상을 지시하는 명사는 주체가 될 수 없다. 더 나아가 「走る」가 「이동하다」라는 의미특징을 가지는 단어이지만 「비행기」

나 「배」가 주체가 될 수 없는 점을 생각하면 「走る」가 그 주체가
되는 단어에 요구하는 의미특징은 「육지 위를 이동하다」가 적당할
것이다.

2. 비유

전형적인 비유의 구조는 「XはYのように~だ/~する (X는 Y와
같이 ~이다/~하다)」 혹은 「XはYのようだ (X는 Y와 같다)」처럼
술어구의 부분에 「よう」{yoo}라는 형태소를 사용한 것이다.

(26) 美智子は花のように美しい. (미치코는 꽃처럼 아름답다)

(27) 美智子は花のようだ. (미치코는 꽃과 같다)

(28) 正博はニワトリのように早く起きる. (마사히로는 닭처럼
　　　일찍 일어난다)

(29) 正博はニワトりのようだ. (마사히로는 닭과 같다)

이러한 명시적인 비유를 **직유**(simile)라고 한다. 직유의 의미적인
성격은 단어 X의 지시대상(의 집합)이 단어 Y의 의미특징 중 일부
를 가지는 대상의 집합에 포함된다고 하는 것이다. (26)을 예로 들
면 「꽃」이라는 단어는 일본어에서는 「아름답다」라는 의미특징을
가지며 그 의미특징의 지시대상은 「아름다운 것들의 집합」이며 따
라서 이 문장은 그 집합 안에 「미치코」라는 이름을 가진 사람이 포
함된다는 것을 의미하고 있다.

(27)이나 (29)의 경우는 Y에 해당하는 「꽃」이나 「닭」 등의 어떤
의미특징이 문제가 되고 있는지는 이 문장만으로 알 수 없기 때문

에 (26)이나 (28)에 비해 비유로서의 명시성은 떨어진다. 그러나 「よ
うだ」라는 형식에 의해 이 문장이 비유라는 것은 확실히 알 수 있
으므로 이 문장을 이해하기 위해서는 「꽃」이나 「닭」의 의미특징
중 무엇을 선택할 지가 중요하다. 언어에 따라서는 이런 경우에 선
택되는 의미특징이 거의 정해져 있는 단어도 많다.

예를 들어 일본어에서 「꽃」은 「아름답다」이지 「벌레를 끌어 들
인다」나 「씨앗을 만든다」 등이 아니고, 「닭」은 「일찍 일어난다」
거나 「성급히 움직인다」 등이 보통이지 「알을 낳는다」가 아니다.
그 밖에도 「소」는 「동작이 느리다」이고, 「개」는 「주인에게 충실하
다」, 「여우」나 「너구리」는 「교활하다」, 「늑대」는 「잔인하다」, 「개
미」는 「근면」이고 「태풍」은 「주변을 혼란시킨다」, 「총알」은 「가서
는 돌아오지 않는다」 등의 예가 있다.

물론 비유로 사용되는 빈도가 적은 단어가 사용되었을 경우에는
의미특징 중 어떤 것을 선택할지는 그 문장만으로 결정할 수 없다.

(30) 弘明はストーブのようだ. (히로아키는 스토브와 같다)

(30)이 비유로서 무엇을 의미하고 있을지는 「스토브」의 의미특
징 중 어떤 것을 선택할지에 따라 달라진다. 「주위 사람을 따뜻하
게 하다」라는 특징일지도 모르고 「너무 접근하면 화상을 당한다」
일지도 모르며 「겨울에만 활약한다」일 수도 있지만 (30)에서 판단
할 수 있는 것은 이 문장이 직유이며 방금 예로 든 특징이 지시
하는 대상의 집합 안에 「히로아키」라는 사람이 포함된다는 것뿐
이다.

「XはYのようだ (X는 Y와 같다)」에서 「よう」를 제외한 문장을 생각해 보자.

(31) 美智子は花だ. (미치코는 꽃이다)

(32) 正博はニワトリだ. (마사히로는 닭이다)

(33) 弘明はストーブだ. (히로아키는 스토브다)

「X는 Y다」라는 문장은 일반적으로는 「이것은 책이다」나 「프랑스는 유럽의 나라이다」의 경우처럼 Y에 의해 지시되는 대상의 집합에 X가 속하고 있다는 것을 의미하고 있다. (또 다른 의미로는 이른바 「うなぎ文(뱀장어문)」,[11]으로 사용된 경우로서 (31)이 「미치코는 꽃을 좋아한다」거나 「미치코는 꽃을 산다」와 같은 의미를 나타내는 경우도 있지만 이런 경우는 제외하고 생각하자). 만약 그렇다면 (31) (32) (33)은 「꽃」「닭」「스토브」의 지시대상의 집합 안에 「미치코」, 「마사히로」, 「히로아키」라는 사람이 포함된다고 하는 의미를 나타내는 것이다(물론 「미치코」라는 이름을 꽃에 붙이는 경우도 있겠지만 이것도 특별히 고려할 필요는 없을 것이다). 그런데 「꽃」과 「스토브」는 「동물 이외의 것」의 집합, 「닭」은 「인간 이외의 동물」의 집합에 포함되는데 비해 「미치코」, 「마사히로」, 「히로아키」는 인간의 집합에 포함된다. 인간의 집합이 동물 이외의 집합이나 인간 이외의 동물의 집합에 포함되는 경우는 있을 수 없기 때문에 (31) (32) (33)은 의미적으로는 본래 부적격인 문장일 것이다.

그러나 이러한 문장이 의미적으로 적격으로 사용되고 있다면 「꽃」이나 「닭」이 인간의 집합도 포함한 지시대상을 가진다고 해석

하지 않으면 안 된다. 거기서 이러한 단어의 의미특징 중 인간의
집합도 포함될 수 있는 「아름답다」나 「일찍 일어나다」 등이 의미
로서 선택되어 「동물 이외의 것, 식물」이나 「인간 이외의 동물, 새」
등의 의미특징은 관계가 없는 것이 된다. 이것도 역시 비유의 일종
이지만 명시적이지 않기 때문에 **은유**(metaphor)라고 하며 앞의 직유
와 구별한다. 은유의 이해는 기본적으로는 「X는 Y와 같다」라는 구
조의 직유와 같지만 비유라는 점이 형태적으로 명시되지 않으므로
표면적으로는 부적격인 의미를 표시하고 있다는 점이 다르다.

　이것을 위의 선택제한이라는 관점에서 다시 파악하면 은유로서
기능하고 있는 「X는 Y다」라는 구조의 문장은 X와 Y의 양쪽 모두
의 선택 제한을 위반하고 있지만 Y의 의미특징 중에서 적당한 일
부만을 선택적으로 표시하여 해석하는 것에 의해 이 선택제한에
대한 위반을 해소하고 적격인 의미를 표시하게 되는 것이다.

기능어의 의미

　일본어의 대표적인 기능어는 이른바 조사와 조동사이다. 이 책
에서는 조사 중에서 명사구의 뒤에 붙어서 명사구와 함께 보다 상
위의 범주를 구성하는 것을 「후치사(後置詞)」라고 부르고 술어구
의 끝에 붙어 주로 모달리티(法性)(제4장 참조)를 표시하는 것을
「종조사(終助詞)」라고 부른다. 여기서는 조사나 조동사 및 다른 기
능어 중에서 제4장에서 취급하는 시제와 모달리티 이외의 기능에
관련되는 단어의 의미를 살펴보겠다.

▍격과 의미역할

후치사의 대표적인 기능은 **격**(case)을 표시하는 것이다. 의미론에 있어서의 격이란 문장에 사용되는 명사에 의해 표시되고 있는 사물이 술어에 의해 표시되는 사태의 틀 안에서 가지는 기능이다. 형태론에서도 「주격」, 「대격」, 「속격」 등 「격」이라는 명칭이 사용되지만 의미론적인 격과는 개념이 다르다. 따라서 여기에서는 「격」이라는 명칭을 사용하지 않고 **의미역할**(semantic role)이라는 명칭을 사용하기로 한다. 의미적인 격인 의미역할에 대한 엄밀한 설명은 아직 완성되지 않았지만 여기에서는 주된 역할에 대해 살펴보겠다.

(34) 妙子が弘明をたたいた. (다에코가 히로아키를 때렸다)
(35) 弘明が妙子にたたかれた. (히로아키가 다에코에게 얻어맞았다)

문장 (34) (35)는 모두 「다에코가 히로아키를 때리다」라는 사태가 과거에 일어난 것을 나타내고 있지만 「が」라는 후치사가 붙어 있는 명사는 다르다. 실제의 사태에 대해 「たたく 때리다」라는 행위를 한 것은 「다에코」이다.

이러한 문장에서 「が」가 표시하는 의미역할을 **주체**라고 부른다[12]. 주체는 사태를 구성하는 사물 중에서 가장 중심적인 것이며 문장에서 사용되는 술어의 형태를 결정하는 기능을 가진다. (34) (35)는 같은 현상을 나타내고 있지만 (34)는 「다에코」가 주체로서 선택되고 있으므로 술어(동사)가 「たたいた 때렸다」라는 능동태의 형태이다. 한편 (35)에서는 「히로아키」가 주체로 선택되었으므로 술어는 「たたかれた 얻어맞았다」라는 수동태의 형태로 나타난다.

이렇게 어떤 사태를 실현시키는 주체가 되는 사물을 표시하는 역할 가운데 「たたく」처럼 능동적 또는 의지적인 행위의 주체를 표시하는 역할을 **동작주**(agent)라고 하고 「見える 보이다」「悲しい 슬프다」처럼 감각적 또는 심리적인 행위의 주체를 **경험자**(experiencer)라고 불러 구별한다. 그리고 (34)의 「히로아키」는 「たたく」라는 행위의 대상으로 **대상**(object) 혹은 **피동자**(patient)라고 한다. 일본어에서는 일반적으로 주체는 「が」, 대상은 「を」로 표시한다. 일본어의 후치사 중에서 주로 의미적인 격을 표시하는 기능을 가진 것을 「격조사」라고 부르고 있다.

(36) 正博は宏美に手紙を送った.
(마사히로는 히로미에게 편지를 보냈다)
(37) 宏美は正博に弁当を用意した.
(히로미는 마사히로에게 도시락을 준비했다)

(36)은 「마사히로가 히로미에게 편지를 보냈다」라는 사태를 표시하는데 「보내다」라는 행위의 주체는 「마사히로」이고 대상은 「편지」이다. 「히로미」는 편지를 받는다는 역할을 가지는데 이것을 **수용자**(recipient) 혹은 **수익자**(beneficiary)라고 부른다. (37)의 「마사히로」도 「준비하다」라는 행위를 받는 대상이며 역시 수용자라는 의미역할을 한다. 일본어에서 수용자는 「に」로 표시되는 경우가 많다.

(38) 正博は駅で美智子に会った.

(마사히로는 역에서 미치코를 만났다)

(39) 弘明は駅に行った. (히로아키는 역에 갔다)

(40) 哲夫は新幹線で東京から大阪に行った.

(데츠오는 신간선으로 도쿄에서 오사카로 갔다)

(38) (39) (40)의 「역」「도쿄」「오사카」는 모두 「장소」를 나타내고 있다. (38)의 「역」은 「만나다」라는 행위가 이루어지는 장소이므로 그 의미역할은 **장소**(location)인데 (39)의 「역」은 「가다」라는 행위의 목적지를 표시하고 있으므로 그 역할은 **착점**(goal)이다. (40)의 「오사카」도 목적지이므로 착점이지만 「도쿄」는 그 출발지인데 이 경우의 역할은 **기점**(source)이다. 그리고 「신간선」은 「데츠오가 도쿄에서 오사카로 가다」라는 사태의 수단을 표시하고 있으므로 역시 **수단** 혹은 **도구**(instrument)라는 의미역할을 가진다.

의미역할에 관한 문제점의 하나는 몇 개의 역할을 설정하면 충분한가라는 것이다. 「마사히로는 히데키보다 크다」나 「미치코는 히로미와 영화를 보러 갔다」라는 문장에서 「히데키」「히로미」라는 명사가 가지는 의미역할을 「비교대상」「동반자 (수반자)」 등으로 부르는 것은 간단하지만 이렇게 의미역할을 늘려 간다면 다음 문장의 밑줄 친 명사에 대해서도 새로운 의미역할을 인정해야 할 것이다.

(41) 宏美は廊下を走って玄関に行った.

(히로미는 복도를 달려 현관에 갔다) [경로]

(42) 秀樹は悪と闘った.

    (히데키는 악과 싸웠다) [반동작주(反動作主)]

(43) 美智子は愛情から正博と別れた.

    (미치코는 애정 때문에 마사히로와 헤어졌다) [이유, 분리]

이와 같이 새로운 의미역할을 계속 설정하면 그 수가 무제한으로 늘어날 위험성이 있다. 또 다른 문제점은 일본어처럼 의미역할을 표시하는 단어를 가지는 언어의 경우 「に」에 「수용자」와 「목적지」라는 복수의 의미역할이 있는 것에서 알 수 있듯이 하나의 격조사가 보통 복수의 의미역할을 나타낸다는 것이다.

(44)   弘明が走っている. (히로아키가 달리고 있다)

(45)   宏美は弘明が好きだ. (히로미는 히로아키를 좋아한다)

(46)   東京が地価が高いことはよく知られている.

    (도쿄가 땅값이 비싼 것은 잘 알려져 있다)

(44)에서는 「が」에 의해 주체(동작주)를 표시하지만 (45)는 같은 단어에 의해 대상(피동자)이 표시되고 있다. 한편 (46)에서는 두 개의 「が」가 사용되고 있는데 「도쿄」와 「땅값」의 어느 쪽이 주체일까? 만약 「땅값」이 주체라고 하면 「도쿄」의 의미역할은 무엇인가? 그리고 「が」라는 후치사에 이렇게 다양한 의미가 있다면 「が」는 「동음이의어」인가 「다의어」인가라는 문제도 있다. 즉 /ga/라는 음소의 연속을 시니피앙으로 하는 복수의 후치사가 일본어에 존재하고 있는지, 그렇지 않으면 이러한 복수의 의미를 통일하는 기본적인 의미를 합리적으로 추출할 수 있는지 하는 문제이다.

▮ 탁월사(とりたて詞)

일본어의 조사 중「も」「さえ」「でも」「だけ」「しか」등은 전통적으로는 부조사(副助詞) 혹은 계조사(係助詞)로 분류되는데, 문장 속에서 이러한 단어(부조사)들이 붙는 요소(주로 명사구)가 나타내는 사물은 그 사물과 같은 집합에 포함되는 다른 사물과 대비된다. 즉 이러한 단어는 어떤 사물을 집합 중에서 두드러지게 하는「とりたてる 내세우다」라는 기능을 가진다. 이를「탁월사(とりたて詞)」라고 부른다.

(47)   宏美も山に登った. (히로미도 산에 올랐다)
(48)   宏美さえ山に登った. (히로미마저 산에 올랐다)
(49)   宏美だけ山に登った. (히로미만 산에 올랐다)

(47)에서「히로미」라는 고유명사가 지시하는 대상은 어떤 사람들의 집합의 요소이다. 그리고 (47)은「히로미가 산에 올랐다」라는 사태와「히로미를 포함하는 사람의 집합에 속하는 적어도 다른 한 명의 사람이 산에 올랐다」라는 사태를 모두 의미한다. (48)도 같은 사태를 의미하고 있지만 더 나아가『히로미를 포함한 사람의 집합 중에서 히로미 이외의 모든 사람은 산에 오르지만 히로미는 오르지 않는다』고 생각하고 있었다라는 화자의 신념도 의미한다는 점이 다르다. (49)는「히로미가 산에 올랐다」라는 사태와「히로미를 포함한 사람들의 집합에 속하는 다른 모든 사람은 산에 오르지 않았다」라는 사태를 모두 의미한다.

그러므로 탁월사를 포함한 문장은 탁월사가 요구하는 사태와 모순되는 사태를 기술하고 있는 문장과는 공기(共起)할 수 없다.

(50) *宏美以外の人は山に登らなかったが, 宏美も山に登った.
      (*히로미 이외의 사람은 산에 오르지 않았지만 히로미도 산에 올랐다)

(51) *宏美以外の人は山に登らなかったが, 宏美さえ山に登った. (*히로미 이외의 사람은 산에 오르지 않았지만 히로미마저 산에 올랐다)

(52) *宏美以外にも山に登らない人間がいると思っていたが, 宏美さえ山に登った. (*히로미 이외에도 산에 오르지 않는 사람이 있을 것이라고 생각했지만 히로미마저 산에 올랐다)

(53) *宏美以外にも山に登った人間がいたが, 宏美だけが山に登った. (*히로미 이외에도 산에 오른 사람이 있었지만 히로미만이 산에 올랐다)

▎접속조사 · 접속사

접속조사(接続助詞)와 접속사(接続詞) (이하「접속사(接続辞)」)는 문장과 문장을 결합하는 기능을 한다. 복수의 문장이 병렬되어 있는 경우에는 특별한 접속사가 없더라도 어떤 의미적인 관계가 존재한다.

(54) 美智子は目覚めた. (美智子は) カーテンを開けた.
      (미치코는 눈을 떴다. (미치코는) 커튼을 열었다)

(55) 正博は風邪をひいていた. (正博は) 学校に行かなかった.

(마사히로는 감기에 걸렸다. (마사히로는) 학교에 가지 않았다)

(56) 弘明は元気だった. (弘明は) 会社に行かなかった.

(히로아키는 건강했다. (히로아키는) 회사에 가지 않았다)

사람이 아침에 눈을 뜬 다음에 커튼을 여는 것은 흔한 일이다. 따라서 (54)는 단순히 시간적인 순서를 나타내고 있다고 생각된다. 사람이 감기에 걸리면 보통 집에서 쉬고 학교나 직장에는 가지 않는다고 생각된다. 즉 (55)는 첫 문장의 사태로부터 기대되는 사태가 다음 문장에 나타난다. 반대로 어떤 사람이 건강하다면 학교나 직장에 갈 것이다. 따라서 (56)이 첫 문장의 사태로부터 기대되는 것과 모순되는 사태가 다음 문장에 나타나고 있다.

언어에 따라서는 특별한 접속사를 사용하지 않고 문장을 병렬하는 것만으로 표현하는 빈도가 비교적 높은 경우도 있지만 (영어 등) 일본어에서는 문장과 문장 사이에 존재하는 의미적인 관계는 가능한 한 접속사를 사용해서 나타내는 경향이 강하다. (54)와 같이 시간적으로 연속해서 일어나는 사건을 나타낼 때에는 접속조사 「て」 혹은 접속조사 「そして」를 사용한다.

(57) a. 美智子は目覚めて, カーテンを開けた.

(미치코는 눈을 뜬 후 커튼을 열었다)

     b. 美智子は目覚めた. そしてカーテンを開けた.

(미치코는 눈을 떴다. 그리고 커튼을 열었다)

(55)에 나타나는 관계는 전통적으로 **순접**(順接)이라고 불리는데 일본어에서는 접속조사 「ので」, 접속사 「だから」 등으로 표시한다.

(58) a. 正博は風邪をひいていたので, 学校に行かなかった.
        (마사히로는 감기에 걸렸으므로 학교에 가지 않았다)
      b. 正博は風邪をひいていた. だから学校に行かなかった.
        (마사히로는 감기에 걸렸다. 그래서 학교에 가지 않았다)

(56)에 있어서의 관계는 전통적으로는 **역접**(逆接)이라고 불리는데 일본어에서는 접속조사 「のに」, 접속사 「しかし」 등을 사용해 표시한다.

(59) a. 弘明は元気だったのに, 仕事に行かなかった.
        히로아키는 건강했는데 일하러 가지 않았다.
      b. 弘明は元気だった. しかし仕事に行かなかった.
        히로아키는 건강했다. 그러나 일하러 가지 않았다.

이렇게 문장과 문장 사이의 의미적인 관계의 종류는 화자의 신념을 포함한 상황에 좌우되는 것이어서 사용된 접속사의 적격성은 상황을 모르면 결정할 수 없다. 다음의 두 문장을 보자.

(60) 優子は秀樹を愛していた. (유코는 히데키를 사랑하고 있었다)
(61) 優子は秀樹と別れた. (유코는 히데키와 헤어졌다)

어떤 사람이 다른 사람을 사랑하고 있다면 보통은 그 사람과 함께 있고 싶을 것이다. 따라서 그러한 사태를 표시하는 문장에서 기대되는 사태와 그 사람과 헤어진다고 하는 사태와는 모순된다. 만약 그렇다면 (60)과 (61)을 결합시키는 접속사로 선택되는 것은 「のに」나 「しかし」일 것이다. 그러나 유코가 히데키의 아내가 아니라 정부이고 그 사실이 세상에 알려지면 히데키의 출세에 방해가 될 것이므로 그것을 피하기 위한 경우라고 생각해 보자. 그렇다면 유코가 히데키를 사랑하고 있다고 하는 사태로부터 유코가 히데키와 헤어진다고 하는 사태가 기대될 수도 있을 것이다. 그러한 상황이 존재할 경우에는 접속사로서 선택되는 것은 「ので」나 「だから」일 것이다.

▌정(定)과 부정(不定) 그리고 특정(特定)과 총칭(総称)

일본어는 한국어·중국어·러시아어 등과 함께 「관사(冠詞)」라는 범주에 속하는 단어를 갖지 않는 언어에 속한다. 관사는 일반적으로 「정관사(定冠詞)」와 「부정관사(不定冠詞)」로 나눌 수 있는데 정관사는 **정**(定 definite)이라는 특징을 가지는 대상(사물)을, 「부정관사」는 **부정**(不定 indefinite)이라는 특징을 가지는 대상을 지시하는 기능을 가진다.

「정(定)」이란 청자가 어느 대상을 그 대상이 속하는 집합 중에서 특정화할 수가 있다는 것을, 즉 어느 대상인지를 가리킬 수가 있다는 의미이며 「부정(不定)」이란 그러한 특정화를 할 수 없다는 의미이다.

(62) The man over there is my friend.

(63) A man came to see me yesterday.

(62)의 man은「사람의 집합」중에서 특정의 대상이고 한편 청자
는 그 대상이 누군지를 가리킬 수가 있다. 따라서「정」이라는 특징
을 갖고 있으므로 정관사로 수식되고 있다. (63)의 man은 청자도 사
람의 집합 중의 대상인 것은 알고 있지만 그 사람이 누구인지는 알
수 없기 때문에「부정(不定)」이므로 부정관사로 수식되고 있다.

(62)에서도 (63)에서도 man이라는 명사의 지시대상이 집합 중에
서 유일한 하나의 대상인 것은 확실한데 이러한 명사구의 지시대
상의 특징을 **특정적**(specific)이라고 한다(이 책에서는「정」과 혼동
되는 것을 피하기 위해서 앞으로는「특수」라는 용어를 사용한다).
한편 (64)의 dog(s)라는 명사에 의해 지시받은 대상은「개」라는 집
합에 속하는 모든 요소인데 명사의 지시대상의 이러한 특징을 **총칭
적**(generic)이라고 한다.

(64) a. Dogs bark.
　　　 b. A dog barks.
　　　 c. The dog barks.

이러한 예에서도 알 수 있듯이 영어에서는 정과 부정은 형태적
으로 구별되지만 특수와 총칭을 구별하는 형태적 수단은 없다. 일
본어에는 관사가 존재하지 않기 때문에 이런 종류의 명사의 특징
은 상황에 의해서 판단하고 구별한다. 정과 부정 그리고 특수와 총
칭은 따라서 일본어의 의미 기술에서는 무시할 수 있다는 주장도
있다. 그러나 다음의 문장의 의미를 생각해 보자.

(65) a. イヌは吠える. (개는 짖는다)

　　 b. イヌは吠えている. (개는 짖고 있다)

(65a)의 의미는 엄밀하게는 「모든 개는 짖는다라는 성질을 갖고 있다」이고 (65b)의 의미는 「어느 특정한 개가 짖는다라는 행위를 발화시점에 행하고 있다」이다. 그러므로 (65a)의 「개」는 「총칭」, (65b)의 「개」는 「특수」라는 특징을 가지고 있음을 주목해야 한다. 이처럼 술어의 어스펙트(제4장 참조)가 달라짐에 따라 그 주체의 의미적인 특징이 바뀌는 것이다.

(66) a. 昨日ある人が私に会いに来た.

　　　(어제 어떤 사람이 나를 만나러 왔다)

　　 b. *あそこに立っているある人は私の友人てす.

　　　(*저기에 서 있는 어떤 사람은 나의 친구입니다)

(66a)의 「人」을 「ある」으로 수식하는 것은 가능하지만 (66b)의 「人」은 「ある」으로 수식할 수 없다. 이 차이는 (66a)의 「사람」이 「부정(不定)」이며, (66b)의 「사람」이 「정(定)」이기 때문이라고 생각된다. 즉 명사의 정과 부정이 「ある(어떤)」와 공기 가능성을 결정하는 것이다.

　이와 같이 일본어에서도 비록 형태적으로는 표시되지 않지만 명사의 정과 부정 및 특수와 총칭은 그 의미적 기능에 있어서 무시할 수 없는 역할을 하고 있음을 알 수 있다.

【주】

1) 「평화」의 지시대상은 「사람들이 사이좋게 지내다」와 「세계 나라들 간에 전쟁이 없다」 등의 여러 가지 사태이다. 「멋」이면 「어떤 사람이 세련되게 행동하다」와 「어떤 사람이 감정의 미묘함을 알고 있다」 등의 사태를 지시대상으로 한다.

2) 독일의 논리학자 Gottlob Frege(1848-1925)가 문장(명제)의 지시대상이 진리값이라고 최초로 주장하였다.

3) 진리값이 같은 문장이라도 문장이 나타내는 사태를 참으로 하는 상황은 문장에 따라 각각 다르다. 논리학적 의미론에서는 사태가 참이기 위해 필요한 조건을 「진리조건」이라고 부른다.

4) 「타로는 학생입니까?」라는 의문문에서는 「타로는 학생이다」라는 문장이 나타내는 사태가 참인지 거짓인지를 묻고 있다. 자세한 것은 제4장을 참조.

5) 「X는 Y다」라는 형식에서 X의 성질이 Y와 닮아있다는 것을 나타내는 비유가 은유이다. 이에 비해 「X는 Y와 같다」라는 형식으로 직접 X와 Y의 유사성을 나타내는 비유가 직유이다.

6) 체계성이 뛰어나다고 하는 것은 각각의 단어의 의미가 어떤 점에서 다른지 명확하다는 것이다. 차이점이 명확하면 그 명확한 차이를 의미분석으로 추출할 수 있다.

7) 랑그에 있어서 단어의 의미는 체계를 이루고 있으므로 각각의 단어의 의미는 모두 다르다. 단어의 의미는 사물의 집합이며 사물의 집합은 랑그에 의해 인위적으로 설정된 것이며 같은 랑그를 사용하는 사람들은 같은 사물의 집합을 머릿속에 공유해야 한다. 따라서 랑그의 차원에서는 사물의 집합 사이에 있는 경계가 명확히 구별되어 있다.

8) 어떤 척도에 관한 중간값은 그 척도를 적용하는 사물의 집합체에 따라 각각 다르다. 「크기」라는 척도에 있어서 「장수풍뎅이의 집합」의 경우는 그 중간값이 기껏해야 10센티 정도이다. 그러나 같은 척도라도 「코끼리의 집합」의 경우에는 중간값이 적어도 3미터는 될 것이다.

9) 단 「그 사람은 남자가 아니다」라는 문장이 비유적인 의미를 나타내는 경우는 이와 다르다. 이 문장이 비유적으로 쓰였다면 「그 사람은 남자에게 기대되는 행동을 하지 않는다」 다시 말해 「그 사람은 남자답지 않다」라는 의미를 나타낸다.

10) 「大きな紐」와 「大きな癖」와 같은 표현이 절대로 사용될 수 없다는 것

은 아니다. 만약 이런 표현이 실제로 사용된다면 이런 표현이 나타내는
의미가 적격이 되는 상황을 상정하는 것은 불가능하지 않다. 따라서 선
택제한이라는 의미적 현상은 어디까지나 일반적인 경향성을 보이는 것
에 불과하다.

11) 「うなぎ文」이란 「나는 장어다」로 대표되는데 「X는 Y다」라는 구조를
보이면서 「X가 Y에 의해 지시되는 집합에 속한다」라는 의미를 나타내
지 않는 문장이며 또한 비유적인 의미를 갖지 않는 문장이다. 이런 종
류의 문장의 의미를 이해하기 위해서는 문장이 사용된 상황을 고려해
야 한다. 「식당에서 무언가를 주문한다」라는 상황이면 이 문장은 「나는
장어를 주문한다」라는 의미를 나타내고 「생선 중에 무엇을 좋아하는가」
라는 것이 문제가 되는 상황이면 같은 문장이 「나는 장어를 좋아한다」
라는 의미를 나타낸다.

12) 주체라는 의미역할을 나타내는 단어가 「주어」이다.

【참고문헌】

池上嘉彦『意味論』大修館書店, 1975.
オグデン & リチャーズ『意味の意味』石橋幸太郎訳, 新泉社, 2001. [Ogden,
　　C. K. & Richards, I.A., *The Meaning of Meaning : A Study of the
　　Influence of Language upon Thought and of the Science of Symbolism*,
　　1949].
国広哲弥『意味論の方法』大修館書店, 1982.
国広哲弥「意味の似た言葉」『言葉の意味』文化庁, 1984.
郡司隆男他『岩波講座 言葉の科学4 意味』岩波書店, 1998.
ディロン 『現代英語意味論』 安井禾念訳, 研究社, 1984 [Dillon, G. L.,
　　Introduction to Contemporary Linguistics Semantics, 1977].
寺村秀夫『日本語のシンタクスと意味 I～III』くろしお出版, 1987.
寺村秀夫他編『ケーススタディ日本文法』桜楓社, 1987.
野本和幸『意味と世界---言語哲学論考』法政大学出版局, 1997.
フレーゲ, G『フレーゲ哲学論集』藤村龍雄訳, 岩波書店, 1988.
益岡隆志 & 田窪行則『基礎日本語文法 改訂版』くろしお出版, 1992.

제4장
문장의 의미

▌사태(事態)의 구조

　문장이 나타내는 의미는 **사태**이다. 문장의 의미를 알고 있는 것과 문장이 나타내는 사태를 알고 있는 것은 같은 것이기 때문에 문장이 나타내는 사태를 문장의 의미라고 생각해도 될 것이다[1]. 문장이 나타내는 사태가 어떤 구조인지를 알기 위해서 우선 다음의 일본어 문장을 보자.

　(1)　太郎が来た.(타로가 왔다)

　이 문장은 「太郎」「が」「来」「た」라는 네 개의 형태소로 구성되어 있다. 각 형태소가 속한 품사(통사범주)는 다음과 같다.

(2)　太郎 : 명사, が : 격조사, 来 : 동사, た : 조동사

일본어에서는 「명사＋격조사」가 「명사군」을 구성하고 「동사＋ 조동사」가 동사군을 구성하므로 (1)은 다음과 같은 구조로 볼 수 있다(각 형태소의 품사는 생략한다).

(3)

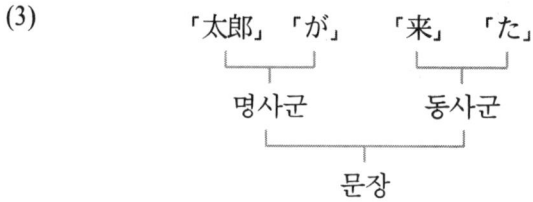

```
      「太郎」「が」    「来」「た」
        └──┬──┘      └──┬──┘
          명사군        동사군
          └──────┬──────┘
                문장
```

명사 「太郎」의 의미역할은 격조사「が」가 붙으므로 「주체」임을 알 수 있다. 그리고 동사 「来(る)」에 의해서 표현되는 사태기(사태의 틀)가 성립한 시점은 조동사 「た」가 붙으므로 「과거」임을 알 수 있다.

이러한 정보를 기초로 문장 (1)이 나타내는 사태는 다음과 같이 나타낼 수 있다[2].

(4)　来る <과거> [주체＝太郎][3]

그리고 다음의 문장 (5)는 사태의 성립 시점이 과거일 뿐만 아니라 사태가 미완료라는 성질(aspect)이 표시된다.

(5)　太郎が来ていた. (타로가 와 있다)

따라서 (5)가 나타내는 사태는 다음과 같이 나타낼 수 있다.

(6)　来る <과거, 미완료> [주체＝太郎]

더 나아가 다음의 문장에서는 「来た」의 뒤에 형태소가 더 부가
되어 사태가 실제로 일어났다고는 할 수 없지만, 사태의 성립이 가
능하다는 것을 나타내고 있다.

(7)　太郎が来たようだ. (타로가 온 것같다)
(8)　太郎が来たかもしれない. (타로가 왔을지도 모른다)

「ようだ」와 「かもしれない」가 나타내는 사태가 어느 정도 가능
한지는 각각 다르지만 둘 다 사태의 성립이 가능하다는 것을 나타
내고 있으므로 이러한 문장이 나타내는 사태는 다음과 같은 형태
로 표시할 수 있다.

(9)　来る <과거, 성립가능> [주체＝太郎]

이와 같이 문장이 나타내는 사태는 일반적으로 다음과 같은 형
태로 나타낼 수 있다.

(10) 사태기 <성립 시점, 어스펙트 내용, 성립 가능성>
　　　[의미역할 1=사물 1, 의미역할 2=사물 2... 의미역할
　　　n=사물 n]

사태의 구조에 포함되는 중요한 요소 중에서 「사태기」에 대해서는 제2장에서, 「의미역할」에 대해서는 제3장에서 설명하였다. 다음으로 사태의 성립 시점, 어스펙트 내용, 성립 가능성에 대해 설명하고자 한다.

▌시제와 어스펙트 형식

사태의 성립 시점을 인식하기 위한 절대적인 기준 시점은 존재하지 않는다[4]. 그러므로 문장이 발화되는 시점인 「발화시점」을 기준으로 하여 발화시점과의 관계에 따라 사태의 성립 시점을 파악하는 방법이 일반적이다. 발화시점과 같은 시점이면 「현재」이고 발화시점보다 이전이면 「과거」이며 발화시점보다 이후이면 「미래」이다.

사태의 성립 시점을 나타내기 위해 동사가 어형변화를 하거나 동사에 조동사 등의 형태소를 덧붙이는 방법이 선택되었을 때 그것을 **시제**(tense)라고 한다. 성립 시점을 나타내기 위해서 「지금」「어제」「내일」 등의 명사 또는 부사를 사용하는 것은 모든 언어에서 볼 수 있는 방법이지만 이 방법은 시제가 아니다.

이상적으로는 「현재」「과거」「미래」라는 세 시제가 존재하면 동사의 형태로 성립 시점을 명시하는 것이 가능하다. 프랑스어나 이탈리아어 등의 언어는 이 세 시제를 가지고 있다[5]. 그러나 언어에 따라서는 세 시제를 갖지 않는 경우도 있다. 일본어에는 독립된 미래시제가 없고 조동사 「た」에 의해서 표시되는 과거시제와 이것에 대립하는 「비과거시제」가 있을 뿐이다. 중국어에는 시제가 없다.

그리고 현재 이외의 기준 시점을 설정하고 그 시점과의 관계에 따라 사태의 성립 시점을 나타내는 언어도 있다. 따라서 이러한 언어에서는 현재, 과거, 미래 이외의 시제가 존재하게 된다. 영어의 「과거완료」시제는 어느 과거의 시점을 기준시점으로 하여 그보다 이전에 사태가 성립한 것을 나타내기 위한 시제이다.

프랑스어의 시제를 예로 들어보자.[6]

(11)　　　과거 ―――― 현재 ―――― 미래
　　과거완료 ――┴── 과거미래　　　미래 완료 ―┘

이와 같이 언어에 따라 시제의 체계가 다르기 때문에 문장이 나타내는 사태를 표현할 때에는 그 언어가 어떠한 시제 체계를 가지는지를 고려해야 한다.

지금까지는 사태가 어느 「시점」에서 성립한다고 하였지만 이 설명은 사실 정확한 것은 아니다. 예를 들면 「타로가 달린다」라고 하는 사태의 경우 달리기 시작해서 마칠 때까지 반드시 어느 정도의 시간이 필요하고 「하나코가 노래한다」라는 사태도 한 순간에 끝나지는 않는다. 즉 사태의 성립에는 일반적으로 일정한 시간이 필요하며 사태는 일반적으로 시간적인 구간에서 성립한다고 생각해야 한다. 이 책에서는 시간적인 구간을 **시간구간**이라고 부르기로 한다.

시간구간은 길이를 가지는 것이 많지만 「死ぬ 죽다」나 「到着する 도착하다」 등의 동사가 표시하는 사태는 순간적으로 끝난다. 따라서 시간구간 중에는 길이를 갖지 않는 시점도 있음을 알 수 있다.

 사태의 전체가 시간구간에 걸쳐서 성립할 때 그 전체를 나타내는 경우와 일부분만을 나타내는 경우가 있다. 예를 들면 다음과 같은 경우이다.

 (12) 花子は走った. (하나코는 달렸다)
 (13) 花子は走っていた. (하나코는 달리고 있었다)

 (12)에서「花子が走る」[7]라고 하는 사태는 과거의 시간구간 전체에 걸쳐서 성립하고 그 시간구간 이후에는 성립하지 않는다는 것 즉 이 사태가 과거에 완결되었다는 것을 나타내고 있다. 한편 (13)에서는 같은 사태가 과거의 시간구간의 일부에서 성립하고 그 부분적인 시간구간 이후에도 그 사태가 성립한다는 것 즉 그 부분적인 시간구간에서 사태가 완결되지 않았음을 나타내고 있다. 이것을 다음과 같이 나타낼 수 있다.

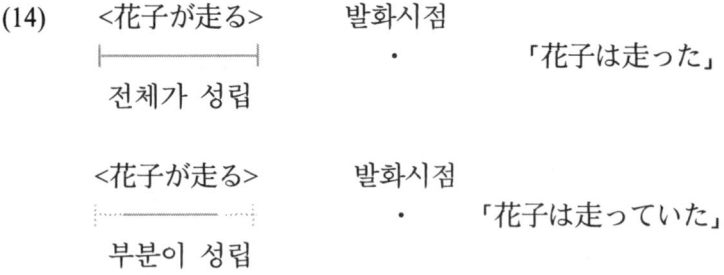

 사태의 전체가 성립하는가 아니면 부분이 성립하는가라는 사태의 특징을 **어스펙트**라고 부른다. 사태의 전체가 성립하는 것을 표시하는 어스펙트를 **전체상(완결상, 완료상)**, 사태의 부분이 성립하는

것을 표시하는 어스펙트를 **부분상(비완결상, 미완료상)**이라고 한다.

어스펙트를 나타내기 위한 언어 형식이 **어스펙트 형식**이다. 일본어에서는 「走っていた」「走っている」 등에 포함되는 형태소 {い}가 부분상을 나타내는 어스펙트 형식이며 이 형태소가 없는 경우에는 전체상이 된다. 영어에서는 이른바 「진행형」(be 현재분사)이 부분상의 어스펙트 형식이며 비진행형이 전체상의 어스펙트 형식이다. 프랑스어에서는 독립된 어스펙트 표시의 형태소는 없지만 「반과거」라고 불리는 동사의 어형변화가 과거시제의 부분상을 표시한다.

문장(13)이 나타내는 사태는 다음과 같은 형태로 나타낼 수 있다.

(15)　走る <과거, 부분> [주체=花子]

▌동작태(動作態)

동사가 현재·과거·미래의 어느 시간구간을 나타낼지는 개별 언어에 어떤 시제·어스펙트 형식이 있는지에 따라 달라진다. 현재·과거·미래라는 세 기본시제가 있는 언어일 경우에는 각각의 시제 형식에 의해 사태가 세 종류의 시간구간 중 하나에서 성립함을 표시한다. 한편 일본어처럼 과거시제와 비과거시제라고 하는 두 시제만이 있는 언어에서는 과거에 성립한 사태는 과거시제 형식으로 나타낼 수 있지만 현재와 미래를 형태적으로 구별하기 위한 수단은 준비되어 있지 않다. 그러나 어떤 언어도 당연히 사태가 발화시점(현재)에 성립하고 있는지 아니면 발화시점 이후의 시간구간(미래)에 성립하는지를 구별해서 나타낼 필요가 있다.

그러면 일본어에서는 현재와 미래를 어떤 방법으로 구별하고 있을까? 이 구별에 관련된 것이 동사가 나타내는 사태의 시간적 성질에 근거한 동사 분류인 **동작태**(動作態 aktionsart)이다. 가장 일반적인 동작태의 분류방법은 동사를 **상태동사**와 **비상태동사(동작동사)**로 분류하는 것이다. 일본어에서 상태동사로 분류되는 것은 「いる」「ある」 등의 존재, 「異なる」「違う」 등의 관계, 「泳ける」「書ける」 등의 가능, 「見える」「聞こえる」 등의 지각, 「思う」「考える」 등의 사고(思考)를 나타내는 동사이다. 이러한 동사에 대한 다음의 예에서 볼 수 있듯이 비과거시제는 현재를 나타낸다고 하는 성질이 있다.

(16) 真一は自分の部屋にいる. (신이치는 자기 방에 있다)

(17) 2つの政党の外交に関する意見は異なる. (두 정당의 외교에 관한 의견은 다르다)

(18) その子供はもう字が書ける. (그 아이는 벌써 글자를 쓸 수 있다)

(19) 屋上から富士山が見える. (옥상에서 후지산이 보인다)

(20) 明日は雨が降ると思う. (내일은 비가 올 것이라고 생각한다)

상태동사 이외의 동사가 비상태동사인데 비상태동사의 현재시제는 기본적으로는 미래를 나타낸다.

(21) 美智子はドイツの大学に行く. (미치코는 독일의 대학에 간다)

(22) 和男は新しい車を買う. (가즈오는 새 차를 산다)

(23) この列車は終点に定刻通り到着する. (이 열차는 종점에 정각에 도착한다)

(24) これくらいの傷ならすぐ治る. (이 정도의 상처라면 곧 낫는다)

이와 같이 상태/비상태라는 동작태의 구별에 의해 같은 비과거시제의 형태로 현재와 미래를 구별해 나타낼 수 있기 때문에 미래시제가 없는 일본어와 같은 언어에서도 미래 시간구간에서 성립하는 사태를 충분히 나타낼 수 있다.

단 어떠한 동작태도 비과거시제 형식은 발화시점을 포함한 긴 시간구분에서 습관적인 사태나 일반적인 진리를 나타낼 수 있다.

(25) 日本は北半球にある. (일본은 북반구에 있다)
(26) その少年はどんなスポーツでもできる. (그 소년은 어떤 스포츠라도 할 수 있다)
(27) 花子は毎日駅まで自転車に乗る. (하나코는 매일 역까지 자전거를 탄다)
(28) この海岸では鯛がよく釣れる. (이 해안에서는 도미가 잘 잡힌다)
(29) 塩は水に溶ける. (소금은 물에 녹는다)

상태/비상태라고 하는 동작태의 대립에 의해 같은 시제에서도 나타내는 시간구간이 달라지는 이유는 다음을 생각할 수 있다.

상태동사가 나타내는 사태는 그 전체와 부분이 같다는 성질을 가진다.「책이 책상 위에 있다」라고 하는 상태는 어느 일정한 기간을 가지는 시간구간에서 성립하는데 그 시간구간의 어느 시점에서도 책의 존재라는 상태는 아무 변화도 없다.

한편 비상태동사가 나타내는 사태는 그 전체와 부분이 동일하지 않다. 「하나코가 헤엄친다」라는 동작의 경우 하나코의 손발의 위치나 하나코가 헤엄쳐 이동한 거리는 시점에 따라 항상 다르다. 게다가 각 시점에서 하나코는 이동하고 있지 않으므로 이 사태 전체와 각 시점에서의 부분적인 사태도 당연히 다르다.

「いる 있다」「およぐ 헤엄치다」 등의 비과거시제의 동사형은 어스펙트적으로는 전체상이기 때문에 사태의 전체가 성립한 것을 나타낸다. 그런데 발화시점은 길이가 없는 시점이며 길이가 있는 시간구간에 걸쳐서 발생하는 사태 전체가 발화시점에서 성립할 수는 없다. 그러므로 동사의 비과거시제·전체상 형식은 현재라고 하는 순간에 성립하는 사태를 나타내지 못하고 과거가 아니며 현재도 아닌 시간구간 즉 미래만을 나타내게 되는 것이다.

그런데 상태동사가 나타내는 사태는 앞에서 설명한 것처럼 전체와 부분이 동일하다고 하는 성질이 있다. 이 때문에 발화시점에서 사태의 일부만이 성립하더라도 그것은 사태의 전체가 성립하고 있는 것과 같다. 그래서 상태동사의 비과거시제 전체상 형식이 현재를 나타낼 수 있는 것이다. 비상태동사의 경우는 발화시점에서의 부분적인 사태와 사태 전체가 다르기 때문에 비과거시제 부분상 형식은 원칙대로 미래만을 나타낸다.

동작태와 어스펙트 형식

사실 비상태동사가 나타내는 사태는 항상 길이가 있는 시간구간에 걸쳐서 성립한다고 할 수 없다. 「到着する 도착하다」「死ぬ 죽

다」「決める 결정하다」 등의 동사가 나타내는 사태는 순간적으로
성립한다. 한편 「走る 달리다」「泳ぐ 헤엄치다」「飛ぶ 날다」 등의
동사는 길이가 있는 시간구간에서 성립하는 사태를 나타낸다.

순간적으로 성립하는지의 여부에 따라서 비상태동사는 두 종류
로 더 분류된다. 길이가 있는 시간구간에 걸쳐서 성립하는 사태를
나타내는 동사를 **계속동사**, 순간적으로 성립하는 사태를 나타내는
동사를 **순간동사**라고 부른다.

계속동사가 나타내는 사태는 현재라고 하는 순간에는 일부분밖
에 발생하지 않으므로 계속동사를 사용해 현재의 시점에서 성립하
는 사태를 나타내기 위해서는 다음의 예처럼 비과거시제의 부분상
형식(~ている)을 이용하지 않으면 안 된다.

   (30)   和子は今プールで泳いでいる. (가즈코는 지금 수영장에서
           헤엄치고 있다)

   (31)   飛行機が頭上を飛んでいる. (비행기가 머리 위를 날고 있다)

   (32)   茂雄は今部屋で勉強している. (시게오는 지금 방에서 공
           부하고 있다)

순간동사가 나타내는 사태에는 본질적으로 부분이 없다. 따라서
순간동사에 대해서는 부분상형식을 이용할 수 없을 것이다. 그러
나 다음의 예에서 볼 수 있듯이 보통 순간동사가 부분상 형식으로
도 이용되기도 한다.

   (33)   列車は駅に到着している. (열차는 역에 도착하고 있다)

(34) 虫が死んでいる. (벌레가 죽어 있다)

(35) 自分の将来はもう決めている. (자신의 장래는 이미 정해
      져 있다)

이러한 순간동사·부분상 형식이 나타내고 있는 것은 사태가 완
료된 결과 생기는 사태이다. 어느 사태가 일어난 결과로서의 사태
이면 그 사태는 어느 정도의 시간에 걸쳐서 계속된다. 따라서 결과
로서의 사태의 부분을 나타내기 때문에 부분상 형식이 이용되는
것이라고 볼 수 있다.

계속동사가 목적어나 수량사 등의 어구를 수반하는 경우 두 종
류로 더 분류될 수 있다. 다음의 예를 보자.

(36) 昌子は部屋を掃除している. (마사코는 방을 청소하고 있다)

(37) 次郎は車を洗っている. (지로는 차를 씻고 있다)

(38) 洋子は本を3冊読んだ. (요코는 책을 세 권 읽었다)

(39) 弘明は2キロ走った. (히로아키는 2킬로 달렸다)

「방을 청소하다」, 「차를 씻다」라고 하는 행위는 방의 청소나 세
차가 끝나면 완료되며 그 이후에는 계속되지 않는다. 즉 영원히 계
속될 수 없으며 **한계적**(限界的)인 사태를 나타낸다.

이에 비해 「헤엄치다」, 「달리다」 등의 행위는 주체의 의지가 계
속되는 한 영원히 계속될 수 있는데 이러한 동사는 **비한계적**인 사
태를 나타낸다고 할 수 있다. 한계적인 사태를 나타내는 동사(정확
하게는 동사구)를 **달성동사**(accomplishment verb), 비한계적인 사태

를 나타내는 동사를 **행위동사**(activity verb)라고 부른다.

「읽다」「달리다」와 같은 동사는 그것만으로는 비한계적인 사태를 나타내기 때문에 행위동사로 분류된다. 그러나 (38) (39)와 같이 수량사를 수반하는 경우에는 책을 세 권 읽거나 2킬로 달린 시점에서 사태가 완료하기 때문에 한계적인 사태를 나타내고 있다.

이 점은 달성동사가 나타내는 사태와 같지만 「책을 세권 읽다」 「2킬로 달리다」라는 사태는 사태의 전체가 완료되었을 때 처음으로 「세권」「2킬로」라고 하는 수량사를 이용할 수 있으며 도중의 단계에서는 「세권」「2킬로」를 사용할 수 없다. 즉 이러한 사태의 처음부터 도중까지의 부분과 전체는 분명히 다르다.

한편 「방을 청소하다」「차를 씻다」의 경우 처음부터 끝까지의 전체와 처음부터 도중까지의 부분과는 기본적으로 다르지 않고 방을 청소하거나 차를 씻는 것을 도중에 그만두었다고 하더라도 「방을 청소했다」「차를 씻었다」라고 할 수 있다.

이렇게 성질이 다르므로 「책을 세권 읽다」「2킬로 달리다」와 같은 동사구를 달성동사와 구별하여 **도달동사**(achievement verb)라고 부르고 있다. 달성동사(구)가 나타내는 사태는 그 일부분을 보면 전체와는 수량적인 성질이 완전히 다르기 때문에 부분상의 어스펙트 형식을 수반하는 경우는 별로 없다.

(40) 洋子は本を3冊読んでいる. (요코는 책을 3권 읽고 있다)

(41) 弘明は2キロ走っている. (히로아키는 2킬로 달리고 있다)

(40) (41)과 같은 문장이 전혀 사용되지 않는다고는 할 수 없다.

그러나 그 경우에는 책을 3권 읽거나 2킬로 달리는 것이 미리 예정되어 있다는 것을 알고 있다는 특별한 조건이 필요하다.

▌모달리티

사태라는 것은 반드시 진실이라고는 할 수 없다. 앞의 예문 (7)이나 (8)이 나타내듯이 사태가 성립할 가능성이 있을 뿐임을 나타내는 경우도 있다. 즉 사태가 성립할 가능성은 완전히 진실일 경우로부터 완전히 진실이 아닐 (거짓일) 경우까지 단계적이다.

사태가 성립할 가능성을 발화자가 어떻게 파악하고 있는가 하는 내용을 **모달리티**(法性)라고 한다. 모달리티를 나타내는 방법은 언어에 따라서 다르다.

일반적으로 사태가 완전한 진실인 경우에는 특별한 어형이나 형태소를 사용하지 않고 표현한다. 다음의 문장 (42)「太郎は学生だ 타로는 학생이다」는 「太郎」라는 개체가 「学生」이라는 집합의 요소라고 하는 사태가 완전한 진실임을 나타내고 있다.

(42) 太郎は学生だ. (타로는 학생이다)

그리고 사태가 완전히 거짓인 경우에는 사태가 완전한 진실임을 나타내는 문장에 특별한 형태소(부정어)를 덧붙여 나타내는 것이 일반적이다. 사태가 완전히 거짓임을 의미하는 문장을 **부정문**이라고 한다[8]. 일본어에서는 다음과 같이 「ない」라고 하는 조동사가 사용된다.

(43) 太郎は学生ではない.(타로는 학생이 아니다)

한편 완전한 참 또는 완전한 거짓이 아니라 사태의 성립이 가능하다는 의미를 나타내기 위해서는 술어에 특별한 형태소를 부가하거나 동사가 특별한 어형변화를 하는 방법이 이용된다. 일본어에서는 앞에서 예를 든 「ようだ」나 「かもしれない」와 같은 형태소가 술어에 부가되어 사태의 성립 가능성을 나타낸다.

다음의 문장 (44=13)에는 특별한 형태소가 부가되어 있지 않기 때문에 사태가 진실임을 나타낸다.

(44) 花子は走っていた.(하나코는 달리고 있었다)

따라서 이 문장이 나타내는 사태를 모달리티에 관한 내용을 덧붙여서 다음과 같은 형태로 더 정확하게 나타낼 수 있다.

(45) 走る <과거, 부분, 진실> [주체＝花子]

유럽의 여러 언어에서는 조동사를 사용하는 모달리티 표시 방법[9] 이외에도 동사의 어형변화에 의해 사태의 성립이 가능함을 나타내는 경우가 있다. 사태의 성립이 가능함을 나타내기 위한 일련의 어형변화를 **접속법**[10]이라고 하며 사태가 완전히 진실인지 또는 완전히 거짓인지를 나타내기 위한 일련의 어형변화를 **직설법**이라고 한다.

다음의 프랑스어 문장을 보자. 두 문장 모두 「나는 일본어를 할 수 있는 사람을 찾고 있다」라는 의미이다.

(46)

a. Je   cherche   quelqu'un qui   peut   parler
내가 찾고 있는 누군가   관계 대명사 할 수 있는(직설법) 말하다
japonais.
일본어

b. Je   cherche   quelqu'un qui   puisse   parler
내가 찾고 있는 누군가   관계대명사 할 수 있는(접속법) 말하다
japonais.
일본어

    (46a)에서는 peut라고 하는 직설법이 사용되었는데 「누군가 일본어를 할 수 있는 사람이 실제로 있고 그 사람을 나는 찾고 있다」라는 의미이며, (46b)에서는 puisse라고 하는 접속법이 사용되어 「일본어를 할 수 있는 사람이 있을지 어떨지는 모르겠지만 어쨌든 그러한 사람을 찾고 있다」라는 의미가 된다.

    이와 같이 직설법이나 접속법 등 **법**(法)이라는 동사의 모달리티는 사태가 진실인지 거짓인지 그리고 사태의 성립이 가능한지를 명시적으로 나타내는 기능을 한다. 많은 언어에 이러한 법의 구별이 있는 것은 사태의 성립 가능성의 정도에 관해서 이러한 인식적인 구분이 일반적으로 행해지는 것을 반영한다.

    모달리티나 법이 나타내는 사태의 성립 가능성은 **가능세계**라는 개념으로 설명할 수도 있다. 인간은 자신이 살고 있는 세계인 현실세계와 현실세계 이외의 상상의 세계를 구별하고 있는데 현실세계와 상상의 세계를 합한 개념이 가능세계이다.

현실세계에서 성립하는 사태는 그것이 진실인지 거짓인지를 발
화자가 올바르게 판단할 수 있는데 비해 상상의 세계에서 성립하
는 사태에 대해서 화자는 그것이 성립 가능한지만을 알 수 있다.
진실/거짓과 가능성이라고 하는 모달리티에 관한 구분은 사태의
성립이 현실세계에서 이루어지는지 현실세계 이외의 가능세계(상
상의 세계)에서 이루어지는지 라는 인식적인 구분에 대응한다.

접속법은 상상의 세계에서 성립하는 사태를 나타내기 위한 모달
리티이다. 어느 사태가 상상의 세계에서 성립하는 경우에는 성립
가능성 이외의 의미를 가지기도 한다. 성립 가능성 이외의 의미란
의지나 **소망** 혹은 **명령** 등이다. 접속법을 사용한 다음의 프랑스어
문장(47) (48)은 화자의 의지나 소망을 나타내고 있다.

(47) Que   Paul   s'en aille. (폴이 가 버리기를)
　　　접속사　폴　　가 버린다 (접속법)
(48) Que   je sois   heureux. (나는 행복해지고 싶다)
　　　접속사 나　~이다(접속법) 행복한

어떤 사태가 성립하는 것을 의도하거나 사태의 성립을 바라는
경우에 화자는 그 사태가 현실세계에서는 성립하고 있지 않다는
것을 알고 있다. 즉 화자에게 문제의 사태는 현실세계 이외의 가능
세계에서 성립되는 것이다. 그러므로 「의지」「소망」「명령」도 역시
모달리티의 일종이라고 볼 수 있다. 사태의 성립 가능성을 표시하
는 모달리티를 **인식의 모달리티**라고 부른다.

영어에서 사태의 성립 가능성을 표시하는 조동사인 may나 must

가「~일지도 모른다」,「~가 틀림없다」라는 의미뿐 아니라「~해도 좋다」,「~해야 한다」라는「허가」나「명령」의 의미를 나타낼 수 있다는 사실도 인식의 모달리티와 의지, 소망, 명령 등의 모달리티 사이에 관련성이 있음을 나타내고 있다.

▌문장의 구조와 의미

문장이 나타내는 사태를 구성하는 기본적인 요소로는「사태기 (사태의 틀)」,「사물」과 그「의미역할」, 사태가 성립하는「시간구간」과「어스펙트」, 사태의「성립 가능성」을 들 수 있다. 이러한 요소를 정리하면 사태의 일반적인 구조는 다음과 같이 나타낼 수 있다.

(49) 사태기 <시간구간, 어스펙트, 성립 가능성> [의미역할 1=사물 1, 의미역할 2=사물2... 의미역할 n=사물 n]

사태기를 나타내는 단어가 속하는 가장 전형적인 범주는 동사이지만 언어에 따라서는 명사나 형용사도 사태기를 나타낼 수 있다. 사태기를 나타내는 형태소를「술어」라고 부른다. 사물을 나타내는 것은 명사이다. 사물의 의미역할을 나타내는 것은 일본어나 한국어 등의 언어에서는「조사」이지만 영어나 중국어 등의 언어에서는 주체와 대상이라고 하는 주요한 의미역할이 형태소의 배열 방법에 의해서 결정된다. 시간구간, 어스펙트, 성립 가능성을 나타내는 방법은 앞에서 설명한 것처럼 언어에 따라서 다른데 특별한 형태소를 이용하는 방법과 형태소의 형태 변화에 의한 방법이 있다.

　문장을 구성하는 단어의 배열 방법은 언어에 따라 다르지만 단어는 「구」「군」이라고 하는 더 상위의 단위를 구성한다(자세한 것은 제2장 참조). 구에 의해서 명사나 동사가 나타내는 내용이 한정되고 군에 의해서 구가 표시하는 내용의 문법적인 기능이 결정된다. 그러므로 문장이 나타내는 사태를 이해하는 과정에서 각각의 형태소가 어떤 구를 구성하고 있고 어떠한 구가 어떠한 군에 속하는지를 올바르게 파악하지 못하면 청자는 화자가 의도하는 의미를 이해할 수 없다.

　문장은 몇 개의 군으로 나뉘고 각각의 군은 구와 단어로 나뉘며 구는 한 개 또는 복수의 단어로 분할된다. 그 결과로 완성되는 것이 문장의 구조이다. 그러므로 문장이 나타내는 사태(의미)를 이해하기 위해서는 문장이 어떠한 구조를 가지는지를 이해해야 한다. 다음으로 문장의 구조와 의미가 어떻게 관련되어 있는지를 보기로 하자.

　문장의 구조를 올바르게 이해하지 못하면 문장이 나타내는 의미를 이해할 수 없다. 다음의 표현을 보자.

(50)　花子は美しい花を見た. (하나코는 예쁜 꽃을 보았다)

이 표현을 구성하는 단어가 속하는 품사는 다음과 같다.

(51)　花子 : 명사, は : 조사, 美しい : 형용사, 花 : 명사, を : 조사, 見 : 동사, た : 조동사

이러한 단어가 예를 들면 다음의 예와 같은 군을 구성하고 있다

고 하자. 「술어군」이란 동사, 형용사, 명사 중 어느 것인가를 술어
로 하는 군이다.

(52) 花子＋は＝명사군
     美しい＝술어군
     花＋を＝명사군
     見＋た＝술어군

일본어에는 「문장＝명사군＋술어군」이라는 규칙이 있으므로
(52)처럼 이해하면 (50)은 「花子は美しい 하나코는 예쁘다」와 「花
を見た 꽃을 보았다」라는 두 문장으로 구성되었다고 잘못 이해할
것이다.
  (50)이 한 문장으로 이해되기 위해서는 다음과 같이 구 및 군으
로 구성될 필요가 있다.

(53) 花子＋は＝명사군
     美しい＋花＝명사구 「美しい花」＋を＝명사군
     見＋た＝술어군

  (53)과 같은 구조를 전제로 하였을 때 (50)은 비로소 다음과 같
은 사태를 나타낸다.

(54) 見る <과거, 전체, 진실> [주체＝花子, 대상＝美しい花]

▌단어의 의미의 합성

문장을 구성하는 단어는 일렬로 배열되어 있다. 따라서 문장의 직접구성소인 군 또는 구는 수형도와 같은 형태로 청자에게 제시되는 것은 아니다. 수형도는 어디까지나 구조를 눈에 보이는 형태로 나타내기 위해 고안된 것이다.

실제로 인간이 문장의 의미를 이해할 때에는 그 언어의 단어의 배열 방법(통사규칙)을 적용해서 차례차례로 주어지는 단어의 의미를 합성하는 과정이 행해지고 있을 것이다[11]. 앞에서 예시한 문장 (50)이 이해되는 과정은 대략 다음과 같을 것이다.

표 4.1 문장 (50)이 이해되는 과정

단어와 그 기능	의미와 구조의 이해
花子→명사	「花子」인 사물이 사태에 포함된다.
は→조사	「명사+조사=명사군」이므로 「花子は」는 명사군이고 「花子」가 주체를 나타낸다.
美しい→형용사	형용사는 술어가 되거나 뒤따르는 명사와 함께 명사구를 구성한다.
花→명사	「花」인 사물이 사태에 포함된다. 「형용사+명사=명사구」이므로 「美しい花」는 명사구.
を→조사	「명사구+조사=명사군」이므로 「美しい花を」는 명사군이며 「美しい花」가 대상을 나타낸다.
見→동사	사태기「見る」가 주어진다.
た→조동사	「동사+조동사=동사군」이므로 「見た」는 사태기「見る」에 의해서 틀이 주어지는 사태의 전체가 과거에 성립하였다는 것을 나타낸다.
단어 없음	형태소가 주어지지 않았기 때문에 여기서 문장이 끝난다. 모달리티를 나타내는 형태소가 없기 때문에 사태는 진실하다.

이러한 과정을 거쳐 문장 (50)이 최종적으로 (54)와 같은 사태를 나타내는 것으로 이해된다.

다음으로 일본어와는 단어의 배열 방법이 다른 영어 문장의 의미는 어떠한 과정으로 이해될지를 보기로 하자. 다음의 문장 (55)는 일본어 문장 (50)과 거의 같은 사태를 나타낸다[12].

(55)   Hanako saw a beautiful flower.

(55)가 이해되는 과정은 다음과 같을 것이다.

표 4.2 문장 (55)가 이해되는 과정

단어와 그 기능	의미와 구조의 이해
Hanako→명사	「Hanako」인 사물이 사태에 포함된다. 문장에서 처음에 주어지는 명사의 의미역할은 주체이기 때문에 「Hanako」은 주체이다.
saw→동사	사태기 「see」가 주어진다. 동사의 어형변화에 의해 사태의 성립 시점은 「과거」 어스펙트는 「전체」 그리고 사태가 진실하다는 것이 이해된다.
a→관사	여기서부터 명사구가 시작된다. 이 명사구가 나타내는 사물의 정성은 「부정(不定)」이며 단수이다.
beautiful→형용사	관사의 다음에 형용사가 왔기 때문에 이 형용사는 명사구의 일부이며 다음에 명사가 온다.
flower→명사	「flower」인 사물이 사태에 포함된다. 「관사＋형용사＋명사＝명사구」이며, 동사의 다음에 오는 명사구의 의미 역할은 대상이기 때문에 「beautiful flower」는 대상을 나타낸다. 선행하는 관사 a와 flower의 어형변화로부터 「beautiful flower」의 정성은 「부정(不定)」이며 단수이다.
단어 없음	형태소가 주어지지 않았기 때문에 여기서 문장이 끝난다.

　　이상의 과정을 거쳐서 문장 (55)는 다음과 같은 사태를 나타내는 것으로 이해된다.

(56)　　See <과거, 전체, 진실> [주체=Hanako, 대상=beautiful flower<부정, 단수>]

　　문장의 구조와 대조하면서 (50)의 의미 합성의 과정을 도식화하면 다음과 같다. 단순화하기 위해서 주체와 대상만이 사태에 포함되는 사물의 의미역할이라고 하자. 그리고 사태의 요소로서 특정된 것은 사각으로 둘러싼다.

(57)

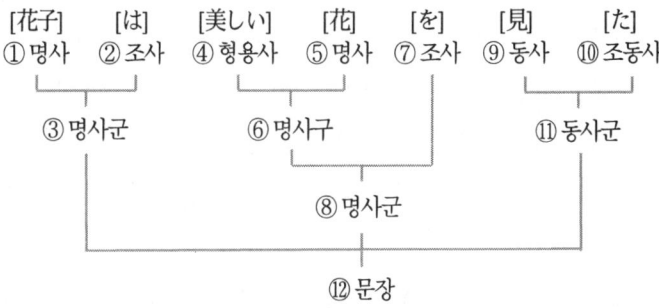

○사태기 <시간구간, 어스펙트, 가능성> [의미역할 1=사물 1, 의미역할 2=사물 2]
①사태기 <시간구간, 어스펙트, 가능성> [의미역할 1=花子, 의미역할 2=사물 2]
②③사태기 <시간구간, 어스펙트, 가능성> [주체=花子, 의미역할 2=사물 2]
④사태기 <시간구간, 어스펙트, 가능성> [주체=花子, 의미역할 2=사물 2 <美しい+X>]
⑤⑥사태기 <시간구간, 어스펙트, 가능성> [주체=花子, 의미역할 2=美しい花]
⑦⑧사태기 <시간구간, 어스펙트, 가능성> [주체=花子, 대상=美しい花]
⑨見る <시간구간, 어스펙트, 가능성> [주체=花子, 대상=美しい花]
⑩⑪⑫見る <과거, 전체, 진실> [주체=花子, 대상=美しい花]

▌문장의 의미와 진리값

문장이 나타내는 의미는 사태이지만 제3장에서도 설명한 것처럼 문장의 지시 대상을 진리값 즉 「참」인지 「거짓」인지로 보는 견해도 있다. 문장의 지시 대상을 참 또는 거짓만으로 보는 것은 문장이 나타내는 의미의 다양성을 반영하고 있지 않은 것으로도 생각된다. 문장의 의미를 진리값으로 보는 입장에서는 문장이 나타내는 사태가 참이기 위해서는 세계를 구성하고 있는 사물이 어떠한 본연의 모습이어야 하는가 하는 「진리조건」을 확정하는 것이 중요하다.

따라서 진리조건을 확정하는 것은 요컨대 문장이 나타내는 사태를 올바르게 이해하는 것과 같다. 문장을 구성하는 단어가 나타내는 의미와 문장의 구조를 기초로 하여 문장이 나타내는 사태를 완성할 수 있다면 그 사태를 구성하고 있는 사태기(사태의 틀) 및 사태기에 포함된 사물이 가진 기능은 이해된 것이다. 사태에 관한 이러한 정보가 문장을 참으로 하기 위한 세계의 본연의 모습이다.

그러므로 문장이 나타내는 의미를 사태로서 파악하는 것이 문장의 의미에 관련된 성질을 해명하는데 있어서 본질적으로 중요하다고 생각할 수 있다. 다만 문장이 나타내는 사태가 현실세계에 관한 우리의 지식에 대조해서 참인지 아닌지가 문장을 적절히 사용하기 위해서 필요한 조건이 되거나 또는 사태의 참/거짓 그 자체가 문제가 되기도 한다. 다음으로 그러한 사례를 보기로 하자.

1. 전제(前提)

어느 문장이 적절히 사용되기 위해서는 어떤 사태가 현실에서 성립하고 있다는, 즉 참이어야 할 경우가 있다. 다음의 문장을 보자.

(58)　テーブルの上にあるはさみを取ってくれ.
　　　(테이블 위에 있는 가위를 집어 줘)
(59)　私は昨日買った手帳をなくした.
　　　(나는 어제 산 수첩을 잃어버렸다)

예문 (58)이 사용되는 장면에서 청자는 「테이블 위에는 가위가 있다」라고 하는 사태가 성립하고 있을 것으로 당연히 기대한다. 만약 테이블 위에 가위가 없다면 이 문장의 화자가 도대체 무엇을 요구하고 있는지 이해할 수 없으며 청자는 혼란에 빠질 것이다. 그러므로 이 문장이 적절히 사용되기 위해서는 「테이블 위에 가위가 있다」라고 하는 사태가 참이어야 한다.

어느 문장이 적절히 사용되기 위해서 참이어야 하는 사태를 「전제」라고 한다. 예문 (59)의 경우에는 「내가 어제 수첩을 샀다」라는 문장이 나타내는 사태가 전제가 된다.

문장은 화자가 청자에게 사태를 전달하는 것이며 화자와 청자의 사이에 의미 있는 대화가 성립하기 위해서는 전달되는 사태가 청자에게 유용한 정보여야 한다. 그러므로 어느 문장이 필요로 하는 전제가 만족되는 것은 언어를 이용한 전달행위가 언어 사용의 본질적인 목적을 달성하기 위해 필요한 조건이라고 할 수 있다.

2. 부정문(否定文)

일본어의 「ない」와 같은 부정어를 이용하는 부정문은 대응하는
긍정문과 진리값이 반대인 사태를 나타낸다.

(60)   私は病気ではない. (나는 아프지 않다)
(61)   沖縄市は沖縄県の県庁所在地ではない.
        (오키나와 시는 오키나와 현의 현청 소재지가 아니다)

예문 (60)은 「나는 아프다」라고 하는 긍정문에 대한 부정문이다.
만약 「나는 아프다」라고 하는 사태가 참이면 (60)의 진리값은 거짓
이고 만약 그가 현실에서 아프지 않으면 즉 건강하면 같은 문장의
진리값은 참이 된다.
마찬가지로 예문 (61)에서도 「오키나와 시가 오키나와 현의 현
청소재지이다」라고 하는 사태가 참이면 이 문장의 진리값은 거짓
이며 같은 사태가 거짓이면 (61)의 진리값은 참이 된다(실제로는
나하(那覇) 시가 오키나와 현의 현청소재지이고 오키나와 시는 현
청소재지가 아니다).
그러나 부정문은 대응하는 긍정문의 진리값을 반대로 하는 기능
만을 갖는 것은 아니다. 원래 긍정문의 진리값을 청자가 알지 못하
면 그 진리값을 반대로 하는 기능을 가지는 부정문을 사용했다고
해도 청자에게 그 부정문은 긍정문과 차이가 있는 정보적인 가치
를 갖지 못한다. 즉 일부러 부정문을 사용할 이유가 전혀 없는 것
이다.

길을 걷고 있는 낯선 사람에게 다음과 같은 문장을 말했다고 하자.

(62) 私の父は医者ではありません. (저의 아버지는 의사가 아닙니다)

이 문장을 갑자기 말하더라도 「나의 아버지가 의사이다」라고 하는 사태가 참인지 거짓인지 그 사람은 모르며 알 수 있는 방법도 없다. 그러므로 이 사람에게 (62)에 대응하는 긍정문 (63)을 말하더라도 적어도 두 문장의 사태의 정보적인 가치는 완전히 같다.

(63) 私の父は医者です. (저의 아버지는 의사입니다)

예문 (62)와 같은 부정문이 적절히 사용되기 위해서는 나의 아버지가 의사인가 아닌가 하는 정보가 이미 화제가 되어야 한다. 바꾸어 말하면 「나의 아버지가 의사이다」라고 하는 사태의 진리값이 회화가 이루어지는 장면에서 문제가 되어 있어야 한다.

마찬가지로 예문 (60) (61)에서도 내가 병에 걸렸는지 아닌지 오키나와 시가 오키나와 현의 현청소재지인지 아닌지 라는 것이 화제가 되는 것이 이러한 부정문이 적절히 사용되기 위한 조건이다. 즉 부정문을 적절히 사용하기 위해서는 「어떤 사태가 참과 거짓 중 어느 쪽이다」라고 하는 일종의 전제가 요구된다. 부정문이 사용되는 상황에서 사태의 진리값을 모르는 것은 보통 청자 쪽이므로 「청자가 어떤 사태의 진리치를 모른다」라고 하는 사태를 전제로서 상정하는 것도 가능하다. 사태의 참, 거짓 그 자체가 아니라 일부 요소가 정해지지 않은 사태가 부정문의 전제가 되는 경우도 있다.

다음의 문장을 보자.

(64) 光男は大阪には行かなかった. (미츠오는 오사카에는 가지
      않았다)
(65) 由美子はネコは飼っていない. (유미코는 고양이는 기르지
      않는다)

이러한 문장의 전제가 되는 것은 「光男가 어떤 장소에 갔다」라
는 것과 「由美子는 어떤 동물을 기르고 있다」라는 사태이다. 이러
한 예문에서 알 수 있듯이 일본어에서는 부정문의 전제가 되는 사
태에 있어서 정해지지 않은 요소를 나타내는 명사를 조사 「は」를
사용하여 명시할 수 있다.

3. 의문문(疑問文)

의문문에는 사태의 참, 거짓을 묻는 것과 사태에 포함되어 있는
정해지지 않은 사물을 특정화할 것을 요구하는 두 종류가 있다.

(66) このバッグはフランス製ですか.
      (이 가방은 프랑스제입니까?)
(67) 香織は誰と一緒に映画に行きましたか.
      (가오리는 누구와 함께 영화를 보러 갔습니까?)

예문 (66)은 「이 가방이 프랑스제이다」라는 사태가 참인지 거짓
인지를 청자에게 묻는 의문문으로 「네(Yes)」 또는 「아니오(No)」로

대답할 수 있으므로 「Yes-No 의문문」 또는 「일반의문문」이라고 부른다.

예문 (67)은 「가오리가 누군가와 함께 영화를 보러 갔다」라는 사태에 포함되는 「누군가」를 특정화할 것을 청자에게 요구하는 의문문으로 「누구」와 같은 의문사(疑問詞)를 사용하므로 「의문사 의문문」 또는 「wh-의문문」이라고 부른다.

의문문의 경우에도 적절하게 사용되기 위해서는 전제가 있어야 한다. 예를 들어 프로야구선수에게 다음과 같은 질문을 했다고 가정해 보자.

(68) あなたは男ですか. (당신은 남자입니까?)

이 질문을 받은 프로야구 선수는 불쾌하게 생각할 것이다. 왜냐하면 이러한 의문문을 화자가 말한다는 것은 그 야구선수가 남자가 아닐지도 모른다고 의심하고 있다는 것, 바꾸어 말하면 「당신이 남자인지 아닌지 나는 모른다」라고 하는 전제가 있음을 의미하기 때문이다. 프로야구 선수는 남자이고 화자도 그것을 알고 있을 것이므로 그 선수가 남자인지 아닌지를 모른다고 하는 전제를 가지는 문장을 말하면 이 문장에 대해 불쾌하게 생각하는 것도 당연할 것이다. 즉 이런 장면에서 이 문장은 적절하지 않다고 할 수 있다. 이 의문문이 적절히 사용되기 위해서는 여성의 모습을 한 복수의 사람 중에 남자가 반드시 있다는 것을 알고 있는 그런 장면을 상정해야 한다.

이와 같이 Yes-No 의문문이 적절히 사용되기 위해서는 이 의문문에 대응하는 평서문이 나타내는 사태가 참인지 거짓인지 화자가 모른다고 하는 전제가 성립할 필요가 있다. 따라서 예문 (66)에 대해서는 「이 가방이 프랑스제인지 아닌지 나는 모른다」라고 하는 사태가 참인 것이 이 의문문이 적절히 사용되기 위한 전제이다.

의문사 의문문의 경우도 이와 같아서 가오리가 영화를 보러 가지 않았다는 것을 알고 있다면 이 문장은 적절하지 않다. 「가오리가 누군가와 함께 영화를 보러 갔다」라는 전제가 참인 것을 화자도 청자도 알고 있을 때 비로소 이 문장은 적절히 사용된 것이다.

▌상황과 의미

지금까지는 문장의 구조에 관한 정보를 기초로 하여 단어의 의미를 합성한 결과로서 구축되는 사태를 문장의 의미로 생각하였다. 그러나 문장은 항상 어떠한 **상황**(장면)에서 사용되므로 상황을 고려하였을 때 비로소 문장이 나타내는 사태 혹은 사태의 구성요소를 최종적으로 특정화할 수 있다. 다음의 문장을 보자.

  (69) 私はこの家に住んでいます. (나는 이 집에 살고 있습니다)

이 문장 중의 「나」는 이 문장의 화자이지만 구체적으로 누구를 가리키는지는 문장이 사용되는 상황(발화 상황)을 알았을 때 비로소 특정화된다. 마찬가지로 「이 집」이 지시하는 대상도 상황이 없으면 화자의 근처에 있는 어떤 집이라고 밖에 이해되지 않겠지만 발화 상황이 주어지면 구체적으로 어느 집을 가리키고 있는지를 알 수 있게 된다.

그러나 지시 대상을 이렇게 특정할 수 있는 경우는 청자와 화자가 경험할 수 있는 상황을 구체적으로 공유하고 있는 경우에만 가능하며 다음의 문장과 같은 경우에는 상황만으로 지시 대상을 특정화할 수 없다.

(70)　浦島太郎はカメに乗って竜宮城に行った.
　　　　(우라시마 타로는 거북이를 타고 용궁에 갔다)

이 문장은 상상의 세계에서 성립하는 사태를 나타낸 것이기 때문에 「浦島太郎」라는 인물이나 「거북이」가 지시하는 특정한 동물 그리고 「용궁」이라는 장소를 화자와 청자가 공통으로 가리키는 것은 불가능하다. 그러나 지시 대상을 특정할 수 없다고 해서 (70)이 무의미하다고 할 수는 없다. 「우라시마 타로」라는 이름의 사람이 한 명 있고 「거북이」라는 보통명사가 나타내는 집합 속의 특정의 요소가 하나 존재하며 「용궁」이라는 이름의 특정한 장소가 존재하여 이러한 요소를 포함한 사태가 현실세계 이외의 가능세계에서 성립하였다고 청자가 이해한다면 이 문장을 만든 사람의 의도는 올바르게 전달되었다고 말할 수 있다.

(70)은 옛날이야기 중의 한 문장인데 그렇다고 특별한 성질을 가진 것은 아니다. 이야기가 아니더라도 상황에 의해 지시 대상을 끝까지 특정화할 수 없는 문장은 얼마든지 있다.

(71)　火星からの隕石がアフリカに落下した.
　　　　(화성으로부터의 운석이 아프리카에 낙하했다)

(72) 最大の素数は存在しない. (최대의 소수는 존재하지 않는다)

(71)의 「운석」이 지시하는 대상은 특별한 상황이 없으면 특정화할 수 없고 (72)의 「최대의 소수」가 지시하는 대상은 존재하지 않는다는 것이 증명되어 있으므로 누구도 특정화할 수 없다.

문장이 랑그의 요소인 이상 이러한 명사구가 지시하는 대상의 성질이 이해되면 사태의 요소에 관한 이해는 달성되는 것이어서 구체적으로 지시 대상을 특정화할 필요는 없다.

그러므로 언어학적 분석에서 발화상황이 문장의미의 이해에 관계되는 것은 사태나 그 구성요소의 성질을 일반적인 형태로 결정하는 과정에 관한 부분이다. 다음으로 그러한 사례에 대해 살펴보자.

▎주제와 초점

일본어에는 「は」라고 하는 조사가 있는데 이 조사가 붙는 명사는 문장의 **주제**를 나타낸다[13].

(73) イルカは哺乳類だ. (돌고래는 포유류이다)

이 문장은 「모든 돌고래는 포유류에 속한다」라고 하는 사태를 나타내고 있다. 즉 「イルカ 돌고래」가 나타내는 것은 이 명사가 표시하는 집합 전체이다. 특별한 상황이 주어지지 않으면 「は」에 앞서는 명사 즉 주제는 그 명사가 나타낼 수 있는 집합 전체를 나타낸다.

그러나 다음의 문장을 보자.

(74)　この水族館にはイルカとアザラシがいる. イルカは芸をする.
　　　 (이 수족관에는 돌고래와 바다표범이 있다. 돌고래는 재주
　　　 를 부린다)

(74)의 두 번째 문장 속에 나오는 「돌고래」는 이 수족관에 있는 돌고래 전체를 나타내고 있다고 생각해야 한다. 즉 「は」의 앞에 오는 「돌고래」는 최초의 문장에 의해 제시된 「돌고래」가 나타내는 집합 전체를 가리키고 있는 것이다. 두 번째 문장이 사용되는 단계에는 이미 첫 번째 문장에 의해 형성된 상황이 반영되어 있기 때문에 주제가 되는 명사는 역시 상황에서 주어진 집합 전체를 나타낸다고 볼 수 있다.

이와 같이 주제로 기능하는 명사에 그 명사가 나타내는 대상의 성질을 결정하기 위한 어떠한 상황이 반드시 필요하다. 반대로 말하면 어느 상황이 이미 주어져 있을 때 그 상황에 포함되는 요소의 전체, 즉 그 요소와 똑같은 대상을 나타내는 것이 주제이다. 문장에 의해 표시되는 사태를 구성하는 요소에는 발화의 상황에 이미 등장한 것(**구정보**)과 아직 등장하지 않은 것(**신정보**)이 있는데 명사를 주제로 제시하면 그 명사는 상황 중에 이미 존재하는 요소일 것이라고 바로 이해된다. 다음의 문장을 보자.

(75)　太郎はホームに立っていた. 電車はなかなか来なかった.
　　　 (타로는 승강장에 서 있었다. 전철은 좀처럼 오지 않았다)

(75)에서 두 번째 문장이 사용되는 단계에서는 「전철」이 나타내는 사물은 상황 속에 등장하고 있지 않다. 그러나 「는」에 의해서 이 명사가 주제로서 제시되면 이 명사가 나타내는 대상을 포함한 상황을 형성할 필요가 있다. 우선 첫 번째 문장이 나타내는 사태의 요소인 「승강장」을 단서로 하면 정해져 있지는 않지만 어떤 특정한 전철이 상황의 요소로 포함되어 있다고 판단할 수 있다[14]. 따라서 두 번째 문장의 주체인 「전철」이 나타내는 것은 이렇게 형성된 상황에 포함되는 「전철」이 가리키는 사물이다.

한편 (73)이나 다음의 예처럼 구체적인 상황에서 제시되지 않은 사물을 나타내는 명사가 주제로 사용되면 그 명사가 나타내는 것은 모든 상황에서 바꾸어 말하면 세계 전체에 포함되는 어떤 종류의 사물의 집합으로 이해된다.

(76)　世界にはさまざまの哺乳類がいる．　イルカは海を泳ぐし，
コウモリは空を飛ぶ．(세계에는 여러 가지 포유류가 있다. 돌고래는 바다를 헤엄치고 박쥐는 하늘을 난다)

주제는 어떤 상황에서 사용되거나 문장의 해석을 위해서 필요할 경우 적절한 상황을 형성해야 한다. 그리고 주제가 나타내는 것은 그 상황에 포함되어 있고 주제인 명사가 나타낼 수 있는 집합 전체이다.

상황에서 제시되지 않은 채로 문장에 사용되면서 처음으로 사태에 등장하는 요소를 **초점**이라고 부른다. 즉 초점은 신정보를 담당하는 요소이다. 다음의 문장에서 밑줄을 그은 요소가 초점이다.

(77) このネコは<u>太郎</u>が飼っている.

(이 고양이는 <u>타로</u>가 기르고 있다)

(78) ヨーロッパでは<u>サッカー</u>が人気がある.

(유럽에서는 <u>축구</u>가 인기가 있다)

초점을 특히 강조하고 싶을 경우에는 **강조 구문**[15]이라고 불리는 특별한 구문을 이용하기도 한다.

(79) このネコを飼っているのは太郎だ.

(이 고양이를 기르고 있는 것은 타로이다)

(80) ヨーロッパで人気があるのはサッカーだ.

(유럽에서 인기가 있는 것은 축구이다)

(81) It is Taro that has this cat.

(82) It is soccer that is popular in Europe.

초점이 되는 사물은 상황에서 주어지지 않으므로 이것을 정해지지 않은 것으로 나타내고 청자에게 그것을 특정화하기 위한 정보를 요구할 수 있다. 정해지지 않은 채 나타나는 초점은 「누구」「무엇」 등의 **의문사**(疑問詞)이다. (77) (78)의 각 문장의 초점을 의문사로 바꾸면 의문사가 나타내는 정해지지 않은 사물을 특정화할 것을 청자에게 요구하는 의문문이 완성된다.

(83) このネコは誰が飼っているのですか.

(이 고양이는 누가 기르고 있습니까?)

(84)　ヨーロッパでは何が人気があるのですか.
　　　(유럽에서는 무엇이 인기가 있습니까?)

　문장은 청자에게 어떤 새로운 정보를 전달하기 위해 사용되기 때문에 문장이 나타내는 사태를 구성하는 요소가 상황에 모두 주어지는 일은 거의 없다. 그러므로 임의의 문장이 나타내는 사태 중에는 주제가 포함되지 않은 것은 있어도 초점이 되는 요소가 포함되지 않은 경우는 없다. 다음의 예에서 밑줄을 친 부분은 사태의 구성요소가 모두 초점이다.

(85)　道を歩いていると, <u>交差点で事故が起きていた.</u>
　　　(길을 걷고 있는데 사거리에서 사고가 일어났다)
(86)　窓の外を見て下さい. <u>空を飛行船が飛んでいます.</u>
　　　(창 밖을 보세요. 하늘을 비행선이 날고 있습니다)

　술어군은 명사에 비해서 초점이 되는 경우가 많지 않다. 술어군이 나타내는 것은 주체나 대상이 정해지지 않은 사물일 경우의 사태의 틀뿐인데 주체나 대상은 알려져 있지만 사태의 틀만이 발화상황에 포함되지 않는 경우는 별로 없기 때문이다.
　실제로 일본어와 영어의 강조구문에서는 술어군만을 강조할 수 없다.

(87)　*花子がそうしているのは歌っているだ.[16)]
(88)　*It is singing that Hanako is.

다만 다음의 경우처럼 술어를 특별히 묻기 위해서 사용되는 의
문문에 대한 대답일 경우에는 술어군만이 초점이 되는 문장을 사
용할 수 있다.

(89)　－太郎は何をしているのですか. (타로는 무엇을 하고 있
　　　습니까?)
　　　－(太郎は) 眠っています. ((타로는) 자고 있습니다)
(90)　－What is Taro doing?
　　　－He is sleeping.

┃ 회화의 함의(含意)

상황 속에는 발화의 참여자(화자와 청자)가 가지고 있는 **지식**도
포함된다. 주로 화자는 청자가 가지고 있어야 할 지식을 전제로 해
서 문장을 사용한다. 다음의 예를 보자.

(91)　A : 「今から飲みに行かないか」 (지금부터 마시러 가지 않을래?)
　　　B : 「今日は金がないんだ」 (오늘은 돈이 없어)

위의 회화에서 B가 발화한 문장은 「나는 오늘 돈이 없다」라는
사태(P라고 하자)를 나타내는 것뿐이다. 그러나 A는 이 문장의 의
미가 「B가 오늘은 함께 마시러 갈 수 없다」라는 사태(Q라고 하자)
를 지시하고 있음을 최종적으로 의미할 수 있다.

이와 같이 어떤 문장이 회화 속에서 나타내는 구체적인 상황에

서 사태 P가 그것과는 다른 사태 Q를 나타내는 것으로 이해될 경우, P에 의해서 Q가 **함의**된다고 한다.

앞의 예에서 P가 Q를 함의하는 과정에는 참여자가 가지고 있는 지식이 개입된다. P에서 Q가 도출되는 과정은 대략 다음과 같을 것이다.

(92)　① A는 B에게 「지금부터 함께 술을 마시러 나가자」고 제안 했다.

　　② 그런데 B의 대답은 「오늘 나는 돈을 갖고 있지 않다」 이다.

　　③ A의 제안에 대한 가장 적절한 대답은 「나는 너와 함께 나간다」 또는 「나는 너와 함께 나가지 않는다」 중의 한 사태를 나타내는 문장이다.

　　④ 그러나 B는 가장 적절한 대답과는 다른 사태를 나타내는 문장을 사용하고 있다.

　　⑤ 따라서 B의 A에 대한 대답은 부적절하다.

　　⑥ 그러나 B는 A에 대해서 성실하게 대답하고 있다고 상정할 수 있다.

　　⑦ 보통의 어른은 「어떤 때 어떤 사람이 돈을 갖고 있지 않으면 술을 마시러 나갈 수 없다」라고 하는 지식을 갖고 있다.

　　⑧ 따라서 이 지식을 이용하면 B가 사용한 문장이 함의하는 것은 「오늘은 함께 술을 마시러 나갈 수 없다」라고 하는 사태라고 할 수 있다.

이 과정의 ⑦에서 참여자가 가지고 있는 지식이 이용되고 있다. 만약 회화의 상황이 다르면 이용되는 지식도 달라지기 때문에 같은 문장이라도 다른 함의를 가질 수 있다. 다음의 예를 보자.

(93) A :「悪いが千円貸してくれないか」 (미안한데 천 엔 빌려
      주지 않을래?)
      B :「今日は金がないんだ」 (오늘은 돈이 없어)

이번에는 B의 대답이 함의하는 것은「오늘 나는 너에게 천엔을 빌려 줄 수 없다」이다. 이 회화에서는 돈을 빌려주는 것이 화제가 되고 있기 때문에 이용되는 지식은「만약 어떤 사람에게 어느 때에 돈이 없으면 다른 사람에게 천 엔을 빌려 줄 수 없다」이다. 발화의 상황에 따라 다른 지식이 이용되고 있기 때문에 같은 문장이지만 다른 함의를 가지게 된다.

회화의 참여자가 서로 성실하게 회화를 하고 있다고 하는 전제를 **협조의 원리**[17]라고 부른다. 협조의 원리를 전제로 하면 어떤 단계에서 표면적으로는 부적절하게 보이는 사태 P를 나타내는 문장이 사용되었다고 해도 그 문장이 함의하는 다른 사태가 적절한 사태 Q를 나타낼 것이라고 가정된다. 이러한 가정 아래 (92)의 예와 같이 발화의 상황에 따른 지식을 이용하여 P에서 Q를 이끌어 낸다면 회화를 원활히 진행시킬 수 있다.

【주】

1) 「문장의 의미를 알고 있다」를 P라고 하고 「문장이 나타내는 사태를 알고 있다」를 Q라고 하자. 「문장의 의미를 알고 있으면 문장이 나타내는 사태를 알고 있다」는 것은 「P이면 Q이다」라고 하는 형태(명제)로 나타낼 수 있다. 「P이면 Q이다」는 참이다. 그리고 「문장의 의미를 모르면 문장이 나타내는 사태를 모른다」도 참이다. 이 명제는 「~P이면 ~Q이다」라고 하는 형태로 나타낼 수 있다. 「~P이면 ~Q이다」의 대우는「Q이면 P」이다. 「P이며 Q」와 「Q이면 P」가 모두 참이기 때문에 P와 Q는 논리적으로 같은 값이다.

2) 문장의 의미를 (4)와 같은 형태로 나타내는 것을 「메타언어」를 이용한 표시라고 한다. 「메타언어」란 어떤 언어표현의 설명을 위해서 사용되는 언어이다.

3) 「来る」의 부분은 정확히는 이 동사의 어간인 「来」이지만, 일본어의 오단활용동사의 어간은 자음으로 끝나서 어간만을 표기하기 어렵기 때문에 동사에 의한 사태의 틀은 종지형(사전형)으로 대표한다.

4) 사태의 성립 시점을 파악하기 위한 절대적 기준시점이 없기 때문에 서력, 이슬람력, 황기(皇紀) 등 여러 가지 연대 표시 방법이 있는 것이다.

5) 영어도 조동사 will이나 shall을 이용하여 미래에 성립하는 사태를 나타낼 수 있기 때문에 전통적으로는 미래시제를 가진다고 여겨지고 있다. 그러나 어형변화에 의해서 성립 시점을 나타내는 방법만을 시제라고 보는 관점도 있는데 이러한 관점에 의하면 영어에 미래시제는 없게 된다.

6) (11)에 있는「과거미래」라고 하는 시제는 「花子がもうすぐ来ると太郎は言った 하나코가 곧 온다고 타로는 말했다」라고 하는 문장에서 동사「来る 오다」가 나타내고 있는 시점을 나타내는 시제이다. 「来る」가 나타내는 사태가 성립하는 것은 「言った 말했다」라고 하는 동사가 나타내는 과거의 시점보다 더 미래의 시점이다. 과거의 시점보다 나중(미래)의 시점을 「과거미래」라고 부른다.

7) 정확하게는 「달리다 <주체=花子>」라고 하는 형태로 나타내는 사태이다.

8) 언어에 따라서는 영어의 nobody나 nothing처럼 원래 부정의 의미를 나타내는 말이 문장 속에 포함되는 것에 의해서 사태가 허위인 것을 나타내기도 한다.

9) 영어에서는 must, should, may, can등의 조동사 (법조동사) 를 동사의 앞에 놓아서 사태의 성립 가능성을 나타낸다.

10) 「접속법」이라고 불리는 것은 이러한 어형이 접속사가 앞서는 종속절 속에서 사용되는 경우가 많기 때문이다.

11) 만약 마지막 단어가 주어진 단계에서 문장의 의미가 한번에 이해된다면 그 단계에서 문장의 구조도 동시에 이해된다고 생각해야 한다. 사용된 단어의 의미와 문법적 기능을 기억해 두고, 그 기억된 정보에 그 언어의 단어의 배열 방법에 관한 규칙을 적용하여 구조를 판단하고 그 구조에 근거해서 의미를 구축하기 위해서는 상당한 처리 시간이 필요하다. 그보다는 단어가 주어진 단계에서 어떤 구조를 예측하고 거기에 기초하여 사태를 구축하는 과정이 훨씬 효율적이다.

12) 「거의」 같은 의미라고 한 것은 영어에서는 관사에 의해서 명사의 정성(定性)을 나타내고 복수형에 의해서 사물의 복수성을 나타내는 점이 일본어와 다르기 때문이다.

13) 지금까지는 「は」가 붙은 명사를 「주체(主体)」를 표시하는 것으로서 취급하였지만 정확하게는 「주제(主題)」를 나타내는 것이라고 해야 한다. 단 「は」가 붙은 명사가 주체를 나타내는 경우가 많은 것은 확실하다.

14) 우리는 어떤 사람이 승강장에 서 있으면 그 사람은 어느 특정한 열차를 기다리고 있을 것이라고 하는 지식을 가지고 있다.

15) 영어학 등의 분야에서는 「분열문」이라고 불리기도 한다.

16) 단 「花子がやっているのは歌うことだ」와 같은 강조구문은 가능하다. 그러나 이 형식의 강조구문에서 강조된 것은 정확하게는 「歌うこと」라는 「명사구」이며 순수한 의미에서의 술어군은 아니다.

17) 회화에 있어서의 협조의 원리는 미국의 철학자 그라이스(H. P. Grice)가 제안한 것이다. 그라이스가 제안한 원리는 1.「질의 원칙」(허위를 말하지 않는다), 2.「양의 원칙」(필요 이상의 정보를 주지 않는다), 3.「관계의 원칙」(상황과 관련이 없는 말을 하지 않는다), 4.「양식의 원칙」(애매한 표현을 하지 않는다)이지만 회화의 함의를 이해하는 과정에서 중요한 것은 「관계의 원칙」이다.

【참고문헌】

飯田隆 『言語哲学大全 Ⅰ~Ⅳ』 草書房, 1987-2002.

加藤重広 『日本語修飾構造の語用論的研究』 ひつじ書房, 2003.

金田一春彦 「国語動詞の一分類」 『言語研究 15』, 1950.

コムリー, バーナード 『アスペクト』 山田小枝訳, むぎ書房, 1988 [Comrie Bernard, Aspect, 1976].

白井賢一郎 『自然言語の意味論』 産業図書, 1991.

野田尚史 『「は」と「が」』 くろしお出版, 1996.

Comrie, Bernard, *Tense*, Cambridge University Press, 1985.

Grice, Paul, "Logic and Conversation", Peter Cole & Jerry L. Morg an eds., *Syntax and Semantics 3 : Speech Acts*, Academic Press, 1975.

Montague, Richard, *Formal Philosophy : selected Papers of Richard Montague*, Yale University Press, 1974.

Vendler, Zeno, *Linguistics in Philosophy*, Cornell University Press, 1967.

제 5 장
언어의 다양성과 유형

▌세계 언어의 다양성

현재 지구상에는 6,000~7,000여개의 언어가 사용되고 있는 것으로 추정되고 있다. 세계의 언어수는 1950년대에는 2,000~3,000개로 추정되었다. 50년도 채 안 되는 기간 동안에 언어의 수가 2배 이상 증가한 것처럼 보이지만 이것은 교통기관의 발달 등으로 세계 구석구석까지 조사가 진행되어 50년 전에는 알려지지 않았던 언어가 다수 발견되었기 때문이다. 그렇지만 최근 들어서는 실제 사용되고 있는 언어수가 오히려 계속 줄어들고 있다는 견해가 지배적이다[1].

소수 언어 사회에서 어떤 사회적 원인에 의해 그 사회의 언어를 습득하는 아동의 비율이 감소하기 시작하면 그 언어를 사용하는 화자의 평균 연령은 점차 높아지고 화자의 총수는 감소 경향을 나

타내기 시작한다. 특히 아이를 낳아 키우는 20대의 젊은이 세대에
서 그 사회의 언어를 말하는 비율이 극단적으로 낮아지면 그들의
아이들이 그 사회의 언어를 습득하는 비율은 더 낮아지기 때문에
1~2세대만에 그 언어의 화자가 없어질 가능성이 매우 높아진다.
이와 같이 1~2세대 동안에 화자가 없어질 위험이 있는 언어를
「소멸에 직면한 언어」, 또는 **위기언어**(endangered language)라고 부른
다. 위기언어의 대부분은 화자가 1만명 이하인 소수 언어이며 그 대
부분은 사회적으로 사용되는 기록 언어가 없는 이른바 「문자가 없는
언어」이다. 위기언어가 세계 각지에서 관찰되고 있다는 사실은 세계
의 언어수가 계속 감소하고 있다는 견해의 근거가 되고 있다.

　　다언어 병용(multilingualism)이 의사소통을 방해하기 때문에 바람
직하지 않다는 생각은 과거부터 있었다(예 : 구약성서의 창세기에
나오는 「바벨탑」의 일화). 1980년대 무렵까지는 소수 언어의 소멸
을 어쩔 수 없는 현상으로 보는 시각이 지배적이었으나 1990년대
에 들어오면서 그러한 경향이 바뀌게 되었다. 최근에는 오히려 예
로부터 다언어 사회가 일반적이고 단일언어 사회는 있었더라도 예
외적이었으며, 다언어가 바로 다문화를 의미하므로 문화적 다양성
이라는 관점에서 다언어 사회가 오히려 바람직하다고 보는 시각이
일반화되고 있다.

　　이와 함께 모든 언어는 인류의 귀중한 문화유산이며 비록 아무리
화자가 적은 언어라도 그 언어의 소멸은 인류에게 대단한 손실이기
때문에 가능한 한 많은 위기언어를 화자가 없어지기 전에 포괄적으
로 조사 연구해서 기록으로 남기는 것이 언어학의 임무라는 생각이
언어학자들의 공통적인 이해가 되고 있다. 이러한 목적의식을 가지

고 행해지는 언어조사연구와 기록을 **다큐멘테이션(documentation)**이 라고 부른다. 언어의 다큐멘테이션이란 언어학에서 언어의 기 술(記述)이라고 부르는 연구 성과의 보고형태(문법 기술, 어휘 수집, 음운 기술 등)뿐만 아니라 텍스트 자료·음성 자료·영상 자료 등도 포함하는 그 언어에 관한 포괄적이고 상세한 기록을 말한다.

위기언어의 다큐멘테이션과 관련된 연구자 중에는 **언어유형론** **(linguistic typology** ; 줄여서 「유형론」)의 연구를 통해 위기언어에 관심을 갖게 된 언어학자가 많은데, 그 이유는 유형론 연구의 입장 에서 볼 때에 잘 알려지지 않은 언어에서 매우 흥미로운 현상이 나 타나며 그런 언어의 대부분이 위기언어라는 사실과 무관하지 않 다. 게다가 유형론에 대한 식견이 언어의 다큐멘테이션에서 매우 중요한 역할을 하고 있다는 인식도 유형론 연구자가 위기언어에 관심을 기울이는 동기로 작용하고 있다.

▌언어 유형론

언어 유형론은 인간의 언어가 다양하다는 관점에서 출발한다. 이 경우 여러 언어에서 공통되는 유사점을 찾아내는 것보다 언어 간의 차이점에 주목하고 언어의 다양성 속에 나타나는 규칙성을 밝히는 것이 연구의 중심이다. 즉 유형론은 「언어 사이에는 다양한 유사점이나 차이점을 볼 수 있는데 유사하든 서로 다르든 어떤 규 칙성 아래에서 유사하거나 서로 다르다」는 생각을 대전제로 하고 있다.

언어 사이에서 널리 관찰되는 유사점·공통점이나 언어의 다양성 속에 나타나는 여러 가지 타입의 규칙성을 언어간에 관찰되는 보편적인 특성이라고 하며 줄여서 **언어보편**(language universals)이라고 부른다. 유형론은 언어보편을 밝히는 연구라고도 할 수 있다.

언어보편 중에는 「모음의 존재」나 「명사·동사 등의 문법적 카테고리의 존재」처럼 언어의 구체적인 실체에 관한 것도 있고 문장의 구조를 기술하는 원리로서의 구(句)의 구조나 의존관계(dependencies), 나아가서 언어의 이중분절처럼 체계로서의 언어가 갖추고 있는 일반적인 형식에 관한 것도 포함된다. 그러나 유형론 연구자들은 모든 언어에 공통되는 사실이나 매우 추상적인 성질의 지적에는 그다지 흥미를 나타내지 않는다. 유형론 연구자가 흥미를 보이는 것은 오히려 일부 언어에서만 볼 수 있는 언어 현상이다.

전형적인 언어 유형론 연구의 순서를 간단하게 정리하면 다음과 같다. 우선 언어의 다양성을 명확하게 기술하기 위한 기준을 정한다. 이 경우 「문장의 기본적인 어순은 무엇인가?」라든지 「명사가 활용을 하는가?」 등과 같이 명확한 답이 있는 것을 기준으로 선택할 필요가 있다. 이렇게 정한 기준에 대해 각각 가능한 답이 몇 가지 준비된다. 이러한 기준을 수학 용어를 빌려 파라미터(parameter ; 「매개 변수」)라고 부르며, 각각의 파라미터에 대한 가능한 답을 파라미터가 취하는 값이라고 부른다(예를 들어 「명사가 활용을 하는가?」라는 파라미터는 「활용한다」, 「활용하지 않는다」의 두 가지 값을 가진다). 다음으로 여러 언어의 데이터에 근거하여 어느 파라미터와 어느 파라미터 사이에 상관관계가 나타나는지 그리고 그것은 어떤 상관관계인지를 명확히 한다. 이러한 순서 대로 연구가 행해지는 대표적인 테마로는 문장의 기본적인 어순, 주어나 목적어의 정의, 관계절의 구조, 수동문, 사역문 등이 있다.

▌기본 어순(Basic word order)

오늘날 언어 유형론의 계기가 된 것은 그린버그(Greenberg, 1963)가 실시한 세계 언어의 **어순**에 관한 연구이다. 이 연구를 출발점으로 한 유형론 연구의 경향을 가리켜 어순의 유형론이라고 부른다.

어순의 유형론에서 말하는 「어순」은 엄밀하게 말하면 단어(word)의 순서라기보다 문장이나 구의 내부에 나타나는 **구성소**(constituent)의 순서이다. 따라서 예를 들어 「私の友人の太郎は/早稲田大学の学生である (내 친구인 타로는/와세다 대학의 학생이다)」라는 문장의 「어순」은 「太郎は/学生だ (타로는/학생이다)」라는 문장의 어순과 같다고 간주한다. 왜냐하면 둘 다 「A는/B이다」라는 타입의 문장이기 때문이다.

어순의 유형론에서 제안된 사고방식에 **기본 어순**이라는 개념이 있다. 이것은 **주어**, **목적어**, 술어동사의 세 가지 구성소로 구성된 **타동사문**(예 : 太郎が/みかんを/食べる (타로가/귤을/먹는다))에서 세 가지 구성소의 순서에 주목하여 세계의 언어를 특징짓고자 하는 시도이다. 주어를 S(subject), 목적어를 O(object), 술어동사를 V(verb)로 표시하면 가능한 기본 어순 타입은 이론상 다음의 여섯 가지로 한정된다.

(1)   SOV SVO VSO VOS OVS OSV

기본 어순을 기준으로 세계의 언어를 여섯 가지 타입으로 분류
하면 확실한 편향성이 관찰된다. 가장 많은 언어에서 나타나는 유
형은 일본어와 같은 SOV형 어순으로 세계 언어의 약 절반을 이룬
다고 할 수 있다. 이 형태의 어순을 가지는 언어로는 한국어, 힌디
어(Hindi), 타밀어(Tamil), 몽고어, 터키어, 말리어(Mali), 암하라어
(Amhara), 케추아어(Quechuan) 등이 있다. 다음으로 많은 유형은
영어와 같은 SVO형 어순으로 세계 언어의 40% 정도가 이 유형이
라고 생각된다. 이 형태의 어순을 가진 언어로는 프랑스어, 스페인
어, 스와힐리어, 중국어, 핀란드어, 스웨덴어 등이 있다. 3번째로
많은 유형은 VSO형 어순인데 여기에 포함되는 언어는 세계 언어
의 10% 정도로 추정된다. 이 유형의 예로는 아라비아어, 히브리어
(Hebrew), 아일랜드어, 타갈로그어(Tagalog)등이 알려져 있다.
이 세 가지 어순 유형과 비교하면 나머지 세 가지 어순(VOS,
OVS, OSV)을 기본 어순으로 하는 언어는 매우 적은 것으로 밝혀
져 있다[2]. 즉 세계의 언어를 조사해 보면 주어가 문두에 놓이는 어
순이 압도적으로 많고 동사가 문두에 놓이는 어순은 적으며, 목적
어가 문두에 놓이는 언어는 거의 볼 수 없다는 것을 알 수 있다.
가장 일반적인 세 가지 기본 어순에 대하여 구체적인 예를 열거하
면 표 5.1과 같다.

표 5.1 가장 일반적인 세 가지 기본 어순과 그 예

SOV형 : 터키어

Hasan   köpek öldür-dü.
하산   개   죽였다)
「하산이 개를 죽였다」

SVO형 : 핀란드어

Pekka tappo-i   koira-n.
펙카   죽였다 개를
「펙카가 개를 죽였다」

VSO형 : 타갈로그어

Pumatay si Huwan ng aso.
죽였다 는 존   을 개
「존이 개를 죽였다」

　기본 어순에 대한 생각은 「주어 + 동사 + 기타」의 어순을 가지
는 영어나 동사가 마지막에 오는 일본어처럼 문장 구성소의 문법
적 역할에 따라 어순이 확실하게 고정되어 있는 언어에는 큰 문제
없이 적용할 수 있다. 그러나 어순을 결정하는 요인이 구성소의 문
법적 역할뿐인 언어에는 적용하기 어렵다.

　예를 들어 실제로 텍스트를 이용해 문장 어순의 통계를 내 보면
기본 어순이 그 언어의 텍스트에서 가장 빈도가 높은 문장 어순이
아닌 경우가 있다. 에스토니아어는 계통적으로 매우 가까운 관계
에 있는 핀란드어와 함께 기본 어순이 SVO인 언어로 여겨진다
(Greenberg 1963). 그러나 에스토니아어의 텍스트에서 「주어 + 동
사 + 기타」라는 SVO 어순인 문장이 전체의 25%, 「X + 동사 + 주
어 + 기타」(X는 목적어 등 주어 이외의 구성소)의 어순인 문장은

24%라는 조사결과가 있다(Tael 1990). 이 결과를 보면 에스토니아어의 기본 어순으로 여겨지는 SVO 어순은 에스토니아어 문장의 전형적인 어순이라고는 할 수 없다. 한편 핀란드어 텍스트를 대상으로 실시한 어느 조사에서는 「주어 + 동사 + 기타」라는 SVO 어순의 빈도가 56%에 달한다는 보고가 있다. 즉 핀란드어에서는 기본 어순이 빈도 면에서도 전형적인 어순이라고 할 수 있다.

이와 같이 기본 어순에 대한 개념은 문제점이 어느 정도 있음에도 불구하고 매우 흥미로운 많은 사실을 밝히는데 기여했기 때문에 유형론의 연구 성과 중에서는 비교적 잘 알려져 있다.

문장의 다른 구성소인 어순이나 문장 구성소의 내부 어순은 기본 어순과 매우 높은 상관관계가 있는 것으로 알려져 있다. 예를 들어 부사구 등 주어·목적어 이외의 명사구(X)와 술어동사의 상대적 위치, 형용사와 명사의 상대적 어순, 수사와 명사의 상대적 어순, 소유격 명사와 명사의 상대적 어순 및 명사와 함께 **후치사**(postposition)를 사용하는지 전치사를 사용하는지 등이 기본 어순이 SOV형인 언어와 VSO형인 언어에서는 대개 표 5.2처럼 대조적인 경향을 나타내는 것으로 밝혀져 있다. 각각의 구체적인 예를 (2)와 (3)에 표시하였다.

표 5.2 어순의 원리

SVO형(+)	VSO형(-)
a. X+동사	동사+X
b. 형용사+명사	명사+형용사
c. 속격명사구+명사	명사+속격명사구
d. 명사+후치사	전치사+명사

(2)　　SOV형 언어의 예 : 말리어

　　　a. jəvan　　škol-əš　　　kaj-əš　(+) 「이완은 학교에 갔다」

　　　　 이완　　학교-에(로) 갔다

　　　b. izi　　joča-vlak　　　　(+) 「작은 아이들」

　　　　 작은　　아이-들

　　　c. jəvan-ən　mašina-že　　　(+) 「이완의 자동차」

　　　　 이완-의　　　자동차-그의

　　　d. čögət　dene　　　　　(+) 「쇠망치로」

　　　　 쇠망치　로

(3) VSO형 언어의 예 : 사모아어

　　　a. Sa　　alu　Maliai le　　ā 'oga.(-) 「메리는 학교에 갔다」

　　　　 過去 가다 메리　冠詞　학교

　　　b. le　　teine lālelei　　　　(-) 「예쁜 딸」

　　　　 冠詞　딸　예쁘다

　　　c. le　　ta'avale a　Malia　　(-) 「메리의 자동차」

　　　　 冠詞　자동차 의 메리

　　　d. i　　le　fale　　　　(-) 「집 안에서」

　　　　 안에서 冠詞 집

　　한편 두 형태의 중간인 SVO형 언어의 경우는 어느 쪽인가 하면 VSO형의 어순 원리가 압도적으로 많은 비율을 차지하지만 (4)와 같이 SOV형 언어에 보이는 특징적인 어순도 나타나는 등 일관성이 없는 것이 많은 듯 하다(SOV형 어순을 +, VSO형의 어순을 -로 나타낸다).

(4) SVO형 언어의 예

영어

a. John went to school. (-)「존이 학교에 갔다」
  존   갔다 에 학교

b. small kids.   (+)「작은 아이들」
  작은   아이들

c-1. Shakespeare's   death   (+)「셰익스피어의 죽음」
  셰익스피어의 죽음

c-2. the death of Shakespeare (-)「셰익스피어의 죽음」
  冠詞 죽음 의 셰익스피어

d. with a   hammer   (-)「망치로」
  로 冠詞   망치

핀란드어

a. Juha men-i koulu-un. (-)「유하가 학교에 갔다」
  유하 갔다 학교에

b. piene-t   lapse-t   (+)「작은 아이들」
  작은-複數   아이들

c. Juha-n   auto   (+)「유하의 자동차」
  유하-의 자동차

d-1. talo-n takana   (+)「집 뒤편에서」
  집-의 뒤편에서

d-2. ympäri   vuode-n   (-) 「1년   내내」
　　 돌아서   1년-의

어순의 유형론은 파라미터 간의 상관관계에 주목하여 「x라는 성
질을 가지는 언어는 y라는 성질을 가진다」라는 형태로 나타나는
언어보편을 찾아내는 것에 중점을 두고 있다. 이러한 형식에서 나
타나는 언어보편을 「모든 언어는 모음을 가진다」라는 형식의 「절
대적인 언어보편」과 대비시켜 「함축적 언어보편」이라고 부른다[3].
예를 들어 「기본 어순이 VSO이면 전치사를 가진다」(Greenberg
1963 : 78)는 함축적인 언어보편이다.

▌원형(prototype)

여기에서 원형(prototype 「原型」)이라는 개념을 도입해 보자. 영
어에서 prototype이란 단어는 원래 자동차 등의 기계를 제품화하기
전에 만드는 최초의 시제품을 가리키는 말인데, 사람이나 물건 등
의 타입에서 가장 전형적이고 구체적인 예를 가리키게 되었다. 색
채 어휘에 관한 연구나 인지심리학, 인식인류학 등의 분야에서 먼
저 사용되기 시작했고 점차 언어학에서도 의미론이나 언어 유형론
을 중심으로 활발하게 사용하게 된 개념이다.

인간이 사물의 세계를 인식하는 방식에 대한 전통적인 생각은
개략적으로 다음과 같이 요약할 수 있다. 인간은 다양한 「사물」 사
이의 공통점을 파악하는 능력이 있고 이렇게 파악한 공통점을 단
서로 「사물」을 다양한 그룹으로 분류함으로써 세계를 이해하고 있

다. 이렇게 하여 추상화된 「사물의 그룹」을 「카테고리(범주)」라고 부른다. 바꾸어 말하면 인간은 세계를 카테고리라는 형태로 추상화하고 정리하여 인식하고 있다고 생각하는 것이다.

이 생각에 의하면 우리는 머릿속에 「새」 「물고기」 「야채」 「과일」 등의 이름이 있는 이른바 「카테고리 상자」를 갖고 있기 때문에 까마귀·참새·꽁치·잉어·무·당근·귤·바나나 등 온갖 대상을 정확하게 분류 정리하여 거기에 맞는 「상자」에 수납해 두게 된다.

이 생각은 얼핏 보면 이치에 맞는 것처럼 보이지만 좀 더 생각해 보면 이내 설명이 곤란한 상황에 맞부딪힌다. 왜냐하면 분류와 정리를 하려고 해도 어느 카테고리에 포함시켜야 할지 정하기 어려워서 어디에도 포함시키지 못하는 경우가 많이 생겨나 제대로 분류할 수 없는 경우가 생각했던 것보다 많기 때문이다.

수박은 「야채」가 아니라 「과일」로 분류하는 것이 일반적이다. 그러나 식물학에서 수박은 그 열매가 보통 「야채」로 분류되는 오이·호박·백오이 등과 함께 참외과로 분류되어 있다. 실제로 밭에 가서 각각의 식물 열매가 숙성하는 것을 보면 서로 매우 닮아서 왜 수박 만이 「과일」인지 분명히 설명할 수가 없어진다. 한편 대추는 「야채」는 아니지만 「과일」이라고 하기에는 왠지 모르게 거부감이 생긴다. 그러나 나무가 되는 열매라는 점에서 감이나 무화과나 으름열매를 닮지 않았다고도 할 수 없으므로 「과일」이 아니라고 단언할 수도 없다. 그리고 땅콩은 그 재배방법은 「야채」에 가깝지만 식탁에서는 「야채」가 아니며 어느 쪽인가 하면 대추와 비교적 가까운 것으로 인식되고 있다. 고사리는 보통 「야채」에 준하는 「산채」로 여겨지지만 느타리버섯은 「산채」라고 부르기 어렵다.

이에 비해 원형(prototype)의 개념은 인간이 사물의 세계를 인식할 때 모든 것이 몇 개의 카테고리 상자에 확실하게 분류하여 정리하는 것이 아니고 보통은 각각의 카테고리의 가장 전형적인 것(prototype 원형)만이 상자 안에 들어 있다고 여긴다. 그래서 원형에서 벗어나는 것은 어느 카테고리의 원형과 공통점이 가장 많은가에 따라 어느 상자에 넣어야 할지를 판단해야 한다고 생각된다. 예를 들어 「야채」의 원형은 당근이나 배추처럼 뿌리·잎·줄기 등을 식용으로 하기 위해 밭에서 재배하는 식물로서 보통 조리해서 먹는다. 이에 비해 「과일」의 원형은 귤·사과·포도처럼 과즙을 포함하며 나무가 되는 열매로서 보통 조리하지 않고 먹는다.

원형의 개념으로 사과·귤·배추·당근처럼 「과일」인지 「야채」인지를 어렵지 않게 판단할 수 있는 경우도 있고, 수박·대추·땅콩·고사리·느타리버섯처럼 분류가 분명하지 않은 경우도 존재한다는 것을 명확하게 설명할 수 있다. 즉 「과일」 또는 「야채」의 원형이나 거기에 비교적 가까운 특징을 가진 것은 「과일」인지 「야채」인지를 판단하기 쉬운데 비해, 어떤 원형과도 비교적 동떨어진 특징을 가지는 「식물의 열매」는 사람에 따라서 그 판단이 다르거나 경우에 따라서는 대답하기 어렵다.

문법 연구에서 사용되는 「명사」, 「형용사」, 「주어」, 「목적어」, 「타동사」 등의 개념에 대해서도 원형의 개념을 사용하면 지금까지 잘 설명할 수 없었던 문법 현상이 명확하게 설명되는 경우가 많아질 것이다.

▌타동사문의 주어와 목적어

술어동사가 타동사이면서 「주어」 및 「목적어」로 불리는 두 가지 명사구가 나타나는 문장을 타동사문이라고 한다. 예를 들면 다음의 문장은 타동사문이다.

(5) 靖が宏を殴った. 하야시가 히로시를 때렸다.

이 예에서도 알 수 있듯이 일본어의 경우 주어는 ガ격, 목적어는 ヲ격으로 나타나기 때문에 ヲ격 명사구와 함께 나타나는 동사를 타동사로 간주해도 좋을 것이다. 참고로 언어학에서는 「ヲ격 명사구와 함께 나타난다」라기 보다는 「ヲ격 명사구를 취한다」라는 표현을 잘 사용한다.

우리는 보통 타동사란 주어를 나타내는 동작의 주체(동작주)가 목적어를 나타내는 객체(대상물, 피동작체)에 대하여 어떠한 물리적인 움직임을 하고 그 결과로서 객체에 물리적인 변화가 일어나는 것을 나타내는 동사라고 생각한다. 그런데 ヲ격 명사구를 취하는 동사를 조사해 보면 그 중에는 이러한 타동사의 성격과 일치하지 않아서 그다지 타동사같지 않은 동사가 있다는 것을 알게 된다.

예를 들어 다음의 동사를 비교해 보자.

(6) a. ビルを壊す   b. ビールを冷やす   c. ドアを開ける
         빌딩을 무너뜨리다   맥주를 차게 하다   문을 열다

(7)　　a. 顔をおおう　　　b. 手袋をなくす　　　c. 本を買う

　　　　　얼굴을 감싸다　　　장갑을 분실하다　　　책을 사다

(8)　　a. 音楽を聞く　　　b. 映画を見る

　　　　　음악을 듣다　　　　영화를 보다

(9)　　a. 川を渡る　　　　b. 道を歩く

　　　　　강을 건너다　　　　길을 걷다

이들 동사 가운데 (6)의 세 가지 동사 (壊す(부수다)・冷やす(차 게 하다)・開ける(열다))는 전형적인 타동사의 예라고 생각할 수 있다. 실제로 (6a)「ビルを壊す(빌딩을 무너뜨리다)」는 빌딩으로 불리는 건축물에 물리적인 힘을 가하여 그것을 해체하고 그것이 가지고 있던 기능을 완수할 수 없게 하는 행위를 나타낸다. 또, (6b)「ビールを冷やす(맥주를 차게 하다)」는 맥주라고 하는 액체 를 그것보다 온도가 낮은 공기나 물에 (간접적으로) 접촉시켜 그 온도를 낮게 변화시키는 것이고, (6c)「ドアを開ける(문을 열다)」 는 문이라는 물체에 대해 손 등으로 물리적인 힘을 가해 그 위치를 옮겨 놓는 것이다. 이 세 가지 예는 모두 ヲ격 명사구가 나타내고 있는 대상물이 어떠한 물리적 변화를 하는 것을 나타낸다고 할 수 있다.

이에 비해 (7)의 세 가지 동사 (おおう(감싸다)・なくす(분실하 다)・買う(사다))의 경우는 「객체 측에 물리적인 변화가 일어난다」 고 하기 어려운 동사의 예로 동작주가 대상물에 물리적인 작용을 한다는 타동사의 성질과도 잘 들어맞지 않는다. (7a)「顔をおおう (얼굴을 감싸다)」의 경우는 「ハンカチで顔をおおう(손수건으로 얼굴을 감싸다)」라든지 「手で顔をおおう(손으로 얼굴을 감싸다)」와 같이 デ격 명사구를 함께 동반하는 것이 보통이다. 「手で顔をおおう(손으로 얼굴을 감싸다)」와 「手でドアを開ける(손으로 문을 열다)」를 비교해 보면 후자의 경우는 행위의 결과 문의 위치가 바뀌는데 반해, 「顔をおおう(얼굴을 감싸다)」의 경우는 결과적으로는 얼굴이 안 보이게 되는 것뿐이지 얼굴 자체가 물리적인 영향을 받는 것은 아니다. (7b) 「手袋をなくす(장갑을 분실하다)」의 경우는 그때까지 자신이 소유하고 관리하고 있던 대상물이 소유자 본인의 부주의로 어디에 있는지 모르는 상태가 되는 것을 말한다. 이 경우 「대상물이 안 보이게 된다」라는 점에서 「가리다」와 조금 닮았지만 「장갑」자체에 대해 물리적인 작용을 하는 것은 아니다. (7c) 「本を買う(책을 사다)」도 책의 소유권을 돈과 교환하여 자신의 것으로 하는 것을 의미할 뿐 책에 대하여 구매자가 물리적인 작용을 가하거나 책을 「사다」라는 행위에 의해 책이 물리적으로 변화하는 것은 아니다.

이 세 가지 동사 (おおう(감싸다) · なくす(분실하다) · 買う(사다))에는 ヲ격 명사구가 나타내고 있는 대상물에 어떠한 「상태」의 변화가 일어난다는 공통점이 있다. 이들 동사와 「壊す(부수다)」 등과의 차이점은 주로 대상물에게 일어나는 변화가 물리적인가 아닌가에 있다고 보면 이들 두 가지 유형의 동사의 타동사로서의 공통점과 차이점을 상당히 잘 파악할 수 있다.

그런데 (8)의 두 가지 동사 (聞く(듣다) · 見る(보다))의 경우에는 ヲ격 명사구가 나타내는 대상물의 「상태」에 변화가 일어난다고 하는 특질조차 성립되지 않는 것 같다. (8a) 「音楽を聞く(음악을 듣다)」의 경우는 CD플레이어에 듣고 싶은 CD를 넣고 PLAY 스위치를 누르는 준비 단계가 있는 경우에는 청자 측에 무언가 「작용」이 있다고 간주할 수 있지만 길을 걷고 있는데 어디선가 음악이 들려오는 경우에는 그러한 작용조차 없는 것이다. 이 두 경우의 「聞く(듣다)」는 음악에 대해 작용한다기 보다는 소위 음악이라고 하는 현상을 「받아들이다」 내지는 「체험하다」라고 하는 것이 「음악을 듣다」라는 행위의 핵심 부분이라고 생각된다. (8b)「映画を見る(영화를 보다)」도 마찬가지인데 영화를 본다는 행위는 영화라고 하는 현상을 「체험」하는 것이다.

이와 같이 무엇인가를 체험한다는 것은 체험자가 그 대상으로부터 영향을 받는 것을 의미한다. 바꾸어 말하면 음악을 듣거나 영화를 볼 때 음악이나 영화에 대해 우리가 작용을 하는 것이 아니라 음악이나 영화가 우리에게 작용하여 그 영향을 우리가 받는 것이다. 이렇게 생각하면, 「音楽を聞く(음악을 듣다)」나 「映画を見る(영화를 보다)」의 「聞く」와 「見る」는 ヲ격목적어를 취하고 있지만 「ビルを壊す(빌딩을 무너뜨리다)」 등과는 매우 다른 의미를 가지는 동사라고 할 수 있다. 그러나 「聞く(듣다)」「見る(보다)」라는 행위와 「壊す(부수다)」「冷やす(차게 하다)」 등의 행위 사이에 공통점이 없는가 하면 그렇지도 않다. 왜냐하면 「듣다」나 「보다」라는 행위의 주체는 그 대상을 단순히 수동적으로 받아들이는 것이 아니라 그 대상에 대해서 주의를 기울이고 있기 때문이다. 대상에 대해 주의를 기울이는 것은 그 행위가 문제의 대상물을 향하고 있다는 것을 의미하며 결국은 전형적인 타동사의 특징의 하나인 「대상물에 대하여 물리적인 움직임을 한다」는 것이다.

그러나 (9a) 「川を渡る(강을 건너다)」, (9b) 「道を歩く(길을 걷다)」와 같은 경우에는 「행위가 대상을 향하다」와 같은 성질도 부여하기 어렵다. 두 동사가 포함된 ヲ격 명사구는 동작·행위가 행해지는 장소를 나타내는 것에 지나지 않기 때문이다.

ヲ격 명사구를 취하는 동사에서 나타나는 이러한 차이는 「타동사」의 개념이 실제로는 정도의 문제라고 생각하면 쉽게 설명된다. 즉 「타동사성」(혹은 「타동성」)은 전형적인 타동사인 「壊す(부수다)」에서 가장 높고 「なくす(분실하다)」나 「聞く(듣다)」와 같은 동사는 조금 낮으며 「歩く(걷다)」같은 동사에서는 거의 없어진다고 생각하는 것이다. 여기서 원형의 개념을 사용하여 타동사성이 가장 높은 동사를 타동사의 원형으로 간주하기로 하자. 즉 주어가 나타내는 주체가 목적어가 나타내는 객체에 대해 어떠한 물리적인 작용을 하고 그 결과로서 객체 측에 물리적인 변화가 일어나면서 ヲ격 명사구와 함께 나타나는 동사가 가장 타동사다운 타동사라고 할 수 있다.

이에 비해 자동사는 타동사와 반대이므로 동작·행위 등이 향하는 객체를 가지지 않는 동작이나 행위를 나타내고 ヲ격 명사구와 함께 사용되지 않는 동사가 (전형적인) 자동사이다. 예를 들면 「起きる(일어나다)」「倒れる(넘어지다)」 등이 이에 해당한다.

이렇게 (전형적인) 타동사, (전형적인) 자동사에 의해 만들어진 문장을 각각 (전형적인) 타동사문, (전형적인) 자동사문으로 간주하면 (10a)는 일본어의 전형적인 타동사문의 예이고 (10b)는 전형적인 자동사문의 예이다.

(10) a. 宏がガラスを割った.(히로시가 유리를 깼다)

b. 宏が座った.(히로시가 앉았다)

문장(10a)에서 「宏が(히로시가)」는 주어, 「유리를」은 목적어로
불린다. 마찬가지로 문장(10b)에서 「宏が(히로시가)」는 주어로 불
린다. 이와 같이 일본어에서는 타동사문의 주어와 자동사문의 주
어가 모두 ガ격 명사구로 나타나고 타동사문의 목적어가 ヲ격 명
사구로 나타나는 특징이 있다.

▌주어 · 목적어의 격표시

타동사문·자동사문에서 주어가 모두 같은 형태를 취하고 타동
사문의 목적어와 형태상 대립하는 언어는 많은데 유럽의 주요 언
어를 비롯해 우리에게 친근한 언어의 대부분이 이 유형이다. 예를
들어 핀란드어의 경우 타동사문(11a)의 주어와 자동사문(11b)의 주어
(Matti)는 모두 주격(nominative)이지만 타동사문의 목적어(karhu-n)
는 대격(accusative : 역자주 ; 영어의 직접목적격)으로 나타나고 있다.

(11) a. Matti   tappoi karhru-n.   매티가 곰을 죽였다

매티(주격)   죽였다 곰을(대격)

b. Matti   istui.   매티가 앉았다

매티(주격)   앉았다

주어와 목적어가 형태상 어떻게 구별되는가를 유형론에서는 주

어·목적어의 **격표시**(case marking) 문제라고 부른다. 일본어의 대표적인 주어·목적어의 격표시 방식은 일반적으로 그 언어의 격 중에서 가장 중립적인 것이 주어의 격표시에 사용되고 특별한 격이 목적어표시에 사용된다. 목적어 표시에 사용되는 격은 많은 언어에서 **대격**이라고 불리며 이러한 격표시 체계를 「대격형의 격표시」라고 한다(그림 5.1).

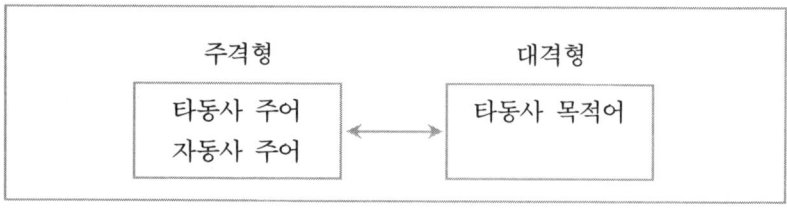

그림 5.1 대격형의 격표시 체계

그러나 세계의 언어를 자세히 조사해 보면 대격형과는 다른 격표시 체계를 가지는 언어도 보인다. 예를 들어 오스트레일리아 원주민어의 하나인 와로그어(Warrungu) (역자주 ; 오스트레일리아 북부지역 원주민어로 1981년에 사멸한 언어)의 타동사문 (12a)와 자동사문(12b)를 비교해 보자(角田 1988 참조).

(12) a. Pama-ngku kamu   pityan.   남자가 물을 마셨다
         남자(능격) 물(절대격) 마셨다

  b. Pama   nyinan.   남자가 앉았다
         남자(절대격) 앉았다

이 격표시 체계가 대격형 격표시와 다른 점은 자동사문의 주어 (Pama)와 타동사문의 목적어(kamu)가 모두 「절대격(absolutive)」이라고 불리는 중립적인 형태로 나타나는데 반해, 타동사문의 주어 (Pama-ngku)만이 「능격(ergative)」이라 불리는 특별한 형태로 나타나고 있다는 점이다.

이와 같이 자동사문의 주어와 타동사문의 목적어를 같은 격형태 (그 언어에 있어서 가장 중립적인 격형태로 「절대격」「주격」 등으로 불린다)로 나타내고 타동사문의 주어만을 특별한 격형태(「능격」이라고 불리는 일이 많다)로 나타내는 격표시 체계를 「능격형 격표시」라고 부른다(그림 5.2). 능격형 격표시는 대격형의 격표시만큼 일반적이지는 않지만 오스트레일리아 원주민어를 포함하여 그루지야어 등 코카서스제어(諸語), 바스크어·에스키모어·중미의 마야제어 등 세계 각지의 언어에서 보여진다.

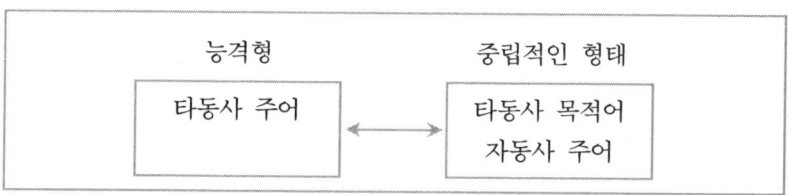

그림 5.2 능격형의 격표시 체계

▌관계절의 유형

영어 등 유럽계 언어의 문법 현상에서 일본인이 가장 서툰 것 중 하나는 관계절이다. 서툰 이유는 간단한데 일본어에는 없는 구문이기 때문이다.

(13) The man [who gave the book to the girl] was my father.

(14) The book [which the man gave to the girl] was very interesting.

다만 일본인이 어렵다고 느끼는 점은 관계대명사 등의 사용법이나 관계절이 명사 뒤에 놓여진다는 점뿐이다. 관계절의 의미·용법에 주목한다면 일본어에도 거기에 대응하는 구문(연체수식 구조)이 있다. 실제로 일본인은 영어의 문장 (13)과 (14)에는 각각 (15)과 (16)이라는 일본어 문장이 대응한다는 것을 알고 있다.

(15) [少女に本をあげた] 男の人は, 私の父だった.
      [소녀에게 책을 준] 남자는 나의 아버지였다.

(16) [男の人が少女にあげた] 本はとても面白かった.
      [남자가 소녀에게 준] 책은 매우 재미있었다.

일본어에는 관계절이 없다는 주장이 있지만 「관계절」을 어느 수준의 현상으로 생각하는가를 분명히 하지 않으면 이러한 주장이 올바른지 아닌지는 결정할 수 없다. 예를 들어 영어에서 관계대명사를 사용하여 만드는 종속절에서 수식되는 명사의 뒤에 나타나는 구문만을 관계절이라고 부른다면 일본어에는 관계절이 없다고 할 수밖에 없다. 그러나 관계절을 문장에 해당하는 의미를 가지는 연체 수식 구조라고 생각하고 관계대명사가 사용되는가 아닌가나, 피수식 명사 뒤에 오는가 앞에 오는가 등은 본질적인 문제가 아니라고 생각한다면 (15)나 (16)과 같은 예에서 볼 수 있듯이 일본어에도 관계절이 있다고 볼 수 있다.

유형론에서는 관계절을 후자와 같이 넓게 정의하고 일본어나 영어는 다른 타입의 관계절을 가지는 언어라고 생각한다. 이렇게 보면 언어에 따라 사용하는 관계절의 유형이 달라질 수 있다는 발견뿐만이 아니라 한 언어 안에 복수의 관계절의 유형이 존재하는 경우도 있다는 것을 관찰할 수 있어서 유형론 연구에 매우 유용하다.

영어의 전통문법에서는 (13)의 the man이나 (14)의 the book과 같이 관계절에 수식되는 명사구를 관계대명사의 「선행사」라고 부른다. 그러나 (15)의 「男 (남자)」나 (16)의 「本 (책)」처럼 관계절에 앞서고 관계절 속에 관계대명사가 나타나지 않는 경우에 「선행사」라는 용어를 사용하는 것은 타당하지 않다. 그러므로 특정한 유형의 관계절에만 의존하지 않는 용어를 사용할 필요가 있다.

영어의 (13)이나 (14)과 같은 구문과 일본어의 (15)나 (16)과 같은 구문에 공통인 것은 문장의 형태를 한 수식구(=관계절)가 명사구를 수식하는 구조이다. 여기에서 관계절과 피수식어의 명사구로 구성되는 명사구 구조 전체를 「관계절 구조」라고 부르며 피수식 명사는 이 관계절 구조의 **주부**(head)가 된다. 바꾸어 말하면 관계절 구조는 관계절과 주부로 이루어진다.

주부 앞에 나타나는 일본어의 전형적인 관계절을 선행형 관계절, 주부의 뒤에 나타나는 영어의 전형적인 관계절을 후행형 관계절이라고 부르자. 후행형 관계절에서는 일반적으로 관계사가 사용되고 동사는 정형(finite form ; 특정한 시제나 인칭을 가지는 동사의 활용형)으로 나타나지만 선행형 관계절에서는 관계사가 사용되지 않는 대신에 동사에 분사형 등의 부정형(nonfinite form ; 시제·

인칭 등이 특정되지 않는 동사의 활용형)이 사용되는 일이 많다.

(17) 후행형 관계절을 사용하는 언어의 예

    a. 핀란드어 (VSO)

       an   fear [a   bhí   sásta]

       冠詞 남자 関係詞 였다 만족하고 있다

       「기분 좋았던 남자」

    b. 스와힐리어 (SVO)

       wa-talii   [amba-o wa-na-safiri Afrika]

       여행자들   関係詞 여행하다 아프리카

       「아프리카로 향하는 여행자들」

(18) 선행형 관계절을 사용하는 언어의 예

    a. 터키어 (SOV) (Comrie - 1992)

       [Hasan-ın   Sinan-a   ver-diğ-i]   patates

       하산(属格)   시난(与格)   주다(分詞) - 그의   감자

       「하산이 시난에게 준 감자」

    b. 말리어 (SOV)

       [jəvan-ən təlanet serəš-əm vozen koltə-mo] pölem-əže

       이완(属格)그대(与格) 편지(対格) 써 보내다(分詞) 방-그의

       「이완이 그대에게 편지를 써 보낸 방」

관계절 구조는 명사의 수식 구조의 하나이기 때문에 관계절은

형용사나 소유격 명사구와 같은 기능을 한다고 생각된다. 실제로
형용사나 소유격 명사구가 명사 앞에 나타나는지 뒤에 나타나는지
와, 관계절이 주부 앞에 나타나는지 뒤에 나타나는지와의 사이에
는 비교적 강한 상관관계가 있다. 즉 일본어와 같이 기본 어순이
SOV인 언어에서는 「관계절 + 주부」라는 선행형이 일반적이고 반
대로 기본 어순이 VSO인 언어에서는 「주부 + 관계절」이라는 후
행형이 일반적이다. 그러나 주부와 관계절의 상대적 순서와 기본
어순의 상관관계는 형용사와 명사의 경우만큼은 강하지 않은 것
같고 두 가지 타입의 관계절이 사용되는 언어도 비교적 많은 것
같다.

(19) 독일어 (SVO)

    a. sein Vater, [der   in Tokio Linguistik lehrt] (후행형)

       그의 아버지 関係詞 에서 도쿄 언어학 가르치다

    b. sein [in Tokio Linguistik lehrender]   Vater (선행형)

       그의 에서   언어학 가르치고 있다 아버지

       「도쿄에서 언어학을 가르치고 있는 그의 아버지」

(20) 핀란드어 (SVO)

    a. poika, [joka   matkusta-a laiva-lla Ruotsi-in]   (후행형)

       소년 関係詞 여행하다 배로 스웨덴을

    b. [laiva-lla Ruotsi-in   matkusta-va]   pokia (선행형)

       배로   스웨덴을   여행하다(分詞形) 소년

       「배로 스웨덴을 여행하는 소년」

이 밖에 관계절 구조에서 비교적 자주 나타나는 것에는 다음 예
와 같은 상관형의 구문장이 있다.

(21) 상관형 관계절 구조의 예

   a. 독일어

     [Wem   ich zuerst begegne,] den   frage ich.

     누구(여격)내가 최초로 만나는 그것(대격) 묻는 내가

     최초로 만난 사람에게 나는 질문 하리라

   b. 러시아어

     [Kto   ne   rabotaet,] tot   ne   est.

     누구(주격)부정 일하는 그것(주격) 부정 먹는다

     일하지 않는 자 먹지 말 것

   c. 말리어

     [kö-m   vučəšna,]   tudo   tolən.

     누구(대격)기다리는(1인칭 복수) 그(주격) 왔다(3인칭 단수)

     우리가 기다리고 있던 사람이 왔다

이 구조가 상관적이라고 불리는 것은 관계절 안에 나타나는 의
문사와 주어문 안의 지시사가 (21a)에서는 wem-den, (21b)에서는
kto-tot, (21c)에서는 köm-tudo처럼 후자가 전자를 받는 형태로 대
응하기 때문이다.

관계절 구조 중에는 주부가 없거나 비록 있더라도 형식적이며
사실상 관계절만이 독립하여 있는 경우가 있다. 다음의 고전일본
어의 예는 동사의 연체형으로 끝나는 관계절에 직접 조사(등, 을)

가 오는 점으로도 알 수 있듯이 주부는 제로이다.

(22) a. [老いてかしらしろき] などが人に案内をいひ, ... (『枕
草子』)

[늙고 머리가 흰 나무]등이 사람에게 안내를 하고, ...

b. [大納言の物語にもれたる]をひろひあつめ,,..(『宇治拾
遺物語』)

[다이나곤(大納言)이야기에서 누락되다]를 주워 모아...

현대 일본어에서는 연체 격조사로 불리는 「の」나 형식 명사로
불리는 「もの」「こと」가 형식적인 주부의 기능을 한다.

(23) a. [宏が買った] のは, [私が買った] のより, 安かった.

[히로시가 산] 것은 [내가 산] 것보다 저렴했다.

b. [宇治大納言物語にもれた] ものを拾い集めて, ...

[우지 다이나곤 이야기에서 누락된] 것을 주워 모아, ...

주부가 제로 내지는 형식적인 주부를 가지는 관계절 구조는 영어
에도 보인다. 예를 들어 (24a)의 관계절 구조는 주부가 없으며, (24b)
에서 주부의 위치에 나타는 those는 단순히 복수를 나타낼 뿐인 형
식적인 단어로 these와 대립하는 지시대명사로서의 의미는 없다.

(24) a. [What matters most] is good health.

가장 중요한 것은 건강이다

b. Those [who wish to go now] may do so quietly.

　지금 자리를 떠나고 싶은 사람은 조용히 나가셔도 됩니다.

고전일본어와 마찬가지로 다음의 터키어와 말리어의 예에서도 주부는 제로이고 동사의 분사형에 복수를 나타내는 접미사(터키어 -lar, 말리어 -vlak)가 직접 온다.

(25)　터키어

[O　daire-de　　otur-an-lar]　　　　her gece içki içer.

그 아파트에 산다 - 현재분사 - 복수 매일 밤 술 마신다

그 아파트에 살고 있는 사람들은 매일 밤 술을 마신다

(26)　말리어

[joškar-ola-ške　　teŋgeče tol-dəmo-vlak]

요시카르오라 - 에 어제　　오다 - 否定分詞 - 복수

어제 요시카르오라(도시명)에 오지 않은 사람들

관계대명사를 사용하는 언어에서는 대체로 영어의 예(24b)와 마찬가지로 형식적인 주부를 가지는 관계절 구조가 사용된다. 다음의 각각의 예에서 형식적인 주부의 역할을 완수하고 있는 것은 (27)에서는 지시대명사 to, (28)에서는 derer(지시대명사 der의 복수 소유격형), (29)에서는 niiltä(지시대명사 ne의 탈격형)이다.

(27) 러시아어

On pomnit   to,   [čto   ona   skazala.]
그 기억하고 있는 그것 관계사 그녀 말했다
그는 그녀가 말한 것을 기억하고 있다

(28) 독일어

Wir   gedenken derer,   [die   gefallen sind.]
우리   생각하는 그것(복수 소유격) 관계사 넘어진 조동사
우리들은 전사한 사람들을 생각하고 있다

(29) 핀란드어

Kysy   niiltä,   [jotka tietävät.]
묻는(명령형)   그들(탈격)   관계사 알고 있다
알고 있는 사람들에게 들어 주세요

▌관계절과 명사구의 계층

관계절의 구조는 관계절과 주부로 구성되지만, 보통 관계절에서
는 주부와 같은 것을 가리키는 명사구가 생략된다. 예를 들어 (30)
의 관계절 구조(연체 수식 구조)는 모두 (31)과 관계있지만, (30a)
의 관계절(연체 수식절)은 주어에 해당하는 「太郎が(타로가)」가 빠
져 있고 (30b)의 관계절은 목적어에 해당되는 「宝石を(보석을)」이
빠져 있다(앞으로 생략된 명사구의 위치는 φ로 나타낸다)[4].

(30) a. [φ宝石を盗んで売りさばいた] 太郎

　　　 [φ보석을 훔쳐 팔아 치운] 타로

　　b. [太郎がφ盗んで売りさばいた] 宝石

　　　 [타로가 φ훔쳐 팔아 치운]보석

(31)　太郎が宝石を盗んで売りさばいた.

　　　타로가 보석을 훔쳐 팔아 치웠다.

　이처럼 관계절은 일반적으로 주부의 명사구와 같은 것을 가리키는 명사구를 어떠한 형태로든 보충해야 문장으로서 「완전한」 형태가 된다. 이렇게 볼 때 관계절에 결핍되어 있는 명사구를 「관계절화가 되는 명사구」라고 부르기로 하자.

　관계절화가 되는 명사구는 당연히 관계절에서 어떤 의미적·문법적인 역할을 완수하고 있다. 예를 들어 (30a)에서 관계절화가 되는 것은 주어이고 (30b)에서 관계절화가 되는 것은 목적어이다.

　관계절화가 되는 명사구가 어떤 의미적·문법적 역할을 완수하고 있는 명사구인가에 주목하여 여러 가지 언어의 관계절 구조를 비교해 보면 매우 흥미로운 사실이 밝혀진다.

　우선 눈에 띄는 현상은 같은 의미적·문법적 역할을 완수하는 것이 어느 언어에서는 아무런 문제없이 관계절화가 되지만 다른 언어에서는 관계절화가 되지 않는 현상이다. 예를 들어 (32)가 나타내는 것처럼 영어에서는 「~와/과」라는 의미의 전치사 with의 목적어는 간단히 관계절화 할 수가 있지만 일본어의 조사 「と(와/과)」에 수반된 명사구는 (33)에 나타난 것처럼 관계절화 할 수 없는 경우가 많다.

(32) a. John drank beer with the stranger.

존은 낯선 사람과 맥주를 마셨다

b. the stranger [John drank beer withφ]

존이 (함께) 맥주를 마신 낯선 사람

(33) a. 雅子が宏とビールを飲んだ.

마사코가 히로시와 맥주를 마셨다.

b. *[雅子がφビールを飲んだ] 宏

*[마사코가 φ맥주를 마신] 히로시

어떤 명사구가 관계절화가 가능한지에 주목하여 세계의 언어를 조사한 결과 관계절화의 난이도에 있어서 대략 다음과 같은 **계층 관계**(hierarchy)가 있다는 것이 밝혀졌다.

(34) 관계절화의 난이도에 따른 **명사구의 계층**[5]

주어 > [직접]목적어 > 비직접목적어 > 소유자(= 소유격 명사구)

이 계층 관계는 오른쪽으로 갈수록 관계절화가 어려워지는 것을 나타내고 있다. 다르게 말하면 어떤 언어에서 이 계층의 어떤 특정한 유형의 명사구가 관계절화가 가능하다면 그 왼쪽에 있는 명사구의 유형도 관계절화가 가능하다는 것을 의미하고 있다.

따라서 만약 (34)의 계층 관계가 일반적으로 성립된다면 주어만

이 관계절화할 수 있는 언어(예 : 마다가스카르(Malagasy)어), 주어와
목적어만이 관계절화 할 수 있는 언어(예 : 카냐르완다(Kinyarwanda)
어), 혹은 주어·목적어·사격(斜格)목적어(역자주 ; 유럽제어의 문법
에서 주격과 호격을 제외한 격)는 관계절화하고 소유격 명사구는
관계절화하지 않는 언어(예 : 北프리슬란드(Frisian)어 페르방언)는
있지만, 주어와 소유격 명사구만이 관계절화할 수 있는 언어나 목
적어만이 관계절화할 수 있는 언어는 존재하지 않는다.

　명사구의 계층에 대한 개념을 일본어의 관계절 구조에서 검증해
보자. 일본어에서 네 가지 명사구 타입에 해당하는 것은 ガ격명사
구(주어)· ヲ격명사구(목적어)· 二격명사구(사격목적어)· ノ격명사구
(소유격 명사구)일 것이다. 이 중 ガ격 명사구와 ヲ격 명사구에서
는 각각 (30a)와 (30b)에서 볼 수 있듯이 아무 문제없이 관계절화가
일어난다. 또 二격명사구의 경우도 (35b) (36b) (37b)에서 볼 수 있
듯이 관계절화는 아무 문제없이 이루어진다.

(35)　a. 太郎が見知らぬ男にお金をあげた.
　　　　　타로가 낯선 남자에게 돈을 주었다.

　　　b. [太郎がφお金をあげた] 見知らぬ男
　　　　　[타로가 φ돈을 준] 낯선 남자

(36)　a. 警官が不審な男に質問した.
　　　　　경관이 의심스러운 남자에게 질문했다.

　　　b. [警官がφ質問した] 不審な男
　　　　　[경관이φ 질문한] 의심스러운 남자

(37)　a. 彼は服部先生に物理学を習った.

　　　　그는 핫토리 선생님에게서 물리학을 배웠다.

　　b. [彼がφ物理学を習った] 服部先生

　　　　[그가 φ 물리학을 배운] 핫토리 선생님

이에 비해 소유격 명사구의 관계절화는 소유격 명사구가 주어 이외의 명사구를 수식하고 있는 경우에는 일반적으로 허용되지 않는 것 같다.

(38)　a. 太郎のお父さんが欠席した.

　　　　타로의 아버지가 결석했다.

　　b. [φお父さんが欠席した] 太郎

　　　　[φ아버지가 결석한] 타로

(39)　a. 太郎のお父さんが警察に連れて行かれた.

　　　　타로의 아버지가 경찰에게 연행되었다.

　　b. [φお父さんが警察に連れて行かれた] 太郎

　　　　[φ아버지가 경찰에게 연행된] 타로

(40)　a. 先生は太郎のお父さんを学校へ呼んだ.

　　　　선생님은 타로의 아버지를 학교에 불렀다.

　　b. *[先生がφお父さんを学校へ呼んだ] 太郎

　　　　*[선생님이 φ아버지를 학교에 부른] 타로

(41) a. 先生は太郎のお父さんに電話した.

　　　선생님은 타로의 아버지에게 전화했다.

　　b. *[先生がφお父さんに電話した] 太郎

　　　*[선생님이 φ아버지에게 전화한] 타로

즉 일본어는 주어·(직접)목적어·비직접목적어의 관계절화는 자
유롭지만 소유자(소유격 명사구)의 관계절화에 제한이 있는 언어
라고 말할 수 있을 듯하다.

그리고 핀란드어에는 관계절화할 수 있는 명사구의 범위가 다른
두 종류의 관계절화 방법이 있다. 핀란드어의 첫 번째 관계절화 방
법은 관계사를 사용하는 방법으로 관계절은 주부의 뒤에 온다(후
행형 관계절). 이 방법은 (34)의 네 가지 타입의 명사구 전부를 관
계절화 할 수 있다.

(42) a. Mies　　　osti　　　kirja-n.　　　남자는 책을 샀다

　　　남자(주격)　산　　　책(대격)

　　b. mies, [joka　　　　osti　　　kirja-n]　　　책을 산 남자

　　　남자 관계사(주격)　산　　　책(대격)

　　c. kirja, [jo-n-ka　　　　mies　　　osti]　　　남자가 산 책

　　　책　　관계사(대격)　남자(주격)　샀다

(43) a. Kirja　　　ostettiin　　　kirjakaupa-sta.[6)]

　　　책(주격) 사는(수동 과거) 서점(출격)

　　　(역자주: 출격(Elative case) ; ’ ~중에서’를 나타내는 격)

책은 서점에서 샀다

b. kirja, [joka   ostettiin   kirjakaupa-sta]

책 관계사(주격) 사다(수동 과거) 서점(출격)

서점에서 산 책

(44) a. Poika osti kirja-n tytö-lle.

소년(주격) 산 책(대격) 소녀(향격(allative))

소년이 소녀에게 책을 사 주었다

  b. tyttö, [jo-lle   poika osti kirja-n]

소녀 관계사(향격) 소년(주격) 산 책(대격)

소년이 책을 사 준 소녀

(45) a. Poika myi tytö-n   kirja-n.

소년(주격) 판 소녀(소유격) 책(대격)

소년이 소녀의 책을 팔았다

  b. tyttö, [jo-n-ka   kirja-n poika   myi]

소녀 관계사(소유격) 책(대격) 소년(주격) 팔았다

소년이 (그 소녀의) 책을 판 (곳의) 소녀

 핀란드어의 두 번째 관계절화 방식은 동사의 분사형을 사용해 명사 앞에 놓이는 분사 수식구를 만드는 방법이다(선행형 관계절). 이 방법에 의한 관계절화가 가능한 것은 주어와 목적어뿐이다.

(46) a. Mies   osti   kirja-n.   남자는 책을 샀다
         남자(주격) 산   책(대격)

      b. [kirja-n   osta-nut]   mies   책을 산 남자
         책(대격) 사는(능동 과거분사)   남자

      c. [miehe-n   osta-ma]   kirja   남자가 산 책
         남자(소유격) 사는(동작주분사)   책

(47) a. Kirja   ostettiin   kirjakaupa-sta. (=43a)
         책(주격) 사는(수동 과거)   서점(출격)
         책은 서점에서 샀다

      b. [kirjakaupa-sta oste-ttu]   kirja   서점에서 산 책
         서점(출격)   사는(수동 과거분사) 책

▌언어 접촉과 문법의 유사성

계통이 다른 인접한 언어 내지는 언어 그룹 사이에 매우 유사한 문법 현상이 관찰되는 일은 흔하다. 이러한 경우에는 **언어 접촉**(language contact)의 결과 문법 현상이 언어의 경계를 넘어 전파되었다고 생각되는 경우가 많다. 이 현상을 문법 수준의 「차용」(borrowing)이라고 불러도 좋지만 어휘의 차용과 비교하면 일반적으로 어느 언어(그룹)에서 어느 언어(그룹)로 차용되었는지를 알기 어려운 경우가 많다. 어휘는 상품의 이동만으로 전해질 수 있는데 비해, 언어의 문법적인 특징의 전파는 **두 언어의 병용**(bilingualism) 내지는 다언어의 병용이 일정기간에 걸쳐 커뮤니티의 차원에서 일

상적으로 행해지지 않으면 안 되기 때문이다. 개인이 복수의 언어를 일상적으로 구분하여 사용할 경우에 오로지 한 쪽의 언어만이 영향을 받고 다른 한 쪽의 언어는 아무런 영향을 받지 않는 상황은 있을 수 없을 것이다. 바꿔 말하면 특별한 근거가 없는 한 다른 계통의 언어 간에 관찰되는 유사한 문법 현상은 대부분 그 지역에서 사용되는 언어가 서로 영향을 미쳐 만들어진 특징, 즉 지역적인 언어 현상이라고 보는 것이 무난하다.

독일어에는 **분리동사**(trennbares Verb)라고 불리는 복합어가 있다. 명사, 부사, 전치사 등에서 유래하는 「분리전철」(trennbare Vorsilbe ; 이하 「TVS」)이라고 불리는 단어가 동사와 결합한 것으로 teilnehmen(<teil「부분」+nehmen「취하다」) 「참가하다」를 예로 들면 (48)과 같이 분리전철은 동사로부터 멀리 떨어지거나 동사 바로 앞에 놓이는 등 특이한 쓰임을 보인다[7].

(48) a. Er nimmt an   der   Versammlung teil.
　　　 그 취하는 전치사 관사 집회　　　　TVS
　　　 그는 집회에 참가 한다

b. Ich weiß nicht, ob   er an   der Versammlung teilnimmt.
　 나 아는 부정 접속사 그 전치사 관사 집회　　TVS - 취하다
　 그가 집회에 참가할지 어떻지 나는 모른다

이와 거의 유사한 현상이 에스토니아(Estonia)어에도 나타난다. 독일어의 teil-nehmen과 형태면이나 의미면도 대응하는 에스토니아어의 복합동사 osavõtma (<osa「부분」 +võtma「취하다」)는 다음과

같이 사용된다. 분리전철에 해당하는 단어는 에스토니아어의 문법 용어에 따라서 「소사(小詞)(=불변화사)」 (particle ; 줄여서 PCL)라 고 부르기로 한다.

(49) a. Ta   võtab   koosoleku-st osa.
      그(여자) 취하는 회합-출격   PCL
      그(여자)는 회합에 참가 한다

    b. Ma ei   tea, kas ta   koosoleku-st osa võtab.
       나 부정 아는 의문 그(여자) 회합-출격 PCL 취하다
       그가 집회에 참가할지 어떨지 나는 모른다

　이 현상이 특정 표현에만 나타난다면 어휘 수준에서의 **번역차용** (loan translation)으로 볼 수 있다. 그러나 형태와 의미의 관점에서 뿐만 아니라 문법적인 쓰임의 관점에서도 독일어의 분리동사와 상 당히 유사한 복합동사가 에스토니아어에 수 백개 있다면[9] 이것은 어휘 차원의 번역차용의 관계를 넘어 독일어의 분리동사와 대단히 유사한 현상이 에스토니아어에도 존재하고 있다고 생각하는 것이 합리적이다.
　에스토니아어의 복합동사는 에스토니아어와 독일어가 언어 접 촉을 한 결과 독일어의 분리동사의 영향으로 생긴 문법 현상으로 생각되고 있다. 그 근거는 우선 역사적인 배경으로서 에스토니아 를 포함한 발트해 북동부의 해안 지역은 북부 독일의 식민지인들 이 많이 생활하여 독일어 (저지독일어 (Plattdtsch, Nedersaksisch)) 가 상업, 종교, 교육 등의 언어로서 널리 사용되었던 점 등에서 볼

수 있듯이 독일어를 지배적인 언어로 하는 언어 접촉이 20세기 초
까지 수세기에 걸쳐서 계속되어 온 점을 들 수 있다. 또 에스토니
아어와 계통적으로 대단히 가까운 핀란드어에는 에스토니아어와
같은 복합동사는 극히 적으며, 그 유사점은 스웨덴어에서의 어휘
번역 차용 수준에 머물러서 (48) (49)에 보이는 문법 현상의 영역
에서는 이루지 않은 점도 지적할 수 있다. 바꿔 말하면 독일어와의
접촉이 거의 없었던 핀란드어에는 볼 수 없다는 점과 에스토니아
어가 독일어에 영향을 주었다고는 볼 수 없다는 점에서 에스토니
아어의 복합동사가 독일어와의 언어 접촉으로 생긴 문법 현상이라
고 생각하는 것이 타당하다.

　언어 접촉의 결과인 점은 분명한 것 같지만 그 영향의 방향이 그다
지 명확하지 않은 경우도 있다. 러시아어의 소위 **부정의 소유격**[10]과
에스토니아어나 핀란드어를 비롯한 발트·핀 제어(Finnic Languages)
에 나타나는 부정문에서 **부분사**(partitive)의 용법과의 유사성은 자주
지적된다.

　(50) a. U　　menja　est' kniga. - U　　menja　net knigi.
　　　　　전치사 나(소유격) 있는 책(주격) 전치사 나(소유격) 부정
　　　　　책(소유격)
　　　　　나는 책을 가지고 있다　　나는 책을 가지고 있지 않다
　　　b. On　　doma.　-　Ego　　net　doma.
　　　　　그(주격) 집에　　　그(소유격) 부정 집에
　　　　　그(녀)는 집에 있다　그(녀)는 집에 없다.

(51) a. Mul   on   raamat. - Mul   pole raamatut.
　　　나(위치격) 있는 책(주격)　나(위치격) 부정 책(부분격)
　　　나는 책을 가지고 있다　　나는 책을 가지고 있지 않다
　　b. Ta   on   kodus. - Teda   pole kodus.
　　　3단(주격) 있는 집에　　　3단(부분격) 부정 집에
　　　그(녀)는 집에 있다　　　그(녀)는 집에 없다.

러시아어나 에스토니아어의 소유 구문(50a, 51a)에서 소유하고 있는 것(여기에서는 「책」)을 나타내는 명사는 주격으로 나타나지만 대응하는 부정문의 경우에 러시아어는 소유격, 에스토니아어는 부분격(partitive)이다. 이와 병행적인 주격과 소유격/부분격 현상이 「~가~에 있다」라는 구문(50b, 51b)의 주어의 명사에서도 관찰된다.

에스토니아는 18세기 초에 러시아 제국에 귀속된 이래 20세기전반의 약 20년간의 독립 시기를 제외하고 1991년에 소련에서 분리될 때까지 약 3세기에 걸쳐 러시아(소련)의 정치적 지배하에 있었던 것은 잘 알려져 있다. 그러나 이 역사적 배경이 러시아어의 영향으로 에스토니아어에 생겨난 문법 현상이라고 간주할 만한 근거로서는 부족하다. 우선 에스토니아어와 러시아어의 언어 접촉은 에스토니아어와 독일어와의 언어 접촉만큼 광범위하지도 장기적이지도 않았음이 분명하다. 예를 들어, 독일어는 20세기 초까지 사실상 에스토니아의 공용어로서 기능해 온 데 비해, 러시아어는 1940년대 이후 소련의 언어로서 에스토니아에서 널리 사용된 것에 지나지 않는다. 또 러시아어와의 접촉이 더욱 적은 핀란드어에서 이와 같은 문법 현상을 볼 수 있지만 이것을 러시아어와의 언어 접촉의 결과로 설명하기는 어렵다.

반대로 러시아어가 발트·핀 제어로부터 이 문법 현상을 받아들였을 가능성도 있는데 핀란드어나 에스토니아어와 인접하지 않는 폴란드어에서도 볼 수 있는 현상인(Dziwirek 1994) 점을 생각하면 그 설명도 어렵다. 발트해를 둘러싼 지역 언어의 지역적인 특징 중 하나라고 생각하는 것이 무난할 것이다.

【주】

1) 1950년대의 추정은 「세계 언어 개설 하권」(1955)에 수록된 핫토리 시로(服部四郎)의 「총설」을 따르고 2000년의 추정은 Ethnologue(2000)을 따른다. 세계의 언어적 다양성이 점차 사라져 가고 있다는 주장에 관해서는 「사라져 가는 언어들」(Nettle, Romanie 2001)을 참조하였다. 세계 언어에 관해서는 「언어학 대사전」에 자세한 정보가 있다.

2) VOS형 어순은 마다가스카르(Malagasy)어나 통가어 등 비교적 그 수가 많다. OVS형 어순은 히시카리야나어를 비롯해 브라질 북부의 몇 개의 언어에 보인다. OSV형 어순의 언어는 발견되지 않았다. Comrie(1992) 등을 참조.

3) 논리학에서는 일상 언어인 평서문에 해당하는 것을 「명제」(proposition) 라고 부른다. 예를 들어 「언어는 기호의 체계이다」, 「영어의 기본 어순은 SVO이다」 등은 모두 명제이다. 명제 안에는 「p이면 q이다」라는 형태가 있는데 이러한 명제는 「p는 q를 함축한다」라고 바꾸어 말할 수 있다. 「함축한다」(imply)라는 것은 「의미적으로 포함하고 있다」라는 의미로 「p가 q를 함축한다」란 「p안에 q가 의미적으로 포함되어 있다」라는 것과 같다.

4) 일본어의 경우 「宝石を盗んで売りさばいた(보석을 훔쳐 팔아 치웠다)」 는 문장으로 통용되기 때문에 「[φ보석을 훔쳐 팔아 치운] 타로」에서 φ 의 위치에 「주부와 같은 것을 가리키는 명사구가 빠져 있다」는 설명은 정확하지 않을지도 모른다. 한편 φ에 예를 들어 「지로」를 보충하여 「[次郎が宝石を盗んで売りさばいた] 太郎」([지로가 보석을 훔쳐 팔아 치운] 타로)」라고 하면 「타로」는 보석을 훔친 것이 아니라 장물인 보석을 산 사람이 되어 버리는 점에 주목하여 「주부와 같은 것을 가리키는 명사구가 빠져 있다」를 「주부에 의해 보충되어야 할 부분이 비어 있다」 라는 의미로 해석하면 거부감은 없어질 것이다.

5) 「명사구의 계층」의 정식화 및 거기에 따른 논의는 Comrie(1992 : 167-173)에 근거한다.

6) 핀란드어의 수동문은 이른바 「비인칭 수동문」의 일종으로 능동문인 목적어에 해당하는 명사구는 수동문에서도 목적어의 격표시를 받는다.

7) 독일어의 용례와 문법용어는 「독일 언어학 사전」에 따른다.

8) 발트·핀 제어의 출격(elative)은 「~중에서」라는 의미이다.

9) 에스토니아어의 복합동사를 그 표본으로 생각되는 독일어의 분리동사

와 대응시켜 번역차용이 광범위하게 일어나고 있는 현상을 보여준 연구로는 Hasselblatt(1990)가 있다. 그러나 이 연구는 번역차용을 나타내는 단계에 머물러서 에스토니아어의 복합동사가 독일어의 분리동사와 문법수준에서도 상당히 유사하다는 사실에 입각하여 고찰하고 있지는 않다.

10) 일본의 슬라브어학 용어에서는 일본어의 ノ격에 해당하는 명사의 격을 러시아어의 문법용어를 직역하여 「관형격」이라고 부르지만 본서에서는 보다 일반적인 「소유격」을 사용한다.

11) 발트·핀 제어의 위치격(adessive)은 소유구문에서 소유자를 표시한다.

【참고문헌】

市河三喜編 『世界言語概説 下巻』 研究社, 1955.

亀井孝他編 『言語学大辞書』(1~4巻 「世界言語編」, 5巻 「補遺·言語名索引編」) 三省党, 1988-1993.

川島淳夫 『ドイツ言語学辞書』 紀伊国屋書店, 1994.

コムリ-, B 『言語普遍性と言語類型論』 松本克己·山本秀樹訳, ひつじ書房, 1992 [Comrie, B., *Language Universals and Linguistic Typology*, 1989].

紫谷方良 「言語類型論」 『英語学体系 6 英語学の関連分野』 大修館書店, 1989.

角田太作 「類型論」, 林栄一·小泉保編 『言語学の潮流』 草書店, 1988.

ネオル, D&ロメイン, S 『消えゆく言語たち』 島村宣男訳, 新曜社, 2001 [Nettle, D. & Romanie, S., *Vanishing Voices*, 2000].

Ethnologue, *Vol. I : Languages of the World*, SIL International, 2000.

Dziwirek, Katarzyna, *Polish Subjects*, Garland Publishing, 1994.

Greenberg, J.H., "Some universals of grammar with particular reference to the order of meaningful elements," J.H.Greenberg, ed., *Universals of Language*, MIT Press, 1963.

Hasselblatt, Cornelius, *Das estnische Partirelverb als Lehnübersetzung aus dem Deutschen*, Otto Harrassowitz, 1990.

Tael, Kaja, *An Approach to Word Order Problems in Estonian*, Preprint KKI-66, Tal-linn, 1990.

언어학

Linguistics : An Introduction

제6장
언어의 변화

▌언어의 역사적 연구

　18세기 끝 무렵에 시작된 언어학은 중세 이후 고전라틴어를 모범으로 하는 규범문법에 대한 반동도 있어서 인도유럽어를 중심으로 하는 역사적 연구에 일관하였다. 그러한 경향에 대한 반성과 함께 역사성을 완전히 배제한 연구의 중요성을 강조한 소쉬르(Ferdinand de Saussure)는 「일반언어학강의」에서 역사와 기술이라는 언어학의 두 분야의 구분을 명확히 하였다. 그 구별을 소쉬르의 비유를 빌려 생각해 보기로 하자.

　한 그루의 나무를 임의의 위치에서 가로로 자르면 그 자른 면에는 나이테가 보인다. 그 나이테의 형성를 알기 위해서는 표면을 세로로 잘라 보지 않으면 안 된다. 그렇게 하지 않으면 그 나무의 과거는 알 수 없다. 횡단면에 보이는 나이테는 하나의 집합체이다.

현대에 사는 우리들도 과거의 사람들도 각각의 나이테 위에서 이
야기하는 것이며 그 나이테가 어떻게 생겨났는지는 의식도 할 수
없고 알 수도 없다. 화자가 자신이 서 있는 면을 함부로 쪼개는 것
은 불가능하기 때문이다. 그렇다고 하더라도 그러한 과거의 존재
를 의심할 수는 없다. 그렇게 생각하면 우리들의 고전 언어와도 연
결된다는 것을 알 수 있다.

　이 가로와 세로의 두 면을 시간이라는 축에 따라 생각해 보면,
그 축을 임의의 시점에서 끊고 그 정지한 면의 언어 상태를 고찰
하는 것과, 시간의 축을 따라 과거로부터의 각 항목의 흐름을 파악
하는 것과는 관점이 당연히 달라진다. 따라서 이 쌍방의 입장을 혼
동하는 것은 용납되지 않는다. 소쉬르는 이를 정적(static)과 동적
(dynamic)언어학이라고 부르며 구별하였는데 이것을 시간이라는
축으로 정리하여 **공시적**(synchronic, syn-「함께」 chronos「시간」)과
통시적(diachronic, dia-「통하여」)이라는 그리스어의 용어를 사용하
여 통일적으로 표현하였다. 그러나 그 후에 소쉬르가 멀리한 **기술
적**(descriptive)과 **역사적**(historical)이라는 용어가 일반적으로 사용
되고 있다.

▌언어는 변화한다

　일본어에는 많은 고전작품이 있다. 그것을 읽기 위해서는 각각
의 작품이 쓰여진 시대의 문법과 단어의 의미 등을 익혀야 한다.
단, 그러한 고전 언어가 현재의 언어에 어떻게 이어져 있는지에는
관심을 기울이지 않고 고전은 고전으로서 별도로 취급된다. 하물

며 외국어의 경우에는 역사를 돌아볼 여유가 없다. 프랑스어, 이탈리아어, 스페인어의 조상이 로마제국을 세운 사람들이 사용하던 라틴어라고 해도 그렇게 쉽게 납득되지는 않는다. 이들 언어는 완전히 별개의 언어이기 때문에 그러한 친자관계를 어디서 엿볼 수 있는지 알 수 없기 때문이다.

따라서 어떤 사항에 대해 언어를 역사적으로 생각해 보려고 할 때에는 일상의 언어의식과는 조금 다른 동기가 있으며 거기서부터 탐색이 시작되었다고 해도 좋을 것이다. 그런데 왜 이런 연구 분야가 필요한 것일까? 그 이유는 언어가 변화하기 때문이다. 언어는 사회적인 약속이므로 그 사용방법이 확실하게 정해져 있는 것처럼 보이고 마음대로 바꾸면 통용되지 않게 된다. 그럼에도 불구하고 실제로는 언어의 어느 부분은 변화하고 있다. 다만 그 변화가 정착되어 많은 사람들이 인정하지 않는 한 변화로서 인식되지 않는다. 모든 사람은 부모로부터 계승한 언어를 자신의 언어로 하며 두 언어 사이에서 차이를 느끼지 않지만 몇 세대가 지나면 발음과 문법에 변화가 있음을 알아차리게 된다. 아무도 그 자연스러운 변화를 멈출 수는 없다. 그리고 화자는 변화를 인식하지 못하며 의식적으로 바꾸려고 해도 바뀌지 않는다. 이것이 인간의 소유물이면서도 다른 모든 제도와는 다른 언어가 가진 특징이다.

역사적 연구의 실마리

어떤 사물의 과거를 알기 위해서는 유물과 기록이 필요하지만 언어의 경우에는 직접적으로 가까이에 있는 단서는 문자로 쓰여진 기록이다. 이런 기록이 없는 경우에도 구전(口傳)에 의해 과거의 언어가 상당히 정확하게 전승된 예도 적지 않다. 고대 인도 베다의 종교적인 찬가, 그리스의 호메로스 서사시, 아이누의 유카르 등 문자로 정착되기 전에 전승이 있었기 때문에 오늘날에도 그 문학을 우리들이 접할 수 있는 것이다. 그렇다고는 해도 이것도 문자화되지 않았다면 소멸했을지도 모른다. 구어(口語)는 매순간 사라져 버리지만 문자로 쓰여진 것은 기원전 1000년의 것도 지금 수 없이 남아 있다. 예를 들면 제2차 세계대전 후 해독된 선문자B(線文字, Linear B)라고 불리는 특별한 음절문자로 고대 그리스어를 새겨 넣은 점토판 문서는 미케네(Mycenae)시대의 그리스인이 페니키아인에게서 알파벳을 차용하기 전의 것으로서 기원전 1400~1200년의 것으로 추정되고 있다. 당시의 왕궁 서기들은 주로 재산목록 등을 기록으로 남겨 두었기 때문에 자음의 연속이 많은 자신들의 언어를 표기하기에는 대단히 불완전한 이 문자의 사용에 고심하였음에 틀림없다. 단 화재로 불에 타서 건조한 토지에 이들 점토판이 묻혀 있었기에 오늘날 원래대로 발견될 수 있었고, 이렇게 보존된 것은 역사의 우연이라고 할 수 있다. 아프리카처럼 문자를 가지지 않는 많은 사람들의 과거는 어둠에 묻혀 버린다.

그렇다고 문자에 의한 기록이 언어사의 해명에 만능이라고는 할 수 없다. 아무리 정교한 문자라도 구어체를 그대로 재현하는 것은 불가능하기 때문이다. 그리고 쓴다고 하는 행위는 격식있는 문장체에 의존하기 때문에 자연스러운 대화와는 다르며, 그 기록은 구어체와는 다른 장르가 된다. 또한 시대를 거슬러 올라갈수록 문장을 작성하고 문자로 쓸 수 있는 사람이 한정되어 있었다. 따라서 그 사람들의 기록은 문학이나 정치, 종교 등에 관련된 것이 많았고 일상생활의 언어를 그대로 반영하는 것은 드물었다. 그래도 이러한 문서는 당시의 언어를 논하는데 중요한 자료이다. 우리들은 문장체에서부터 그 배후에 숨겨져 있는 구어체의 실체를 찾아내야 한다. 이러한 의미에서 틀린 기록이나 낙서에서도 구어의 모습을 엿볼 수 있는 것이다.

▌문자

인간이 최초로 문자를 가진 것은 기원전 3000년경이므로 인류사적으로 보면 비교적 새롭다. 고대 이집트인, 메소포타미아인, 중국인들이 문자를 고안했다. 그리고 그 후 편리한 문자는 차용되고 개량되어 널리 사용되었다. 일본인의 선조가 한자를 빌려서 그 한자를 오직 표음적으로만 사용하여 일본어를 문자로 나타내기 적당한 가나(仮名)를 만들어 낸 것이 좋은 예라 할 수 있다. 유럽에서도 기독교의 보급과 함께 서쪽에서는 라틴 알파벳이, 동쪽에서는 키릴 문자에 근거한 알파벳이 널리 사용되어 그 이전에 게르만인과 켈트인이 개발한 문자는 잊혀져 버렸다.

인간이 구어체를 문자로 나타내려고 한 것은 언어에 있어서 가장 구체적인 단위인 단어를 인식하여 파악한 증거라고 할 수 있을 것이다. 본래는 1자 1단어를 원칙으로 한 한자가 그 전형인데 **표어(表語)문자**(logogram)라는 용어에 어울리듯 1음절의 중국말을 나타내기에 적절한 문자이다. 한자는 상형적(象形的)으로 의미를 나타내는 **표의(表意)문자**(ideogram)로서의 역할과 동시에 표음적인 기능도 갖추고 있다. 이에 반해 알파벳은 **표음(表音)문자**(phonogram)의 대표라고 일컬어지듯이 알파벳 문자는 표음만 있을 뿐 표의적인 성격은 지니지 않는다. 그렇지만 이 문자를 사용하여 표기된 영어의 write, right, rite처럼 자모(字母)로 이루어진 한 묶음의 철자에 의해 비로소 단어가 표시되고 우리들도 그것을 하나의 단어로 인식한다. 이 단어들의 철자는 각 자모가 나타내는 음과는 동떨어져 있지만 덕분에 표어성이 나타난다고 볼 수 있다. 또한 발음과 멀어진 영어의 철자는 뜻밖에도 이 단어의 과거의 발음을 시사하고 있다. 이것은 알파벳이라는 문자가 가지는 표음적인 기능의 효용이라 할 수 있다.

문자에 의한 단어의 표기법이 정착되어 그 사용법과 공공성이 널리 인정되면 기록자가 철자를 마음대로 적어서는 기록에 도움이 되지 않으며 문자로 남길 의미가 없다. 따라서 소위 **정서법**(orthography)이 중요해진다. 예를 들어 time을 발음에 충실하여 taim으로 쓰면 통용되지 않는다는 것이다. 처음에는 모두 문자의 표음적인 기능을 고려하여 가능한 한 발음에 충실하게 쓰려고 하며 새로운 음의 표기에는 문자를 조합하는 등의 궁리도 한다. 그러나 시간이 지나면서 철자는 관습화하여 고정되지만 이번에는 발음이 변화한다. 그래서 철자와 발음 사이에 어긋남이 자주 생기지만 한번 정해진 철자는 쉽게 바뀌지 않는다. 문자로 표기하는 것은 구어체와 별개로 학습에 의해 습득된다. 이전에 일본의 옛 가나의 사용이 그 한 예로 발음과의 차이가 커져서 ワ행의 イ(ヰ)나 エ(ヱ)는 발음으로서는 이미 ア행과 구별이 없어졌지만 문자 상으로는 오랫동안 살아남았으며 ヲ는 아직도 제한적으로나마 사용되고 있다. 영어의 스펠링도 같은 경우이다.

▌문자와 발음

영어에는 gnaw, knee, knife, write, wrong이나, high, light, 혹은 climb, comb처럼 발음되지 않는 자음이 철자에 나타나는 경우가 있다. 이런 철자는 과거의 발음을 나타내고 있으며 또한 어느 특정 시기의 화자들의 선택이 작용한 결과이다.

예를 들면 night의 -gh-는 독일어의 Nach [naxt]에서 추측할 수 있는데 과거의 영어화자의 발음을 반영하고 있다. 이 발음의 역사는 고대 영어의 niht [nixt]에서 시작하였는데 선행하는 -i-의 영향으로 [niçt]로 발음이 변화하였고, 그 후 h[h]와 구별하기 위해서인지 철자도 [x, ç]를 gh로 표기하여 현재의 night라는 철자가 성립한다. 그런데 근대영어로 들어오는 단계에서 모음 -i-는 길게 발음하게 되었고 더 나아가 다른 대부분의 장음의 -ī-와 함께 [ai]로 변화했다. 한편 h와 gh로 표기된 [x, ç]는 소실되거나 laugh처럼 [f]로 바뀌었고, 그 결과 night의 철자는 바뀌지 않고 발음은 [nait]가 된 것이다.

이러한 변화는 night라는 단어에 한정되어 일어난 것이 아니며 같은 예를 철자 상으로도 쉽게 볼 수 있는데 고대 영어의 riht-right (독일어 recht), feohtan-fight(fechten)를 들 수 있다. 이 추이를 보면 처음에는 자신들의 발음을 가능한 한 충실하게 문자로 옮겼지만 이윽고 모음과 자음의 발음은 모두 변해 버리고 철자만 중세영어의 말기의 모습 그대로 남아 있다. 그리고 이 철자는 지금은 아무나 변경할 수 없다.

그러고 보면 문자에 의한 단어의 표기는 발음과 불가분의 관계에 있지만 충실하게 재현할 필요는 없다. 표음문자에서도 가나처럼 하나의 글자가 단음이 아니라 음절을 나타내는 경우에는 아무래도 발음과 멀어지는 일이 있다. 그것은 영어의 structure와 같은 단어를 가나(仮名)로 나타내려고 할 때에 일본인들이 항상 느끼는 것이지만 그래도 사용범위가 좁으면 불편하나마 통용된다. spérma/ spérmo「종자」를 pe-mo, patér「아버지」를 pa-te로 쓴 그리스의 선문자 B 등이 그 전형이다. 인도유럽어족 중에서 가장 오래된 자료인 히타이트어 (Hittite)의 화자가 사용한 설형문자는 메소포타미아 세계의 전통을 계승한 것이지만 이 음절문자는 자음의 연속이 많은 히타이트어를 표기하기에는 적합하지 않았다. 따라서 문자표기로부터 정확한 음가를 추정하기 위해서는 어원적으로 고찰해야 할 필요가 있다. 살아 있는 언어라면 사용자는 문자표기의 불완전함을 구어체에서 쉽게 보완할 수 있다. 그런데 사라진 언어에서 불완전한 문자표기를 읽는 것은 여러 가능한 해석중 하나에 불과한 경우가 많다.

▌음변화

앞서 언급한 night의 변화과정에 ī >ai라는 장모음의 이중모음화가 있었는데 이는 15세기경에 일어난 **대모음추이**(Great Vowel Shift) 라고 불리는 영어 장모음의 체계적인 변화의 일환이었다. 이 변화를 정리하여 도식화하면 다음과 같다.

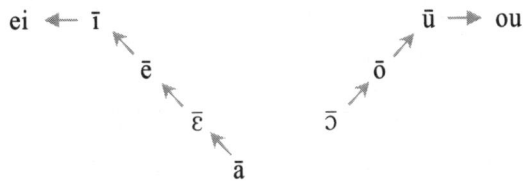

예를 들면

nāmeǝ	>	nɛ̄m	>	neim	name
mɛ̄t	>	mēt	>	mīt	meat
mēt	>	mīt			meet
wīf	>	wief	>	waif	wife
bɔ̄t	>	bōt	>	bout	boat
tōθ	>	tūθ			tooth
mūs	>	mous	>	maus	mouse

　물론 이런 변화들이 영어에서 동시에 일어난 것은 아니며, 시간적으로나 지역적으로도 차이가 있었을 것이다. 이들 변화의 예외는 우선 과거에 [ɛ̄]를 가지고 있던 break, great, steak에서 볼 수 있다. 그리고 과거에 [o]를 가지고 있던 형태 중에는 blood, flood, mother와 같이 [ū]에서 [u]를 거쳐 [ʌ]가 된 것이나 good, foot, look처럼 시기적으로 더 뒤에 [u]가 된 것 등의 예외도 보인다. 더 설명하면 문자로 기록된 것에서 우리들은 변화를 확인할 수 있으나 그 중간과정에 나타나는 변화의 현장을 파악하는 것은 불가능하다. 따라서 과거에 일어난 변화를 우리들은 상당히 거시적으로 보고 있다는 점을 이해해야 한다.

그렇다면 모든 장모음의 조음점이 한 단계씩 높아지는 이런 연쇄적인 변화가 안정되어 있던 일곱 개의 장모음 체계의 어디에서 시작한 것일까? 이에 대해서는 1) 가장 조음점이 높은 ī와 ū의 이중모음화가 먼저 일어난 후 점차로 아래의 모음의 조음점이 위로 끌어올려졌나는 설명, 2) ɛ̄, ɔ̄의 조음점이 먼저 높아지고 그에 따라 다른 장모음이 순차적으로 밀려 올라갔으며 빈자리가 된 ɛ̄의 위치로 ā가 올라갔다는 설명, 3) ē와 ō에서 push가 일어나 그 빈자리에 ɛ̄와 ɔ̄가 끌어당겨졌다는 설명 등이 제기되었지만 이 변화의 요인을 명확하게 밝혀내는 것은 쉽지 않다.

다만, 여기에서 주목하고 싶은 점은 현대 영어의 철자표기에는 과거에 존재하던 발음 차이를 구분하여 쓰고자 한 흔적이 엿보인다는 것이다. 이러한 의미에서 이러한 철자표기는 역사연구를 위한 중요한 자료이며, 발음의 변화에 규칙성이 있다는 것을 보여준다. 예를 들면 tooth는 fool, moon, root, soon, spoon처럼 과거 [ō]를 가지고 있던 형태에서 한결같이 나타난다. 물론 언어는 역사적인 것이고 발화는 일회적인 것이므로, 예외가 없는 자연과학의 법칙과는 같지 않다 그러나 하나의 변화가 일어날 경우 시간과 공간을 제한하면 결과적으로 규칙적이라고 볼 수 있다. 물론 이 변화가 완료되기까지는 변화가 일어난 형태와 일어나지 않은 형태가 지역에 따라 공존할 것이다. 또 어떤 경우에는 특수한 종류의 어휘에는 변화가 미치지 않은 경우도 있을 것이다. 이러한 개개의 변화과정을 보면 변화의 규칙성이 의문시되기도 하기만 긴 시간으로 보면 규칙적이라고 말할 수 있다.

▌조건변화

앞서 본 영어의 대모음추이나 그림의 법칙이라고 불리는 게르만어의 유명한 자음추이는 체계 속에서 일어난 자생적인 변화로 무조건 변화(unconditioned change)의 예이다. 이런 변화는 화자의 발음습관이나 음운체계의 변동에 의해 일어나지만, 이와 달리 전후의 음에 의해 변화가 이루어지는 조건변화(conditioned change)도 많이 보인다.

예를 들면 모음 앞에서 s>h의 변화는 드물지 않지만 고대그리스어에서는 모음 사이의 s가 더 변화하여 소실되었다. 이에 비해 라틴어에서는 모음 사이의 s가 동화에 의해 유성인 z가 되었지만 이 음소가 없었기 때문에 현재의 r로 변화했다. 이 변화를 **로타시즘**(rhotacism)이라고 부른다.

변화의 예

그리스어　*génes-os (*는　추정형임을　나타냄)>géneos>génous (génos 「탄생」의 소유격)/라틴 *genes-is>generis (genus의 소유격) ; *étes-os> éte-os>étous (étos 「年」의 소유격)/*vetes-is>veter-is (vetus 「오래되다」의 소유격, 영어veteran).

따라서　라틴어의　miser 「슬픈」, soror 「자매」(영어　miserable, sister)의 s의 존재는 이 변화가 일어난 기원전 4세기경에 생겨난 *mirer의 -r-r을 화자가 기피했거나 또는 soror는 같은 이유로 추정형인 *s-s-r을 반대로 꺼려 s-r-r을 허용했을 수 있는데 이것은 당시의 화자의 선택에 달려 있었다. 라틴어 rosa「장미, 영어 rose」는 이 단어가 라틴어로 차용된 시기와 음변화 시기의 차이가 고려될 것이다. 영어의 case의 어원인 cāsus「사건」는 본래는 cadō「쓰러지다」의 완료분사였던 점으로 미루어 볼 때 *cad-tu->cassu-에서 볼 수 있듯이 이 변화의 시기에는 -s-가 아니라 -ss-였기 때문에 현재 -s-로 남았다고 추정된다. 어느 경우든 음변화의 규칙성을 주장하기 위해서는 그 규칙에 맞지 않는 형태를 설명할 수 있어야 한다.

어떤 언어에서 어느 시기에 어떤 조건 하에서 어떤 음소의 변화가 일어나지만 이는 물론 역사적으로 제약되므로, 같은 조건이더라도 다른 언어에서도 이런 변화가 일어난다고는 할 수 없다. 음변화는 결과를 설명할 뿐이지 음변화를 예견하기는 어렵다. 다만 경험적으로 어떤 조건하에서 일어날 수 있는 변화, 즉 설명하기 쉬운 변화와 설명하기 어려운 변화, 즉 매우 개별적인 변화가 있다. 가령 위에서 설명한 rhotacism과 반대의 경우인 r>z라는 변화는 중세부터 근대 초기에 걸쳐 프랑스 남부에서 북부까지의 민중 사이에서 확대되었는데 지식인들은 이에 반대하여 많은 형태에서 다시 z를 부활시켰다고 한다. 본래는 그리스어 기원의 라틴어인 cathedra「안락의자」에서 유래한 프랑스어 단어 chaire와 chaise「의자」가 분리된 것은 이를 반영한다.

▌음변화와 단어

단 하나의 음으로 의미를 나타내는 단어는 적으며 보통은 여러 음이 연속하여 단어를 구성한다. 우리가 단어를 말할 때 하나하나

의 음을 순서대로 발음하지 않고 한 덩어리로 발음한다. 물론 단어
는 액센트에 의해서도 통합된다. 부모로부터 아이가 말을 배울 때
에도 아이는 음을 하나씩 습득한 후 그 음의 연속으로 단어를 익히
는 것이 아니라 처음부터 단어를 하나의 형태로 반복하여 듣고 의
미를 함께 기억한다. 따라서 하나의 단어는 한 덩어리이므로 우리
는 의식하고 있지 않지만 거기에 포함되는 음들은 서로 관련되어
있다. 거기에 어떠한 조건이 적용되어 발음상의 변화가 일어나고
그것이 대부분의 화자에게 인정되면 어형이 변화된다. 그런 변화
에는 앞서 본 것처럼 연속하는 음이 어떤 조건하에서 어떤 음소가
소실하기도 하고 다른 음소로 변화하기도 하며 다음의 영어의 예
처럼 처음에는 어떤 음소의 이음이었지만 어느 시기부터 그 이음
이 독립된 음소로서 음운체계에 포함되는 경우도 있다.

　고대영어에서는 지금은 ch로 표기되는 [tʃ]를 단순히 c로 표기하
였다. 예를 들면 지금의 cheese, child, church, inch의 옛 형태는
cēse, cild, cirice, ynce이다. 이에 반해 cook, copper, kitchen의 옛
형태는 coc, copor, cycene인데 어두의 c-는 지금도 [k]이다. 영어의
c의 어원은 로마인이 사용하던 알파벳 c이고 본래는 그리스 알파
벳 Γ에서 유래한 것이며 그 음가는 [g]였는데 이유는 알 수 없지만
[k]에 대응하였고 반대로 k는 거의 사용되지 않았다. 그 결과 로마
에서는 처음에는 c로 [k]와 [g]를 모두 나타냈다. 이런 불편함을 덜
기 위해 후대에 c에 획을 덧붙여 G자를 새롭게 만들어 낸 것이다.
이를 그대로 따랐다면 고대 영어 화자들도 c를 [k]로 사용하였을
것이다. 그런데 어떤 어형은 정서법이 정해지기 시작하는 중세 영
어 말기 경에는 ch로 표기되어 확실하게 c와는 구별되고 있다. 이

것은 처음에는 [k]의 이음에 지나지 않았던 [tʃ]를 음소로서 의식하게 되어 철자에도 구별하려고 한 것이다.

그러나 이 구별은 좀 더 오랜 옛날부터 실제로 일어나고 있었다. 이 현상은 보통 k나 t가 i나 e같은 전설모음의 전후에 오는 경우에 일어나는 것으로 영어뿐 아니라 많은 언어에서 나타나는 **구개음화**(palatalization)라고 불리는 음변화이다. 이 경우는 후설과 연구개 사이에서 조음되는 무성폐쇄음 [k]의 조음점이 후속하는 전설모음 e, i의 혀 위치에 이끌려 전방의 경구개 쪽으로 이동하면서 그 위치의 파찰음[tʃ]로 된 것으로 영어에서 이 음은 처음에는 음소 k의 이음이었지만 결국 이 조건을 넘어서 독립된 음소가 되었다. 그리고 이 구개음화는 [tʃ]가 다시 [ʃ], 혹은 [s]가 되는 예도 많다. 라틴어의 수사 centum 「100」의 어두의 [k]와 그 후손인 이탈리아어 cento의 [tʃ], 프랑스어 cent의 [s]가 그 좋은 예이다.

그러면 현대 영어의 keen, keep과 같이 고대 영어에서도 cēne (cœne), cēpan처럼 c-[k]가 e앞에 있으면서 [tʃ]가 되지 않은 형태는 어떻게 설명할 수 있을까? 현대영어에서 cē-의 연속으로 나타나는 이들 형태는 처음에는 cē-가 아니었고 *kōnja, kōpjan 라는 형태였다고 추정된다. 그러므로 이들 어형은 고대영어에서 **움라우트**(Umlaut)라고 불리는 모음의 변화를 겪은 후 cēne, cēpan이 되었을 것이다.

이 움라우트라는 음변화는 현대 독일어에서는 중요한 문법적인 절차이지만, 영어에서는 foot-feet, man-men, tooth-teeth에 나타나는 불규칙한 복수형이나 long-length, old-elder 등 일련의 형태에 그 흔적을 남겼을 뿐이다. 그러나 역사적으로 이 음변화는 고트어를 제외한 게르만계 언어(영어, 독어가 속하는 인도 유럽어족의 한 분파)에서 이전에 널리 일어났다. 대부분 어떤 액센트를 가진 앞음절의 장모음과 단모음 o, u, a가 다음 음절에 있는 모음 i의 영향으로 전설모음의 특징이 더해져 소위 움라우트한 모음으로 변화한 것이다. 이 변화는 게르만 어족이 거주하고 있던 북쪽의 낮은 지대에서 시작되어 후에 남쪽 고지대의 독일어권에 퍼졌기 때문에, 고대영어와 고대독일어에 나타나는 움라우트는 차이가 있다. 그리고 독일어에서는 움라우트에 의해 변화한 a가 ε에 흡수되고 변화한 o, u는 독립된 모음이 되었지만 영어에서는 그러한 과정을 거치면서 e, i라는 기존의 모음에 흡수되었다. 예를 들면 mouse-mice (독일어 Maus-Mäuse)는 옛날에는 mūs-mȳs였는데 이 mȳs는 본래 *mūsi의 움라우트 형태를 나타내고 있다. 즉 -i가 -ū-를 변화(ȳ로 표기)시키고 어말에서 약해져 소실한 것이다. 그러나 이 모음 ȳ는 독립하지 못하고 ī에 흡수되었다. 현재의 복수형 mice가 그 결과를 나타내고 있다.

앞에서 예를 든 keen, keep의 경우에는 추정형 *kōnja, kōpjan의 반모음 -j-가 모음 i와 같은 역할을 하여 앞에 오는 -o-가 -œ로 바뀌고 다시 -e-로 변한 후 소실되었다고 생각된다. 다만 고대 영어에서 이렇게 움라우트의 결과로 생겨난 모음 앞에서는 [k]의 구개음화가 일어나지 않았다. 이는 자음변화가 진행 중일 때 움라우트 모음은 새로운 모음이었고 그 변화에 관련되지 않을 만큼 확실히 구분되었을 것이다. 그래서 이 모음들이 기존의 e, i, ε에 합류할 때에는 이미 자음의 구개음화는 일단락되었고 새로운 독립된 음소가 인정되었을 것이다. king, kiss는 고대 영어 cyning, cyssan이었지만 이 -y-도 *kuningaz, kussjan에서 -u-가 움라우트한 것이고, 지명 Kent

의 고대영어 형태 Cænt, Cent는 더욱 오래된 Cantia를 볼 때 그 æ, e는 -a-의 움라우트이다. 그러나 어느 것도 이 k는 구개음화하고 있지 않다. k의 유성음인 g에서도 같은 경향이 보인다. 현대어의 goose-geese는 옛날에는 gōs-gēs이었고 이 복수형 모음 ē도 foot-feet 등과 마찬가지로 움라우트에서 생겨난 것이지만, g-의 구개음화는 일어나지 않는다. 이처럼 두 개의 변화가 병행할 때에는 그 전후 관계와 결합에 주의할 필요가 있다.

▌여러 가지 음변화

앞에서 본 구개음화나 움라우트라는 변화는 상당히 넓은 범위에서 일어나고 있으며 음성적인 조건도 명확하다. 이런 변화들을 **동화**(assimilation)라고 한다. 동화는 대부분 한 단어 속에서 연속하는 두 개의 음 중, 어느 한 쪽의 음성적 특징이 다른 쪽에 영향을 미쳐서 동화시키는 것인데 앞에서 설명한 변화는 일부 음성적 특징이 동화한 예이다. 이에 비해 다음은 완전 동화의 예이다. 영어의 octo-pus(본래는 「여덟개 다리」)에 남아있는 라틴어 octō 「8」는 이탈리아어에서 otto로 되었으며, 일본어에서 3度나 3倍, 3階의 ン은 -do, -bai, -gai의 d, b, g와 같은 조음위치의 비음으로 발음하고 있다. 알파벳을 연구한 그리스인은 이런 완전동화를 문자상에서도 나타내고 있다. sún-taxis「전열(戰列)」(영어syntax), sum-pósion「향연」(symposium), sug-kóptō「분쇄하다」)(syncopate).

동화(同化)는 발음을 위한 노력의 경감처럼 보이지만, 반대로 너무 유사한 특징을 가진 음이 연속하여 오면 오히려 발음하기 어

려워진다. 예를 들면, なま麦なま米なま卵(namamugi namakome namatamago, 생보리 생쌀 생달걀)과 같은 말을 빨리 읽을 경우 麦와 卵의 ガ행 자음을 만약 비탁음 [ŋ]으로 발음한다면 卵의 [t]를 제외하면 다른 자음은 모두 비음이 되어 버리므로 오히려 틀리기 쉽다. 발음하기 어려운 연속이 있으면 이를 피하기 위해 동화의 반대인 **이화**(異化 dissimilation)가 일어날 수 있다. 그리고 이화가 일어난 형태가 고정되어 인정된 예도 많다. 서구 언어에서는 r이 연속하여 한 단어 속에 나타날 경우 한쪽을 l로 바꾸는 경향이 있다. 물론 이 변화는 개별적이며, 단어 내에서 일어나므로 산발적이기도 하다. 예를 들면 영어의 purple은 라틴어 purpura「보랏빛 조개」의 차용어인데 이 이화 현상은 영어에서 이른 시기에 일어난 듯하며 프랑스어 pourpre, 이탈리아어 purpure에는 나타나지 않는다. 기원전 2세기에 인도 서북부에는 그리스인이 통치하는 나라가 있었는데 그 나라에는 유명한 메난드로스(Menandros)라는 왕이 있었다. 그런데 이 왕의 이름을 남방불교의 경전을 기록한 언어인 파리어(Pari, 巴利語)(인도유럽어족에 속하는 인도어파 중기의 언어) 화자는 미린다(Milinda)라고 부르고 있다. 이것은 m-n-n-이라는 연속을 꺼리는 이화작용에 의해 생겨난 형태가 분명하다. 당시 이 지역의 그리스인과 인도인의 언어습관의 차이가 반영된 것이다.

　이화와 유사한 변화로 같은 음을 없애는 경우가 있다. 프랑스어인 faible「약하다」는 라틴어 flēbilis「슬퍼해야 마땅한」(fleō「울다」)에서 유래했는데, 앞의 -l-이 소실되었다. 이 현상이 좀 더 확대된 것이 **중음탈락**(重音脫落 haplology)현상이다. 오래전부터「앵글(Angle)인의 땅」을 나타내었던 Engla land > England가 그 전형이다. 오늘날 요일

이름의 대부분은 라틴명의 번역차용인데 여기에도 같은 변화가 보인다. 예를 들면 라틴어의 lūnae diēs 「달의 날」을 모방한 mōnan dæg>Monday (mōnan은 mōna 「달」의 소유격이다)이 있다.

음변화에는 어떤 단어에만 고립적으로 일어나는 것도 있는데 **음운도치**(metathesis)도 그런 예이다. 가령 文福茶釜(ぶんぶくちゃがま)에서 チャガマ를 실수로 チャマガ라고 잘못 말하는 것이 그 한 예이다. 영어에는 라틴어 crocodīlus의 차용형인 crocodile, 프랑스어 cocodrille에서의 차용형인 cokodrille이 있다. 그것은 cr-과 -dr-의 어느 쪽을 선택하면 다른 쪽은 -r-의 전환이 된다. 「모기」를 나타내는 말은 영어에서는 mosquito, 프랑스어에서는 moustique이지만 이들은 모두 라틴어 musca 「파리」를 근원으로 하여 만들어진 스페인어 mosquito가 어원으로 근대에 들어서면서 차용되었다고 한다. 이 형태의 경우 프랑스어에서 음운도치가 일어났다. 원래 이 음운도치의 원인은 단순한 발음상의 문제가 아니라 tique 「진드기」와의 연상이 작용하기 때문이라고 설명되고 있다. 부언하면 「모기」는 고대인도의 산스크리트어에서도 이유는 알 수 없지만 maśaka-(ś는[ʃ])이다. 이에 반해 앞에서 언급한 동일 계통의 인도 아리아어에서는 makasa-이다. 그리고 이란계의 페르시아어에서도 magas이다. 이러한 s-k의 음운도치의 예로써 영어의 ask를 들 수 있다. ask는 고대영어에서는 ascian과 acsian (axian)으었는데 후자는 16세기경까지 널리 사용되고 있었지만 그 후에는 방언에 한정되었고 ask가 표준형이 되었다고 한다.

이러한 개개의 단어에서 일어나는 음변화는 처음에는 누군가가 잘못 말한 형태였겠지만 어느 순간에 그 언어사회에서 인정되어

오래된 형태를 대체한 것이므로 그 조건을 다시금 제시하는 것은 어렵다. 발음을 하기 어렵다는 것도 언어나 시대에 따라 그 선택이 달라진다. 지금과 달리 과거 일본어는 어두에 ㄹ행음이 오는 것을 꺼렸다. 이러한 현상은 쉽게 찾아볼 수 있는데 이러한 경우, 화자는 이에 대처할 수단을 찾기 마련이다. 일본어에서는 ㅁシㅁ의 어두에 ㅗ를 붙여 발음을 쉽게 하였다. 이러한 수단은 다른 여러 언어에서도 찾아볼 수 있으며 **전치모음**(prothetic vowel)이라고 불린다. 영어의 spirit에 대응하는 프랑스어 esprit도 그 예이다. 마찬가지로 stomach-estomac, scale-échelle (사다리)는 프랑스어 단어의 어두에 e-가 첨가되어 있다. 스페인어에서도 같은 현상을 많이 볼 수 있다. 한편 모음을 사용하지 않고 발음하기 어려운 자음의 연속을 피할 수도 있다. 예를 들면 영어의 knee, knight, 혹은 pseudo, psychology 등의 발음을 보면 쉽게 알 수 있는데 k-, p-가 발음에서 생략되었다. 그런데 이웃 언어인 독일어에는 그러한 생략이 일어나지 않는다. 이와 같은 **음탈락**(elision)은 어중에서도 일어난다. 예를 들면 영어의 half, walk나 daughter, right, 어말의 climb, dumb 등에서 규칙적인 경향을 엿볼 수 있다. 언어에 따라서는 어말에 오는 자음에 상당한 제한을 두기도 한다.

アマリ와 アンマリ, マシロ와 マッシロ, アハレ와 アッパレ를 비교하면, 촉음(促音)이나 발음(撥音)이 삽입됨으로써 일종의 감정적 강조를 느낄 수 있다. 이것은 의미와 무관하지 않다. 그런데 오로지 발음상의 이유로 인해 이러한 삽입이 생겨난 예가 있다. 이것을 **음삽입**(epenthesis)이라 한다. 음삽입은 일상에서도 자연스럽게 일어난다. 예를 들면 영어에서 some-p-thing, dream-p-t와 같이 -p-

가 들리는 일은 드물지 않다고 한다. 다만 이런 예는 일회적으로 일어나고 사라져 버리므로 언어로서 정착되지 않았다. 그러나 역사적으로 보면 이런 삽입현상이 고정되어 생겨난 형태도 적지 않다. 이러한 예는 발음을 쉽게 하기 위해 자연스럽게 나타났다고 생각된다. 예를 들면 영어의 thunder의 옛 형태는 thunor로 -d-가 없다. 그 증거로 같은 어원인 독일어 Donner에도 -d-가 없다. 이것은 역사 속에서 삽입된 것으로 이러한 폐쇄음의 삽입은 영어 number의 어원인 라틴어 numerus와 그 자손인 프랑스어의 nombre사이에서도 나타난다. 이것은 액센트가 없는 음절 -me-r-가 -m-r-이 되고 이 음사이에 경과음 -b-가 발음되던 것이 자연스럽게 고정된 것이다. 일본어의 ケムリ와 ケブル, サムライ와 サブラウ 사이에서도 -m-r-과 -(m)-b-r-이라는 관계를 엿볼 수 있다. 앞서 예를 든 라틴어의 soror와 영어의 sister, 독일어의 Schwester에서는 게르만계 언어인 -t-가 눈에 띄지만 이것도 *-s-r- 사이에 -t-가 삽입된 것으로 추정할 수 있다.

▌문법의 변화와 유추

언어는 변화한다. 문법도 예외는 아니다. 우리들 주변에서도 ラレル에서 レル가 많이 사용되고 来る의 부정형으로 コナイ가 아닌 キナイ를 사용하는 사람도 많다. 이런 활용형은 몇 가지 활용의 형식 중 하나에 속해 있다. 화자는 활용할 때 가능한 한 많은 형태가 포함되어 있는 형식, 즉 규칙적인 형식을 모방하려고 한다. 그 편이 기억하기 쉽기 때문이다. 그리고 어떤 형태에서 음변화가 일어나도 어떤 활용의 형식에 속해 있으면 이런 음변화가 적용되지 않고 유지되기도 한다. 또 이러한 심리적인 연상을 통해 화자는 어떤 형식을 확대시킨다. ミタ(見た)／ミナイ의 활용을 통해 キタ／キナイ의 형태를 만들어 내기는 쉽다. 이러한 심리적인 작용을 **유추(analogy)**라고 한다.

그러나 이러한 유추 작용이 항상 일어난다면 모든 형태가 어떤 유력한 형식으로 통일되어 규칙적이 되어 버리고 문법적으로 불규칙적인 형태가 없어져 버리겠지만 실제로는 어떤 언어에서도 이런 불규칙형은 계속 구전되어 사라지지 않는다. クル나 スル의 불규칙 활용이 존속되는 것도 그 일례라고 할 수 있을 것이다. 어린 아이는 문법 형식을 일부밖에는 모르기 때문에 때때로 무리한 유추형을 만들기도 하지만 성장함에 따라 자연스럽게 수정한다. 여기에서 유추가 작용한 실례를 살펴보자.

영어의 동사에도 규칙형과 불규칙형이 있지만 옛날에는 이렇게 구별되지 않았으며 규칙형의 세력이 확대되어 왔다고 한다. 예를 들면 고대 영어에서 help는 helpan-healp-holpen으로 활용하였고 현재와 같은 help-helped-helped라는 규칙형이 아니었다. 이 불규칙현은 독일어 helfen-half-geholfen에 나타나는 불규칙 변화와 대응된다. 그 후 근대 초반에 들어오면 과거형인 holp, 과거분사 holpen과 함께 helped라는 형태가 사용되기 시작하여 이 규칙화가 오늘날에 이르고 있다. sow는 과거형이 sew이고 과거분사가 sown인데 이것도 sowed라는 규칙형이 나타났다. 전문가의 조사에 따르면 고대 영어에 사용되던 360개의 불규칙 동사 중에서 120개는 사라졌고 남은 240여 동사 중에서 60여개만이 불규칙 동사로 사용되고 나머지는 규칙동사로 되었다고 한다. 물론 ring, wear처럼 규칙형이었던 동사가 불규칙화한 것도 포함한 수치이다. 그렇다고 해도 이 60이라는 숫자는 그렇게 적다고는 할 수 없다. 이에 반해 명사의 복수형은 현재는 -(e)s를 붙이면 되지만 과거에는 독일어처럼 몇 가지 형식이 있었다. 그러나 복수형도 일종의 규칙화가 진행되어 지금에는 children, oxen이나 feet, geese와 같은 형태에 그 자취가 남아 있을 뿐이다. 그렇다고 해도 이들 어휘는 규칙화에 어떻게 대항해 온 것일까?

불규칙의 전형이라고 일컬어지는 동사는 to be를 나타내는 영어의 삼인칭인 is이다. 영어가 포함되는 인도유럽어족의 대부분의 언어에서 고대부터 근대까지 구전되어 온 이 불규칙 동사는 이른바 이 어족을 상징하는 어휘이다. 독일어의 ist(복수 sind), 프랑스어 est(sont), 라틴어 est(sunt)등도 같은 종류로 사용빈도가 상당히 높으며 그런 이유로 불규칙이지만 계속 유지되어 왔다고 할 수 있을 것이다. 그러나 이 동사의 활용의 경우도 언어에 따라 유추의 범위에서 차이가 난다. 과거형의 경우 영어에서는 was/were처럼 -s/-r-<-z-<*-s-로 나타나는데 비해 독일어는 war/waren처럼 r로 통일되어 있다. 이 경우는 영어 쪽이 오래된 형태를 간직하고 있고 독일어의 경우는 옛날에는 영어와 같은 구별을 가지고 있었는데 후일 유추적으로 r을 단수형에도 확대해 버렸다.

일반적으로 빈도가 낮으면 잊기 쉬우므로 유추가 적용되기 쉽고 규칙형이 되기 쉽다고 생각된다. 그러나 실제로는 그렇지도 않다는 점에 언어가 가지는 우연성이 숨겨져 있다. 다음의 예를 살펴보자. 앞에서 예로 든 mouse-mice (<mūs-mȳs)에 나타나는 불규칙적

인 복수형은 과거의 움라우트를 보여주지만, 이와 같은 형식의 고대 영어 cū-cȳ는 지금은 cow-cows가 되었다. 그리고 fōt-fēt> foot-feet에 대하여 bōc-bēc는 지금은 book-books이다. books는 움라우트하였던 모음 e도 단수형의 모음 o로 바뀌어 과거의 불규칙적인 복수의 흔적이 남아 있지 않다. 이러한 예들은 음변화의 설명처럼 유추도 일어난 결과를 설명에는 유효하지만 그 원인을 해명하지는 못한다는 것을 보여준다. 「쥐」와 「소」 중에서 어느 쪽이 빈도가 높은지, 「발」과 「책」 중 왜 한 쪽에만 유추가 작용하는지 명확하게 답하기는 어렵다. 달리 말하면 이런 점에 인간의 언어가 가지는 역사성이 있으며 불가해함이 있다고 할 수 있을 것이다.

▌의미의 변화

언어는 화자가 의식하지 않는 곳에서도 변화하고 있다. 언어의 변화는 음성뿐만 아니라 의미에서도 일어나고 있다. 언어를 기호의 체계로서 파악한 소쉬르에 의하면 이 기호는 음과 의미가 하나가 된 것으로 어느 한쪽만으로는 언어기호가 되지 않는다. 그래서 이 두 가지 요소의 관계는 극히 자의적인 것이다. トリ(tori, 새)라고 하는 음연속은 일본인에게는 새의 개념과 연결되어 있지만 이런 음연속은 bird나 Vogel, oiseau라도 상관없다. 다만 이 두가지 요소의 결합이 기호로서 인정되어 관용화되면 비로소 그 기호가 사용자들을 구속하는 힘을 가지게 된다. 이 기호는 인간사회의 약속이므로 トリ라고 말할 때 비로소 새를 표현할 수 있으며 마음대로 그 어느 한 쪽의 요소를 바꿀 수는 없다. 그럼에도 불구하고 음변

화가 어느새 일련의 어휘에 일어나거나 몇몇 어휘에 일어나기도
한다. 또한 의미도 생활의 변화에 따라 변한다. 소쉬르는 이 변화
를 언어기호를 형성하고 있는 음성과 의미의 이탈이라고 설명하고
있다. 즉 어느 한 시기에 두 요소가 확실하게 결부되어 하나의 기
호를 이루고 있던 것이 어느 쪽에서든 변화가 생기면 그 가치는 스
스로 변해 버리게 된다.

예를 들면 현대의 일본인은 サカナ라고 하면 바로 물고기를 떠
올리지만 옛날에는 サカナ는 酒菜(술안주)의 의미였다. 즉 그 의미
는 문자 그대로 술의 サカナ(안주)이었으며 물고기는 당시 ウオ였
다. 다만 술의 サカナ가 주로 물고기였다는 점에서 サカナ가 ウオ
대신 물고기를 뜻하게 바뀌었다고 한다. 그리고 タソガレ라고 하
면 누구나 해질 무렵을 생각한다. 그런데 이것도 カハタレトキ라
는 다른 표현에서도 알 수 있듯이 그 어원은 「誰そ彼れ(タソガレ;
거기 누구 있소?)」라는 관용구였다. 이 경우에는 음변화가 아니라
어떤 일에 대한 화자의 의식이 현저하게 변화한 것이다. クシャミ
(재채기)는 재채기 소리를 연상시키는 의성어처럼 생각된다. 그런
데 고어의 クサメ는 재채기를 했을 때 소리 내어 읊조리는 주문과
같은 것으로 그 어원은 クソハメ(糞食め ; 똥먹어라) 또는 休息万
病(クソクマンビョウ ; 휴식을 취해 장수한다)에서 왔다고 설명되
고 있다. 그 실례를 『徒然草』에서도 찾아 볼 수 있어 의심의 여지
가 없다. 즉 이 문구는 오늘날의 クソクラエ(똥 먹어라)라는 말과
같다. 재채기를 하면 주문 같은 말을 바로 하는 것은 서양에서도
보이는 관습인데 일본인들도 이런 미신이 있었던 것을 보여줌과
동시에 クシャミ라는 기호의 가치가 크게 변한 것을 보여준다. 이

예는 얼핏 보면 음성도 의미도 그다지 변하지 않은 것처럼 보이지만 그 어긋남은 상당히 크다. 비슷한 경우가 영어의 pigeon에도 나타난다. 이 어휘는 중세 프랑스어에서 차용하였는데 그 어원은 고전라틴어 columbus「비둘기」를 몰아낸 프랑스어의 민중 어휘인 의성어적인 pīpio(소유격 pīpiōnis)였다. 이것이 모음사이에서 -p->-b-가 된 후 pigeon으로 되었다. 이런 음변화의 예로는 라틴어 rabia「격노, 광기」>프랑스어 rage「격노」(영어 rage)가 있다.

본래는 고유명사이지만 가치가 바뀌어 널리 이용되고 있는 어휘도 있다. 「瀬戸(セト)もの」 등이 그 한 예인데 영어의 「샌드위치」도 비슷한 경우이다. 이 단어는 18세기 영국의 Sandwich라는 백작의 이름에서 유래했다. 그는 도박을 매우 좋아해서 식사 시간도 아까워서 도박을 하면서 먹을 수 있는 점심을 고안했다. 이것이 「샌드위치」의 탄생이라고 일컬어진다. cardigan, raglan이라고 하는 의복에 관한 어휘도 19세기 중반 크림전쟁 무렵에 활약한 영국장군 중 이 옷들을 애용한 귀족의 이름에서 유래한 것이다. 이러한 어휘의 역사를 살펴보면 그 기호로서의 가치가 크게 변해 온 것을 알 수 있다. 음변화와 함께 지시하는 내용의 변화에 주목하여 그 가치가 시대와 함께 어떻게 달라져 왔는가를 조사하는 것도 역사적인 연구의 큰 과제이다.

영어에는 meat와 meet처럼 완전히 같은 발음이 의미가 다른 어휘가 있다. knight와 night, son와 sun 등도 그러한데 이들 **동음이의어**(homonym)는 철자가 다른 점에서 미루어 보면 본래는 발음도 다른 별개의 어휘였던 것이 우연히 발음이 같아진 것이다. 현대 일본어에서는 「火事(カジ;화재)」와 「家事(カジ;가사일)」를 구별하지 않지만 과거에 전자는 「クワ」였기 때문에 확실히 다른 어휘였다. 지금은 이런 동음어가 일본어에 많이 있지만 한자 표기와 문맥에 의해 의미전달에는 별 지장이 없다.

　이에 비해 발음도 철자도 완전히 같지만 의미가 다른 어휘도 있다. 예를 들면 영어의 pupil에는 「학생」과 「눈동자」의 의미가 있는데 이들은 모두 프랑스어 pupille에서 차용되었다. 좀 더 거슬러 올라가면 라틴어 pūpil-lus/pūpilla는 pūpus/pūpa 「소년·소녀」의 파생형인 「고아」의 남성형 및 여성형이었다. 그러나 이 여성형이 왜 「눈동자」가 되는 걸까? 실은 이것은 그리스인의 발상이다. 플라톤(「Alcibiades」 1,133a)에 의하면, 상대의 눈을 들여다 보면 그 눈동자에 거울처럼 자신의 얼굴이 투영된 그림처럼 나타나는데 그것을 그리스인은 kórē 「소녀」라고 불렀다고 한다. 이 귀여운 「少女」의 「人·見＝目＋童＝瞳」으로의 용법의 전환이 로마 및 프랑스어를 거쳐 영어에까지 다다른 것을 알 수 있다. 어휘에 따라서는 역사의 과정에서 반대의 의미를 발전시키기도 한다. 영어의 nice는 라틴어의 nescius (철없다)라는 말에서 시작하여 프랑스어에 차용되었기 때문에 당연히 나쁜 의미인 「어리석은, 단순한」의 의미로밖에 사용되지 않았다. 그런데 이 어휘가 한편에서는 좋은 의미로 바뀌고, 다른 한편에서는 어떤 일에 어리석을 만큼 집착한다는 「까다롭다, 까탈스럽다」라는 의미가 되었다고 한다. 일본어 중에서도 본래는 하나의 형태였던 것이 한자를 다르게 쓰기 때문에 다른 어휘처럼 취급되는 것이 있다. 가르침을 「とく(얻다)」와 매듭을 「とく(풀다)」, 그리고 글을 「かく(쓰다)」와 무언가를 쥐어뜯는다고 할 때의 「かく」 등이 그 예일 것이다.

▌어원론과 차용어

어휘에는 각각의 역사가 있다고 한다. 어떤 어휘라도 그 기호의 변모를 거슬러 올라가서 어원을 명확히 하는 것을 **어원론** (etymology)이라고 한다. 어원 연구의 역사는 오래되었는데 이 용어가 쓰이기 시작한 고대 그리스에서 시작되었다. 어원론은 대상이 되는 언어의 모든 어휘를 분석 대상으로 하며 그에 따라 그 언어의 역사 속에 나타나는 변화와 경향, 새로운 형태나 의미의 파생을 분석하고, 다른 언어에서 들어온 **차용어**(loan word)와 그 언어 본래의 어휘를 구별할 수 있다. 일본어에서는 고유어 외에 일찍부터 많은 한자어가 도입되었다. 그래서 현대에는 영어 등 서구의 언어의 어휘가 범람하고 있다. 그 중에는 「瓦(かわら ; 기와)」처럼 이것이 원래는 산스크리트어 kapāla-「토기」였다는 것이 완전히 잊혀진 것도 있다.

차용어는 가능한 한 그 차용 연대를 명확히 할 필요가 있다. 차용은 생활 속에서 그 어휘가 필요한 경우뿐 아니라 문화적인 사정으로 우위에 있는 언어로부터 어휘를 적극적으로 받아들이고자 하는 의욕이 클 때 촉진되는 경우가 많다. 영어는 노르만인의 정복 이후, 중기영어의 수백년 동안에 매우 많은 프랑스어를 차용했다. 그 결과 일본어의 「厳格に(엄격하게)」와 「きびしく(엄격하다)」의 경우처럼 본래 있던 게르만계의 어휘와 라틴계의 어휘가 공존하게 되어 **유의어**(synonym)가 늘어나 어휘가 풍부해 졌다. 예, luck-fortune, heavenly-celestial, buy-purchase.

원어 그대로 차용하면 그 의미를 알기 힘들 때에는 **번역차용**(loan

translation)을 하기도 한다. 일본어에도 메이지 시대에 telegram 「전보」, telephone 「전화」, baseball 「야구」 등 많은 외래어가 도입되었다. 영어의 gospel은 본래는 그리스어 eu-aggélion를 그대로 옮긴 라틴어 evangelium 「좋은 말씀, 복음(서)」를 모방하여 만들어진 고대 영어 godspel "good spell" 이라는 어휘였는데 명백하게 번역차용이다. 그런데 이 god-가 「신」을 나타내는 god-로 잘못 이해되어 godspel이 되고 다시 gospel이 되었다. 화자들의 잘못된 해석과 그 후의 변화로 이 어휘의 역사는 알기 어렵게 되었다. 영어의 sovereign은 프랑스어 souverain 「최고의, 군주」의 옛 차용어이고 그 어원인 라틴어 superānus (전치사 super 「위에」의 형용사)를 보더라도 -g-는 없다. 이것은 중세말의 영어화자가 reign(<라틴 regnum 「왕국」)을 연상하여 여기에 삽입한 것이 틀림없다.

추상적인 개념을 나타내는 어휘는 그대로 차용하면 이해하기 어렵기 때문에 먼저 번역이 시도된다. 독일어는 이러한 번역이 특기인 언어이다. 고대 로마인도 그리스 문화의 도입을 위해 그렇게 수고하였다. 예를 하나 들면 negotiation, negotiate이라는 영어는 그대로 라틴어의 어휘이지만 그 어원은 그리스인이 만든 a-scholíā라는 형태이고 a-는 부정사, scholiā는 scholé「여가」의 파생형이다. 이 scholé는 그대로 현재의 영어, 불어, 독어의 school, école, Schule 「학교」이다. 즉 이 합성형은 「여유가 없는 것, 일」을 의미하고 있었다. 그것을 로마인은 a-에 같은 부정사 nec-를 붙이고, otium 「한가한 시간, 틈」과 조합하여 nec-otium을 만들었다. 이것은 직역에 지나지 않지만 그들로서는 이 이상의 번역은 불가능했을 것이다. 그리고 이 파생형인 negōtiātiō이 그대로 유럽에 이어진 것이다. 이 외에

quālis「어떠한」, quantus「얼마나」라는 의문형용사를 기본으로 만들어진 라틴어 qaālitās, quantitās과 이것을 계승한 영어 quality, quantity 와 같은 많은 추상명사가 실은 그리스인이 고안한 어휘를 흉내낸 로마인의 번역에 지나지 않는다.

이러한 어휘는 오랜 어원연구에 의해 해명되었지만 우리들 주변에는 좀 더 저속하고 재미있는 어원도 보이는데 이를 **민간어원**(folk etymology)이라고 한다. 예를 들면 일본어의 蒲焼き(カバヤキ)라는 어휘에서 ヤキ는 알 수 있지만, カバ부분은 이해가 불가능하다. 이 어휘는 본래「香-루き(カバヤキ)」이었다고 한다. 로마의 황제 시저, 즉 캐사르(Caesar)는 지금도「제왕절개」라는 단어에 남아 있는데「어머니의 갈라진 배에서」태어났다고 전해지고 있다. 그러나 이것은 caes-us「잘렸다」와 caes-ar의 말장난으로 로마인에게도 이미 이 Caesar라는 별명의 의미가 알 수 없게 된 증거이다.

▌어족의 설정과 음의 대응

기술한 것처럼 어원연구에 있어서는 그 언어가 본래 가지고 있던 어휘와 차용어를 구별하는 것이 중요한 과제이다. 일본어의 경우는 먼저 고유어와 한자어의 구별이 될 것이다. 그런데 이 고유어, 즉 야마토코토바(大和言葉)라고 일컬어지는 것은 무엇일까? 그 실체는 문헌에 있는 한 시대를 거슬러 올라갈 수 있지만 문헌이 없는 시대는 알 수 없다. 어떤 언어에서도 사정은 마찬가지일 것이다. 문헌이 없는 시대로 거슬러 올라가기 위해서는 그 언어와 동족관계에 있는 언어를 탐구하고 비교하여 알려져 있지 않은 언어사

를 채워 나가는 이른바 **비교문법**(comparative grammar)에 의지하지
않을 수 없다.

인간과 마찬가지로 언어도 가족이 있고 부모자식과 같은 친족관
계가 있다고 언어학에서는 가정한다. 친족관계에 대해서는 지금까
지 증명된 언어와 아직까지 확실하지 않은 언어가 있다. 일본어도
많은 학자의 노력으로 여러 가능성이 지적되고 있지만 그 계통이
완전히 해명되었다고는 할 수 없는 언어에 속한다. 어족이라는 개
념과 연구는 영어·독일어·프랑스어 등 인도부터 유럽에 이르는 많
은 언어가 소속된 인도유럽어족의 비교연구에 의해 근거가 마련되
고 발전해 왔다. 그 이유는 이 어족의 자료가 매우 풍부하고 다양
했기 때문이며, 다른 언어도 이 어족과 마찬가지로 자료가 풍부한
것은 아니다. 그렇지만 인도유럽어의 연구에서 확립된 방법을 사
용해서 지금까지 우랄어(Uralic), 오스트로네시아어(Austronesian),
드라비다어(Dravidian) 등, 많은 어족의 존재가 증명되었다. 물론 이
어족들도 인도유럽어족과 마찬가지로 조상언어(母語)에 해당하는
언어자료는 없기 때문에 그 모어의 존재는 가정의 단계를 벗어나지
못하지만 필요에 따라 실증이 가능한 어형의 비교대응을 통해 이론
적으로 재구성하는 것이 가능하다.

언어의 역사 속에서 실제로 모어와의 관계를 증명할 수 있는 언
어는 로마인이 사용했던 라틴어와 현재의 이탈리아어, 프랑스어,
스페인어, 포루투칼어, 루마니아어 등 로망스어로 불리는 언어들이
다. 이 언어가 사용되는 지역에서는 각각 다른 언어의 화자가 지배
계급인 로마인의 언어를 받아들였기 때문에 현재와 같이 다른 언
어로 발전한 것이지만 그래도 이들 언어들이 서로 같은 조상언어

를 공유하는 자매 사이인 것은 그 유사함에서 쉽게 이해할 수 있
다. 그렇다면 어떤 사실에 의해 친족관계가 증명되는지에 대해서
는 두 가지 조건을 들 수 있다. 우선 중요한 것은 앞에서 언급한
음변화의 규칙성이라는 사실이다. 어떤 언어의 역사 속에서, 어떤
음에 변화가 일어나면 예외를 제외하고 그 음을 포함한 어휘에 대
부분 그 변화가 일어난다. 따라서 어떤 언어의 A라는 음이 변화의
결과 B가 되었다고 하면, 그 A와 B의 관계는 규칙적이고 일정하
다. 이것은 그 변화한 음을 포함한 어휘를 비교하면 명확해 진다.
따라서 표면적으로는 전혀 별개의 언어처럼 보이는 두 언어 사이
에서도 의미가 유사한 어휘들 사이에 이러한 음의 일정한 대응 관
계가 인정될 때, 이런 언어들은 동일한 언어로부터 분화된 것이 아
닐까라고 추정된다. 왜냐하면 앞의 A-B의 관계가 또 다른 언어에
서는 A-C가 되어 나타난다고 하면, 당연히 B-C의 관계도 일정할
것이기 때문이다. 이것이 동족관계의 증명에 필요한 음의 규칙적
인 **대응**(correspondence)이다. 이런 대응이 있으면 이를 통해 A를
추정하는 것이 가능하다. 언어는 변화하고 화자도 이주하기 때문
에 친족관계에 있는 언어도 그 모어시대에 갖고 있던 형태를 그대
로 지속하는 것은 드물다. 그러나 변화에는 규칙성이 있기 때문에
이렇게 증명할 수 있는 것이다.

아주 옛날에 일어난 변화이지만 음변화의 결과가 확실하게 대응
하는 예로써 게르만어 영어와 독일어 사이의 대응을 살펴보자.

영어	독일어	영어	독일어	영어	독일어
thank	danken	daughter	Tochter	ten	zehn
thick	dick	dead	tot	tide	Zeit
thin	dünn	deaf	taub	tongue	Zunge
three	drei	door	Tür	twig	Zweig
bath	Bad	blood	Blut	heart	Herz
hearth	Herd	red	rot	salt	Salz

영어와 독일어에 나타내는 th-d, d-t, t-z [ts] 사이의 관계는 일정하다. 이것은 두 언어가 이들 단어를 과거에 공유했고 어느 시기에 한 쪽이 변화를 일으켰다는 것을 시사한다. 이 대응관계는 그림 동화집으로 유명한 그림 형제의 형이 처음으로 지적한 **그림의 법칙**(Grimm's law)이라고 불리는 게르만어 폐쇄자음의 변화의 일부로 이 경우에는 독일어가 변화를 일으켰다는 것을 알 수 있다. 동족관계의 해명을 위해서는 유사한 의미를 가진 단어 사이에 이와 같은 음의 대응을 찾아야 한다.

이렇게 일정하게 나타나는 대응관계는 앞에서 다루었던 차용어의 식별에도 유용한 수단이 된다. 예를 들면 영어는 프랑스어를 통해 많은 라틴계의 어휘를 차용해 왔다. 그러나 이 두 언어는 동족언어이기 때문에 선사시대부터 그 모어에 있던 어휘를 함께 계승해 온 경우도 있을 것이다. 이 차이는 대응 상에서 나타난다.

영어	라틴어	영어	라틴어
pain	poena	father	pater
palm	palma	feather	penna
pepper	piper	fee,	pecū (가축)
plain	plānus	fish	piscis
pork	porcus	ford	portus (항구)
proper	proprius	full	plēnus

왼쪽이 차용어이고, 오른쪽이 이른바 본래의 인도유럽어족 어휘
이다. 왼쪽은 어두가 모두 p이지만 오른쪽은 f-p가 되었다. 이 경우
는 영어가 다른 게르만어와 함께 p>f의 변화를 선사시대에 겪었다
고 추정된다. 이것도 그림의 법칙의 한 예이다.

▌어족 특유의 문법사항

동족인 것을 증명하기 위해서는 우선 언어 사이의 규칙적인 음
대응을 발견하는 것이 중요하지만 그 외에도 그 어족 특유의 문법
사항이 일치해야 한다. 예를 들면 영어의 is와 같은 불규칙형은 영
어가 인도유럽어임을 증명하는데 중요한 실마리가 된다. 영어의
in-terior/exterior, junior/senior, 라틴어 dexter/sinister「왼쪽·오른
쪽」, neu-ter「둘 중 어느 쪽도 아닌」<nē (否定辞) + uter「둘 중 어
느쪽」(영어 neutral)에 보이는 -ter-, -ior는 대조적인 두 개 사이의
대비를 나타내는 접미사인데 이것들도 이 어족 특유의 것으로 여
겨진다. 다만 이러한 형태가 어족 특유의 것이라고 지적하는 것은
분석을 통한 결과이지 어떤 형태가 어족 특유의 것인지를 미리 알

수는 없다. 인도유럽어의 경우는 굴절어의 특징을 지니므로 형태
론적으로 특유한 사항을 확인하고 문법상 요소의 일치를 비교적
쉽게 지적할 수 있었기 때문에 문자 그대로 **비교연구**가 성립했다.
세계에는 여러 유형의 언어가 있고 인도유럽어 연구의 성과를 그
대로 이용할 수 있을지는 검토해야 하겠지만 아직 이 방법을 대신
하는 연구방법은 없다.

어족 특유의 사항을 판단할 때 그것이 어느 어족의 특유한 것인
지 어떤지를 검토해봐야 한다. 가령 어순의 일치를 살펴보면 인도
유럽어에서도 영어형, 일본어형, 그 외에 동사가 문장의 처음에 오
는 형도 있고, 또 역사 속에서 어순이 바뀐 경우도 있다. 그렇다면
어순은 어족의 결정에 근거가 되지 않음을 알 수 있다. 어떤 항목
도 이러한 언어학적인 검증을 거치지 않으면 비교의 항목으로 유
효하지 않다.

▌조어와 조어의 재구

대응 관계가 성립된 동족 언어의 자료를 통해 **조어**(祖語 proto-
language)를 **재구**(reconstruct)할 수 있다. 이렇게 재구된 조어로부터
각 언어의 대응하는 형태 사이의 상호 관계와 각 언어의 형태에 이
르는 역사를 알 수 있다. 조어는 이른바 비교대응의 집약체이기 때
문에 자료적인 제약은 피할 수 없지만 관련된 자료를 정리하고 언
어이론이 발전함에 따라 조어의 재구성과 해석에도 새로운 시야가
열렸다.

인도유럽어의 경우 19세기 말에 비교문법이 확립되어 본격적으로

어원연구가 시작되었는데 20세기에 들어서서 히타이트어(Hittite)와 토카라어(Tocharian)가 해독되었다. 특히 히타이트어는 문헌적으로 다른 모든 어파보다 훨씬 오래되었기 때문에 히타이트어 해독의 성과는 크게 주목 받았다. 예를 들면 「간」을 나타내는 단어는 라틴어 jecur(소유격 jecinor-is), 산스크리트어 yakr̥-t (-r̥-은 고대 인도의 음성학에서 설정된 것으로 자음 사이에서 음절을 담당하는 기능의 r을 가리킴. 소유격 yakn-as)와 대응하고 있다. 격변화에서는 어간의 자음이 주격 r, 소유격은 n으로 교체되고 있다. 보통 어간자음은 격변화를 할 때 교체하지 않으므로 이런 종류의 명사는 매우 불규칙하고 고립된 형태임을 알 수 있다. 그 증거로 라틴어의 소유격은 본래 *jecin-is라고 해야 할 부분을 jecin-or-is로 하고 있지만, 이것은 주격 je-cur의 -r과는 다른 소유격 −n-을 피하기 위해 -or-을 더해서 주격과 같은 r어간으로 수정한 규칙화의 흔적으로 보인다. 그런데 히타이트어에는 이런 종류의 격변화를 가진 많은 명사가 인정되었다. 영어의 water과 같은 어원인 watar, 소유격 witen-as는 그 전형이다.

음운조직에 관한 예를 들어보자. 인도유럽어 조어에는 폐쇄자음 p/b 이외에 인도어파에서 보여지는 유기음 계열의 ph/bh가 상정된다. 이에 대해 소쉬르는 이 ph 계열은 이것을 포함한 대응이 매우 적다는 점과 그리스어 platús에 대응하는 산스크리트어 pr̥thu-(넓다)와 같은 예를 통해 이 계열의 2차적인 발생을 예상하고 조어로 상정하는 것을 의문시하였다. 그 결과 이 무성음 계열을 조어에서 제외하는 경향이 강해졌다. 그러나 유형론적으로 볼 때 유기음 계열은 무성과 유성의 양쪽 계열이 있거나 그리스어와 같이 무성밖에 없는 언어는 적지 않지만 유성밖에 없는 언어는 거의 보이지 않는다는 점이 지적되어 조어의 재구는 다시 원래의 전통적인 방향으로 돌아갈지, 만약 유성만을 인정한다면 이 난점을 극복할 새로운 해석이 필요하였다. 이 무성 유기음과 함께 자음조직 속에서 주목된 것이 b이다. 현실 언어에서는 이 자음의 빈도가 낮지 않지만 왜인지 인도유럽어에서는 그 대응 관계가 매우 적다. 어떤 언어에서 어떤 음소의 빈도가 낮다는 것은 그렇게 드문 일은 아니며, 비속한 어휘에 어떤 음소가 치우쳐 나타나는 경우도 있지만, 인도유럽조어의 b에 대해서는 적확한 이유를 지적할 수 없다. 그렇다고 해서 이 사실을 부정할 수는 없다. 그렇기 때문에 b는 본래 유성폐쇄음이 아니었다는 가정 하에 종래와는 다른 음소 조직을 조어에 상정하려고 하는 해석이 시도되었다.

형태론 분야에서도 다양한 문제가 있다. 예를 들면 인도유럽어의 명사의 성(gender)에 있어서 아르메니아어(Armenian)와 같이 처음부터 명사의 성을 갖지 않는 언어를 제외하면 많은 어파의 언어가 과거에는 남·여·중성의 3가지 성을 가지고 있으므로 인도유럽어 조어에서도 그럴 것으로 가정되어 왔다. 그러나 어파에 따라 차이가 있는 경우도 있는데 「불」의 경우 라틴어 ignis는 남성, 독일어 Feuer는 중성, 「물」은 라틴어 aqua는 여성, 독일어 Wasser는 중성이다. 그런데 히타이트어에서는 남·여를 공통으로 나타내는 성(性)과 중성, 즉 생물과 무생물이라는 두 가지 성을 가지며 다른 어파에 많이 나타나는 여성형의 어간은 거의 발견되지 않았다. 이러한 사실은 조어에서 명사의 성이 어떻게 존재했는지에 대해 연구할 점이 많음을 시사한다. 일반적으로 영어처럼 명사의 성이 감소하거나 없어지는 현상은 많이 볼 수 있다. 그렇다면 아르메니아어처럼 명사의 성을 갖지 않는 주변 언어의 영향으로 히타이트어도 남성과 여성명사의 구별이 없어졌다는 추측도 가능하다. 그러나 히타이트어의 명사의 성 구별이 더 오래되었다는 보는 입장도 유력하다. 왜냐하면 기본적으로 자연적인 성별을 가진 명사에서도 라틴어의 frāter「형제」, soror「자매」처럼 명사의 형태 자체에 남성형과 여성형의 구별이 없다는 점과 그리스어의 theós「신」처럼 하나의 형태가 남·여성에 병용되었다는 점 등, 남성명사와 여성명사의 구별되었다는 주장에 의문이 남기 때문이다. 이에 비해 히타이트어의 형식을 조어로 상정하면 이는 자연적인 성별을 가진 어휘를 모방한 남·여성 형태의 분리보다 다른 어파에서 중심이 된 주격 -ā/-a/를 가진 여성형이 독립한 과정을 설명하는 문제와 관련된다. 이 경우 3인칭 지시대명사의 여성형 *sā의 영향을 생각할 수 있다. 또 이 -ā/-a는 중성복수(주·대격)로 인정되는데 이 양자는 집합적, 추상명사(여성형 그리스어 sophíā(앎), 라틴어 īra(분노)라는 점에서 공통점이 있다. 예를 들면 그리스어와 라틴어의 agathós, bonus(좋다)의 중성복수 agathá, bona(좋은 일, 좋은 물건)은 「재산, 번영」으로 전용된다. 더욱이 이 복수형은 그리스어 등 과거의 인도유럽어에서는 단수의 동사형을 취한다는 불일치를 보인다. 예) …… anà stratòn ôik-heto kêla theoîo「…… 신의 화살은 kêla(중성복수) 진중을 anà stratòn 날아다녔다 ôikheto(oíkhomai 불완료단수)」(일리아스1, 53). 이러한 사실에서 -ā/-a를 가진 여성형이 만들어지는 계기를 볼 수 있다. 이렇게 조어와 그 재구형은 고정된 것이 아니며 자료적으로도 이론적으로도 항상 새로운 자극에 대응해야할 것이다.

【참고문헌】

ウイークリー, E『ことばのロマンス, 英語の語源』寺沢芳雄他訳, 岩波文庫, 1987 [Weekley, E., *The Romance of Words*, 1912].

亀井孝他編著『言語史研究入門』(『日本語の歴史　別巻』) 平凡社, 1966.

コムリー, B.,『言語普遍性と言語類型論』松本克己·山本秀樹訳, ひつじ書房, 1992 [Comrie, B., *Language Universals and Linguistic Typology*, 1989].

高津春繁『比較言語学入門』岩波文庫, 1992.

ブラッドリ, H『英語発達小史』寺沢芳雄訳, 岩波文庫, 1982 *[Bradley, H., The Making of English, revised by S. Potter, 1968]*.

吉田和彦『言葉を復元する』三省堂, 1996.

Clackson, J., *Indo-European Linguistics*, Cambridge University Press, 2007

제 7 장
음의 구성

▌음성

우리 주변에는 바람 소리나 발소리부터 생리적이나 반사적으로 나오는 재채기 및 사람의 말소리 등 다양한 소리가 있지만 언어학에서는 언어에 사용되는 소리를 다루며 언어의 의미에 대한 소리라는 측면에서 이를 **언어음**(말소리 speech sound) 이라 한다. 일본의 언어학에서는 짧게 「音」이라고도 하며 「音」도 물리적으로는 소리의 일종이다.

음성은 넓은 의미로는 헛기침과 같은 비언어음도 포함하지만 여기서는 언어음과 같은 뜻으로 사용한다. 음성에 관해서 음성 자체가 어떠한 것인가를 밝혀내는 분야를 음성학(phonetics)이라고 하며 음성이 어떠한 역할을 하고 있는지 그 구조를 밝히는 분야를 음운론(phonology)이라고 한다.

이 장에서는 일반음성학을 대상으로 설명하지만 필요한 예는 가능한 한 일본어 자료를 제시하겠다. 음성은 실제로 귀로 들어야 이해하기 쉽기 때문에 음운론에서도 일본어를 자료로 제시한다.

▌음성학의 분야

음성을 이용한 인간의 의사전달 과정을 간단히 기술하면 다음과 같다. 우선 말하는 사람(화자)은 전달하고자 하는 의미 및 내용과 관련된 음성을 발음하기 위한 명령을 뇌에서 내린다. 이 명령에 따라서 음성기관을 움직이고 음성을 발음한다. 이 음성은 음파가 되어 공기를 통해 듣는 사람(청자)의 고막에 도달한다. 청자는 고막의 진동에 반응하여 음성을 청취하고 그 음성과 결부되어 있는 의미를 머리 속에 떠올린다. 청자가 떠올리는 의미와 화자가 전달하고자 했던 의미가 일치했을 때 커뮤니케이션이 성립한다. 전달하고자 하는 것은 의미이지만 의미는 바로 전달되는 것이 아니다. 물리적으로 전달되는 것은 「음성」일 뿐이며 음성을 매개로 하여 머리 속에서 「의미」가 결부되는 것이다[1]. 이러한 음성의 흐름을 (1)과 같이 분류할 수 있다.

(1)   a. 음성기관을 움직여서 음성을 실현하는 조음적 생리과정
        b. 음파로서 공기 중으로 전파되는 음향적 물리과정
        c. 고막의 자극에 반응하여 음성을 지각하는 청각적 생리과정

이러한 각 과정을 다루는 음성학을 (2)와 같이 분류한다.

(2)　a. 조음음성학 (調音音声学 articulatory phonetics)
　　　b. 음향음성학 (音響音声学 acoustic phonetics)
　　　c. 청각음성학 (聴覚音声学 auditory phonetics)

이 분류를 송신하는 쪽(발음)과 수신하는 쪽(청취)으로 나눌 경우에는 (2a)의 「조음」과, (2b) (2c)를 포함하여 넓은 의미의 「음향」으로 나눈다. 또한 (2b)를 음향으로 분류하고 (2a)와 (2c)를 생리로 분류할 수도 있다.

연구사적으로 보면 음성학은 「조음음성학」부터 발달하였는데 당시에는 「음성생리학」이라 하였다. 당시의 뛰어난 음성학자들은 외적 관찰과 내적 관찰(内省 모어 화자의 직관)을 통해 이미 100년 전에 오늘날 상식화되어 있는 수준에 거의 도달했다. 조음 분야에서는 스스로 음성기관을 조절하여 다양한 음을 내어 보고 그 소리를 자신의 귀로 듣고 확인하는 일을 자유롭게 할 수 있다. 주관적인 방법이지만 청각을 활용한 일종의 「실험」이 가능했다는 점에서 조음음성학은 크게 발전할 수 있었다.

이에 비하여 「음향음성학」은 음파를 다룬다는 점에서 기계의 발전이 전제가 되었다. 이 분야는 처음에는 「기기음성학(instrumental phonetics)」이라 불렸는데 제2차 세계대전 이후 사운드 스펙트럼의 개발 및 컴퓨터의 발달로 빠르게 발전하여 음성연구의 중심적 분야가 되었다. 그래서 「실험음성학(experimental phonetics)」이라고 하면 보통 이 분야를 가리킬 정도이다. 그러나 「실험」의 의미를 넓게 보면 음향음성학은 당연히 실험음성학에 포함되고 조음음성학에서도 실험음성학은 가능하다.

음성을 객관적인 형태로 직접 눈으로 볼 수 있게 되어 음성연구가 발전하게 되었다. 최근에는 컴퓨터에서 사용할 수 있는 음향분석 프로그램도 보급되고 있다.

「청각음성학」은 조음음성학처럼 생리적인 분야를 연구하지만 외부에서 관찰할 수 없고 자기 자신이 의도적으로 청각기관을 조절하는 「실험」 또한 불가능하기에 가장 발전이 더딘 분야였다. 그러나 음향음성학의 발전과 더불어 합성음을 이용한 청취실험을 통한 지각연구 및 뇌파연구 등이 가능해져서 청각의 해명이 진행되고 있다.

크게 볼 때 음성학은 조음음성학에서 음향음성학 (그리고 청각음성학)으로 발전하여 왔는데 최근에는 음향을 만들어 내는 가장 큰 근원인 조음 및 생리면의 연구가 다시 활발하게 이루어지고 있다. 파이버스코프, 동적 인공구개, 근전도, 마이크로빔 등의 새로운 장치를 이용한 실험적 연구가 중심이 되어 실험음성생리학이라고도 불리고 있다. 그리고 최근에는 넓은 의미의 음향 연구와 연계하여 종합적인 연구를 지향하고 있다.

▌조음음성학의 필요성

이와 같이 오늘날의 음성연구는 실험적·종합적 연구가 늘고 있지만 조음음성학은 언어학의 기초적인 소양으로서 여전히 중요하다. 조음음성학은 발음의 구조를 이해함과 동시에 음성기관을 자유롭게 움직이는 훈련과, 각종 음성을 듣고 구분하는 훈련을 하여 그것을 기반으로 임의의 음성을 접하였을 때에 그 음성을 정확하게 알아듣고 음성기호로 나타내며 스스로 그 소리를 따라 발음하면서 음성을 관찰하고 연구하는 분야이다.

이는 분명 주관적·경험적·기능적인 측면이 있으므로 조음음성학만으로는 객관적인 정밀성이 부족하기 때문에 실험연구를 통해 더 보충할 필요는 있다. 그러나 실제로 사용되는 음성을 관찰 대상으로 하며 동시에 조음은 인간의 귀로 듣고 체크하는 청각적 측면이 반드시 고려되기 때문에 그만큼 주관성의 개입이 적다고 할 수 있다(언어음은 듣는 이에게 정확히 지각시키는 것이 중요하며 조음은 지각시키기 위한 수단에 지나지 않는다). 조음음성학은 일단 습득하면 특별한 장치 없이도 언제 어디서나 사용할 수 있다는 이점이 있다.

조음음성학(내지는 이를 기초로 하는 음성학)의 필요성을 구체적으로 기술하면 크게 (3)의 세 가지를 들 수 있다.

(3)　　a. 임의의 언어·방언, 특히 문자를 가지지 않는 언어·방언
　　　　　 의 기술(記述) 연구
　　　　b. 언어의 비교·역사연구
　　　　c. 언어교육·언어치료 등의 응용분야

지금부터 위의 세 분야에 대하여 좀 더 구체적으로 살펴보기로 하겠다.

(3a) 정서법(正書法)이 확립되어 있는 언어의 문법이나 의미를 연구하는 경우를 제외하고 언어(방언)의 연구에 있어서는 음성을

정확히 기록할 수 없으면 연구의 진전은 좀처럼 기대하기 어렵다. 녹음만 하면 기계가 해명하여 준다는 것은 잘못된 생각이다. 기계로 분석하기 전에 음성을 구별할 수 있어야 한다.

이 장의 후반에서 언급할 음운론에 있어서도 음운기호의 배후에 있는 음성의 실체를 바탕으로 접근하지 않으면 단순한 기호의 조작으로 끝나버릴 위험이 있다.

(3b) 비교연구에 의한 조어(祖語)의 형태를 이론적으로 재구한 후 남아있는 기록(실증형)으로의 변화과정을 고찰할 때에 음성학에 대한 지식이 없으면 잘못된 방향으로 추론하게 된다. 이론적인 추정형의 경우에도 그 음성을 직접 들어 볼 수 없더라도 음성학적으로 근거있는 논리가 요구된다. 문헌언어를 연구할 때에도 어떤 문자가 나타내고 있던 음성을 반드시 이해해야 한단(제6장 참조).

(3c) 응용 및 실전적인 면에서도 음성학은 필요하다. 예를 들어 일본어교육에 종사하는 사람이 일본어 음성에 대한 직관을 가지지 못하거나 관찰 능력이 없어 피교육자가 발화한 일본어 음성의 문제점을 지적할 수 없다면 제대로 지도할 수 없을 것이다. 그러므로 「교육」에는 그 밖에도 다른 기능이 필요하겠지만 음성학적 지식도 꼭 필요한 항목이다. 언어치료 분야에서는 음성학이 더욱 필요하다.[2]

이 장의 전반에서는 전통적인 조음음성학에 초점을 맞추면서 언어학의 기초부터 기술하고자 한다.

▎음성학 훈련

음성학은 이론 뿐 아니라 실제로 듣고 스스로 발음할 수 있는 능력이 중요하다. 특히 국제음성기호는 스스로 발음할 수 있도록 연습하고 실제로 어떤 언어음을 들었을 때 국제음성기호로 표기할 수 있도록 훈련해야 한다.

이러한 음성학적 훈련은 다음의 사항을 전제로 하고 있다. 언어음의 발음 및 청취는 연습에 의하여 일정 수준에 도달할 수 있으며 어떤 언어에서 구별되는 소리는 모든 사람이 구별할 수 있게 된다는 것이다. 왜냐하면 인간은 어떠한 언어라도 습득할 수 있는 선천적인 **일반언어습득능력**을 타고났기 때문이다. 따라서 태어났을 때에 인간은 모든 언어음을 발음할 수 있는 능력을 가지고 있을 것이다. 그 능력 중에서 어떤 부분이 발달되고 고정될지는 태어난 후의 후천적인 환경에 의하여 정해진다. 즉 **언어형성기**를 어떤 언어에서 지냈는가에 달려있다. 자신과 같은 세대나 비슷한 세대의 놀이 동무가 생겨 아이들 나름의 사회가 형성되는 시기로 부터 약 10년 정도의 기간을 언어형성기라고 부르며 이 시기는 두뇌도 신체도 일생 중 가장 유연하여 언어습득에 가장 적합한 시기이다. 누구나 언어의 천재인 시기이며 이 단계에 접한 언어는 특별한 노력 없이도 완벽하게 습득하게 된다.

이렇게 특정 언어를 획득함에 따라서 태어날 때부터 가지고 있던 능력 중 그 언어에서 사용하지 않는 부분은 억제된 상태로 남는다. 특히 언어형성기가 끝나는 사춘기에는 심리적 수치심이나 반항심으로 새로운 환경에 자연스럽게 동화할 수 없게 되고 생리적으로도 신체가 굳어지고 유연성을 잃어간다. 습득 면에 있어서도 소프트웨어적인 면과 함께 하드웨어적으로도 퇴화하는 것이다. 그 결과 자신의 모어는 완벽하게 구사하지만 다른 언어의 경우에는 어딘가 부족한 점이 있다. 예를 들어 음성적인 면에 있어서는 발음이 모어간섭을 받으며 듣는 능력도 완전하지 않다.

그런데 이것은 원래의 능력이 소멸한 것이 아니라 활용되지 않은 채 잠들어 있는 것에 불과하다. 그리고 이 잠들어 있는 능력은 훈련으로 되살릴 수 있다. 개인의 소질은 본래 차이가 있기 마련이며 연습을 하여도 그 언어의 모어화자와 완전히 같아지기는 어렵다. 그러나 어느 언어에서 구별하여 사용하는 언어음을 구별하여 듣고 그 언어의 발음으로 인정될 정도로 발음하는 것은 가능하다. 이를 필자는 음성학 교육을 통해 확인 할 수 있다.

「훈련」이라 해도 발음과 듣기는 조금 다르다. 발음은 능동적인 운동이며 말 그대로 근육훈련이다. 지금까지 모어에서 사용하지 않았던 근육의 사용법을 배우고, 사용하고 있는 근육의 새로운 조합 방법을 습득하기 위해서는 반복하여 연습할 수밖에 없다. 일종의 「체육」인 셈이다.

이에 비해 듣기의 경우 귀를 훈련하여 생리적으로 민감하게 만들 수는 없다. 청력은 생리적으로 일반적인 수준이면 된다. 모든 언어음은 보통 사람에게 들리는 범위 안에 있다. 모어를 들을 때 문제가 없는 사람이 「귀가 안 좋다」는 것은 있을 수 없다. 어떤 언어에서 구별되는 음성은 서로 다른 음파가 되어 듣는 사람의 고막을 자극하는데 그 차이가 들리지 않는다는 것은 듣는 사람의 뇌가 그 음성들을 모어처럼 반응하여 동일시하고 있기 때문이다. 즉 모어에 없는 구별은 듣지 않도록 길들여진 결과이다. 「귀의 훈련」이란 다른 언어음의 자극에 대하여 반응하도록 모어의 틀을 뛰어넘는 「두뇌훈련」이며 모어의 틀에서 벗어나서 있는 그대로의 음성에 귀를 기울일 수 있는가가 중요하다. 실제로 그 음성들을 구별하는 핵심을 배우고 들으면 귀의 기능은 그대로이지만 제대로 구별하여 들을 수 있게 된다.

이러한 훈련에는 좋은 교사가 필요하다. 발음의 요령을 가르치고 학생이 흉내낸 발음이 정확한지 판정하고 다양한 음성을 구별하여 들려 주는 교사가 있으면 빠르게 숙달할 수 있다. 그러나 이러한 기회가 없더라도 지금은 각종 녹음테이프, 비디오, CD-ROM을 구하기 쉬우며 국제음성기호의 음성을 들을 수 있는 인터넷 홈페이지도 있다[3]. 특히 CD-ROM이나 인터넷자료는 순서대로 들을 수밖에 없는 테이프와 달리 임의의 순서로 음성을 대비시키면서 들을 수 있어 추천할 만하다.

▌음성기관

그림 7.1은 음성기관(organs of speech)을 간략히 나타낸 것이다. 폐에서부터 입술에 이르는 여러 기관이 언어음성을 내는 운동에 관련되어 있는데 그 중 주요한 것을 살펴보자. 그리고 음성기관이라 부르지만 본래는 음성을 내기 위한 기관이 아니며 생명체의 유지에 꼭 필요한 호흡이나 음식물 섭취를 위한 기관을 음성을 내기 위해 부차적으로 이용하고 있다.

폐(肺 lungs)는 기류를 일으키는 역할을 하며 대부분의 음성의 기본이 되는 공기의 흐름을 만든다. 호흡운동은 숨을 들이쉴 때 적극적으로 근육을 수축시키지만 숨을 내쉴 때에는 폐가 자연히 느슨해진다. 음성은 이와 같이 내쉬는 숨을 적절히 이용하기 때문에

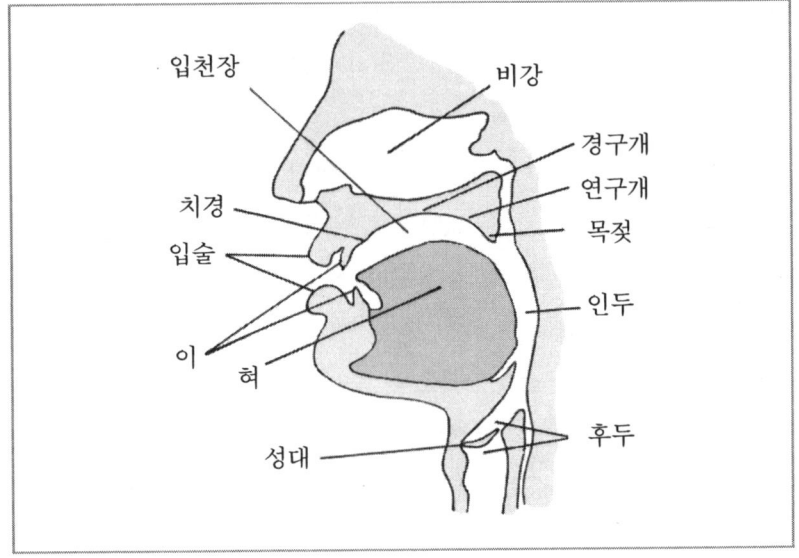

그림 7.1 음성기관

그다지 피로하지 않고 오랫동안 이야기 할 수 있는 것이다(들이쉬는 숨으로 [a, i, u, e, o]를 발음해 보면 듣기에도 거슬리는 건조한 소리가 나며 연속으로 발음하기도 어렵다.

　폐에서 나온 공기의 흐름이 호흡기관을 거쳐 도달하는 곳이 주요 음성기관인 **후두**(喉頭 larynx)이며 울대뼈가 있는 곳이다. 후두는 윤상연골(輪狀軟骨=環狀軟骨) 위에 있는 갑상연골(甲狀軟骨)이라는 가장 큰 연골이 감싸고 있다. 그 속에 좌우 한 쌍으로 이루어진 근육덩어리인 **성대**(声帶 vocal chords)가 있다. 예전에는 그 모양 및 개폐운동을 할 때의 모양이 입술과 닮아서 성순(声脣)이라고도 불렀다. 그 사이의 공간을 **성문**(声門 glottis)이라고 한다. 성문은 앞부분의 성대성문(声帶声門)과 파열연골(破裂軟骨)에 끼어있는 뒷부분의 연골성문(軟骨声門)으로 나뉜다. 이 두 성문은 독립적으로 움직이며 이곳을 지나는 날숨의 발성(発声)에 관련된다(자세한 것은 발음과 조음을 참조).

성대를 가까이 접근시켜 숨을 내쉬면 진동이 일어난다. 이 성대의 진동수 즉 「기본주파수(fundamental frequency)」가 목소리의 높이(피치)를 결정한다. 모든 언어의 억양, 일본어의 액센트, 중국어의 성조 등은 피치를 이용하고 있다. 그리고 성인 남성의 목소리가 일반적으로 성인 여성 및 어린이보다 상대적으로 낮은 것은 변성기에 울대뼈가 튀어나와서 성대가 길어지기 때문이다. 현악기의 현의 길이와 음의 높이와의 관계와 같다.

후두의 끝부분은 **인두**(咽頭 pharynx)에 연결되고 **구강**(口腔 oral cavity)에 이르는데 구강 내부의 천장을 **구개**(口蓋 palate)라고 한다. 치경(歯茎 보통 윗앞니의 바로 뒤의 볼록한 부분)뒤의 딱딱한 입천장 부분을 **경구개**(硬口蓋 hard palate), 경구개와 목젖 사이의 부드러운 부분을 **연구개**(軟口蓋 soft palate)[4]라고 한다. 연구개에서 특히 잘 움직이는 목 깊숙한 부분을 **구개범**(口蓋帆 velum)이라 부르며 그 끝부분의 돌출된 부분이 바로 **목젖**(uvula)이다.

구개범이 내려가면 내쉬는 공기의 흐름은 **비강**(鼻腔 nasal cavity)으로도 지나가지만 구개범이 올라가면 구개범과 인두벽의 사이가 차단되어 공기가 구강으로만 지나간다. 구강 내의 조음기관이 닫히고 구개범이 내려가서 비강에서 나는 소리를 비음(鼻音 nasal)이라고 하고 내쉬는 공기가 구강만 지나며 나는 소리를 구음(口音 oral)이라고 한다. 그리고 구음은 일반적이므로 비음에 비해 따로 언급하는 일은 별로 없다. 비음 이외의 음성을 내면서 동시에 구개범이 내려가 비강으로도 공기가 흐르는 것을 비음화(鼻音化 nasalization)라고 한다. 비강은 구개범에서 콧구멍까지의 통로를 말하며 비강 내부는 적극적으로 조음에 관여하지는 않는다. 구개 범이 밸브 역할을 하여 비강 통로를 열고 닫으면서 비음과 비음화 의 정도를 조절한다.

입천장(口蓋)과 달리 조음과 밀접한 관련이 있는 부분은 **혀**(舌 tongue)이다. 혀는 많은 신경으로 이루어진 민감한 근육조직이며 그 미묘한 움직임으로 구강의 형태를 바꾸어 많은 언어음을 만들 어낸다(많은 언어에서 혀가 「말, 언어」의 의미를 가지며 혀가 꼬인 다 등 발음에 관한 표현에도 이용되고 있다). 그래서 혀에 대한 명 칭도 자세히 분류하고 있다.

입을 다문 채 정상적인 호흡만 하는 상태(휴식 상태)에서 경구개 에 닿는 부분을 **전설면**(前舌面 front of tongue), 연구개와 마주하는 부분을 **후설면**(後舌面·奧舌面 back of tongue), 그 중간을 **중설면**(中 舌面 centre of tongue)이라 부른다. 인두벽과 맞닿는 부분이 **혀뿌리** (舌根 root of tongue)이다. 윗니의 잇몸에 닿는 부분을 **설단**(舌端 blade), 혀의 끝 부분을 **혀끝**(舌尖·舌先 tip), 앞니 이외의 치아에 접 한 부분을 설연(舌緣 rim)이라 한다. 전설면은 혀끝과 설단을 제외 한 혀의 앞부분으로 혀 전체로 본다면 가운데에 가까운 부분을 가 리킨다.

혀의 위치에 따라 분류할 때 혀 끝이 관여하는 **설선음**(舌先音·혀 끝음 apical)과 혀의 가운데 부분이 관여하는 **설배음**(舌背音 dorsal) 으로 나누며 이 경우 설선음은 혀끝과 혀의 아래면도 포함된다. 설배음은 전설면부터 설근까지를 포함한다. 설단도 독립시켜 **설단**

음(舌端的 laminal)의 세 가지로 나눌 수 있다.

음성의 명칭은 보통 치경음(齒莖音 alveolar)과 같이 조음점만으로 표시하나, 상세히 기술할 경우는 혀의 부위도 함께 나타내어 혀끝치경음(apico-alveolar)처럼 무엇이 어디에서 조음되는지로 나타내기도 한다. apico-는 혀끝을 나타내고, 설배면(혓등), 설측면을 각각 dorso-, lamino-라고 한다.

후두로부터 위쪽은 구강(또는 비강)을 통과하여 입술(또는 코)로 빠져 나오는 파이프의 모양이다. 이것을 **성도**(声道 vocal tract)라고 한다. 혀·입술·구개범의 움직임은 이 성도의 모양을 바꾸는 역할을 하고 있다. 턱도 성도의 모양을 바꾸는데 관여하고 있다. 이들에 의하여 인두·구강·비강 등으로 이루어진 공명실의 모양이 바뀌고 음향적으로 다른 음성이 만들어지는 것이다. 모음(vowel)을 예로 들면 성대진동에 의해 발생하는 소리가 성도를 통과할 때, 공명실의 모양이 바뀌어 공명하는 진동수가 변하여 각각의 모음의 음색이 만들어진다. 이 소리가 공기 중에 음파로서 퍼져나간다. 한편 넓은 의미에서 성도는 음성형성에 관련된 폐보다 위쪽의 모든 기관을 가리키기도 한다.

발성과 조음

음성기관은 후두 아래의 **발성**(発声 phonation)부분과 인두 위쪽의 **조음**(調音 articulation)부분으로 크게 나눌 수 있다. 공기흐름을 만드는 과정을 발성과 구별할 경우에는 「발동(initiation)」「발성」「조음」의 세 과정으로 나눌 수 있다. 다음 설명에서는 폐에서 기류를 발생시키는 경우를 대상으로 한다. 발음이란 발성과 조음을 합한 개념이며 단일음을 내는 조음과 달리 단어나 문장 등 발화전체를 나타낸다. 조음이란 여러 가지 음을 내기 위하여 후두(성문)보다 위쪽의 음성기관을 움직여 공명실의 모양을 바꾸는 운동을 말한다.

우선 조음과정부터 보기로 하자. 조음을 맡는 음성기관을 조음기관이라 하며 그 중에서도 입천장과 같은 수동적인 조음기관에 비하여 혀와 같이 능동적인 운동을 담당하는 기관을 조음자(調音者 articulator)라고 한다. 이 구별을 수동적(또는 정적) 조음자와 능동적 (또는 동적)조음자라고 부르는 경우도 있다(양자를 구별 없이 모두 조음자라고 부르는 이도 있다). 일본 의학계에서는 조음을 「구음(構音)」이라고 한다.

후두는 성문파열음 [?]에서 조음자로 쓰이기 때문에 이를 포함하여 조음이라고 부르는 경우도 있다. 그러나 후두의 본래의 역할은 날숨이 성문을 통과할 때에 소리를 만드는 것이며, 이를 조음과 구별하여 일반적으로는 발성이라고 부른다. 발성된 소리에 여러 조음작용이 더해져서 구체적인 음성으로 실현된다.

성문의 상태의 따라서 발성된 소리가 달라진다(그림 7.2). 성대에서의 발성의 방식에 따라 **유성음**(voiced)과 **무성음**(voiceless)이 만들어진다. 무성음을 발성에 포함시키는 것은 부자연스럽게 보일지 모르지만 이는 성대에서 발성하는 소리를 조절한다는 의미이다.

성대가 거의 붙어서 아주 작은 틈을 만들고 그 틈으로 폐에서 나오는 공기가 통과할 때 성대가 주기적으로 진동할 때 나는 소리가 유성음이다(그림 A). 성대는 개폐운동을 주기적으로 반복하면서

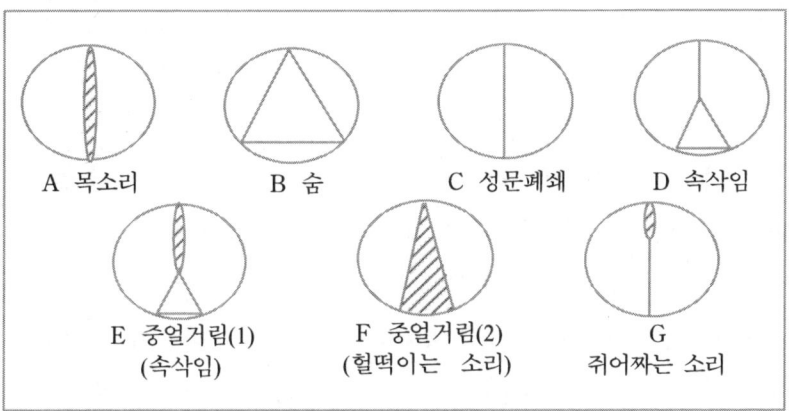

A 목소리　　　B 숨　　　C 성문폐쇄　　　D 속삭임

E 중얼거림(1)　　　F 중얼거림(2)　　　G
(속삭임)　　　(헐떡이는 소리)　　　쥐어짜는 소리

• *사선은 성문의 진동을, 삼각형은 성대가 열려 있음을 나타낸다.

그림 7.2 성문의 상태

소리를 낸다. 이렇게 발성된 소리와 일상에서 "저 사람은 목소리가 좋다"라고 하였을 때의 목소리는 다르다. 우리가 일상생활에서 목소리라고 할 때는 유성음인지 무성음인지에 관계없이 목소리의 전반적 인상을 말한다.

숨(breath)을 쉴 때에는 성대가 열려 있어서 폐에서 나오는 공기가 그대로 통과하며 이러한 상태에서 나오는 음이 무성음이다(그림 B). 유성과 무성의 차이를 알기 위해서는 양손으로 귀를 막고 발음해 보면 된다. 입을 다문 채로 [m::]이라는 소리를 내면 머리에서 웅하고 울리는데 이런 소리가 유성음이며 입을 다문 채로 강하게 공기를 내보내며 내는 무성음 [m̥::]의 경우에는 아무런 울림도 느껴지지 않을 것이다. 이러한 울림의 있고 없음에 의해 유성음과 무성음의 차이를 쉽게 알 수 있다.

성문파열음[ʔ]은 성문을 완전히 폐쇄한 상태(그림C)이며 숨을 멈추기만 하면 된다. 무거운 짐을 들 때처럼 힘을 쓸 때에도 성문은 닫히며 가볍게 기침을 할 경우에도 성문이 열리고 닫히는 것을 알 수 있다.

그리고 성대성문이 닫히고 연골성문이 열려있는 상태를 **속삭임**(whisper)이라고 한다. 이것을 **속삭임소리**(whispered)라고 한다(그림 D)[5]. 속삼임(whisper)의 경우 보통 때의 유성음 부분만이 속삭이는 상태가 되며 본래의 무성음 부분은 그대로 남는다. 「蛾がいる (나방이 있다)」의 첫소리 [ga]와 「蚊がいる (모기가 있다)」의 첫소리 [ka]를 속삭여 말할 때에도 구별할 수 있는 것은 속삭임소리 [k̥]와 보통의 [k]가 다르기 때문이다. 속삭임소리에 해당하는 기호는 일반적으로 무성화를 표시하는 [̥]를 사용한다.

속삭임과 비슷하게 연골성문이 열리고, 숨이 나오면서 동시에 성대성문에 아주 작은 틈이 생겨서 진동이 일어나는 소리를 **중얼거림소리**(murmur), **숨이 섞인 소리**(breathy voice), **속삭임소리**(whispery voice)라고 한다(그림 E). 중얼거림소리는 [ba̤]와 같이 기호 아래에 두점을 찍어서 표시한다.

숨과 목소리가 뒤섞인 이런 소리는 보통 소리보다 성문 전체가 넓게 열려 있는 상태이며 폐에서 나오는 다량의 공기가 빠르게 지나가면서 성대가 완만하게 진동할 때 난다(그림 F). 이른바 유성의 h [ɦ]는 이런 소리이다. 이 소리는 보통의 유성음(그림 A)과 다르므로 「중얼거림소리의 h」라고 부르는 사람도 있다. 학자에 따라서는 이러한 소리를 breathy voice, whispery voice, murmur와 같이 다양하게 분류하기도 한다.

다음으로 연골성문이 닫히고 성대성문의 윗부분만 약간 열려 있는 부분을 보통보다 적은 공기가 통과하여 완만하게 진동하며 나는 소리를 「creaky, creaky voice」라고 한다(그림G). 이런 소리는 무거운 것을 들어 올리면서 말할 때 나오기 쉬우며 [ba̰]와 같이 아래에 틸데(~)를 덧붙여서 나타낸다.

유성음과 무성음은 확연히 구분되는 것이 아니라, 여러 중간적인 단계가 있다. 일반적으로 유성음 또는 음운론적으로 유성음으로 해석되는 음이 그 전후의 환경에 의해 무성음이 되는 경우를 **무성화**라고 하며 음성기호 아래에 작은 원[̥]을 덧붙여서 나타낸다. 예를 들어 /sita/ [ʃi̥ta]의 모음 [i]는 무성화 되었다. 일본어 가나로 표기할 때에는 [シ△タ]처럼 가나문자의 아래나 오른쪽에 작은 삼각형 표시를 덧붙여서 나타낸다. 그리고 유성화는 [s̬]와 같이 아래에 작게 쐐기를 덧붙여서 표시한다[6].

다음으로 영어단어 bed를 발음할 때 b와 d는 모음과 접한 b의 뒷부분과 d의 앞부분만이 유성음이다. 그러므로 이런 소리를 반유성음이라 부르며 무성화를 표시하는 기호 [̥]를 사용하여 [b̥ed̥], 더 자세하게는 [b̥bedd̥]로 나타낸다. 반유성음처럼 시간적으로 일부분이 아니라 성대전체가 규칙적으로 진동하지 않아서 완전한 유성음(그림 A)이 되지 않는 murmur, creaky를 불완전 유성음이라 부르기도 한다.

성문파열음(폐쇄음)은 성문이 막힌 상태이므로 유성음이 존재할 수 없기 때문에 무성음으로 분류되지만 이는 협의의 무성음(그림 B)이 아니라 유성음이 아니라는 의미이다. 성문폐쇄음에서는 성문이 조음기관이며 발성에 해당되지 않는다. 그리고 성대의 진동이 없다는 점에서 속삭임소리도 넓은 의미의 무성음에 포함된다.

▌음성기호

음성은 그 자체로는 연구하거나 인쇄물로 전달하기가 곤란하기 때문에 보통은 음성기호를 표기한다. 여러 종류의 음성기호가 있으나 국제적으로 가장 널리 보급되어 있는 것은 국제음성학협회(국제음성학회 International Phonetic Association=IPA)가 정한 **국제음성기호**(International Phonetic Alphabet=IPA)이다. 음성기호는 하나의 단일음에 대해 하나의 음성기호를 부여하여 음과 기호 사이에 1대1 대응관계가 성립되도록 한 것이다. 각 언어의 정서법에서는 문자와 음성 사이에 차이가 있고 언어마다 다른 반면 음성기호를 사용하면 모든 언어에서 같은 음을 같은 기호로 표기할 수 있다.

국제음성기호는 각괄호 [ ]에 넣어 나타낸다. 소문자를 원칙으로 하며 일부 사용되는 대문자(정식으로는 소문자 크기의 대문자이지만 워드프로세서에서는 대문자로 대용)는 소문자 기호와 다른 음을 나타낸다. 어두에서나 문두에 관계없이 [n]와 [N], [b]와 [B], [r]과 [R]은 서로 다른 음이다. 기존의 로마자로는 부족하기 때문에 [c] [h] [m] [y] 등을 상하좌우로 뒤바꾸거나 그리스 문자에서 β r θ χ 등을 차용하고 더 나아가 ['] [ˉ] [.] 등의 보조기호를 음성기호에 덧붙여서 별개의 기호로 사용한다.

일본어에서는 음성문자와 음성기호를 구분하기도 하는데 광의의 음성기호는 음성문자를 포함하는 더 상위의 개념이다(그림 7.3 참조).

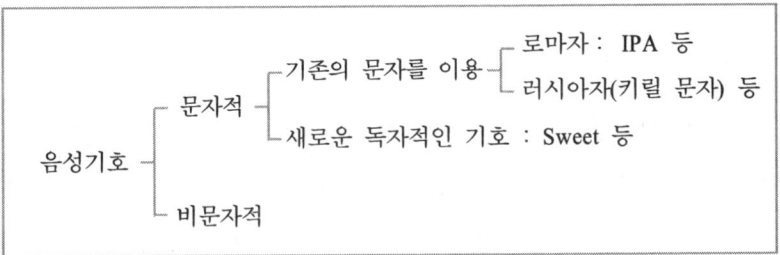

그림 7.3 음성기호와 음성문자

　비문자적 음성기호는 하나의 단일음을 조음상의 각 요소로 분석하고 분해하여 여러 기호로 나타내는 방식이다. 이 방식은 단어나 문장의 표시에는 적합하지 않지만 하나를 단일음을 자세하게 기술하는 데 이용된다. 다음으로 문자적 음성기호에는 독자적이고 완전히 새로운 기호를 이용한다. 기존의 문자에 얽매이지 않고 조음방법을 알 수 있는 합리적이고 일관된 기호체계이지만 음성과 기호의 관계를 새로 기억하는데는 시간이 걸릴 뿐만 아니라 인쇄과정에서의 어려움이 많아서 보급되지 않고 있다.

　이에 비해 기존의 문자체계를 이용하는 음성기호는 기호의 형태에 일관성은 없지만 익숙하다는 이점이 있다. 그 중에서도 국제음성기호는 영어·프랑스어·독일어 등을 모어로 하는 음성학자가 로마자에 기초하여 만든 것으로 기호와 소리와의 관계에 익숙해서 가장 널리 보급되었다[7]. 그러므로 음성기호라고 하면 보통 국제음성기호를 가리킨다. 국제음성기호는 제정된 이후 몇 차례 개정되었으며 2005년도 개정판이 최신판이다.

국제음성기호표

원문은 전체가 한 장의 표로 되어 있으며 그 내용은 자음(폐장기류), 자음(비폐장기류), 모음, 그 외의 기호, 초분절기호, 성조 및 고저액센트, 보조기호로 구성되어 있다. 부록에서는 지면상의 관계로 몇 개의 표의 위치를 바꾸었으나 표 안의 배열은 그대로이다.

우선 자음(폐장기류)의 표를 보는 법은 다음과 같다.

「자음표」의 가로는 조음점(point of articulation)을 세로는 조음법(manner of articulation)을 나타낸다. 하나의 칸 안에서 왼쪽 음성기호는 무성음(voiceless)을, 오른쪽은 유성음(voiced)을 나타낸다(「p b」등).

파열음이나 마찰음과 달리 비음에서는 유성음란에만 기호가 있는데 대부분의 언어에서 비음은 유성음으로 발음되기 때문이다. 보기 드물게 나타나는 무성비음은 [m̥]으로 표시한다. 이 [̥]와 같이 음성기호에 작은 변화를 주는 것을 **보조기호**(diacritics)라고 한다. 모든 언어음에 고유한 기호를 부여하는 대신에 주요한 소리 이외에는 보조기호를 사용하여 나타내려는 것이다. 따라서 자주 사용하지 않는 음성기호를 많이 만들 필요가 없으므로 효율적이다.

보조기호를 어디에 덧붙일지는 음성기호에 따라 거의 정해져 있다. 틸데(~)는 붙는 위치에 따라 의미가 달라진다. 아래는 creaky, 기호 중간에 덧붙이면 연구개화 또는 인두화, 위에 덧붙이면 비음화를 나타낸다. 두 점을 위에 붙이는 경우와 아래에 붙이는 경우도 달라진다. 한편 무성화 [̥] 처럼 아래에 붙이는 것이 원칙이지만 음성기호가 아래쪽으로 삐져 나와있는 경우에는 [ŋ̊]와 같이 위에 붙여도 된다.

▌국제음성기호의 자음의 조음점

조음점은 입술에서부터 후두를 향해 순서대로 배열된다.

양순음(両唇音 bilabial)은 윗입술과 아랫입술로 내는 소리로 [p, b, m]이 이에 해당한다. 그러나 윗입술과 아랫입술이 똑같이 움직이는 것은 아니어서 윗입술은 약간 움직일 뿐이고 아랫입술이 위를 향해 적극적으로 움직인다. 이런 의미에서 조음의 주체(articulator)는 아랫입술이다. 이는 입술만 그런 것이 아니고 턱도 마찬가지여서 아래턱이 움직이고 위턱은 거의 움직이지 않기 때문에 얼굴을 움직이지 않고 발음할 수 있다.

양순마찰음은 일본어에서는 무성음 [ɸ] (그리스문자의 ɸ에서 유래, 파이[8])의 마찰의 약한 소리가 외래어의 [f]의 발음에 나타나며 [β](β에서 유래)은 バ행 자음이 모음간에서 발음될 때 나타나기도 한다. [ɸ]의 조음에 대해 흔히 「촛불을 불어 끌 때처럼」이라고 말하지만 이는 정확하지 않다. [ɸ]는 윗입술과 아랫입술을 둥글게 하지 않고 가까이 접근시켜서 내는 소리이다. 촛불을 불어 끌 때에는 입술이 둥글게 앞으로 내밀어지는데 이 경우에는 「거꾸로 된 w」로 표기한다. (이 [ʍ]와 [w]는 입술과 연구개의 두 곳에서 조음되므로 단일 조음점을 나타내고 있는 자음표에는 포함되어 있지 않고 그 외의 기호에 포함되어 있다). 또한 [ɸ]을 입력하기 어려울 경우 일본에서는 이전의 IPA에 있던 [F]를 (또는 [f]도) 대용하기도 한다.

　　순치음(唇齒音 labiodental)은 윗니와 아랫입술에서 조음되는 소리이다. 사람의 앞니는 대부분 윗니가 조금 앞으로 나와 있어서 자연히 윗니와 아랫입술이 맞붙는다. 아랫입술을 가볍게 대는 것만으로도 쉽게 발음할 수 있고 부드러운 입술끼리 보다는 딱딱한 치아를 사용하는 편이 날카로운 마찰음을 조음하기 쉽기 때문에 [f] [v]는 많은 언어에 사용된다. 순치접근음의 [ʋ]은 필기체의 v(v의 이탤릭)로서 일본어에서 방언과 개인에 따라서는 ワ행의 [w]에 나타나기도 한다.

　　순치비음의 [ɱ]는 음운으로 사용되는 경우는 드물고 보통 [m]의 변이로서 나타난다. 예를 들면 상냥하게 웃으면서 マ행을 발음하는 경우 윗니가 아랫입술이 닿히는 경우가 많다[9]. 이것은 텔레비전에서 특히 여성의 발음에서 쉽게 관찰할 수 있다. 그리고 순치비음은 [f] [v]를 가지는 언어에서 [f] [v]의 바로 앞(예 e**mph**asis) 에 나타난다.

　　치음(齒音 dental)에는 두 가지 용법이 있다. 협의의 치음은 윗앞니를 사용한 **소리**(post-dental)와 **치간**(齒間)**소리**(interdental)의 조음만을 가리킨다. 치아를 사용하는 것이 포인트로 보통은 혀가 잇몸에도 동시에 닿는다. 넓은 의미에서는 이런 치음 외에도 **치경음**(齒莖音 alveolar)과 **후부치경음**(後部齒莖音 post-alveolar)을 포함한다. 치경음은 잇몸만으로 조음하며 후부치경음을 포함한 총칭으로도 사용된다. post-dental과 interdental은 거의 같게 들리며 치경음(alveolar)의 경우에도 혀를 평평하게 하면 구별이 어렵다. 전형적인 치경음은 혀끝을 약간 말아 올려 파찰음적인 음색을 냄으로써 구별된다.

　　위의 소리들은 마찰음을 제외하면 넓은 의미의 치음으로써 구분

하고 있으며 필요에 따라 보조기호를 붙여 구별한다. 예를 들면 치아와 치경의 경계에 혀끝을 붙여서 발음하는 일본어인 タ·テ·ト 등의 post-alveolar는 [t̪]와 같이 치아를 모방한 기호를 덧붙이고 영어의 take처럼 혀끝이 치아에 닿지 않는 치경음은 [t]처럼 혀가 뒤쪽으로 간다는 의미에서 아래에 마이너스 기호를 붙인다. 또는 치경음에는 어떠한 표시도 하지 않고 post-dental에는 치아모양 기호, post-alveolar에는 마이너스 기호를 붙이는 방법도 쓰인다. 간략표기로는 양쪽 모두 [t]로 쓰며 [d] [n]도 마찬가지이다.

치음 중에서 마찰음은 조음점마다 다른 음성기호를 사용하기 때문에 표 전체에서 마찰음이 가장 많다. 영어의 thin, that 등 th로 대표되는 치음인 [θ] (theta)와 [ð] (eth)는 각각 interdental인 경우와 post-dental인 경우가 있는데 음색은 거의 동일하다.

모음 사이의 ㄹ행자음은 [ɾ]이고 [r]은 굴림소리이며 영국 영어의 red의 첫소리는 접근음인 [ɹ]이다.

권설음(捲舌音 retroflex)은 혀끝과 경구개 사이에서 조음되는 것으로 혀끝을 말아 올려 내는 소리이며 인도의 여러 언어에 많이 나타난다. 기호는 모두 치음기호의 끝을 늘려서 우측으로 휘어진 형태로 나타낸다. IPA이외에서의 표기법에서는 「cerebral, cacuminal」이라고도 하며 ṛ처럼 아래에 점을 달아 표시하는 경우도 많다(단이 경우는 보통 혀끝이 떠는 음을 가리킨다). 또한 권설음은 혀의 모양을 문제로 삼고 있기 때문에 조음법에서 취급하고 조음점으로는 분류하지 않는 입장도 있다.

경구개음(硬口蓋音 palatal)에서 목젖소리까지는 혓바닥을 사용하여 조음한다. 경구개음은 전설을 경구개에 붙여 발음하는데 혀끝

을 아래 앞니와 잇몸에 확실히 붙이는 것이 중요하다. 혀끝이 위로 올라가지 않도록 주의하면 혀와 구개의 폐쇄위치나 접촉 면적이 조금 달라도 문제가 되지 않는다. 개략적으로 말해서 경구개의 파열음은 キャ의 チャ에 가까워진 소리 (단 チャ는 혀끝이 위에서 기술한 것과 차이가 있어 다르므로 그래서 キャ가 더 낫다)이다. 이 파열음은 헝가리어에 무성/유성 모두 나타난다. 전반적으로 경구개파열음은 그다지 안정적이지 않기 때문에 파찰음인 [tʃ] [dʒ]로 변화하기 쉽다.

이전에는 경구개의 유성마찰음과 접근음을 같은 기호 [j]로 표시했다. 두 소리를 구별하는 언어가 알려져 있지 않았기 때문이지만 1989년판 이후에는 마찰음의 표기에는 새로운 기호 [ʝ] 가 부여되었고 [j]는 접근음만을 표시하게 되었다 (IPA이외의 표기법에서 [j]는 [ʥ]나 [ɟ]를 표시하기도 한다). 어두의 ヤ행 자음은 접근음인 [j] (일본어의 로마자표기법에서는 y를 사용하지만 IPA에서 [y]는 다른 모음기호이다)를 사용한다. 일본어의 ヒ/ヒャ/ヒョ/ヒュ는 마찰음의 [ç]이지만 [ç]에 대응하는 유성음 [ʝ]를 발음하기 위해서는 연습이 필요하다. [ʎ]은 모양이 비슷한 그리스문자 λ(lambda)로 표기하기도 한다.

연구개음(velar)은 후설과 연구개에서 이루어지는 조음이다. 연구개음은 전후의 음 특히 후속모음의 영향으로 조음점이 바뀌는 경향이 있다. [i] 또는 [j]의 앞에서 조음점이 앞으로 이동하여 경구개음에 가까워진다. 움직임이 두드러지며 조음점이 앞으로 나와 후부경구개음에 가까워 진다(일본어의 「キ・キャ」와 「ク」를 비교). 그리고 목젖소리와 연구개음의 대립이 없는 일본어에서는 カ나 ク

의 자음은 연구개음 중에서도 뒷쪽에서 조음된다. 그러므로 조음점이 앞쪽인 [x]의 발음에 어려움을 느낀다.

연구개 유성파열음은 이전에는 숫자 「9」와 닮은 [g]만을 인정하였지만 지금은 숫자 「8」과 유사한 [ɡ]도 인정하고 있다. 비음인 [ŋ]은 ガ행 비탁음(鼻濁音)의 자음이며 비탁음으로 발음하지 않는 사람들은 모음사이의 ガ행자음을 유성마찰음인 [ɣ]로 발음한다. 예를 들면 [kaŋe]와 [kaɣe] (影)로 발음한다. 접근음 [ɯ]는 (영어 등의 [w]와 다르다) 일본어 ワ행의 어두자음이라는 설도 있지만 본래 [ɯ]는 마찰음 [ɣ]의 조음에서 혀와 연구개가 더 멀어져 마찰이 없어진 소리로 입술은 조음에 관여하지 않는다. 그러므로 조금이라도 마찰이 있으면 일본어화자는 ガ행자음으로 듣는다. 그리고 ワ행자음은 약하기는 해도 양순이 좁아지는 동작이 확실히 있다는 차이가 있다.

구개수음(목젖소리 uvular)은 일본어의 「ホン (책).」과 같이 「ン」으로 끝나는 경우에 [N]의 가벼운 변종으로 나타나며 「ン」 뒤에 다른 음이 연속할 경우에는 「ン」은 다른 음으로 발음된다.[10] 그리고 일본어에서는 [Na] 같은 개방자음으로는 나타나지 않는다. 무성마찰음 [χ]는 ハ와 ホ의 자음에 나타나기도 한다. 그리고 입천장에서 발음되는 소리는 보통 혀가 조음자이지만 목젖굴림소리만은 목젖이 조음의 주체가 된다. 굴림소리를 나타내는 [R]은 이전에는 권설음으로도 사용되었지만 1989년판 이후에는 굴림소리만으로 사용하게 되었다. 이 소리를 거꾸로 한 [ʁ]이 유성마찰음 (ʁ로 대체가능)이다.

인두음(pharyngeal)은 설근을 인두벽에 접근시켜서 조음한다. 아래턱을 당기고 무언가를 삼키듯이 발음하면 된다. 인두음에는 h에 가로획을 그은 [ħ] (무성마찰음)와, 성문폐쇄음의 좌우반대 모양인 [ʕ] (유성마찰음) 기호만이 사용되고 있다. 인두음에서는 무성음과 유성음의 조음방법이 조금 다른 경우가 있으며 유성인두파열음은 발음이 불가능하다.

성문음(glottal)에는 파열음과 마찰음이 있다. 성문파열음은 모음으로 시작하는 단어를 확실하게 발음하려고 할 때에 나타난다. ([ʔame] (雨) 등). 이렇게 명확하게 발음하는 것을 「명료한 시작음 (clear beginning)」이라고 하며 「점차적인 시작음(gradual beginning)」과 대립된다. 그러나 일본어에서는 [ʔ]의 유무로 단어가 구별되는 일은 없기 때문에 일반적으로 표기가 생략되므로 [ʔ]을 인식하기 어렵다. 반대로 「명료한 끝소리(ending)」는 「トー가 아니라 ト」같이 장음과 단음을 대비할 때 짧게 끊어 발음하는 경우에 나타난다 ([toʔ]). 언어에 따라서는 어중에도 성문파열음의 유무를 구별해 사용하기도 한다. [h]는 일본어의 「ヘ」음에 많이 나타나며 일본어의 「ヒ」・「フ」음에는 나타나지 않으므로 [hi] [hu]를 발음할 경우에는 별도의 연습이 필요하다. 유성마찰음 [ɦ]는 모음간의 ハ행자음을 대충 발음할 때 나기 쉬운 トーホクダイガク (東北大学)의 「ホ」등에 나타나는데 [トークダイガク]에 가까운 발음이 된다.

▍국제음성기호의 자음의 조음법

자음의 조음방법의 배열은 표의 좌측 위칸에서 아래칸으로 갈수록 조음점의 열린 정도가 더 커진다.

「**파열음**(破裂音 plosive)」은 **폐쇄음**(閉鎖音 stop)이라고도 하는데 パ・タ・カ행 및 バ・ダ・ガ행의 자음이 그 예이다. 폐쇄음은 완전한 폐쇄를 만듦으로써 발음되는 소리를 뜻하는데 무성폐쇄음의 경우 폐쇄단계에서는 아무런 소리도 나지 않는다. 유성폐쇄음의 경우에도 파열하는 순간을 소리로 인식한다. 즉 [pa] [ba]와 같이 급격하게 폐쇄가 개방되는 순간(外破 explosion)이나 [ap] [ab]와 같이 열린 상태에서 급격하게 폐쇄하는 (內破 implosion) 순간을 소리로 인식한다. 유리관을 불면서 손가락으로 출구를 열고 닫을 때 소리가 나오는 것과 같은 원리이다.

예를 들어 [pa]의 경우 [p]에서 [a]로 바뀌는 부분 및 그 부분에서 발생하는 소리를 **경과음**(glide)이라고 한다. 이 부분은 [p]의 off-glide이면서 동시에 [a]의 on-glide이다. [ap]에서도 마찬가지여서 [a]의 off-glide이면서 [p]의 on-glide인 부분에서 소리를 인식한다. 둘다 파열의 순간 즉 바뀌는 부분이 중요하다. 이렇게 바뀌는 부분은 비음이나 마찰음에서도 중요하여 [ma]의 자음을 무성화하여 [m̥a]로 발음해 보면 비음에도 파열이 있다는 것을 알 수 있다. 그리고 [p]의 폐쇄부분 등 같은 상태를 유지하고 있는 부분을 지속부(持續部 hold)라고 한다.

이상의 이유로 파열음이라고 부르는데 내파(內破)까지 파열에 포함시키면 파열은 폐쇄가 있기 때문에 비로소 발생하고 폐쇄는 파열이 있기 때문에 비로써 그 존재가 소리로서 들리는 관계에 있으므로 결국 관점의 차이로 파열음과 폐쇄음이라고 다르게 부르지만 같은 의미로 사용한다.

그러나 파열음과 폐쇄음의 관계는 학자에 따라 정의가 다르며 현실적인 용법도 상당히 복잡하다. 「파열」이라는 단어의 의미에서 파열음을 [pa]와 같은 개방자음의 외파음(explosive)의 [p]로만 한 정하고 [ap]와 같은 내파음(implosive)의 [p]는 개방을 동반하지 않 기 때문에 파열음에 포함시키지 않는 분류도 있다[11]. 내파음을 파 열음에 포함시키지 않을 때는 다음의 두 가지 견해가 있다. 먼저 외파음을 파열음으로 보고 내파음은 폐쇄음으로 보는 견해가 있 다. 그리고 파열음에는 외파음만 포함시키고 폐쇄음은 외파음과 내파음을 모두 포함시키는 견해도 있다. 이 경우 폐쇄음 쪽이 범위 가 넓다. 그리고 폐쇄음을 가장 넓은 의미로 사용하여 성문 또는 연구개에서 폐쇄가 이루어지는 조음도 모두 폐쇄음에 포함시키는 견해도 있다.

비음(nasal)은 구강 내에서 폐쇄를 만들며 동시에 구개범(口蓋帆 즉 연구개)이 내려가 날숨이 비강을 통해 나올 때 나는 소리이다. ナ행과 マ행의 자음이 비음이며 「비자음(鼻子音)」이라고도 한다. [ã] 등의 「비음화모음(nasalized vowel), 비모음(nasal vowel)」도 비 강으로 날숨이 지나가지만 구강 내의 폐쇄가 없다는 점이 비자음 과 다르다.

그리고 감기로 코가 막혔을 때 이를 흔히 「콧소리」라고 하지만 음성학적으로는 반대로 날숨이 비강을 제대로 통과하지 못하는 상 태이다. 코를 막고 [atama](머리)를 발음할 때 이상하게 들리는 부 분은 구강음이 아니라 비음 [m] 부분인 것을 알 수 있다. 감기일 경우에는 비음이 비강에서 제대로 공명하지 못하며 그렇기 때문에 이상하게 들리는 것이다.

굴림소리(trill)에서 조음자(양순([ʙ]), 혀끝([r]), 목젖([ʀ])) 자신이

적극적으로 진동 운동을 하는 것은 아니고 날숨이 지나면서 조음자가 떨리는 것이다. 조음자에 힘을 주고 있으면 떨리지 않으므로 힘을 빼고 자연스럽게 날숨에 맡기는 것이 비결이며 그래야 자기가 의식적으로 조음자를 움직이는 것보다 더 빠르게 떨린다. 일본어에서 [r]은 특수한 어조에서는 ラ행 자음에 나타나기도 하며 스페인어에서는 굴림소리 [r]과 탄설음이 구별된다. [ʙ]는 언어음으로서는 거의 사용되지 않는다.

탄설음(弾舌音 flap)은 조음점을 한번만 튕겨서 내는 소리이다. IPA에서는 「tap or flap」이라고 하는데 보통은 모두 탄설음이라고 번역하지만 양자를 구별할 때는 조음자가 조음점의 한 점만 건드리는 것을 tap이라 하고 조음자가 조음면에 접촉하는 것을 flap이라고 한다. 치음의 [ɾ]은 혀끝이 치경을 향해 두드리는 tap이고 권설음의 [ɽ]는 말린 혀가 평평하게 될 때 혀끝에서 혀뿌리에 이르는 부분이 치경 뒷부분에 닿는 flap이다. 치음의 [ɾ]은 스페인어 어중의 r (rr은 굴림소리임)에 나타나며 권설음의 [ɽ]는 힌두어에 나타난다.

마찰음(fricative)은 조음점의 간격을 좁게 만들어 그곳을 기류가 통과할 때에 마찰에 의해 생기는 소리를 말한다. サ행 자음은 마찰음이고 ザ행 자음은 마찰음일 경우도 있고 파찰음일 경우도 있다. 일본인은 유성마찰음 [ʒ] [z]와 유성파찰음 [ʤ] [dz]의 차이에 주의해야 한다. 그리고 파열음·마찰음·파찰음을 총칭하여 **저해음**(沮害音 obstruent)이라고 한다.

측면마찰음(lateral fricative)은 혀를 입천장에 붙인 채로 혀의 양옆을 열어 기류가 혀의 양옆을 통과할 때 마찰이 생기는데 그 동안에 혀끝을 붙인 채로 있어야 한다. 음성기호는 이를 반영하고 있으며 [l]을 토대로 무성은 [ɬ], 유성은 [l]에 유성마찰음 [ɮ]를 조합한 [ɮ]을 사용한다.

이런 설측적(lateral)인 조음에 비교하여 기류가 가운데로 통과하는 소리를 중앙적(median, central)이라고도 하는데 대부분의 발음이 이에 해당하므로 중앙적이라는 표현은 보통은 사용하지 않는다.

파찰음(affricate)은 국제음성기호표에는 없지만 파열음과 같은 조음위치의 마찰음이 하나로 되어 계속되는 소리로 파열음과 파찰음 사이에는 음절경계나 형태소경계가 없다. 이런 관점에서는 영어의 복수형 cats, cards의 [ts] [dz]는 파찰음으로 간주하지 않는다. [pf]에서 [qχ]까지 여러 파찰음이 알려져 있지만 치음 계열이 가장 일반적이다. 일본어에서도 チ와 ツ의 자음이 각각 [tʃ] [ts]의 파찰음이다. 파찰음에도 유성음 ([ʤ] [dz] 등), 유기음([tsʰ] 등), 방출음 ([ts'] 등)이 가능하다.

파찰음 표기법에는 (1) 이처럼 두 개의 기호를 나란히 쓰는 방법, (2) 이음줄로 묶어 명시하는 방법 ([t͡ʃ]) 또는 [t͡s] (3) 두 기호를 합쳐 하나의 기호로 만든 합자 [tʃ] [ts]를 사용하는 세 가지 방법이 있지만 인쇄 상으로는 (1)이 편리하다. (1)의 방법에서도 두 기호가 하나의 단위이다 (チ[tʃ] 와 ツ[ts] 기호를 나는 파열부분의 [t] 는 조음점이 다르다). 영어의 church 등 ch 파찰음에 대하여 nut-shell 등 [tʃ] 는 그 사이에 음절경계가 있어서 파찰음이 아니다. 이것을 구분하여 쓸 때에는 파찰음 표기와 혼동하지 않기 위해 (1)의 방법에서는 [t-ʃ] 와 같이 - 을 넣고 (2)와 (3)의 방법에서는 그대로

[tʃ] 로 표시한다. 그러므로 [tʃ] 만으로는 어느 쪽인지 아닌지 알
수 없다.

접근음(approximant)은 조음점을 좁게 만들기는 하지만 그것이
마찰을 일으킬 만큼 두드러지지 않는 음을 말한다. 접근음이라는
명칭 때문에 마찰이 일어날 만큼 접근하고 있는 음으로 오해하기
쉽지만 마찰이 일어나지 않을 만큼만 접근하는 것이다. IPA는 유
성음 기호만 있다.

접근음은 1979년판부터 사용되기 시작한 용어로 그 전에는 「무
마찰지속음과 반모음」의 난에 있었다. 이전의 용어에서도 알 수 있
듯이 「지속성」의 관점에서 보면 두 종류의 음이 여기에 포함된다.
하나는 영어의 red의 [ɹ]과 같이 마찰은 거의 없지만 일정한 위치
에서 조음되는 소리이고, 다른 하나는 ヤ행의 [j]와 같이 [i]의 위치
에서 바로 다른 모음으로 바뀌는 소리 (반모음 semivowel)이다. 후
자처럼 지속부가 없으면서 다음 음으로 바뀌고 있는 소리를 **경과음**
(gliding sound)이라고 하며 [w]와 [ɥ]도 이에 포함된다. 이 「경과음」
을 glide라고 부르기도 한다.

측면접근음(lateral approximant)은 「측면비마찰음」이라고 된 난에
나탄난다. 일반적으로 「측면음」이라고 하면 측면접근음을 말하며,
[l]이 그 대표적인 예이다. 이 소리는 경과음이 아니라 모두 지속부
가 있는 「지속음」이다. 마찬가지로 유성음이 일반적이다. 연구개
음의 [ʟ]은 1989년부터 채택되었다.

유성음 [l]의 경우는 측면에서의 마찰이 들리지 않지만 같은 조
음점의 무성음 [l̥]의 경우에는 마찰이 발생하여 「측면마찰음 [ɬ]」
에 가까워진다. 무성음 쪽이 날숨의 양이 많은 점과 마찰이 성대의

진동에 의해 청각적으로 사라지는 일이 없기 때문일 것이다. 그렇기 때문에 유성음과 같은 정도의 마찰을 내기 위해서는 무성음을 조음할 때 측면의 공간을 조금 넓게 하고, 날숨의 양을 적게 하여 마찰이 적어지도록 할 필요가 있다. 이것은 앞에서 기술한 (비측면=중앙적)접근음의 경우에 더 필요하다. [ʋ] [j]를 무성으로 한 경우 마찰을 상당히 적게 해도 마찰음인 [f] [ç]의 한 종류로 들린다.

그리고 IPA의 용어는 아니지만 대개의 언어에서 l이나 r로 표기하는 설측음·굴림소리·탄설음·접근음을 총칭하여 전통적으로 유음(流音 liquid)이라고 부르기도 하는데 이들 음들을 구별하지 않고 사용할 때 편리한 명칭이다. 유음과 비음을 합쳐서 **공명음**(sonorant)이라고 한다.

▌ 국제음성기호의 모음의 조음

모음은 기류가 구강에서 아무런 장애를 받지 않고 흘러나갈 때 나는 소리이다. 혀의 위치와 입술의 모양에 따라 구강의 모양과 크기가 바뀌며 그에 따라 모음의 음색이 바뀐다. 모음은 다음의 세 가지 요소에 의해 기술한다.

(1) 「혀의 상하 위치」 ― 혀의 조음점이 높으면 구개와의 사이가 좁고 낮으면 넓어진다. 각각을 **폐모음**(close)과 **개모음**(open)이라고 하며 중간에 **반폐모음**(close-mid)과 **반개모음**(open-mid)을 설정한다. 폐모음과 개모음을 각각 「고모음(high)」「저모음(low)」이라고도 부른다.

(2) 「혀의 전후 위치」— 「**전설모음**(front)」「**중설모음**(central)」
「**후설모음**(back)」의 세가지가 있다.

(3) 「입술의 원순성」— 원순성에 의해 「**원순모음**(rounded)」
과 「**비원순모음**(unrounded)」으로 나눈다.

모음은 자음과 달리 폐쇄나 좁힘을 일으키지 않기 때문에 기술
하거나 학습하기가 어렵다. D. Jones는 현실의 모음을 규정하기 위
해서 이론적으로 설정한 척도인 「**기본모음**(Cardinal Vowels)」을 정
하였다. 이에 대해서는 비판도 있지만 기본모음은 척도이므로 이
것을 따를지 말지의 문제이며 대부분의 연구자는 이를 따르고 있
으며 IPA도 이를 따르고 있다.

IPA의 모음표(모음사각도)에는 8개의 모음 [i, e, ɛ, a, ɑ, ɔ, o, u]
가 「제1차(primary)기본모음」이고 10개의 모음 [y, ø, œ, Œ, ɒ, ʌ, ɤ,
ɯ ; ɨ, ʉ]가 「제2차(secondary)기본모음」이다. 표의 가운데에 있는
모음은 기본모음이 아니며 [æ]는 기본모음에 포함되지 않는다.

기본모음은 다음의 순서로 설정되었다. 먼저 혀가 제일 앞에 있
으면서 가장 좁은 모음을 기본모음 1번으로 하여 [i]로 나타낸다(C
[i]라고도 쓴다). 더 좁아지면 더 이상 모음이 아닌 한계점이다. 마
찬가지로 혀가 가장 뒤쪽이면서 입을 가장 넓게 벌린 모음을 기본
모음 5번으로 하고 [ɑ] (ɑ로 대용가능)로 적으며 이 모음도 한계점
에 있다. 이 두 모음의 조음점을 결정한 후 그 사이를 청각적으로
등간격으로 4등분하여 각각 2번 [e], 3번 [ɛ], (ɛ로 대용가능), 4번
[a]으로 정한다. 청각적 등간격성을 계속 적용하여 5번 [ɑ]에서 순
차적으로 6번 [ɔ], 7번 [o], 8번 [u]을 정한다.

제1차 기본모음의 혀의 위치를 그대로 두고 입술의 원순성을 바꾼 것이 제2차 기본모음 8개이다. 후설모음인 5번은 비원순모음이므로 제1차 기본모음의 후설모음이 모두 원순모음인 것은 아니며 5번에 대응하는 13번 [ɒ]은 원순모음이 된다.

모음사각도에서 테두리 밖은 모음이 아니므로 모음은 모두 이 테두리 안의 어딘가에 위치하게 된다. 예를 들면 A언어의 [e]는 기본모음 2번과 3번의 중간이고 B언어인 [o]는 기본모음 7번보다 넓고 원순성은 더 작다라고 기술할 수 있다. 기본모음과 거의 같은 모음일 때에는 기본모음의 모음기호를 그대로 사용하여 [i]와 같이 표시하지만 이론적으로 기본모음은 모음사각도상에서 「점」으로 설정되어 있는데 비해 실제의 모음은 그 「점」을 중심으로 하는 영역이다.

D. Jones의 기본모음은 음향적으로도 근거가 있다. 모음의 고유 음색을 음향적으로 규정하는 제1, 제2 「포먼트(formant)」를 X축에 F2, Y축에 F1의 형태로 표시하면 IPA의 모음사각도와 비슷해진다.

기본모음을 연습할 때에는 D. Jones가 직접 녹음한 자료를 이용하는 것이 가장 좋다(인터넷에서도 들을 수 있다)[12]. 앞에서 모음을 기술하는 세 가지 조건을 서술했는데 이것은 하나의 편법에 지나지 않으며 개모음의 경우에 혀의 높이는 중요하지 않다. 모음은 구강의 전체적인 모양이나 그 공명실의 형태에 의해 결정되므로 연습할 때에는 귀로 듣고 따라하는 것이 중요하다.

모음기호에서는 일반인에게는 활자체와 필기체의 차이일 뿐인 기본모음 4번 [a]와 5번 [ɑ]는 다른 모음이다. 10번 [ø]은 [o]에 비스듬하게 선을 그은 것이고 11번 [œ]는 소문자 o와 e를 합친 기호이며 12번 [Œ]은 (1979년판부터 사용됨) 작은 대문자 o와 e를 합친 기호이다. 13번 [ɒ]은 5번을 거꾸로 한 것이며 14번 [ʌ]는 v를 거꾸로 한 것이다. 15번 [ɤ]는 연구개마찰음 [ɣ]와 달리 아래로 내려가지 않은 작은 모양이다. 16번 [ɯ]은 m을 거꾸로 한 것이고 [θ]은 o의 가운데에 가로로 선을 그은 것으로 치간마찰음 [θ]와는 다르다. [ɪ]와 [ʊ]¹³⁾는 이전에는 각각 산세리프체인 [ɪ]와 [ʊ]가 이용되었다.

이들 모음은 모두 「단순모음 monophthong」이며 음절경계 없이 두 모음이 연속하는 것을 **이중모음**(diphthong)이라고 한다. 이중모음은 같은 음절에 속해야 하며 모음 사이에 음절경계가 있는 경우에는 「모음연속(hiatus)」이라고 한다. 단 모음연속은 이중모음과 히아투스를 구별하지 않고 단순히 모음이 연속하고 있는 현상을 가리키는데 사용되기도 한다. 이중모음의 구성요소 중 한 모음이 「음절주음(syllabic)」이 되고 다른 모음은 「음절부음(non-syllabic)」이며 음절부음은 보통 경과음으로 짧게 발음된다. 음절부음은 기호 아래에 반달모양을 붙여서 [ai̯]와 같이 나타낸다. 이전에는 [ai̯]로 표기했지만 지금은 기호위에 붙이는 반달모양은 매우 짧은 음이라는 의미이다. 「삼중모음(triphthong)」도 가능하다. 한편 히아투스를 명시할 때는 음절의 경계 표시 [.]를 사용하여 [a.i]로 표기한다.

▌조음과 발성의 타이밍

언어음 중에는 조음과 발성의 시간적인 순서가 중요한 경우도 있다. **기식**(気息 aspiration)의 유무에 따른 **유기음**(aspirated)과 **무기음**(unaspirated)의 구별이 좋은 예라 할 수 있다. 일본어는 기음의

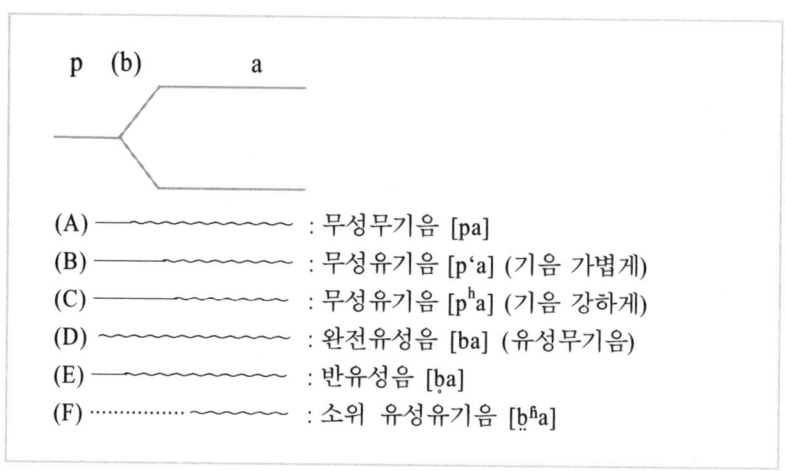

그림 7.4 조음과 발성의 타이밍

유무를 사용하지 않지만 한국어·중국어·류쿠방언 등은 기음의 유무를 구별하여 사용한다. 유성과 무성의 기호를 사용하는 영어에서조차 기음의 유무가 중요한 작용을 하고 있는 것으로 알려져 있다.

[pa] [ba]의 발음을 예로 들어 보자. 그림 7.4는 양 입술이 닫혀 있는 상태 [p] [b] (폐쇄상태는 한 줄로 된 선으로 표시한다)에서, 그것이 개방되어 [a]로 이행하고 입술이 열려 있는 상태 (두 줄 선으로 표시한다)에 도달할 때까지를 성대의 상태를 함께 표시한 것이다. 발성에 있어서 −는 성대가 진동하지 않는 상태, ∼는 성대가 진동하고 있는 상태, … 은 중얼거리는 상태를 나타낸다.

(A)와 같이 닫혀 있던 양순 [p]의 파열과 함께 성대가 진동하기 시작하는 것이 **무성무기음**이다. (B) (C)와 같이 파열 후 조금 늦게 성대의 진동이 시작되면 그 동안에 날숨이 빠져 나와 기음 ([h][χ])이 생기는데 이것이 **무성유기음**이다. 기음은 기음의 유무로 이분되

는 것이 아니라 언어에 따라 또는 어두/비어두 혹은 액센트의 유무
등의 환경에 따라 여러 단계를 가질 수 있다. (B)보다 (C)가 기음이
길고 강하다. 이 차이는 파열되는 시간과 성대가 진동하는 시간의
차이에 따라 생긴다. 이러한 개시시간을 VOT(Voice Onset Time)
라 한다. (D)(E)의 유성음의 경우에도 VOT에 의해 완전유성음과
반유성음이 구별된다.

성대가 열려 있는 무성음 다음에 빠르게 성대를 진동시키는 것
은 생리적으로 어려우며 일반적으로는 진동이 파열보다 매우 조금
늦어져서 가벼운 기음이 발생하는 경향이 있다. 완전한 무기음을
내기 위해서는 폐쇄의 지속단계에서부터 성대를 긴장시켜 진동할
수 있도록 준비를 해 둘 필요가 있다. 무성무기음이 종종 후두의
긴장 (때로는 폐쇄)을 동반하는 것은 이 때문이다.

IPA에서는 무성유기음을 [ʰ]와 같이 음성기호의 오른쪽 위에
달아 표시하지만 관용적으로는 [pʻa]와 같이 [ʻ]도 이용된다[14]. 연
구자에 따라서는 [h] > [ʰ] > [ʻ]의 순으로 기음의 정도를 나누어 표
시하는 경우도 있다. 무기음은 별도로 표시하지 않지만 후두의 긴
장을 동반할 때는 [pʼa] 혹은 [b̥a]로도 표기한다([ʼ]을 사용하지만
방출음을 나타내는 것은 아니다. 일본어의 표준어와 같이 기식의
유무로 단어를 구별하지 않는 언어의 경우에는 간략표기에서는 기
식을 표시하지 않는 경우가 많다. 그러므로 [pa]가 기식이 없다는
것을 의미하지는 않지만 [pʰa]는 반드시 기식이 있다는 것을 의미
한다.

(F)는 인도의 여러 언어에서 잘 알려진 bh 등의 유성유기음의 경
우이다. VOT는 무성의 유기음과 같지만 폐쇄단계에서 무성음이

아니라 성대의 진동이 약간 있으며 개방 후에도 무성의 기식 대신에 성대의 진동이 불완전하게나마 계속된 후에 완전한 진동을 하는 모음으로 이행한다. 지속부가 완전한 유성음이 아닌 이 소리는 「murmured stop」이라고도 하고 [b̤ʱ](혹은 [b̤ʰ], [bʱ])로 간략화하여 [bh])로 표기한다.

∥ 폐 이외의 기류체계

지금까지는 폐장기류체계(pulmonic air-stream mechanism)를 대상으로 설명하였는데 다른 기류체계(후두기류체계와 연구개기류체계)도 있다.

후두가 잘 움직인다는 것은 갑상연골에 손가락을 대고 침을 삼켜 보면 알 수 있다. 이 때 후두는 손가락 위로 올라갔다가 다시 내려올 것이며 이는 후두가 들어올려져서 후두개에 붙고 후두개가 뚜껑이 되어 액체나 고체가 후두 및 폐 쪽으로 들어가지 않도록 하고 있기 때문이다. 이 작용에 의해 액체 및 고체는 식도를 통해 위장으로 들어가고 기체만 폐로 들어가게 된다. 이 후두의 작용은 자동적으로 일어나지만 연습을 하면 의도적으로 움직일 수 있게 된다.

폐장기류체계는 모든 언어에서 사용되며 일본어 등 대부분의 언어는 폐장기류체계만을 사용한다. 폐장기류체계 이외의 다른 기류체계도 함께 이용하는 언어는 지역적 편차가 있다. 특히 연구개기류체계는 아프리카의 언어에서만 알려져 있다.

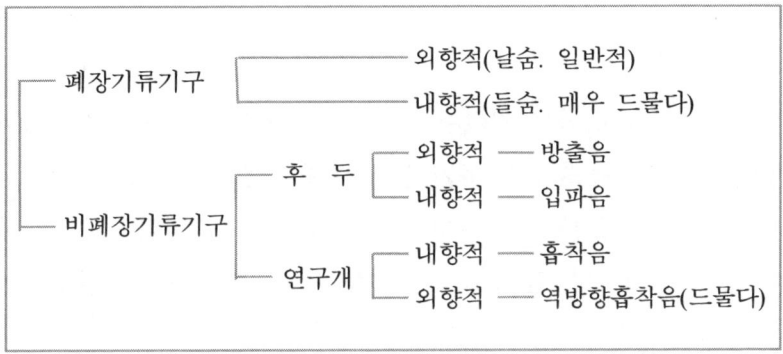

그림 7.5 기류기구의 분류

이 세 종류의 기류체계에 의해 발생하는 기류는 그 흐름의 방향이 「외향적 (egressive)」인지 「내향적(ingressive)」인지에 따라 그림 7.5와 같이 여섯 종류로 분류된다.

폐의 기류를 이용한 음성은 거의 외향적인 날숨뿐이며 내향적인 들숨에 의한 소리는 극히 한정된 언어의 일부 단어에서 나타날 뿐이고 게다가 무성음으로 나타난다. 다음으로 후두를 갑자기 들어 올려 발생하는 외향적인 기류에 의한 음을 방출음(ejective)이라 하고 급하게 내려서 발생하는 내향적 음을 입파음(入破音 implosive)이라고 하는데 조음점에 의해 [k'] [t'], [ɓ] [ɗ] 등으로 구별할 수 있다. 그리고 연구개와 그 앞의 조음점에서 폐쇄공간을 만든 후 연구개를 움직여 만드는 내향적인 기류에 의한 것이 흡착음(click)(들숨에는 없다)이고 그 외향적인 것이 역방향(reverse)흡착음이다. 흡착음은 post-dental [ǀ], 치경 [ǃ], 치경의 측면 [ǁ] 등의 조음점의 차이와 유성 [ɡǀ], 유기 [kǀʰ], 비음 [ŋǀ] 등의 수반음(accompaniment)을 조합하여 대부분의 음을 구별할 수 있다.

▋ 음성기호의 성격

IPA는 절대시되는 경향이 강하다. 음성기호는 매우 정밀해서 IPA로 실제 음성을 모두 표기할 수 있다고 생각하기 쉽다. 그런 사람은 정밀한 표기는 올바르고 간략한 표기는 불완전하다고 생각하는 경향이 있으며, 일본어의 경우 가나 표기를 하였다는 것만으로도 논외로 하는 경향이 있다.

확실히 음성 자체를 관찰할 때에는 가능한 한 정밀하게 하는 것이 바람직하며 정밀한 표기를 할 수 있는 능력도 필요하다. 그러나 음성표기가 항상 정밀할 필요는 없다. 아무리 정밀하게 표기하더라도 음성기호로 음성을 모두 표기하는 것은 원리적으로 불가능하다. 한편 음운적인 레벨에서는 언어의 음은 소수의 기능적 단위(음소)로 환원이 가능하다. 이를 바탕으로 다시 생각해 보면 실제의 음성표기는 상황에 따라 상당히 간략하게 표시할 수 있으며 그것으로 충분하다.

음성기호의 특징을 일본어의 음성을 예로 살펴보자.

▋ 일본어의 음성표기

일본어에서는 상대적으로 일정한 등시간적 단위를 **모라**(mora)라고 하며 하이쿠(俳句)나 일본의 전통시(和歌)를 만들 때의 575 또는 57577로 셀 때의 단위도 모라이다. 표 7.1은 현대일본어의 오십음도를 IPA로 나타낸 것으로 이 표기가 널리 사용되고 있다. 표에서 ( )로 표시한 것처럼 조금 더 정밀한 표기도 사용되지만 표

표 7. 1 일본어의 간략음성표기([ ]는 생략)

ア行	a	i	u(ɯ)	e	o			
カ行	ka	ki	ku(ɯ)	ke	ko	kja	kju(ɯ)	kjo
ガ行	ga	gi	gu(ɯ)	ge	go	gja	gju(ɯ)	gjo
ガ°行	ŋa	ŋi	ŋu(ɯ)	ŋe	ŋo	ŋja	ŋju(ɯ)	ŋjo
サ行	sa	ʃi	su(ɯ)	se	so	ʃa	ʃu(ɯ)	ʃo
ザ行	dza	ʥi	dzu(ɯ)	dze	dzo	ʥa	ʥu(ɯ)	ʥo
タ行	ta	tʃi	tsu(ɯ)	te	to	tʃa	tʃu(ɯ)	tʃo
ダ行	da	ʥi	dzu(ɯ)	de	do	ʥa	ʥu(ɯ)	ʥo
ナ行	na	ɲi	nu(ɯ)	ne	no	ɲa	ɲu(ɯ)	ɲo
ハ行	ha	çi	ɸu(ɯ)	he	ho	ça	çu(ɯ)	ço
バ行	ba	bi	bu(ɯ)	be	bo	bja	bju(ɯ)	bjo
パ行	pa	pi	pu(ɯ)	pe	po	pja	pju(ɯ)	pjo
マ行	ma	mi	mu(ɯ)	me	mo	mja	mju(ɯ)	mjo
ヤ行	ja		ju(ɯ)		jo			
ラ行	ra	ri	ru(ɯ)	re	ro	rja	rju(ɯ)	rjo
ワ行	wa							
ン	N							

7.1은 어느 정도 음운론인 분석에 입각한 관용적인 **간략음성표기**
(broad phonetic transcription)이다.

　ガ°행은 ガ행 비음(비탁음)으로 모든 일본인이 사용하는 것은 아
니다. ジ와 ヂ, ズ와 ヅ는 각각 가나표기가 다를 뿐 똑같이 표기한
다. 「ン」의 표기는「本(ホン).」과 같이 어말의 표기이며 다른 음성
이 따라 나올 때에는 그 음성에 동화되어 환경에 따라 다른 음이
된다. 가타가나의 장음기호 「ー」와 촉음 「ッ」는 다른 기호와 함께
표기될 때 그 발음을 알 수 있으므로 표 7.1에서는 생략하였으나
장음은 [ka:do] (カード)와 같이 [:]으로 표시한다. [a]는 **단모음**(短

母音 short vowel)이고 [aː]는 **장모음**(長母音 long vowel)이다. IPA 에서는 [ā]와 같은 표기는 성조표기와 혼동되므로 사용하지 않는 다. 촉음은 [kappa] (カッパ), [massao] (マッサオ)와 같이 후속자음 과 동일한 기호를 중첩하여 표기한다. [kappa]와 같이 자음사이에 음절경계가 있는 동일자음의 연속을 「**중자음**(重子音 geminate)」이 라고 부르며 동일음절에 나타나는 장자음(長子音) [pː]와는 다르다. [mittsu] (ミッツ)처럼 파찰음은 파열음 부분만 반복하여 표기한다.

▌음성표기의 문제점

표 7.1에서 カ행음은 모두 같은 자음 [k]로 표기하고 있지만 カ 와 キ를 비교해 보면 キ의 조음점(폐쇄위치)이 カ보다 상당히 앞에 있음을 알 수 있다. キ의 자음 부분은 모음 [i]의 영향으로 「구개음 화」하며 [k]에 [j]를 붙여 [kʲ]로 표시한다. 경구개음화를 보통 구개 음화라고 부른다.

이런 표기는 7.1의 간략표기보다는 상세하므로 **정밀표기**(narrow transcription)라고 하지만 그 차이는 상대적이다. 왜냐하면 정밀표 기가 나타내는 것처럼 キ만이 [kʲ]이고 다른 것은 모두 같은 [k]인 가 하면 실은 그렇지도 않기 때문이다. 나머지 カクケコ의 각 자음 의 조음점도 뒤에 오는 모음의 영향을 받아 전부 달라지기 때문에 이어지는 모음과의 연결이 자연스러워진다. 그러나 이렇게까지 정 밀하게 표기하지는 않으며 IPA로도 이런 경우에 적절하게 표기할 수 없다. 더욱이 연속음성(connected speech)까지 고려한다면 그 전 후 음의 영향까지 고려해야 한다. 예를 들어 イカ(以下)와 アカ(赤)

의 力도 엄밀하게는 다르며 [k]의 기식의 유무는 처음부터 고려되지 않았다. [k]의 폐쇄 및 파열의 정도도 표시되어 있지 않다.

정밀하게 음성을 표기하려면 끝이 없다. 음성은 연속체이지만 음성을 나타내는 기호는 유한개의 비연속단위이다. 기호를 늘린다고 하더라도 연속체를 표기하는 것은 불가능하며 음성표기는 어느 선에서 타협해서 사용해야 한다.

간략표기에서도 サ행의 シ의 자음만은 관습적으로 다른 음성기호 [ʃ]로 표기하기도 한다. 그러나 영어의 [ʃ]와 일본어의 [ʃ]는 달라서 영어의 sh는 깊고 어두운 음색인데 비해 일본어의 シ는 얇고 밝은 음색이다. 이 차이를 표시하기 위해 シ를 [ɕi]로 표기한다. 결국 음성표기에는 관습적 측면이 있으며 같은 음성기호라도 언어에 따라 같은 음성이 아닐 경우도 있다.

ラ행 자음에 사용되고 있는 [r]은 IPA를 충실하게 따르면 혀끝의 굴림소리이므로 부적절한 표기이다. ラ행 자음은 개인차가 상당히 크지만 일반화하여 말하면 어두에서는 약간 권설화하고 폐쇄가 완만한 파열음이다. 이 소리를 표기하는 국제음성기호가 없기 때문에 일본에서는 [d]와 [ɹ], 또는 [l]과 [r]을 각각 합한 기호를 이용하기도 한다.

그러나 특수한 기호는 인쇄할 때 불편하고 일본어에서는 ラ행자음의 차이에 따라 단어를 구별하지도 않는다. 따라서 그 특징을 별도로 설명해 둔다면 일반적인 로마자 기호로도 충분하며 그것이 가장 간편한 방법이다. 이런 이유로 [r]로 표기한다. 그리고 모음 사이의 ラ행 자음 [ɾ]도 어두의 ラ행 자음과 음운론적으로 동일한 것으로 간주하여 같은 [r]로 표기한다.

이러한 것들은 인쇄까지 고려하여 기호를 간략화한 것이며 음운론적인 해석도 고려되어 있다. 이러한 표기를 IPA도 인정하고 있다.

다음으로 ウ단의 모음은 종종 [ɯ]으로 표기된다. ウ단의 모음은 기본모음 [u]와 크게 다르기 때문이지만 ウ단의 모음은 기본모음 [ɯ]와도 매우 달라서 오십보백보이다. 일본인이 프랑스어 등의 원순모음 [u]를 학습할 때 큰 문제가 되므로 ウ단의 [ɯ]표기는 프랑스어와 달리 원순성이 작다는 점을 보여주는 편의적인 표기로 볼 수 있다.

정밀표기를 할 경우에는 목표를 확실하게 정해야 하며 읽는 사람도 그것을 확실하게 이해해야 혼란을 피할 수 있다. 이러한 인식 없이 ウ의 표기만을 문제로 삼으면 ア와 기본모음 4번 [a]와의 차이 등을 파악하기 어렵다.

음성기호의 성격에 대하여

그러므로 일본어를 한번도 들어 본 적이 없는 음성학자가 표 7.1의 국제음성기호로 적은 표기를 보고 충실하게 발음하더라도 실제의 일본어와 틀림없이 차이가 날 것이다. 이와 같이 음성표기는 여러 가지로 유사음운론적(pseudo-phonological)인 면과 관습적인 면을 함께 가지고 있어서 모든 언어에 적용될 수 있도록 일반적이고 객관적으로 음성을 기술한다는 본래의 목적에서는 벗어나지만, 그 언어를 알고 있을 때 비로소 제대로 읽을 수 있다는 측면이 있다. 앞에서 표 7.1을 「음운론적으로 고려한 관용적 간략음성표기」라고 서술한 이유이며 음성기호를 절대시하는 것은 위험하다. 음성 그 자체가 중요하며 정밀표기이든 간략표기이든 표기나 기호는 편의적인 대체물에 지나지 않는다. 음성은 직접 들어 봐야 하는 것이다.

그러므로 일본어 음성학을 공부할 때 이런 표기들은 일종의 약속이며 표기보다도 실제의 음성이 중요하다는 것을 인식하고 실제의 음성을 잘 관찰해야 한다. 예를 들면 ハ는 [ha]로 표시하지만 실제로는 [χ]가 더 많이 사용되기 때문에 [ha]를 발음하기 위해서는 연습을 필요로 하는 사람이 적지 않다. サスセソ의 자음을 마찰이 많은 [s]가 아니라 [θ]이나 [ɬ] 로 발음하는 사람도 급증하고 있다. [r]로 표기되는 ラ행자음도 쉽게 [l]로 발음하는 경우도 많다.

표 7.1의 음성표기를 음성기호에 의한 정서법(正書法)으로 외워 실제로는 가나로 알아들으면서 그 소리를 음성기호로 표기하는 것은 음성기호 본래의 사용법이 아니다. ザル(소쿠리)의 ザ와 アザ(멍)의 ザ를 둘 다 같은 [ザ]로 알아들은 후, 어두와 ン의 뒤에서는 파찰음 [dza], 모음 사이에서는 마찰음 [za]라고 기억한 공식을 기계적으로 적용하여 [dzaru], [aza]로 표기하는 것은 필요 이상으로 세밀하게 표기한 것이다. 모음 사이에서는 전반적으로 자음의 약화가 일어나며 특히 ガ행 및 バ행의 유성파열음과 ザ 및 ダ행의 유성파찰음은 약해져서 마찰음화하는 경향이 강하지만 항상 마찰음이 되는 것이 아니며 약화된 파열음 및 파찰음도 관찰된다. 처음부터 둘 다 가나 ザ로 표기하는 편이 일본어에서의 대립 유무를 구별하므로 기계적으로 음성기호로 표기하는 것보다 나으며 적어도 틀린 표기는 아니다. 단 개인에 따라 발화에 의한 파열의 정도는 다양하지만 마찰음과의 대립은 없으므로 파열의 정도를 상세하게

표기하지 않고 가장 약화된 마찰음으로 표기한다는 명확한 방침 하에 [aza]로 표기하는 것은 문제가 없다.

▌음성의 기능적 견해

음성을 관찰할수록 대응하는 음성표기도 정밀화되지만 음성표기가 세밀해지면 질수록 언어의 본질로부터 멀어져 가는 듯한 느낌이 드는 것은 당연하다. 화자의 의식에서도 그리고 수십 개의 표음문자를 사용하여 언어를 표기한다는 점에서도 음성에는 어떤 단위가 있을 것이므로 단순히 세분화하는 것은 문제가 있다. 그러므로 「음성이 그 언어에서 수행하고 있는 기능」을 중시하여 언어의 음성기술에 필요한 단위가 무엇인지에서 출발한 연구 분야가 음운론이다.

▌음운론

음운론은 언어에서의 음의 기능을 해명하고자 하는 연구 분야이다. 음운론에서는 음성이 그 언어에서 수행하고 있는 기능에 착안하여 **음소**(phoneme)로 대표되는 음의 최소기능단위를 추출하고 그런 음운단위가 얼마나 있으며 어떠한 체계와 구조를 이루고 있는가를 밝힌다. 그리고 단어나 형태소 등의 상위단위에서 음소가 어떠한 배열규칙을 따르고 있는지 또 파생·복합·활용 등에 있어서 음소가 어떠한 교체현상을 보이며 교체현상에는 어떠한 규칙성이 있는지 등을 연구하며 액센트나 억양 등도 연구대상이다.

음운론 중에는 생성음운론과 같이 음소레벨을 인정하지 않는 입장도 있지만 음소에 가까운 분절음의 단위 (「분절소(segment)」)를 편의적으로 설정하기 때문에 실질적으로는 별 차이가 없다. 어떤 음운적 최소기능단위를 정하고 이에 따라 음형을 표시한다는 점은 공통이다. 이 장에서는 이런 음운단위를 「음소」라고 부른다.

음성기술을 바탕으로 음소를 인정하고 표시하는 것을 「음소분석」 또는 「음운분석」이라고 부른다. 음운분석은 음소분석보다 대상이 넓어 음소에만 한정되지 않고 액센트나 성조 등도 분석대상으로 한다. 「음소」는 「음운」의 한 종류로서 음소론(phonemics)도 음운론 (phonology)의 일부분인데 이 용어는 학파나 연구자에 따라 다르게 사용되기도 한다.

▌일본어의 음소

음운론에는 여러 관점이 존재한다. 여기에서는 이 장의 기본적인 입장과 그에 근거한 일본어의 음소해석을 표시하고 음소해석의 논거 일부분에 대해 상세하게 기술한 후 다른 관점에 대해서도 언급하겠다.

앞에서 설명한 것처럼 발화에 나타나는 현실음은 연속체이다. 발화에는 언어공동체의 공통적 특징이 일관되게 나타나겠지만 이러한 사회관습적 음성의 레벨도 역시 연속체이다. 사회관습적 음성의 연속체를 비연속적(이산적 discrete)인 단위를 사용하여, 음성학적으로 보아 모순이 없고 가장 체계적인 형태로 표시한 것이 **음운표기**(음소표기)이며 이 때 얻어진 이산적 단위를 음운(음소)이라고 부른다. 음운표기는 음성표기의 여러 모순이나 비통일성을 배제시킨 「체계적인 음성학적 표기」라고 볼 수 있다.

표 7.1의 음성을 이 입장에서 해석한 것이 표 7.2이고 그 음소의 목록은 (4)와 같다[15]. 음소는 관습적으로 / /에 넣어 표시한다.

(4) /h, ', k, g, ŋ, s, z, c, t, d, n, p, b, m, r ; j, w ; Q, N ; i, u, e, o, a/

표 7.2 일본어의 음운표기 (//는 생략)

'a	'i	'u	'e	'o	'ja	'ju	'jo	'wa
ka	ki	ku	ke	ko	kja	kju	kjo	
ga	gi	gu	ge	go	gja	gju	gjo	
ŋa	ŋi	ŋu	ŋe	ŋo	ŋja	ŋju	ŋjo	
sa	si	su	se	so	sja	sju	sjo	
za	zi	zu	ze	zo	zja	zju	zjo	
ta	ci	cu	te	to	cja	cju	cjo	
da			de	do				
na	ni	nu	ne	no	nja	nju	njo	
ha	hi	hu	he	ho	hja	hju	hjo	
ba	bi	bu	be	bo	bja	bju	bjo	
pa	pi	pu	pe	po	pja	pju	pjo	
ma	mi	mu	me	mo	mja	mju	mjo	
ra	ri	ru	re	ro	rja	rju	rjo	
N								

표 7.2는 표 7.1과 비교하여 ヤ행·ワ행의 위치가 다르다. タ행은 チ·ツ의 파찰음이 파열음과는 다른 음소로 해석되어 /t/와 /c/의 두 음소로 나뉘어져 있다. ダ행의 ヂ·ヅ는 ザ행의 ジ·ズ와 같은 음성

이므로 /zi, zu/로 해석되어 ダ행의 일부가 공백이 되었다. ア행·ヤ행·ワ행의 /'/는 ハ행의 /h/에 대한 유성음소로 간주한다(/'/는 성문폐쇄음 음소에는 사용되지 않는다). カ°행자음은 ガ행자음과 다른 음소로 해석된다. ン과 ッ는 음성레벨에서는 다양하게 실현되지만 (표 7.1에서는 생략되었다) 둘 다 단일음소로 해석되어 각각 /N/과 /Q/로 나타낸다. 장음은 /-aa, -ii, …/와 같이 동일 모음을 반복하여 표시한다.

음운기호와 음성기호는 다른 것이다. チ·ツ의 /c/는 음운기호로서 이용되고 있는 것으로 IPA의 경구개음 [c]와는 다르다. 「土」를 음성기호 [cuci]로 쓰는 것은 잘못된 것이다. /N/도 발화의 끝에 나오는 ン이 음성적으로 [N]의 일종인 점을 고려하여 이 기호가 선택되었으나 이론상으로는 음운적인 /N/과 음성적인 [N]은 별개의 것이다. 그리고 해석과는 관계없이 단순히 표기상의 문제로 음운기호에 다른 기호를 부여하는 경우가 있다. /j/대신에 /y/, /N/대신에 /ñ/ 혹은 /ṅ/ (/n/은 기능이 전혀 다른 ナ행 자음과 같아져 사용불가), /Q/대신 /q/ 또는 /T/로 하는 것도 그런 예이다.

이 음운표를 토대로 일본어의 「모라의 구조」를 정리하면 (5)와 같다.

(5) /CV/ /CSV/ (=/CjV/, /CwV/) ; /N/ /Q/ /V/

/C/는 「자음음소」, /V/는 「모음음소」이고 /j, w/는 「반모음음소」이다. 그리고 /j/는 바로 다음에 나오는 모음보다 바로 앞의 자음과 더 강하게 결합한다.

/CS/전체가 /C/에 해당하므로 일본어의 기본구조는 /CV/라고도 할 수 있다. 그러므로 S (/w/는 현대일본어에서는 ヮ에만 나타나는 점도 고려하여) 「반자음음소」라고 부르기도 한다. 다섯 개의 모음 음소를 상대적으로 도식화하여 「모음삼각형」으로 나타내는데 /i, u/는 폐모음이고 폐모음은 무성화가 잘 일어난다.

/N/, /Q/, /V/ (장모음과 이중모음의 뒷부분)는 각각 하나의 모라로 계산되지만 스스로는 음절을 만들지 못하고 직전의 모라와 하나가 되어 하나의 음절을 이룬다. 이러한 음소를 「모라음소」라고 부르며 특수박이라고도 한다. 모라음소는 어두에 나타나지 못한다는 제약을 갖는다.

▌ 음소설정의 작업원칙 (1)

음소를 설정함에 있어서 정해진 순서는 없다. 즉 어떤 방식이든 그 방식으로 설정된 음운단위(음소)가 사회관습적 음성의 연속체를 합리적인 형태로 설명할 수 있다면 그것으로 충분하다.

그렇지만 음소를 설정하기 쉽게 하고 효율적으로 진행하기 위한 작업원칙(작업가설)은 몇 가지 있다. 본래 음성학상의 최소단위인 「단음(単音)」을 확정한 후 음소를 설정한다는 순서는 불필요하지만 현실적으로 단음의 분포를 조사하는 것에서 시작하는 것이 훨씬 편하고 일반적이다.

먼저 **대립**(opposition, contrast)이라는 개념이 있다. 같은 환경에서 서로 구별되는 단음은 서로 대립한다고 하며 각각 다른 음소에 해당된다고 해석한다. **환경**(environment)이란 해당 단음이 나타나는 위치 (어두, 모음 사이, 비음 뒤, 액센트의 위치 등)를 말한다.

(6)　[me] 目　[te] 手　[ke] 毛

(6)의 예를 비교하면 모두 음형이 다른 별개의 단어이고 이들 사이의 차이는 그 전반부 [m] [t] [k]에 있음을 알 수 있다. 이 단어들은 모두 [e] 앞에서 서로 구별되고 있고 이를 「대립이 있다」고 하며 이 대립에서 /m/ /t/ /k/의 각 음소를 설정할 수 있다. 이렇게 한 음만 다른 대립을 **최소대립쌍**(minimal pair)이라고 부르며 (6)에 나타나는 대립이 「최소대립」의 전형이다. 같은 방법으로 (6)과 [ma] (사이), [ta] (밭), [ka] (모기)를 비교해서 /a/와 /e/를 설정한다.

다음의 기준은 「상보분포(相補分布)」이다. 두 개(이상)의 단음이 각각 나타나는 환경이 다르고 같은 위치에는 결코 나타나지 않을 때 **상보분포**(complementary distribution)를 이룬다고 한다. 상보분포를 이루는 소리는 동일음소일 가능성이 있으며 그것을 결정하는 것이 **환경동화**(environmental assimilation)**의 작업원칙**이다. 이전에는 음성적으로 유사한지가 판정기준이였지만 애매한 기준인 음성적 유사를 대신하여 제안된 원칙이다.

이 작업원칙은 「상보분포를 이루고 있는 소리는 동일음이 각각의 환경에 공시적으로 동화되어 다른 소리로 나타나고 있다고 음성학적으로 설명이 가능한 경우에만 그 소리들을 동일음소로 해석할 수 있다」라는 것이다.

구체적인 예를 들어 살펴보자.

(7)   [buna] ぶな (너도밤나무)   [aβunai] 危ない(위험하다)

(7)의 예에서 ブ자음은 같지 않다. [buna]는 파열음이고 [aβunai]
는 파열성이 약해져서 마찰음이 되는 경우도 있기 때문에 이것을
대표적으로 [β]로 나타낸다고 하면 [b]는 어두 (및 ン의 뒤), [β]은
모음 사이에 나타나서 상보분포를 이룬다. [β]는 모음 사이에 있어
서 폐쇄가 충분히 이루어지지 않아 [b]가 전후의 환경에 동화된 것
으로 설명할 수 있다. 따라서 이들은 동일한 음 (b)가 각각의 환경
에 따라 다른 모습으로 나타나고 있는 것으로 보아 동일한 음소에
해당한다고 해석되며 이들을 /b/로 표기한다.

동일음소로 해석되는 단음을 **이음**(변이음 allophone, (phonetic)
variant)이라고 한다. [b]와 [β]은 /b/와 이음 관계에 있다. 환경에 따
른 이음을 자세히 말할 때에는 「결합변이음(combinational variant)」
이라고 부른다. 이에 비해 [β]의 파열성의 정도가 발음할 때마나
달라지는 등, 환경에 상관없이 변할 수 있는 이음을 「자유변이음
(free variant)」이라고 한다.

정확히 발음하면 할수록 파열음 [b]에 가까워지는 점, 화자 자신
도 적어도 음성 [ブ]의 레벨에서 [バ]와 동일음이라고 인식하고 있는
점, 가나표기에서도 동일하게 표기한다는 점 등은 이러한 해석을 지
지하고 있다. 보통 처음부터 간략표기로 [abunai]라고 표시하는 것은
이러한 해석을 자기도 모르게 먼저 받아들이고 있다는 것이다.

カ행 [ka, ki, ku, ke, ko] 자음의 조음점이 모두 다르다는 점은
앞에서 지적했는데 예를 들면 [ki]의 [i] 앞에는 [ka]의 [k]는 오지
않는다는 등의 상보분포를 이루고 있으며 이들 [k]의 차이는 동일

한 음이 후속하는 모음의 조음에 동화되었기 때문이라고 해석되므로 동일음소 /k/로 설정할 수 있다.

　여기까지는 다른 음운론에서도 마찬가지이다. 다음으로 논쟁이 되고 있는 ガ행의 구강음과 비(탁)음의 문제를 이 원칙에 따라 분석해 보자. 비탁음이 안정적으로 나타나는 화자의 경우, 어두에서는 [g]이고 ン의 뒤나 모음 사이에서는 [ŋ]로 나타나는 상보분포를 이루고 있다. 그러나 [ŋ]이 동일한 음 [g]가 환경에 따라 달라진 것으로 볼 수 있는가라는 문제에 대해서 모음 사이의 파열음이 동화되어 비음 [ŋ]으로 나타날 음성학적 이유는 없다. 반대로 /ŋ/을 설정해도 /m/과 /n/은 어두에서도 비음인데 비해 /ŋ/만이 어두에서 비음성을 잃는다는 (非鼻音化) 공시음성학적인 이유를 발견할 수 없다. 그러므로 두 소리는 같은 음소가 아니며 상보적인 분포로 보이지만 두 소리는 다른 음소 /g/와 /ŋ/으로 해석된다. [ŋ]을 갖지 않는 화자는 이에 해당되지 않고 환경동화의 원칙을 적용하여 [g-]와 [-ɣ-]는 같은 음소 /g/로 해석할 수 있다.

　ガ행과 カ°행은 엄밀하게 말하면 상보분포를 이루지 않는다. 하나의 예밖에 없지만 어두에서도 접속사 「が」가 [ŋ]로 나타나 「ga (나방)」의 [g]와 구별되며, 어중에서도 (8)과 같은 최소대립쌍이 있다. 이런 대립쌍은 ガ행으로 시작하는 단어와 カ행으로 시작하는 단어를 이용하여 비교적 쉽게 만들 수 있다.

(8)　[g] オーガラス (o:garasu 큰 유리)
　　　オーガマ (o:gama 큰 두꺼비)
　　　キグミ (kigumi 황색수유나무)

[ŋ] オーガ゚ラス (o:karasu 큰 까마귀)

オーガ゚マ (o:kama 큰 솥)

キグ゚ミ (kikumi 나무 짜맞추기)

이들 대립쌍에 대해서 (1) 원래 그 사용이 드물거나 특수한 단어
이다 (2) 형태소 경계가 [g] 쪽이 그 경계가 더 확실하기 때문에 양
자가 대등한 자격으로 대립하고 있는 것은 아니다 (3) 그러므로 최
소대립어로 보는 것은 부적당하며 예를 들어 /ki-gumi/와 같이 [g] 앞
에 형태소 경계표시를 하고 [ŋ]은 형태소 경계표시가 없는 /kigumi/로
보면 둘 다 동일음소 /g/라고 볼 수 있다는 견해도 있다.

그러나 환경동화의 입장에서는 이것들이 대립쌍이 있기 때문에
다른 음소로 설정하는 것은 아니다. 최소대립은 음소추출의 가장
간단한 단서에 지나지 않으며 이것이 언제나 일치한다고는 볼 수
없다. 최소대립의 유무와 상관없이 /g/과 /ŋ/을 다른 음소로 설정하
지 않으면 음성학적으로 자연스러운 설명을 할 수 없다는 것이 환
경동화의 입장이다. 최소대립이 있기 때문에 다른 음소라는 것이
아니라 다른 음소이기 때문에 단어의 음형을 구별할 수 있으며, 어
휘 쪽 조건만 갖추어지면 최소대립도 생길 수 있다는 입장이다[16].
이 원칙에 근거하면 예를 들어 [me] (눈)와 [ta] (밭)만 있고 최소대
립이 없는 상태라도 /m/ /e/ /t/ /a/를 각각 다른 음소로 설정할 수
있다.

그리고 음소는 /me/ (눈)와 /te/ (손)와 같이 의미를 구별해 주지만
이 또한 결과이며 본래는 단어의 음형을 구별하는 것이 그 기능이
다. 「レポート」와 「リポート」, 「キョーソン」과 「キョーゾン」(共

存)은 그 의미가 같은지 다른지에 상관없이 별도의 음형이고 「医師」와 「意志」는 의미는 달라도 같은 음형이다. 「의미의 구별」이 중요한 것이 아니라 「음형의 구별」이 중요하다.

　일반적으로 「최소대립」과 「상보분포」는 다른 것으로 취급된다. 상보분포는 여러가지 해석이 가능하고 최소대립은 명백한 결론이 나는 것처럼 보이지만 환경동화의 관점에서 보면 이 둘 사이에 큰 차이는 없다.

　예를 들면 [me] (눈)와 [te](손)의 예에서 [-e]라는 같은 환경에서 [m]과 [t]가 대립하고 있다고 했는데 이렇게 「같은 환경」이라고 인정하는 것 자체가 이미 환경동화의 원칙에 의한 결론을 반영한 것이다. 음성적으로 보면 [me]의 [e]와 [te]의 [e]는 비음화의 정도가 다르다. 그러나 [me]의 [e]는 [t]의 뒤에는 나오지 않고 [te]의 [e]는 [m]의 뒤에는 나오지 않는다고 하는 상보분포를 이루고 있다. 그러므로 비음 뒤의 모음이 비음의 영향으로 앞부분이 조금 비음화되는 것은 음성학적으로 자연스럽다는 점에서 이들을 동일한 /e/로 설정하며 이를 근거로 [me] 와 [te]도 「같은 환경」이라고 설정한 것이다. 그러므로 대립과 상보분포는 모두 환경동화의 원칙으로 설명된다.

　환경동화의 원칙을 음소의 실현이라는 관점에서 보면 모든 음소는 환경에 동화된 형태로 나타난다는 것이다. 음소의 본래의 속성과 환경의 영향에 의한 특징이 겹쳐져서 조금 다른 형태로 실현되는 것으로 본다. 그러한 공시적 동화의 정도는 각 언어마다 정해져 있지만 어느 경우든 일반음성학적으로 인정되는 범위 내에 있어야 한다. 이 과정을 반대로 거슬러 올라가는 것이 음운해석이다. 음운

해석은 환경에 의한 영향을 제거하여 본래의 단위로 환원하는 작업이다. 환경동화의 작업원칙은 동일성을 판정하기 위한 원칙이며 원래 동일한 음은 동일음소로 설정하고 다른 음은 다른 음소로 설정한다.

그리고 「동일음이 각각의 환경에 동화되어 나타날 때 동일음소로 인정한다」라는 원칙은 동어반복처럼 보인다. 그러나 음소의 설정과정은 음성기술에서 시작하여 일정한 순서로 차례차례 쌓아올리는 귀납적 작업이 아니며 음성구조를 합리적이고 체계적으로 기술할 수 있으면 되므로 다음에 서술할 「체계와 구조의 관점」에서 본 연역적 가설을 적극적으로 받아들일 수 있다. 이들 가설을 환경동화의 원칙에 입각하여 음성학적으로 검토한다. 앞의 원칙은 이것을 표현한 것이다.

그리고 [me] [ma] [te] [ta]의 해석에 있어서도 자음을 설명할 때에는 모음을 같은 모음으로 보고, 모음을 설명할 때에는 자음을 같은 자음으로 보는 순환론처럼 보이지만 실제로는 자음과 모음 모두를 검토하면서 양쪽을 만족시키는 음소연속을 고려하여 동시에 설정한다.

그러므로 음성학의 최소단위인 「단음」은 실제로는 음운론적인 성격을 강하게 가진 존재이며 음소와 대응되었을 때 비로소 확실하게 알 수 있다. 단음은 순수하게 음성학적으로 규정할 수 있는 단위가 아니다. 「모음」과 「자음」의 구별, 「음절」 등도 음운론적인 생각을 도입하여야 비로소 결정할 수 있다. 이런 단위들도 음성학적으로 관찰해야 하지만 최종적으로는 음운론적으로 어떻게 다루어야 그 언어의 음성구조를 가장 잘 설명할 수 있는지를 조사하여 가장 합리적인 것을 선택하는 방법밖에 없다. 단음은 음성 레벨에서 연속체이기 때문에 음성적 레벨의 단음을 정리해서 음운을 얻을 수는 없다.

▌음소설정의 작업원칙 (2)

환경동화의 작업원칙만으로 하나의 해석을 얻을 수는 없다. 이 원칙은 동일 음소일 가능성이 있는지 다른 음소인지를 판단할 뿐이다. 동일 음소의 가능성을 판단할 때에는 복수의 후보가 남을 가능성을 배제할 수 없고 다른 음소로 판단할 경우에는 어떻게 해석하는 것이 가장 좋은가라는 문제가 남는다.

이것을 보완하는 것이 **체계와 구조**를 고려한 관점이다. 언어는 체계적 분포와 단순하고 균등한 구조를 가진다는 경험적인 사실에 근거하고 또한 환경동화의 원칙으로 설명할 수 있다면 더 체계적이고 구조적인 해석이 낫다는 가설이다. 여기에서 말하는 「체계」는 세로의 관계(paradigmatic)를, 「구조」는 가로의 관계(syntagmatic)를 가리킨다.

먼저 「체계」의 관점에서 보자. 예를 들면 サ[sa]와 シャ[ʃa]의 자음은 같은 환경에서 대립하고 있다고 볼 수 있지만 그렇다고 해서 /s/와 /ʃ/를 별개의 음소로 설정하는 것보다 /ʃ/를 두 음소의 합으로 해석할 여지도 있다. 사실 [ʃ]를 /sj/로 보면,

(9) キャ, キュ, キョ의 kja, kju, kjo
　　 シャ, シュ, ショ의 sja, sju, sjo

처럼 균형잡힌 체계가 나타난다. /ʃ/로 설정하면 /ʃa//ʃu//ʃo//ʃi/에 만 /ʃ/가 나타나며 [ʃi]는 /si/로 간주해 제외하더라도 불균형한 분포가 되고 만다. 이 /sja/의 해석은 [ʃa]의 자음이 얕고 밝은 음색으로 구개음화된 /s/의 음으로 볼 수 있으며 모음도 /j/의 뒤라는 환경에서 [sa]의 모음보다 조음점이 앞으로 이동하는데 이는 동화의 관점에서도 음성학적으로 설명이 된다.

표 7.2의 ヤ행도 체계적인 분포를 근거로 한 것이다. ワ행은 체계상의 근거는 없지만 ヤ행처럼 반모음인 점을 고려하여 같은 열에 나열하였다.

「구조」의 관점은 예를 들면 タ행의 음운해석과 관련된다. タ행의 음성은 [ta, tʃi, tsu, te, to]인데 チ와 ツ가 파찰음이고 나머지는 파열음이다. 만일 チ가 구개음화한 파열음 [tʲi]라면 /t/가 후속하는 [i]에 동화되었다고 할 수 있지만 /t/가 /i/ 앞에서 「파찰음」이 되는 것은 일반공시음성학적으로 설명이 되지 않으며 ツ도 마찬가지이다. 따라서 チ와 ツ의 자음은 /t/와는 별개의 음소로 보아야 한다. チ와 ツ의 관계는 シ와 ス와 마찬가지로 동화의 범위 안에 있다. 그러므로 동화의 원칙에서 파찰음 음소를 따로 세우는 것이다[17].

이 파찰음 음소를 /ts/와 같이 두 개의 자음음소의 연속 (즉 /CC/)으로 볼 것인지 /c/라는 단일음소 (즉 /C/)로 볼 것인지를 결정하는 것이 「구조」의 관점이다. /CCV/와 같은 자음연속이 나타나지 않는다는 구조상의 논거를 바탕으로 파찰음을 단일음소로 보고 チ·ツ를 /CV/로 해석하여 음운기호도 단일기호 /c/로 표시한 것이 표 7.2이다.

ア·ヤ·ワ행에서 자음음소 /'/를 설정하는 것은 음성적으로도 그러하지만 자음음소 /'/를 설정하는 것에 의해 /V/만 있는 음절이 사

라져 일본어의 음절구조가 모두 기본적으로 /CV/구조를 가진다고 가정하는 것이 설득력이 있다. 즉 음절구조를 고려하여 음운을 결정하는 것이 더 균형적이다[18].

체계나 구조의 관점은 소리의 레벨에 한정되지 않으며 형태론에서도 적용된다. 음성 실체에서 벗어나지 않는 한, 즉 환경동화의 원칙에서 설명할 수 있으면 구조와 체계를 고려한 가장 합리적인 해석을 하고자 하는 것이다.

▌음운론의 다른 견해(1)

음운론의 관점에 따라 해석은 달라진다. 다른 관점의 대표적인 두 가지의 타입의 음운론을 살펴보자. 여기에서 말하는 「타입」이란 다른 입장에 있는 여러 가지 설을 크게 두 가지로 정리한 것이다.

표 7.2에서 다르게 해석하는 곳은 ア・ヤ・ワ행의 /'/, カ°행, サ행, タ행, ザ행・ダ행의 각 자음, 장(모)음과 이중모음의 뒷부분 등이지만 다른 견해 (1)에서는 カ°행과 タ행, 그리고 견해 (2)에서는 タ행과 ザ행・ダ행을 분석대상으로 한다.

우선 단어의 **의미 구별**이라는 기준을 중시하는 음운론이 있다. 의미 구별에 중점을 둔 입장에서는 음성적인 성질이 다르더라도 /g/와 /ŋ/, /t/와 /c/처럼 변별력이 약한 것은 다른 음소로 설정하지 않는다. 이들의 분포가 상보적이면서 변별기능은 거의 없을 경우 /g/ 및 /t/만으로 충분하며 음성적인 부분에 구애받지 않는다. /ŋ/을 설정해도 어중에만 나타난다는 이질적인 분포가 되어 버리며 /ŋ/을 음소로 가지고 있지 않는 사람도 있다. 마찬가지로 /c/를 설정해도

/ca//ce//co/로 나타나는 일은 거의 없어서 체계적이 아니며 오히려 균형을 이루지 않는다. 음성적인 면을 중시하더라도 [ti]＞[tʃi], [tu]＞[tsu]는 실제로 통시적으로 일어난 변화이므로 공시적으로도 [tʃi] [tsu]를 /ti//tu/로 해석할 수 있다고 본다.

이 타입의 음운론에서는 동시에 **경제(economy)의 원칙**에도 중점을 둔다. 둘 다 가능하다면 간결할수록 좋다는 것으로 「간결성 (simplicity)의 원칙」이라고도 한다. 이 경우는 음소 수가 적을수록 좋은 것이라고 본다. 이 원칙은 다른 이론에도 존재하지만 이 타입에서는 음성 실질 보다 우선한다.

두 음운론의 차이는 음운의 「기능」을 무엇으로 볼 지에 따라 달라서 「음형」을 서로 구별하는 것으로 볼지 단어의 「의미」를 구별하는 것에 있다고 볼지에 따른 차이이다.

カ행이나 タ행에 비교하면 (1) ト一 등의 장모음을 /Coo/처럼 /CVV/로 볼 것인지 장(모)음 음소 /R/을 설정하여 /CoR/로 볼 것인가, (2) カイ 등의 이중모음을 /Cai/로 볼 것인지 다른 모라음소 /J/를 설정하여 /CaJ/로 볼 것인지는 이차적인 문제이다. 확실히 관점의 차이가 있고 모라 음소의 수나 분류방법도 다르지만 내용적으로는 1대 1의 치환이 이루어지므로 표기상의 차이에 불과하다. 오히려 -アイ가 1음절인 이중모음인지 2음절인 히아투스(hiatus)인지 판단하는 것이 음절구조와 관련되는 실질적인 문제이다.

▌음운론의 다른 견해 (2)

다른 음운론적인 견해로서 **생성음운론**(generative phonology)을 들

수 있다. 생성음운론은 음소레벨을 독립된 자율적(autonomous)인
단위로 설정하지 않고 종래의 형태음운론 등 더 상위 레벨까지 음
운론에 포함시켜 종합적으로 분석하려는 입장을 취한다. 음소 레
벨만을 합리적으로 설정하더라도 더 상위 레벨의 설명이 복잡해져
서는 의미가 없다. 화자는 소리 레벨 이외의 지식도 가지고 언어를
사용하고 있기 때문에 언어전체 중에서 일반성과 규칙성을 파악해
야한다고 본다.

기술의 형식으로는 형태소마다 추상적인 **기저형**(음운표시·음형
표시 : underlying form, underlying representation, phonological re-
presenation)을 설정하고 기저형에 **음운규칙**(phonological rule)을 적
용하여 구체적인「음성표시」(phonetic representation)를 도출한다.
그 과정에 미국 구조주의 언어학의「음소」에 해당하는 레벨은 설
정되어 있지 않다.

구체적으로는 활용형이나 파생형에서 동일하다고 인정되는 형
태소의 교체현상을 통일적으로 다룬다. タ행음에서는「待つ」를 예
로 들면 다음과 같은 활용형의 음성교체가 나타난다.

(10) マ[ta]ナイ マ[tʃi]マス マ[tsu] マ[te]バ マ[to] ― マ[t]タ

이것을 표층 음성에 충실한 레벨로 기술한다면 다음의 (11)과 같
이 된다.

(11) /mata-/ /maci-/ /macu(-)/ /mate-/ /mato-/ /maQ-/

동일어의 활용형에 /mat-/~/mac-/~/maQ-/라는 자음어간의 교체를 인정하는 것이 되지만 이러한 교체는 바로 다음에 오는 모음에 따라 자동적으로 예측가능하므로 이런 기술은 무의미하다. タ행 이외의 동사(음편형(音便形) 이외)는 모두 같은 어간으로 나타나므로 「교체하는 동일한 형태소는 단일한 기저형을 가진다」는 원칙에 따라 タ행도 단일어간 |mat-|를 가진다고 해석하는 편이 규칙적이 된다. 기저형도 보통 / /에 넣어 나타내지만 여기에서는 차이를 확실히 보이기 위해 | |에 넣어서 표시한다.

그리고 종지형 어미는 mi-ru 등에서 볼 수 있듯이 |-ru|으로 설정되므로 이러한 형태를 기저형으로 세우고 자음연속을 단일화하는 규칙과 u의 앞의 |t|를 [ts]로 바꾸는 규칙을 순서대로 적용함으로써 표층의 음성형 [matsu]를 얻는다. 이렇게 분석하면 기저형과 음성형뿐 아니라 양자의 관계도 나타낼 수 있다. 음편형의 경우에도 같은 어간에서 도출된다. 다만 같은 어간이지만 |mat-ta|에서 직접 도출하는 학자도 있다.

(12)　　　　　　　|mat-ru|　　　　　　　　　　　　|mat-i-ta|

　　C-r → C　　　↓　　　　i → Ø/__ta [過去]　↓

　　　　　　　　　|mat-u|　　　　　　　　　　　　[matta]

　　t→ [ts] /__u　↓

　　　　　　　　　[matsu]

마찬가지로 파생형에서도,

(13)　オキル(起きる)―オコス(起こす)

オチル(落ちる)—オトス(落とす)

등의 예가 있으며 이들은

(14) |okiru|—|okosu| |otiru|—|otosu| (cf./'ociru/—/'otosu/)

라고 분석하는 것이 같은 자음이 나타나서 규칙성이 있다. /'ociru/와 /'otosu/로 분석하면 형태의 규칙성이 사라지고 교체형을 일일이 설정해야 한다.

생성음운론에서는 같은 음성이더라도 다른 기저형을 설정할 수 있다. 음성레벨과 함께 더 상위의 레벨도 고려하기 때문이다. 그 결과로 같은 음성형 [(d)ʒi]에도 ザ행과 ダ행의 구별이 있다고 주장한다. 이는 다음과 같은 규칙적인 교체관계에 근거한다.

(15) |dasiziru| (出し汁)—|siru| (汁) |hanadi| (鼻血)—|ti| (血)

|simazima| (島々)—|sima| (島) |tikadika|(近々)—|tikai| (近い)

이것을 모두 /dasiziru, hanazi/와 같이 /zi/로 표기하면 음성은 표기하지만 /dasiziru/의 /zi/는 シ와 관련이 있고 /hanazi/의 /zi/는 チ와 관계가 있다는 사실을 나타낼 수 없다. 이러한 관계는 화자가 알고 있으며 이것을 표시할 수 없다는 것은 불충분한 기술이다. 그러므로 기저형에서는 |zi|와 |di|의 구별이 있어서 각각 |si| |ti|와 관계되고 이것이 표층의 음성형에서는 동일하게 실현된다고 기술한다. 이것은 동시에 チ를 |ti|로 해석해야 한다는 것도 의미하며 |zu|와

|du|에 대해서도 마찬가지이다.

이상이 개략적인 내용이다. 언어에 내재하는 규칙성은 어떠한 형태이든 이것을 취하지 않으면 안 된다. 종래는 이것을 형태음운 론의 레벨에서 취급했지만, 그 규칙성을 (새로운 광의의) 음운론에 서 통일적이면서 명시적으로 취급하려고 하는 주장이 생성음운론 이다.

이 입장에서 새롭게 생겨난 문제는 이러한 교체를 어디까지 받 아들일 것인가 하는 것이다. 교체는 활용형인 경우는 일관되게 나 타나지만, 파생형이나 복합형이 되면 개별적이 되며 교체형이 없 는 것도 있다. 위의 예는 문제가 없다. 그러나 다음 예에서는 통일 적인 해석이 곤란하다 (표기는 ジ・ズ로 통일).

(16) イチジク, イチジルシイ, イナズマ, ウナジ(項), ウナズク, キズク(築く, 気付く), ジ(字, 痔, 地, 辞), ジシン(地震, 自信), ズガ, チジ(知事, 千々), チズ, ツズル, テコズル, ヒザマズク

이들을 어떻게 음성적으로 표시하면 「화자의 머리 속에 있는 지 식」이 포착될 수 있을까? 「気付く」는 |du|로서, 「築く」가 「城(き)築 く」라는 것을 보통 알지 못할 것이다. 「稲妻」는 한자가 단서가 될 것인가? 「ジ(地)」는 임시로 「チ」와 연결을 지었다고 해도 (실은 연 탁이 아니다), 「字, 痔, 辞」는 어떨까? 교체형이 전혀 없는 것은 ザ행일까? ダ행일까?

교체형이라고 해도 어원적인 것을 대입한 만큼 기저형은 현실의

음성형태에서 멀어져 추상적이 되어 간다. 화자의 머리에 있는 공시적인 지식을 기술하는 것을 목표로 하고 있는데, 기저형은 점점 시대적으로 역행한 형태가 된다. 예를 들면, /h/로 되어 있는 ハ행 자음은 「ハナ(鼻), ワシバナ, ミズッパナ」에서 |p|가 오게 된다. 더욱이 「アメ(雨), アマガサ, コサメ」에서 임시로 |sama|를 세운다고 하면 이것이 바람직한 것인가?

기저형은 어디까지 추상적이어야 하는가? 어디에서 무엇을 논거로 브레이크를 걸 것인가? 이 문제에 대한 여러 제안이 있었지만, 이는 실은 음성실질에서 멀어져 다른 레벨과 관련지어 규칙성을 세운 대가로서 필연적으로 생기며 게다가 결국 결정할 수 없는 문제이다.

생성음운론에서는 음소를 부정하는 대신 분절소(segment)를 사용하지만, 그것은 편의적인 것으로 사실은 [-vocalic] [+consonantal] 등의 **변별소성**(변별특징·시차적 특징 : distinctive feature)에 의해 기술한다. 동시적 특징으로서의 변별소성이 의미가 있는 것으로 그 잉여성을 포함하지 않는 묶음을 관습적으로 알기 쉽게 표시한 것이 분절소 표기이다. 따라서 (12)에는 간략화하여 표시한 음운규칙도 변별소성에 근거하여 쓰여진다.

그러나 일찍이 야콥슨(R.Jakobson)에 의해 제창된 단계에서는 2항대립으로 구성된 12개의 음향적으로 정의된 변별소성이 있으면 어떤 언어라도 기술을 할 수 있으며, 또한 그 묶음이 음소로 자리매겨져 있었지만 촘스키와 할레(M. Halle)에 의한 음소의 부정과 함께, 소성도 음향적인 것에서 조음적인 것으로 바뀐 이래 어떠한 것을 몇 개 세울 것인가에 관한 여러 설이 있으며 이것이 과제가 되었다.

그 외에도, 종래의 음소론과 관련에서 말하면 편의적인 표기라고 하는 분절소가 실제로는 상당히 실질적이며 게다가 그것이 부정하고 있는 음소에 가까운 것이라는 점 ; 음소를 부정하는 논거가 음성관찰 레벨의 허술함이나 음절 개념의 결핍 등에 유래한다는 점이 많고 음소 일반의 문제라기보다 특정한 음소론의 문제인 점 ; 같은 음운규칙 중에도 종래의 음성레벨에서 형태정보를 이용하는 형태음운론의 레벨까지 이질적인 것이 섞여 있는 점 ; 등의 지적도 있었다.

▌액센트

초분절음(suprasegmentals)의 예로서 역시 일본어를 중심으로 액센트를 간단히 음성과 음운 양 레벨에서 정리하여 기술하도록 하겠다.

먼저 **일본어의 액센트**에 대해서 3음절어까지의 **음조형** ─ 사회 관습적이고 구체적인 피치패턴 ─ 일람을 표 7.3에 나타낸다. 표기는 피치의 움직임에 착안하여 피치가 급격히 올라가는 곳을 [로, 급격히 내려가는 곳을] 로 같은 높이로 계속되는 부분은 표시 없이 나타내기로 한다[19]. 이해하기 쉽도록 3음절어는 다소 무리를 하여 동음어를 수집했는데, 차례대로 「車(クルマ), 女(オンナ), グレー, 命(イノチ)」 등과 같이 동음어가 아니더라도 마찬가지이다[20]. 「友達(トモダチ ; 친구), 弟(オトウト ; 동생), 足音(アシオト ; 발소리), 紫(ムラサキ ; 보라), かまきり(사마귀)」처럼 4음절어 이상에서도 박수 +1의 구별이 있다. 표 7.3에서 위의 두 줄은 단독으로는

구별을 하지 않는 사람도 있겠지만 조사(ニ로 대표)를 붙여서 발음
하면 확실히 구별한다.

여러 환경에 나타나는 「男(オトコ ; 남자)」의 음조를 보면 (17)
과 같다. 양쪽 모두 도중에 끊지 않고 한꺼번에 발음하는 경우로,
]인 곳에서 피치가 내려간다. (이것은 IPA로는 표기할 수 없다).

(17) a. {オ[トコ]ガナイタ} (男が泣いた ; 남자가 울었다)
      b. {ア[ノオトコ]ガキモノオキタ}
         (あの男が着物を着た ; 저 남자가 기모노를 입었다)
      c. {タ[カ]イサシミ]オオトコ]ガカッタ}
         (高い刺し身を男が買った ; 비싼 생선회를 남자가 샀다)
      d. {オ[ト]トシホ]ンオダ]シタオトコ]ガマタカ]イタ}
         (一昨年本を出した男がまた書いた ; 작년에 책을 낸 남
         자가 다시 썼다)

이들 「男」의 음조에서 일관되어 나타나는 것은 그뒤에서의 피치
하강이다. オ, ト, コ 모두 높이는 어느 단계라고 정해져 있지 않고
문장의 조건에 따라 변하지만 어떠한 높이에 있더라도 그 뒤에서
는 반드시 내려간다. 따라서 높이의 단계는 의미가 없으며 피치하
강이 중요하다. 그래서 그 점에서 「お床, おトコ, 音子」가 구별된
다. 「お床」는 결코 내려가지 않으며 「おトコ」는 ト뒤에서 내려가
고, 「音子」는 オ뒤에서 내려간다.

표 7.3 음조형 일람

[気	気[ニ	ハ[シ(端), (끝)	ハ[シ二	オ[トコ(お床), (마루)	オ[トコ二
[木	[木[ニ	ハ[シ(橋), (다리)	ハ[シ]二	オ[トコ(男), (남자)	オ[トコ]二
		[ハ]シ(箸), (젓가락) [ハ]シ二		オ[ト]コ(おトコ=女名)	オ[ト]コニ
				[オ]トコ(音子=女名)	[オ]トコニ

한편, 단독 발음에서 나타난 オ[ト-의 피치상승은 「男」 고유의 것이 아니라, 앞에서 기술한 통합된 발음의 단위 ― 「음조구」 줄여서 「구」라고 하고 { }로 표시한다 ― 인 1박부터 2박에, 단어를 불문하고 공통적으로 나타난다. 구의 첫 시작부분에 있기 때문에 「구두(句頭)의 피치상승」이라고 부르며 {ㅇ[ㅇ-}로 나타낸다. オ[トコ는 한 단어가 하나의 구인 경우로 구의 특징인 피치상승이 겹쳐진 결과이다.

이상으로 「男」의 구체적인 음조의 예에서 추상화한 고유의 액센트는 /オトコ]/가 된다. 마찬가지로, /お床=/(=는 어디에서도 피치가 내려가지 않는 것을 나타낸 기호), /おト]コ/, /オ]ト子/가 추출된다. 이것이 이 단어들의 「액센트」이다. 이 피치하강(/] /)의 유무와 위치가 바뀌면 다른 단어가 되어 버린다. 이 피치하강을 초래하는 힘을 **액센트 핵**이라고 부른다. 「男」는 그에 핵이 있다고 한다. 표기는 (앞에서 세어) ③형, (뒤에서 세어) −①형이라고도 표시한다. 핵의 위치가 n개 있고 여기에 무핵형(=표시인 것, @형 = 제로형)이 더해져 n+1개가 된다. 또한 **구두음조** {ㅇ[ㅇ-}의 피치상승은 반드시 핵보다 앞에서 일어난다는 제한을 갖으며, 1박어와 어두에 핵이 있는 ①형 단어에서는 {[ㅇ(-)}로 1박째에 나타난다.

표 7.4 일본어의 액센트 체계

○=	○○=	○○○=	○○○○=	○○○○○=	○○○○○○=
○]	○○]	○○○]	○○○○]	○○○○○]	○○○○○]
	○]○	○○]○	○○○]○	○○○○]○	○○○○○]○
		○]○○	○○]○○	○○○]○○	○○○○]○○
			○]○○○	○○]○○○	○○○]○○○
				○]○○○○	○○]○○○○
					○]○○○○○

액센트 체계는 표 7.4가 된다. ○는 어휘를 벗어나 일반화한 형태를 표시한다. 각각 형태에는 여러 가지 어휘가 속한다(소속어휘). ○○ = 형에는 「牛, 風, 酒, 鳥, 庭, 水, …」이 속한다. 6음절어까지의 모든 어휘가 이 형태에 속한다

그런데, (17)과 같은 문장은 다르게 읽을 수도 있다. (17b)가 「いつも洋服を着ているあの男が何と着物を着た ; 늘 양복을 입고 있는 저 남자가 어쩐 일인지 기모노를 입었다」의 의미라면 두 개의 구인

(18) {ア[ノオトコ]ガ} {キ[モノオキタ}
    (あの男が着物を着た 저 남자가 기모노를 입었다)

가 되고, (17d)의 문장은 「またしても書いた (다시 한번 썼다)」의 의미라면 다음과 같아진다.

(19) {オ[ト]トシホ]ンオダ]シタオトコ]ガ} {マ[タカ]イタ}

즉 피치의 상승([ )은 전하고자 하는 문장의 의미에 따라 변하며, 의미상 중요한 곳에서 피치를 높인다. 어떠한 경우라도 } {의 사이에서 구가 끊기고 {에서 새로운 구가 시작한다. 그래서 { 이[○-}라는 패턴은 일정하며, 그 새로운 구의 시작부분의 의미가 특별하게 취급되는 관계에 있다.

이상에서 보는 것처럼, 의미에 따라 자유롭게 바뀌는 단위인 「구」에 대해 정해져 있는 피치상승([ )과, 단어(엄밀하게는 액센트단위)에 고정적으로 붙어 있는 피치하강( ])은 기능도 적용범위도 다르다.

피치상승은 의미와 관련되기 때문에 설령 개개의 단어의 액센트(피치하강)가 바르다고 해도 문장의 의미를 잘 이해하고 있지 않으면 적절한 발음을 할 수 없다.

(20) 「人はお金があるから偉いのではない.」
　　　(사람은 돈이 있기 때문에 대단한 것이 아니다)

라는 문장은 「お金があるからといって偉いとはいえない (돈이 있기 때문에 대단하다고는 말할 수 없다)」라는 의미일 경우에는

(21) ｛ヒ[トワオカネガア]ルカラエラ]イ ノデ]ハナ]イ ｝

와 같이 발음해야 한다. 적어도 「お金があるから偉い」까지는 하나로 발음하여 그것을 부정하듯이 읽어야 한다. 이것을 마음대로 끊거나 무의식적으로 숨을 쉬어

(22) {ヒ[トワオカネガア]ルカラ} {エ[ラ]イ ノ デ]ハナ]イ}

라고 했다면 「お金がある, だから偉くない ; 돈이 있다, 그래서 대단하지 않다」는 의미가 되어 버린다. 구를 나누는 것은 액센트의 변별 이상으로 커뮤니케이션에서 중요하다.

마지막으로 일본어의 액센트를 **영어의 액센트**와 비교해 보자. 우선 무핵형에 해당하는 형태는 영어의 자립어에는 없다. 반드시 액센트(핵)을 가지므로 n개의 패턴이 된다('○ = ó, ○는 음절).

(23) '○ ; '○○, ○'○ ; '○○○, ○'○○, ○○'○

어디에 액센트 핵이 오는가는 음절구조와 접속사에 대한 정보로 예측 가능하다고 할 수 있다. 그렇기 때문에 같은 품사 중에서 액센트 핵의 위치만으로 대립하는 동음어는 사실상 존재하지 않는다. 일본어와 같은 변별(대립)기능이 없다고 할 수 있다. 있다면,

(24) a. per'mit (動詞) 'permit (名詞)
     b. ab'stract (動詞) 'abstract (名詞)

등으로 품사를 구별하는 기능이다. 또 영어의 액센트에는 리듬기능 (강약리듬)이 있어서 액센트 핵의 연속(충돌)을 피하는 경향이 있고

(25) thir'teen 'men → 'thirteen 'men

와 같이 교체를 일으킨다. 혹은 대비되었을 때에도 핵의 이동은 일어
난다.

(26) thir'teen and four'teen → 'thirteen and 'fourteen

이는 고정위치에서의 약한 변별력보다 리듬을 더 중시하고 있다는
것을 반영한 것으로 일본어에서는 이러한 예를 볼 수 없다.

그럼에도 불구하고 액센트는 영어 쪽이 중요시된다. 액센트가
달라도 일본어에서는 대개 이야기가 통하지만 영어는 통하지 않게
된다. 이것은 영어의 액센트(핵)는 분절음에 크게 영향을 줄 뿐만
아니라 그 형태를 현저하게 바꾸어 버리기 때문이다. 액센트가 다
르면 이중모음 대 애매모음(약화모음)으로 대표되는 모음 음색의
큰 차이뿐만 아니라 높이, 길이, 세기, 자음의 조음의 명료도까지
포함한 음절전체의 형태가 변하기 때문에 단어를 판단하기 어렵게
된다. 리듬의 영향을 별개로 한다면 액센트가 없는 형태를 생각할
수 없는 영어와 「端, 橋, 箸」에서 액센트를 없애도 같은 분절음인
[ハシ]가 남는 일본어는 현저한 차이를 나타낸다.

이것이 영어를 일반적으로 **강약액센트**(스트레스 액센트)로 분류
하는 하나의 이유라 할 수 있으며 또 다른 하나는 높이의 변동방향
이 일본어(피치액센트, **고저액센트**)와 달라 일정하지 않은 것에도 관
계한다. 일본어의 액센트는 피치하강의 방향으로 일정하며 「箸？」
의 의문문에서도 [ハ ↗シ]와 같이 단어에 고유 액센트 핵의 피치
하강을 실현한 후에 상승시킨다. 이에 비해 영어는 제2음절에 액센
트 핵이 있는 Ja'pan의 예에서는

(27) I live in Japan. Japan is a beautiful country.

의 처음 어말에서는 pan이 하강조(단어 단독형도 하강조)이고 다
음의 문두에서는 pan에서 피치가 높아진다. 제1음절에 액센트 핵
이 있는 'yesterday를 포함하는 문장에서는 핵음절 yes를 기점으로
평서문 (28a)에서는 서서히 내려가고 의문문 (28b)에서는 서서히
올라간다. 즉 기능에 따라 피치의 방향은 각각 변화하지만 액센
트 핵은 그 변동기점으로서 작용한다.

(28) a. John came here yesterday.
      b. John came here yesterday?

일본어는 액센트 핵에 위치와 높이의 변동방향이 세팅되어 있는
(정확히는 「하강 핵」)것에 비해 영어는 위치만이 지정되어 있어서
높이의 움직임은 분리되고 그 구체적인 방향은 문장 속의 기능에
의해 결정된다. 영어에서도 피치가 상당히 중요하며 강도(intensity)
보다 훨씬 큰 역할을 하고 있는 것은 의심할 여지가 없지만 그 방
향이 단어에 규정되어 있지 않기 때문에 일반적으로 고저 액센트
라고 하지 않는다[21].

▌결론

현재 음성학은 음향학적으로도 실험생리학적으로도 진전을 보
이고 있다. 음운론은 여러 갈래에 걸쳐 꼬리에 꼬리를 물고 새로운

이론이 생겨나고 있다. 다층음운론(비선상음운론)의 뒤를 이어 현재 가장 활발한 것은 규칙에 의한 파생이라는 생각을 접고 순위에 따른 제약(제약 자체는 보편적이다)하에 후보자를 모두 계산하여 가장 위반이 적은 것(중에서 가장 나은 것)을 최적자로 선택하는 식으로 설명하고자 하는 「최적성이론(optimality theory=OT)이다. 음운론의 테마로서는 모라(2모라부터 이루어진다)·음절·액센트·억양 등 초분절음적인 면과 형태음운론적인 연구가 활발하다. 왕성하다. 음성학과 음운론을 좀 더 융합시키고자 하는 「실험음운론(experimental phonology)」도 제창되고 있다. 또한 세계 여러 언어의 유형론적인 음운론 연구도 진행되고 있으며 일본어 자체의 문제로서 탁음·발음(ン)·촉음 등이 가지는 기능을 독자적으로 고찰하고자 하는 연구도 별도로 전개되고 있다.

이 장에서는 그 기초로서 조음음성학의 지식, 기호나 표기에 대한 반성, 음성실질에 근거하여 음소를 설정하는 방식, 체계성과 각종 규칙성을 파악하고자 하는 접근 방식에 대한 기본 사항을 조금 상세하게 기술하고자 하였다.

【주】

1) 이러한 점에서 음성이 중요하지만 음성은 목적이 아닌 수단이다. 이 장에서는 음성과 음운을 대상으로 하기 때문에 음성자체가 목적인 것처럼 기술하지만 의사소통에서 음성은 수단이라는 관점은 이 장에서 언급하지 않은 다음의 두 가지 점과 함께 이해해야 한다.

우리가 실제로 음성을 인식할 때에는 의미를 깊이 고려하고 있으며 문맥, 장면, 백과사전적 지식 등의 정보를 총동원하여 듣고 있다. 예비지식이 없고 문맥도 없는 부분의 음성은 비록 모음일지라도 정확하게 알아듣지 못할 수 있다는 점을 참조하자. 가령 모르는 사람으로부터의 전화에서 처음 듣는 인명이나 회사명, 여행지의 차내 방송에서 듣는 지명 등은 알아듣기 어렵다. 반대로 이미 알고 있는 내용인 경우에는 상당히 부정확한 발음이더라도 또는 발음하지 않은 부분까지도 보충하여 듣는다. 다음으로 언어적 의미와는 별개로 음성은 화자의 컨디션이나 감정, 출신지, 연령, 성별, 발화자가 누구인지 등의 정보까지 전하는 기능도 있다. 우리들은 언어적 의미와 동시에 이런 정보도 민감하게 알아차리면서 일상생활을 영위하고 있다.

2) 임상음성학 분야에서는 잘 사용되지 않는 음성도 함께 표기하기 위한 「확장국제음성문자 (ExtIPA＝Extentions to the IPA)」가 사용된다.

3) 예를들면, http://hctv.humnet.ucla.edu/departments/linguisties/Vowelsand Consonants / course / chapter 1 / chapter 1. html 나 http://web.uvic.ca/ling/ resources/ipa/ipa-lab.htm 참조.

4) 음성기관이나 음성학 용어를 읽는 방법에는 훈독(고유일본어) 과 음독의 두 가지 계통이 있다. 의학계 등은 음독을 하여 「舌(혀), 歯茎(잇몸)」도 「ぜつ, しけい」라고 하지만 이 장에서는 훈독을 사용하여 「した, はぐき」 등의 일상용어를 채용하고 음독도 병기한다. 음독은 불필요하게 난해한 인상을 줄 뿐 아니라 귀로 들었을 때 알아듣기 힘들기 때문이다. 특히 「口母音, 広母音, 高母音, 後母音」은 모두 동음이의어 コーボイン이며 오해하기 쉽다. 이들은 「くちぼいん, ひろ-, たか-, あと-」이라고 부른다. 그리고 훈독의 배경에는 용어를 정하고자 하는 의도가 있었다.

5) 속삭이는 소리가 항상 이 상태에서만 나는 것은 아니며 다른 상태에서도 난다는 보고도 있지만 D 상태에서 나는 음이 속삭이는 음인 것은 확실하다. 또한 속삭이는 상태에서 나오는 「속삭이는 소리」와 그것에

성대의 떨림을 동반하는 「속삭이는 유성음」은 다르다.

6) 예를 들면 [d̥]와 [t], [s̬]과 [z]가 각각 같은 소리인지 아닌지는 경우에 따라 다르나 두 음성을 구별할 수는 있다. 무성음은 조음에너지가 크고 근육의 긴장도 크기 때문에 fortis(경음)이라고 부르고 유성음은 lenis(연음)이라고 부른다. 이 소리들이 무성화/유성화해도 그 발성타입이 기식/유무성에 있어서 다른 성문상태라면 원래의 구별이 남아 있을 수 있다. 한편 음운론적인 해석을 중시하여 음성의 실질적인 면은 문제 삼지 않는 경우도 있다. 일본어의 「모음의 무성화」도 /CVCV/라는 음운해석을 전제로 한 것으로 반드시 「무성(화)모음」이 되는 것을 의미하지는 않는다. ([ʃta])이 소리들은 공시적인 무성화/유성화이며 통시적으로 일어난 [ad]>[at]의 무성화나 [ata]>[ada]의 유성화와는 다르다.

7) IPA가 만들어졌을 때의 「국제」는 작성한 당사자들의 서구를 가리키는 것이었다. 국제화한 오늘날에도 서구 언어에 있는 음성에 우선적으로 기호를 부여하는 점은 부정할 수 없다. ラ행과 ワ행 등의 일본어 음성에 딱 맞는 기호가 발견되지 않은 것이 그 한 예이다.

그리고 나라에 따라서는 IPA와는 다른 관용도 일부 남아 있다. 그 중에서도 미국에서는 [ʃ, ʧ, ts, ʤ, j, y, ø] 대신에 자주 [š, č, c, ǰ, y, ü, ö]가 사용되며, 일부는 IPA와 같은 기호로 다른 음을 나타내기도 한다. 게다가 IPA 자체가 몇 차례 개정되었다. 개정 후에도 이전 용법을 계속 사용하는 경우도 있고 어떤 용법은 거부하는 학자도 있다. 인쇄상의 문제도 있다. 과거의 주요한 기호는 Geoffrey K. Pullum & William A. Ladusaw (1996)를 참조하기 바란다. 이 장에서도 일본의 것을 일부 사용했다.

8) [ɸ]의 호칭. 음성문자는 [ə]의 shua처럼 이름이 있으면 편리하지만 보통은 어떻게 부를지 어려운 경우가 많다. 이 문제를 고려하여 제안된 것이 Geoffrey K. Pullum & William A. Ladusaw (1996)인데 이 장에서도 일부 이 용어를 사용하였다 (약간 수정한 것도 있고 일부 대안도 제시하였다). 「meng」는 m과 ŋ에서 유래한다. 「eng(eŋ)」「esche(eʃ)」는 em, es 등에 유추한 것(일본에서는 오히려 「エヌジー」「ロングエス (긴 S)」를 사용). 그리스문자에서 유래한 음성문자는 그 이름을 따르고 그 밖의 기호는 외형에 따라 「거꾸로인」,「가로획을 그은」,「상단열쇠달린」 등의 수식을 붙여 사용한다. 그 대부분은 IPA(1999)에 받아들여졌다. 그러나 [ʒ]의 이름 「yogh」(P&L)와 「ezh」(IPA)처럼 두 책 사이에 다른 경우도 있다(meng도 그 하나).

9) 이런 식으로 パ행·バ행 자음에도 순치(脣齒) 파열음이나 마찰시간이

짧은 마찰음이 나타난다. IPA에 특별한 기호는 마련되어 있지 않지만, 마찰시간이 짧은 마찰음은 [v]로 간략표기를 해도 좋다. 확장 IPA에서 순치파열음은 [p̪] [b̪]이다.

10) 이 「ン」을 일본에서는 「불완전비음」으로 부르는 전통이 있으며 n의 끝 부분을 오른쪽으로 말아올린 기호 [ɲ]를 사용하였다. 이 기호는 인도유 럽어의 비교문법에서 이전에 [ŋ]에 사용된 것에서 유래하지만 이 특수 한 기호를 일부러 사용할 이유는 없으며 [N]으로 충분하다. 또한, 일본 어의 ン(의 음운기호)을 위해 IPA에서 특별히 만든 [ɳ]은 일본에서도 사실상 사용되지 않으며 IPA에서도 이미 폐지되었다 (m, n, ŋ이외의 ン 도 [ɲ]로 나타내는 것은 [ŋ]에 가까운 용법이다).

11) 이 「내파음(內破音)」은 들숨 후두기류의 「입파음(비폐장기류음)」과 영 어로는 implosive로 같지만 폐를 사용한 날숨의 일종으로 전혀 다르다. 참고로 단음(単音)으로 분해되지 않기 때문에 일반적으로 비분석적이 라고 하는 가나표기가 이점에서는 IPA보다도 세밀하게 구별하고 있다. 「カッパ」는 IPA에서는 [kappa]가 된다. 두 개의 [p]는 무성 양순폐쇄음 이라는 점에서는 같으며 당연히 같은 [p]로 쓴다. 그러나 파열의 움직 임은 앞의 p는 내파이고 두 번째 p는 외파로서 정반대이다. 그리고 앞 의 p가 조음시간이 길며 실험관찰에 따르면 성대도 더 열려 있다고 한 다. 이 차이를 IPA는 구별하지 않지만 가나는 한 쪽은 「ッ」, 한 쪽은 「パ」로 구별한다 (단 두 번째 p는 항상 모음과 결합하여 나타나며 [pV] 에 공통으로 나타나는 외파의 [p]만을 추출하는 것은 불가능하다). 현재 의 IPA에서는 보조기호를 사용한 [kap˺pa]로 표기할 수 있지만 외파가 없음을 나타내는 것에 지나지 않는다.

마찬가지로 「カンナ」는 [kanna]로 표기되지만 두개의 비음 [n]은 같지 않다. 개폐의 움직임의 차이뿐만이 아니라 ン에 해당하는 [n] 쪽이 길 면서 연구개의 하강 정도가 큰 것이 실험적으로 명확해졌다. 이 차이가 ン과 ナ(모음과 함께 나타나는 비음)로 표시되어 있는 이유이다.

12) http://www.let.uu.nl/~audiufon/data/e_cardinal_vowels.html

13) 엄밀하게 말하면 [ʊ](ypsilon)과 [U]와는 형태가 조금 다르지만 두 기호 는 구별없이 사용된다. 다른 기호는 확실하게 구분해야 하지만 폰트에 의한 차이는 무시해도 좋다.

그리고 특수한 음성기호를 사용하기 어려울 때에는 혼동되지 않는 다 른 기호로 치환하면 된다. 음성기호는 단음(単音)과 1대1의 대응관계를 가지므로 그 음성기호와 대용기호 사이에 미리 정의한 1대1 관계가 있으면 대용기호에서 쉽게 단음을 복원시킬 수 있다. 문장 속에서는 [ɑ] 대신에 「후설모음 a」「필기체 a」 등의 문장표현도 이용할 수 있다. IPA 의 외형에 얽매이는 것은 시간과 노력과 금전의 낭비이다. Geoffrey K. Pullum & William A. Ladusaw(1996)에도 과거의 대용기호의 예가 나와 있는데 이 장에서도 일본의 예를 추가하고 대안후보도 거론했다.

또한 인쇄도 음성과 마찬가지로 「선조성(線条性)」이 있기 때문에 보조 기호도 위나 아래에 달지 않고 오른쪽에 달거나 ([r.] 등) 없어도 되는 곳은 사용하지 않도록 한다. 윗첨자 기호도 대부분 [kj]처럼 옆으로 적어도 된다. (현재의 IPA에서는 바꿨지만) 피치액센트를 위의 선으로 나타내는 방법도 피하는 것이 좋다. 독자들도 이러한 점을 이해하기 바란다. 지난 10년 동안 컴퓨터에서의 IPA입력환경은 눈부시게 향상됐다. IPA 폰트나 관련 툴의 종류가 다양하게 개발되었으며 각 음성기호도 (일부를 제외) 4행 16진수의 컴퓨터용 코드번호가 부여되었다([k]=006B 등 상세한 내용은 IPA 1999참조). 그러나 개인레벨에서 입력하거나 인쇄하기는 쉬워도 전자데이터를 타인과 주고받을 때에는 컴퓨터 환경의 문제도 있어서 아직 문제가 있다. 특히 출판의 경우는 인쇄소가 대응하고 있지 않으면 전자파일을 인쇄할 수 없다는 큰 문제가 있다. 결국 오늘날에도 텍스트 파일을 제한할 필요성이 있다.

14) 중국어나 한국어 문헌에서는 종종 [']와 [']가 바뀌어 [']를 기음표기로 사용하는 경우가 있다.

15) 이 해석 및 「환경동화」의 관점은 服部四郎의 『언어의 방법』(岩波書店, 1960)에 의거하며 이 장에서는 일부 수정하여 서술했다. 이 책에서 채택한 일본어의 로마자표기는 /ʃ/와 /ŋ/(그리고/Q/)를 제외하면 표 7.2와 같다. 단 /j/는 /y/로 표기한다.

16) 참고로 집필자(이와테(岩手)현 출신의 上野善道)의 경우, [g]와 [ŋ]는 완전히 다른 음이며 분포를 논할 필요도 없이 처음부터 자명하다. ショーガッコー, チューガッコー, ダイガッコー는 [ŋ]으로 발음하면 초등학교, 중학교, (방위)대학교이고, [g]로 발음하면 각각 소규모, 중규모, 대규모 학교의 의미가 된다. 「あの中学 [ŋ] 校は小学 [g] 校だ (저 중학교는 소규모학교다)」라고 할 수 있다. 다른 음이기 때문에 이런 구별이 가능하다. 확실히 [g]의 경우는 단락이 느껴지지만 경계(포즈)가 있기 때문에 [g]가 되는 것이 아니라 /ŋ/와 다른 /g/이므로 경계를 느끼는 것이라고 생각한다. 다른 음소 /b/의 [b]와 [β], /z/의 [dz]와 [z] 등에서는 경계가 있어도 이러한 구별은 생기지 않는다.

17) チ・ツ의 자음을 /-t/와는 다른 파찰음 음소로 보는 해석은 예를 들면 「待(マ)つ(기다리다)」의 활용형에 유아의 언어습득과정이나 다른 방언에서 マツァナイ 등이 나타나는 것에서 지지된다. 이 형태는 어간을 통일하려는 유추에 의한 어형변화이지만 화자자신이 チ・ツ를 /-t/와는 다른 것으로 파악하고 있다는 증거이다. 만약 /-t/라고 파악하고 있었다면 처음부터 어간이 통일되어 있으므로 유추변화가 일어나지 않고 マツァナイ 등이 생길 이유도 없기 때문이다.

차용어를 받아들일 때에도 반영된다. ミルク(milk), パルプ(pulp) 등 자음으로 끝나는 단어는 일반적으로 /-u/를 삽입하지만 (/-i/의 경우는 제외), バット(bat), ムード(mood) 등 -t, -d로 끝나는 단어만은 /-o/가 삽입되어 있다. 이 단어들에 원칙대로 /-u/를 넣은 형태인 バッツ, ムーズ는 /-t, -d/와는 다른 자음(즉/-c, -z/)으로 해석되기 때문에 모음을 /-o/로 바꾸어 자음의 동일성을 유지하는 것을 중시한 것으로 생각된다. ツ, ズ(ヅ)가 /-tu, -du/이었다면 모음을 /-o/로 바꾸는 일은 없었을 것이다.

18) 다만 영어에서 /l/를 인정하여 /CVC/구조로 통일한 경우에는 부정관사 a/an의 사용에 대한 설명이 곤란하다는 문제가 있다. /l/는 다른 자음도 구별하여 취급한다.

19) 이 표기법은 IPA와는 완전히 다르다. IPA에 따르면 「男に」는 òtókóni가 된다. 그러나 이 표기는 입력하기 불편할 뿐 아니라 음조를 다루는 점에서 근본적인 문제가 있다고 생각되므로 채택하지 않는다. 음조는 그 움직임이 상승과 하강이며 동적으로 파악하는 것이 지각적으로 보아도 바르며 고유의 높이를 지정하는 정적 표기는 그 결과에 지나지 않을 뿐 아니라 몇 단계에 걸친 피치하강을 파악하는 것도 불가능하기 때문이다.

일본에서는 인쇄상의 문제도 있다. 이전에는 「을 상승피치, 그 좌우대칭인 ㄱ은 하강피치로 오랫동안 사용되어 왔으며 액센트 핵의 표기도 /ㄱ/이었다(오늘날의 IPA에서는 이 기호 ㄱ이 개방이 없는 자음에 해당되기 때문에 주의). 그러나 전자화시대가 되어 JIS에 없는 ㄱ은 더 이상 사용할 수 없기 때문에 어쩔 수 없이 '로 하강피치를 나타내는 시기가 계속되었다. 최근에 시각적으로 「ㄱ 과 닮은 [ ]방식이 보급되고 있다. 다만, IPA의 브라켓과 혼동되는 등 문제가 있다.

20) 짧은 단어에서는 「胃/意, 柄/絵, 詩/死, …」, 「明き/飽き/秋, 柿/垣/牡蠣, 張り/梁/針, …」 등이 일치하지만 3음절 이상에서는 표 7.5의 예 (내부구조는 여러 가지이다. おトコ는 おナツ의 종류)가 한도일 것이

다. 그러나 여기에서 최소대립어는 필수는 아니다. 「車, …, 命」에서
도 이들 분절음의 차이가 액센트의 차이를 초래하고 있다는 음성학적
인 설명이 불가능하므로(환경동화의 원칙) 액센트의 대립을 입증할 수
있다.

21) 대부분의 교과서가 액센트를 강약 액센트와 고저 액센트로 나누지만
강약 액센트의 인정기준은 명확하지 않다. 적어도 세기(intensity)로 변
별하고 있는 언어의 존재는 없을 것이다. 이 장에서는 강약 액센트의
두 가지 기준을 들었다. 이 두 기준에 의하면 러시아어도 강약 액센트
이다.

【참고문헌】

上野善道編 『朝倉日本語講座 3 音声·音韻』 (朝倉書店, 2003)
大野晋·柴田武編 『岩波講座日本語 5 音韻』 (岩波書店, 1977)
筧壽雄·今井邦彦 『英語学大系 2 音韻論Ⅱ』 (大修館書店, 1971)
川上蓁 『日本語音声概説』 (おうふう, 1977)
窪薗晴夫 『現代言語学入門 2 日本語の音声』 (岩波書店, 1999)
桑原輝男·高橋幸雄·小野塚裕視·溝越彰·大石強 『現代の英文法 3 音韻論』
　　　　(研究社, 1985)
小泉保 『音声学入門』 (大学書林, 1996)
小松英雄 『日本語の世界 7 日本語の音韻 』(中央公論社, 1981)
斎藤純男 『日本語音声学入門』 (三省堂, 1997)
竹林滋 『英語音声学』(研究社, 1996)
杉藤美代子編 『講座日本語と日本語教育 2 日本語の音声·音韻(上)』(明治
　　　　書院, 1989)
服部四郎 『音声学―カセットテープ, 同テキスト付―』(岩波書店, 1984)
枡矢好弘 『英語音声学』 (こびあん書房, 1976)
国際音声学会編 『国際音声記号ガイドブック』(竹林滋·神山孝夫訳, 大修館
　　　　書店, 2003 [International Phonetic Association, *Handbook of the
　　　　International Phonetic Association: A Guide to the Use of the
　　　　International Phonetic Alphabet*, Cambridge Univ. Press, 1999.])
フィシャ=ヨーアンセン 『音韻論総覧』(林栄一監訳, 大修館書店, 1978 [E.
　　　　Fisher-Joergensen, *Trends in Linguistic Theory*, 1975.])

プラム ＆ ラデュサー 『世界音声記号辞典』(土田滋·福井玲·中川裕訳，三省堂，2003 [Pullum, Geoffrey K. and Ladusaw, William A. *Phonetic Symbol Guide*, 2nd edition, The University of Chicago Press, 1996])

Catford, J. C., *A Practical Introduction to Phonetics*, Oxford, 1988.

Department of Phonetics and Linguistics, The Sounds of *I.P.A., An Interactive CD-ROM*, University of London, 2003.

Ladefoged, Peter, *Vowels and Consonants: An Introduction to the Sounds of Languages*, Blackwell, 2001.

Ladefoged, Peter & Maddieson, Ian, *The Sounds of the World's Languages*, Blackwell, 1996.

R.Lass, *Phonology*, Cambridge University Press, 1984.

≪권말의 IPA표에서는 「초분절요소」를 「초분절기호」로 통일하였음.

언어학

Linguistics : An Introduction

저자 후기

본서의 제1판이 나온 것이 1993년 가을이므로 정확히 11년이 흘렀다. 그 동안 여러 번 판을 거듭해 왔지만 동시에 언어학도 새로운 전개를 보이고 있으므로 이제 개정을 하자는 의견이 나왔다. 마침 도쿄대학 출판사의 담당자도 門倉弘씨에서 小暮明씨로 교대되는 시기였는데 개정판 발행에 찬성하여 즉시 준비에 착수하게 되었다.

언어학 분야는 다양하지만 이 학문의 기본을 알기 위해 필요한 지식과 사고(思考)법을 제시한다는 것이 우리의 입장이며, 이에 근거하여 구판에서의 연구 분야가 선택되었기 때문에 이 방침에 변화가 없으므로, 개정판에서도 새로운 언어 연구 분야를 추가하지 않았으며 개론서의 성격상 분량 등도 구판과 큰 차이가 없도록 하였다. 서장과 1, 5장은 松村一登교수, 2, 3, 4장은 町田健교수, 6장은 風間喜代三(필자), 7장은 上野善道교수가 집필하였다.

개정판발행에 있어서 부록의 「어족·언어 해설」이외의 간단한 언어학 용어집을 덧붙이고자 하였으나 용어 선택과 지면 사정으로 이루어지지 않았다. 그 대신 구판의 어족 지도를 새롭게 하였으며 또한 본문 중에 나오는 언어의 지도를 만들어 낯선 언어들의 위치를 명시해 독자의 편의를 도모했다. 이러한 제안은 집필자가 직접 본서를 텍스트로 사용해 본 경험에서 나온 것으로써 좀 더 알기 쉽게 지도할 수 있으리라 생각한다.

개정한 부분을 간단히 언급하고자 한다.

우선, 서장 「언어의 연구」는 최근 언어학의 흐름을 고려하여 문장의 의미구조에 근거한 문법이론이나 코퍼스를 이용한 연구 등, 새로운 분야를 소개하고 대폭 수정하였다. 제1장 「어휘의 구조」는 내용적으로는 구판과 크게 다르지 않지만, 어형성의 생산성과 이와 관계된 의미의 투명성 문제를 좀 더 세세히 다루었다. 제2장 「문장의 구조」에서는 주요 품사 분류를 비롯하여 문장 구조의 유래, 이 구조를 결정하는 원리 및 일본어 통어론에 관련된 토픽을 추가하였다. 제3장 「어휘의 의미」는 약간의 용어 변경을 제외하고 거의 구판의 기술 그대로이다. 제4장 「문장의 의미」에서는 시제, 어스펙트, 동작태, 법 등 통어론에서 중요한 테마는 물론 문장의 의미가 이해되는 과정을 좀 더 자세히 설명하였다.

제5장 「언어의 다양성과 유형론」은 현재 언어학의 핵심적 분야 중 하나인데 많은 수정을 하였다. 특히 90년대 이후에 활발해진 소멸 위기에 처한 언어의 연구에 있어서 언어 유형론 연구성과가 가져다 준 역할에 관하여 논하고 언어 접촉에 의한 문법적인 특징의 공유라는 주제를 새롭게 제시하였다. 또한 구판에서는 「언어의 유형」의 각주에 기술한 언어에 대해 해설을 달았으며 본서에서 언급된 모든 어족과 언어를 나타낸 「어족·언어 해설」을 권말에 붙였으며 지도를 첨부하여 폭넓게 이용하도록 하였다.

제6장 「언어 변화」는 내용적으로 구판과 큰 차이가 없다. 그러나 일부의 설명을 간략히 하고 용례를 바꾸었으며 조어 재구의 과

정을 추가하였다. 마지막으로 제7장 「음의 구조」에서는 음성에 대한 설명을 국제음성기호 최신판 1993, 1996년판에 맞추었으며 관련 정보를 포함하여 구판에 비해 좀 더 상세히 기술하였다. 또한 간략히 일본어 액센트에 관한 기술을 덧붙였다.

현재는 실로 변화가 격렬한 시대이지만 학문 세계 또한 그 예외가 아니다. 언어학 분야에서도 계속해서 새로운 이론이 제창되고 있으며 연구 분야도 더욱 더 다방면에 걸쳐 확대되고 있다. 이것은 인간의 가장 친밀한 대상인 언어에는 아직도 불가해한 것이 숨어 있다는 증거이다. 그래서 언어 연구는 지금부터 언제까지나 계속 이어질 것이다. 그러한 과정 속에서 개정된 「언어학」도 하나의 작은 이정표가 되었으면 하는 바램이다.

끝으로 편집부 小暮明씨에게 집필자 일동 진심으로 감사의 뜻을 전한다. 이 개정이 생각했던 것보다 순조롭게 진행되었던 것도 小暮明씨의 독려 덕분이다.

2004년 8월

風間喜代三(카자마 키요조우)

언어학

Linguistics : An Introduction

역자 후기

필자가 처음 일본에 온 지 벌써 십 수 년이 흘렀다. 한국에서 언어학을 전공할 때에는 주로 한국과 미국의 언어학을 접하였는데 동경대학 언어학 연구과 박사과정에 유학하게 되었을 때 일본의 언어학은 어떤 특징이 있을까 궁금해 하였다.

동경대학 언어학 연구과에서는 본서의 저자 중 한 분인 上野善道 교수님의 지도를 받게 되었는데 上野 교수님 및 다른 교수님 그리고 대학원에서 같이 수학하던 일본인 동문들을 통해 일본의 언어학을 접할 수 있었던 것은 필자의 학문의 폭을 더 넓게 해 주었다.

동경대학에서 수학할 때 일본의 언어학은 이론보다는 자료 및 현지조사(fieldwork)를 중요시하였는데 아프리카 및 아시아의 소수 언어를 조사하기 위해 몇 달씩 오지에 가서 현지조사를 하는 교수 및 대학원생의 모습을 보며 당시의 한국의 언어학 상황과 대비되어 부러움을 느낀 적도 많았다.

본서는 동경대학 출판부에서 발행되었으며 지금도 학부의 언어학 입문서로 사용되고 있다. 본서를 접하였을 때 언젠가 한국에 소개하고 싶다고 생각하였다. 한국과 미국의 언어학 입문서와 비교할 때 본서는 단순한 언어학 입문서를 넘어서 각 주제에 관해 일본어의 예를 통한 깊이 있는 사고 및 설명이 이루어지고 있다. 그런

점에서 본서는 조금 어려운 부분도 있지만 언어학을 공부하기 시
작한 학생들뿐 아니라 일본어학을 참고하고자 하는 연구자에게도
도움이 될 것이다.

　언어학 용어는 일본어학을 공부하는 이들을 위해 가능하면 일본
의 용어를 살리고 한국의 용어를 제시하려고 하였으나 이해가 어
려울 경우에는 용어를 변경하였다. 일본어를 모르는 독자들을 위
해 영어 예문 이외의 예문에는 한국어 번역을 첨가하였다.

　본서의 번역에서의 부족함은 원서의 불비가 아닌 번역자의 허물
임을 넓은 마음으로 양해해 주시기 바란다.

　어려운 출판환경 속에서도 본서를 선뜻 출판해 주신 J&C에 감
사드리며 공역을 한 덕성여대 손재현 교수의 노고에도 깊은 감사
를 드린다. 그리고 무엇보다도 본서의 번역을 기다려주시고 성원
해 주신 上野善道 교수님 이하 著者들께 마음 깊이 감사드린다.

2012년 12월 12일

일본 오카야마 대학 연구실에서

진남택 삼가 씀

▌THE INTERNATIONAL
　PHONETIC ALPHABET

▌세계어족지도

▌세계언어지도

▌본서에 나오는 언어의 해설

▌색인

THE INTERNATIONAL PHONETIC ALPHABET
(revised to 2005)

CONSONANTS (PULMONIC)

	Bilabial	Labiodental	Dental	Alveolar	Post alveolar
Plosive	p b	p b		t d	
Nasal	m	m	ɱ n		
Trill	B			r	
Tap or Flap		ⱱ		ɾ	
Fricative	ɸ β	f v	θ ð	s z	ʃ ʒ
Lateral fricative				ɬ ɮ	
Approximant		ʋ		ɹ	
Lateral approximant				l	

Where symbols appear in pairs, the one to the right represents a voiced consonant.

CONSONANTS (NON-PULMONIC)

Clicks		Voiced implosives		Ejectives	
ʘ	Bilabial	ɓ	Bilabial	’	Examples:
ǀ	Dental	ɗ	Dental/alveolar	p’	Bilabial
ǃ	(Post)alveolar	ʄ	Palatal	t’	Dental/alveolar
ǂ	Palatoalveolar	ɠ	Velar	k’	Velar
ǁ	Alveolar lateral	ʛ	Uvular	s’	Alveolar fricative

Retroflex		Palatal		Velar		Uvular		Pharyngeal		Glottal	
t	ɖ	c	ɟ	k	g	q	ɢ			ʔ	
	ɳ		ɲ		ŋ		ɴ				
	ɽ										
ʂ	ʐ	ç	ʝ	x	ɣ	χ	ʁ	ħ	ʕ	h	ɦ
	ɻ		j		ɰ						
	ɭ		ʎ		L						

Shaded areas denote articulations judged impossible.

VOWELS

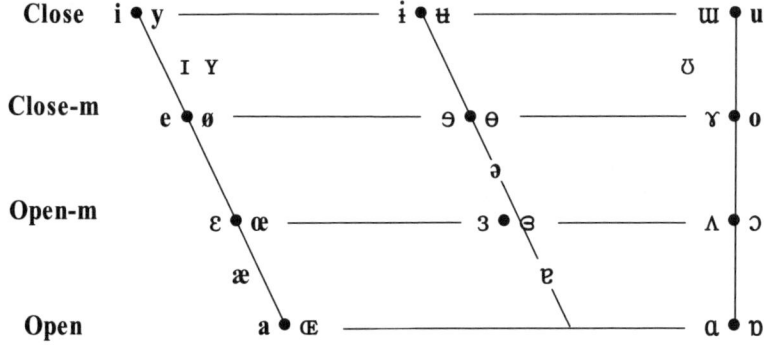

OTHER SYMBOLS

ʍ	Voiceless labial-velar fricative	ɕ ʑ	Alveolo-palatal fricatives
w	Voiced labial-velar approximant	ɺ	Voiced alveolar lateral flap
ɥ	Voiced labial-palatal approximant	ɧ	Simultaneous ʃ and x
H	Voiceless epiglottal fricative		
ʢ	Voiced epiglottal fricative		
ʡ	Epiglottal plosive		

Affricates and double articulations can be represented by two symbols joined by a tie bar if necessary.

k͡p t͡s

SUPRASEGMENTALS

ˈ	Primary stress		|	Minor (foot) group
ˌ	Secondary stress	ˌfoʊnəˈtɪʃən	||	Major (intonation) group
ː	Long eː		.	Syllable break ɹi.ækt
ˑ	Half-long eˑ		‿	Linking (absence of a break)
˘	Extra-short ĕ			

DIACRITICS Diacritics may be placed above a symbol with a descender, e.g. ŋ̊

̥	Voiceless	n̥ d̥	̤	Breathy voiced	b̤ a̤	̪	Dental	t̪ d̪
̬	Voiced	s̬ t̬	̰	Creaky voiced	b̰ a̰	̺	Apical	t̺ d̺
ʰ	Aspirated	tʰ dʰ	̼	Linguolabial	t̼ d̼	̻	Laminal	t̻ d̻
̜	More rounded	ɔ̹	ʷ	Labialized	tʷ dʷ	̃	Nasalized	ẽ
̜	Less rounded	ɔ̜	ʲ	Palatalized	tʲ dʲ	ⁿ	Nasal release	dⁿ
̟	Advanced	u̟	ˠ	Velarized	tˠ dˠ	ˡ	Lateral release	dˡ
̠	Retracted	e̠	ˤ	Pharyngealized	tˤ dˤ	̚	No audible release	d̚
̈	Centralized	ë	̴	Velarized or pharyngealized				ɫ
̽	Mid-centralized	e̽	̝	Raised	e̝ (ɹ̝ = voiced alveolar fricative)			
̩	Syllabic	n̩	̞	Lowered	e̞ (β̞ = voiced bilabial approximant)			
̯	Non-syllabic	e̯	̘	Advanced Tongue Root	e̘			
˞	Rhoticity	ɚ a˞	̙	Retracted Tongue Root	e̙			

TONES AND WORD ACCENTS

LEVEL			CONTOUR		
e̋	or ˥	Extra high	ě	or ˄	Rising
é	˦	High	ê	˅	Falling
ē	˧	Mid	e᷄	˦˥	High rising
è	˨	Low	e᷅	˩˨	Low rising
ȅ	˩	Extra low	e᷈	˧˦˧	Rising-falling
↓		Downstep	↗		Global rise
↑		Upstep	↘		Global fall

세계어족지도 (출처 : D.Crystal, *The Cambridge Encyclopedua of Language*, second edition, Cambridge

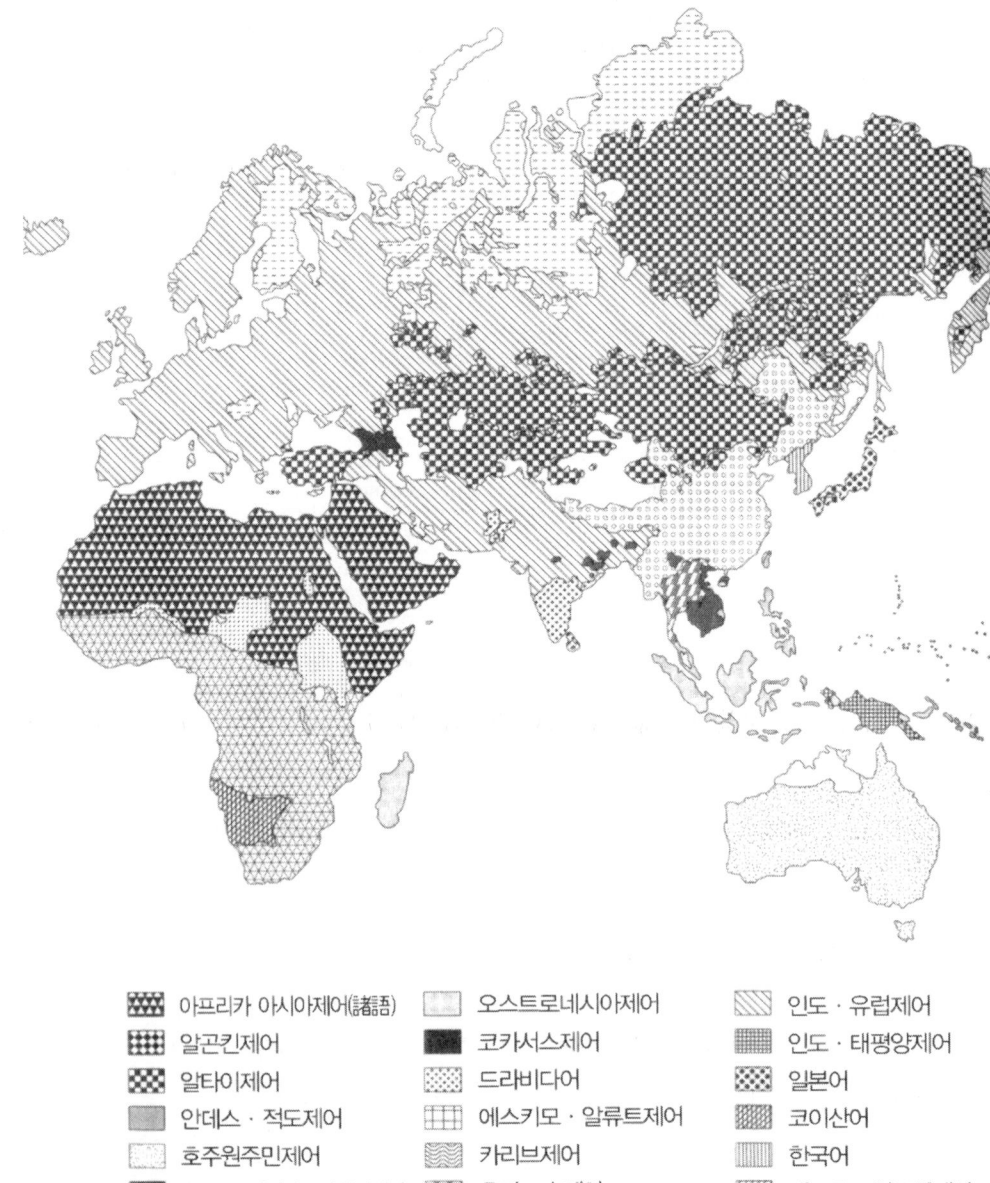

아프리카 아시아제어(諸語)	오스트로네시아제어	인도 · 유럽제어
알곤킨제어	코카서스제어	인도 · 태평양제어
알타이제어	드라비다어	일본어
안데스 · 적도제어	에스키모 · 알류트제어	코이산어
호주원주민제어	카리브제어	한국어
오스트로네시아 · 아시아제어	호카 · 수제어	매크로 · 치브차제어

University Press, 1997; B.Comrie, S.Matthews & M.polinsky, *The Atlas of Language*, Facts on File, 1996)

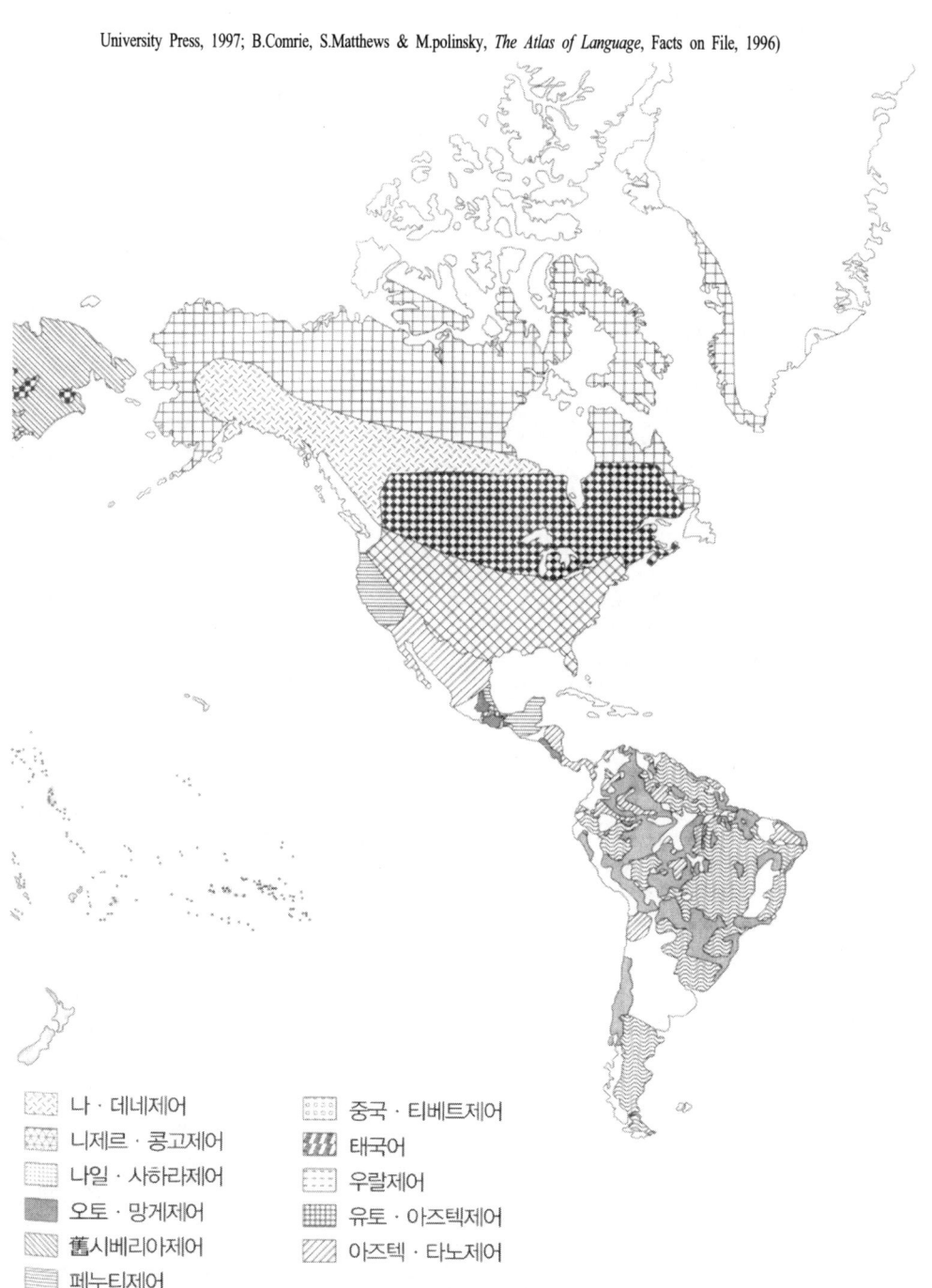

나·데네제어

니제르·콩고제어

나일·사하라제어

오토·망게제어

舊시베리아제어

페누티제어

중국·티베트제어

태국어

우랄제어

유토·아즈텍제어

아즈텍·타노제어

* 표시가 없는 부분은 고립 또는 분류불가능한 언어지역이거나 화자가 없는 지역임.

세계언어지도

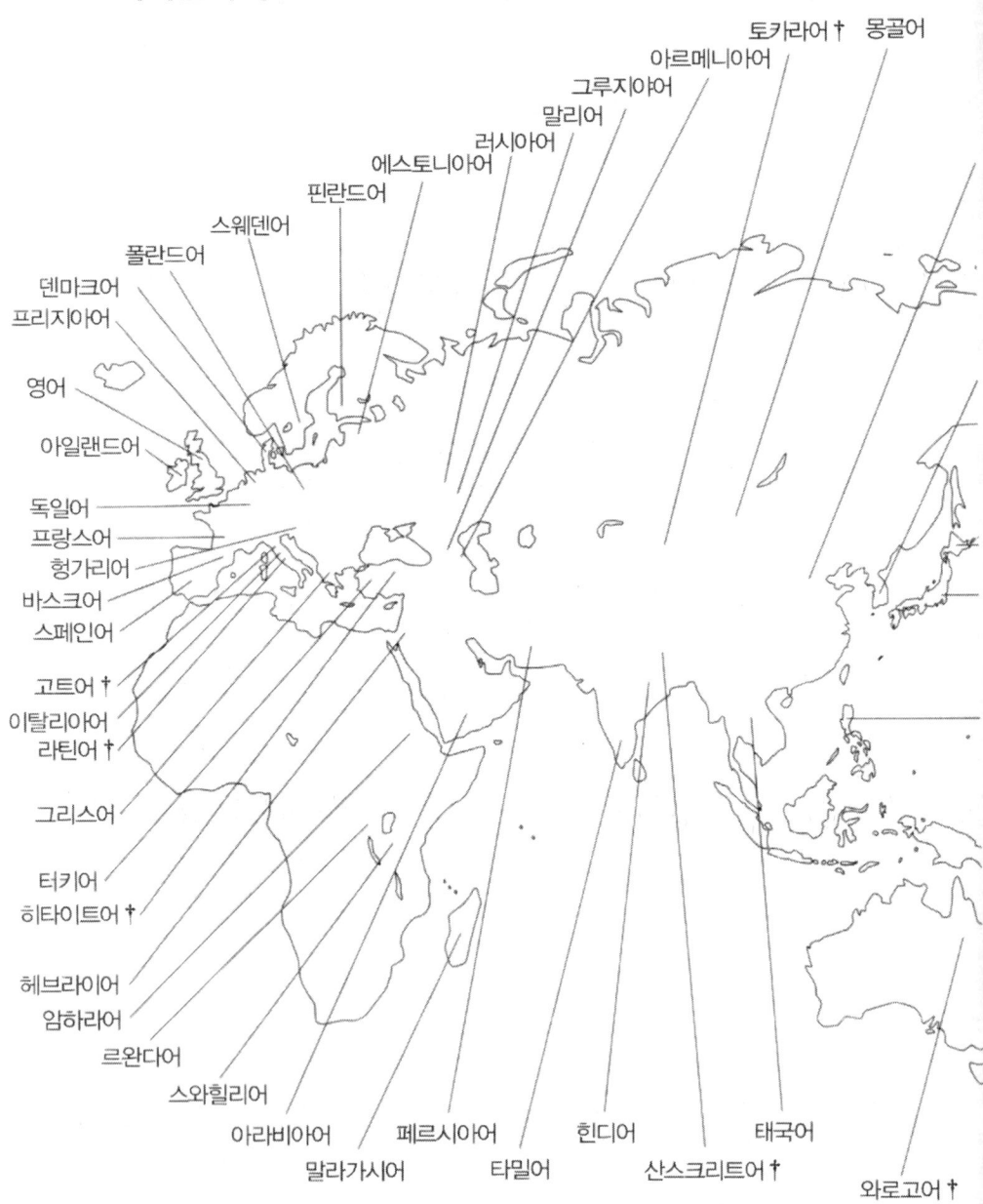

토카라어 †　몽골어
아르메니아어
그루지야어
말리어
러시아어
에스토니아어
핀란드어
스웨덴어
폴란드어
덴마크어
프리지아어
영어
아일랜드어
독일어
프랑스어
헝가리어
바스크어
스페인어
고트어 †
이탈리아어
라틴어 †
그리스어
터키어
히타이트어 †
헤브라이어
암하라어
르완다어
스와힐리어
아라비아어
말라가시어
페르시아어
타밀어
힌디어
산스크리트어 †
태국어
와로고어 †

중국어   한국어   에스키모어

아이누어

일본어

마야제어

케추아어

타갈로그어

힉사코리나어

통가어   사모아어

★ 「†」는 소멸한 언어, 또는 현재는 구어로 사용되지 않는 역사적인 언어를 나타냄.

본서에 나오는 언어의 해설

┃게르만 어파(Germanic)

인도·유럽어족의 한 어파. 북게르만어군(노르웨이어, 스웨덴어, 덴마크어, 아이슬란드어), 동게르만어군(고트어 등), 서게르만어군(영어, 독일어, 네델란드어 등)의 3군으로 나누어진다.

┃고(古) 영어(Old English)

'영어' 참조.

┃고대 그리스어(線文字-B) (Ancient Greek (Linear B))

알파벳 사용 이전에 그리스의 크레타섬, 뮤케나이를 중심으로 기원전 1450~1200년에 선문자 B라고 하는 문자를 사용하여 점토판에 새겨진 문서의 그리스어.

┃고트어(Gothic)

인도·유럽어족 게르만어파. 4세기 서(西)고트의 승려 울필라스가 번역한 신약성서가 그 주된 자료.

┃그루지야어(Georgian)

코카서스제어(諸語). 그루지야 공화국의 공용어이며, 아제르바이잔·터키·이란의 일부에서도 말해진다. 사용인구 약 350만명.

┃그리스어(Greek)

인도·유럽 어족 그리스 어파에 속하는 제방언(諸方言)의 총칭. 고대

그리스어로부터, 코이네로 불리는 공통어 시대를 거쳐 현대 그리스
어에 이른다. 사용인구수 약 1,000만명.

▎근대 영어(Modern-English)
"영어" 참조.

▎독일어(German)
인도·유럽어족 게르만어파, 서(西)게르만어군의 언어. 독일, 오스트
리아 이외에도 스위스, 룩셈부르크 등에서 말해진다. 사용인구 약 1
억명.

▎드라비다 제어(Dravidian)
인도 남부, 스리랑카 동북부, 파키스탄의 일부에서 말해지는 제언어
로, 타밀어, 칸나다어, 텔루구어, 말라얄람어, 브라휘(Brahui)어 등이
속한다. 사용인구 약 1억 8000만명.

▎라틴어(Latin)
인도·유럽어족, 이탤릭어파. 고대 로마제국의 언어로 문어(고전 라틴
어)는 오늘날에도 학술·종교의 용어로서 이용된다. 현재의 로망스제
어(프랑스어, 스페인어, 이탈리아어, 포르투갈어 등)는 로마제국 시
대의 라틴어의 구어(속(俗) 라틴어)로부터 발달했다.

▎러시아어(Russian)
슬라브어파, 동슬라브어군. 러시아 공화국의 공용어이며 구 소련 지
역의 거의 전역에서 이해되고 2억명 이상의 사용자가 있다.

▎로망스 제어(Romance)
라틴어로부터 파생한 언어의 총칭. 프랑스어, 스페인어, 이탈리아어,
포르투갈어, 루마니아어, 카탈로니아어 등.

▌르완다어(Kinyarwanda)

반투 제어(諸語). 아프리카의 르완다 및 자이르에서 말해진다. 사용
인구 500만명 이상.

▌마리어(Mari)

우랄어족, 핀·우그르어파. 러시아 볼가강의 중앙 유역의 마리엘 공화
국, 바쉬코르토스탄공화국, 키로프주(州) 등에서 말해진다. 사용인구
약 52만명(1989년).

▌마야제어(諸語)(Mayan)

멕시코 유카탄 반도에서 과테말라에 걸쳐 분포되어 있으며 중부 아
메리카 최대의 언어군. 사용인구 300만명 이상.

▌말라가시어(Malagasy)

오스트로네시아어족. 마다가스카르섬에서 말해지며 마다가스카르의
공용어. 사용인구 약 1천만명.

▌몽고어(Mongolian)

몽고제어. 몽고 공화국과 중국의 내몽고 자치구·간쑤성(甘肅省)·칭
하이성(青海省)·신쟝웨이우얼(新疆維吾尔)자치구 등에 분포하고 있
으며 사용인구는 약 500만명. 좁은 뜻으로는 몽고 공화국의 공용어
(할하(Khalkha)어·몽고어)를 가리킨다.

▌바스크어(Basque)

스페인과 프랑스의 국경지대인 바스크 지방에서 말해지고 있는 언어
로 계통 관계는 불명. 사용 인구 60만명 이상.

▌발트·핀 제어(Baltic-Finnic)

우랄어족, 핀·우그르어파. 발트해의 동북안 주변에서 말해지는 핀란

드어, 에스토니아어, 카렐리야어, 벱스어, 이조르어(Izhorian), 보트어
(Votian), 리브어(Livonian)를 가리킨다.

▍사모아어(Samoan)

오스트로네시아어족 폴리네시아제어. 남태평양의 사모아제도, 뉴질
랜드 등에 20여만명정도의 화자가 있다.

▍산스크리트어(Sanskrit)

범어(梵語)라고도 한다. 인도·유럽어족 인도·이란어파에 속하는 고
대의 인도·아리아어. 기원전 1500년경부터 기원전 500년경까지의 초
기 산스크리트어를 베다어, 기원전 5세기~기원전 4세기의 '파니니
문법'에 의해 규정된 것을 고전 산스크리트어라고 부른다.

▍스와힐리어(Swahili, Kiswahili)

동아프리카(탄자니아, 케냐, 우간다, 자이르 동부, 르완다, 부룬디)의
공통어. 반투계 언어의 특징을 가지고 있지만, 아라비아어로부터의
차용어가 매우 많다. 사용인구 약 5000만명.

▍스웨덴어(Swedish)

인도·유럽어족 게르만어파 북게르만어군. 스웨덴의 국어로서 스웨
덴의 거의 전역에서 말해진다. 또 핀란드의 공용어의 하나로 올란드
제도 및 남서부나 남부의 해안 지방에서 말해진다. 사용인구 약 800
만명.

▍스페인어(Spanish)

인도·유럽어족 이탤릭어파 로망스제어. 스페인 본국 외에 브라질을
제외한 중남미 각국, 멕시코, 필리핀, 모로코 등에서 말해진다. 사용
인구 약 2억7000만명.

▌ 슬라브어파(Slavic)

인도·유럽어족의 어파. 동슬라브어군(러시아어, 우크라이나어, 백
(白)러시아어), 서슬라브어군(폴란드어, 체코어, 슬로바키아어), 남슬
라브어군(불가리아어, 마케도니아어, 세르보·크로아티아어, 슬로베
니아어)의 3군으로 나누어진다.

▌ 아랍어(Arabic)

아프리카·아시아어족 셈어파. 아라비아 반도로부터 북부아프리카의
광대한 지역에서 말해진다. 좁은 뜻으로는 문장어로서의 고전 아라
비아어를 가리킨다. 구어(口語) 아라비아어는 방언의 차이가 크다.
사용인구 1억 5천만명 이상.

▌ 아르메니아어(Armenian)

인도·유럽어족 아르메니아어파. 아르메니아와 그 인접지역 및 터키
공화국내에서 말해지고 있다. 사용인구 약 500만명.

▌ 아이누어(Ainu)

일본 홋카이도의 선주민 아이누 민족의 언어이다. 과거에 혼슈 북부,
홋카이도, 사할린, 쿠릴 열도에서 사용되었음. 계통관계 미상. 현재,
일상어로 사용되고 있지 않으나 아이누문화와 함께 전승하고자 하는
움직임이 있다.

▌ 아일랜드어(Irish)

인도·유럽어족 켈트어파에 속하며 아일랜드 공용어의 하나. 사용인
구 10만명 정도 추정.

▌ 암하라어(Amharic)

아프리카·아시아어족 셈어파. 에티오피아의 가장 유력한 언어로 사
용인구 1500만명 이상.

▌에스키모어(Eskimo)

그린란드, 극북 캐나다, 알래스카, 추크치반도(러시아)에 분포되어 있는 언어로, 사용인구는 8만 4000명. 방언차이가 크다. '이누잇 (Inuit)' '유피크(Yupik)' 등 지역에 따라 여러 명칭으로 불린다.

▌에스토니아어(Estonian)

우랄어족 핀·우그르어파 발트·핀제어(諸語)의 하나. 에스토니아 공화국의 국어이며 사용인구수는 약 95만명. 모음·자음의 길이를 3단계(단음·장음·초장음)로 구별하며 명사의 격변화(14격), 전치사·후치사가 함께 이용되는 점 등을 특징으로 한다. 20세기 초 대규모 언어개혁이 이루어져 표준 문어(文語)가 정돈되었다.

▌영어(English)

인도·유럽어족 게르만어파 서(西)게르만어군의 언어. 영국, 미국 외 캐나다, 오스트리아, 뉴질랜드 등에서 모어(母語)로 사용되며 또 세계의 많은 지역에서 공용어·공통어로서 이용되고 있다. 역사적으로 고(古)영어(7세기~11세기), 중(中)영어(12세기~15세기), 근대영어(16세기~19세기), 현대영어(20세기~)로 시대를 구분된다.

▌오스트로네시아 어족(Austronesian)

동쪽은 이스터 섬의 라파누이어부터 서쪽은 마다가스카르의 마라가시어(語), 남쪽은 뉴질랜드의 마오리어부터 북쪽은 대만의 고사족(高砂族) 제어(諸語)와 하와이어에 이르기까지 광대한 지역에서 말해지고 있으며, 많은 언어를 포함한 대어족으로 약700개 전후의 언어를 포함한다(단 뉴기니의 파푸아제어(諸語)나 오스트레일리아 원주민의 언어에는 포함되지 않는다). 크게 서부어파(헤스페로네시아어파)와 동부어파(오세아니아어파)로 나누어지며 서부어파는 옛 인도네시아 어파에 거의 대응하며 동부어파는 옛 멜라네시아어파·폴리네시아어파에 거의 대응한다. 말레이·폴리네시아 어족, 남도(南島) 어족이라고도 한다.

▌와로고어(Warungu)

오스트레일리아 원주민어. 와룬구(Warrungu)어라고도 한다. 오스트
레일리아 북동부 퀸스랜드주에서 말해지고 있었지만, 1981년에 마지
작 화자가 사망했다. 용례는 츠노다(角田, 1988)에서 인용.

▌우랄 어족(Uralic)

스칸디나비아 반도 북부, 핀란드, 소련, 동유럽(헝가리와 그 주변)에
넓게 분포되어 있는 어족. 어족 전체의 사용인구수는 약 2,300만명.
핀·우그르 어파와 사모예드 어파로 나누어지며, 전자는 몇 개의 그
룹으로 하위 분류된다. 알타이제어나 유카기르어와 같은 계통이라는
설도 있다. 주요 언어는 헝가리어, 핀란드어, 에스토니아어.

▌이탈리아어(Italian)

인도·유럽어족 이탤릭어파 로망스제어(諸語). 이탈리아 본국 외, 스
위스남부, 튀니스 등에서 말해진다. 사용인구 약6000만명.

▌인구 어족(印欧語族)

'인도·유럽어족' 참고.

▌인도·유럽 어족(Indo—European)

인구어족(印欧語族)이라고도 한다. 동쪽에 있는 인도대륙이나 중앙
아시아의 타림 분지에서부터 서쪽의 아이슬란드에 이르는 대어족(大
語族). 현재, 남북 아메리카, 오스트레일리아 등에도 분포. 아나톨리
아(히타이트), 인도·이란, 슬라브, 발트, 이탤릭, 켈트, 게르만, 아르메
니아, 토카라, 알바니아 등의 어파로 이루어짐.

┃ 일본어(Japanese)

일본 열도의 거주자의 대부분이 모어(母語)로 하고 하와이·북미·중남미의 일본계 이민에 의해서도 사용되는 언어로, 모어 사용자는 1억 2천만명. 일본의 국어로 도쿄 방언에 기반을 둔 공통어(표준어)가 있다. 계통에 대해서 정설은 없으며 일본어와 동계인 것으로 증명된 유일한 언어인 류큐어(琉球語)가 일본어의 하나의 방언('류큐방언')으로 여겨지는 경우가 많기 때문에 고립어로 분류되는 경우가 많다.

┃ 조선어(Korean)

'한국어'를 참조.

┃ 중(中) 영어(Middle English)

'영어'를 참조.

┃ 중국어(Chinese)

중국·티벳어족 중국·태국어파. 넓은 뜻으로는 한(漢)족의 언어로서 한어(漢語)의 제방언의 총칭으로, 북방어(북경어등), 오어 ; 吳語(상해어 ; 上海語 등), 민어 ; 閩語(복건어 ; 福建語), 월어 ; 粵語(광동어 ; 廣東語), 객가어(客家語) 등으로 나뉘어지며 방언차이가 매우 크다. 중화인민공화국의 인구 9할 이상이 모어(母語)로 하고 있는 세계 최대의 언어이다. 좁은 뜻으로는 북방어를 기초로 이루어진 '보통어(普通語)'라고 불리는 공통 한어를 가리킨다.

┃ 추크치어(Chukchi)

추크치·캄차카제어(諸語). 아시아대륙 북동단(러시아)에서 말해지는 소수 언어. 사용인구 약 1만명(1989년).

┃ 케추아어(Quechua)

남미, 안데스 산맥을 따라 광대한 지역에 분포되어 있는 언어군으로,

이 지역에서 가장 유력한 선주민언어이다. 화자는 총 600만명 정도로 추정.

▎코카서스 제어(Caucasian)

캅카스제어(諸語)라고도 한다. 흑해와 카스피해 사이에 있는 지역(코카서스지방)에서 말해지는 언어로, 인도·유럽어족, 알타이제어, 셈어족에 속하지 않는 약 40개 언어의 총칭. 주된 언어는 그루지아어, 압하스어, 카바르디어, 체첸어, 인구시어, 아바르어, 달간어, 레즈기어(Lezgian) 등.

▎타갈로그어(Tagalog)

오스트로네시아어족. 필리핀에서 말해지며 사용인구는 1천만명 이상. 필리핀의 공용어로서는 '필리피노어'라고 불린다.

▎타밀어(Tamil)

드라비다어족. 남인도, 스리랑카 북부, 말레이시아 등에서 말해지며 사용인구 5000만명.

▎태국어(Thai)

중국·티벳족 중국·태국어파. 태국의 공용어로 샴어(Siamese)라고도 불린다. 모어(母語) 인구는 태국 전인구의 약 3분의 1(1600만, 1982)으로 추정된다. 다른 타이계 언어를 말하는 사람에 의해서도 이용되며 사용인구 6000~7000만명.

▎터키어(Turkish)

터키어제어(諸語) 남부어군. 터키 공화국의 공용어. 그리스 동부, 불가리아, 구 유고스라비아, 키프로스에도 분포하며 사용인구 약 5,200만명.

▌토카라어(Tocharian)

중앙 아시아의 투루판으로부터 쿠차에 걸친 지역(중화인민공화국 신장웨이우얼(新疆維吾尔)자치구)에서 출토된 문서의 언어로 인도·유럽 어족의 어파중 하나. 연대는 6~8세기무렵.

▌통가어(Tongan)

오스트로네시아 어족. 남태평양 상의 통가 왕국의 공용어의 하나.

▌팔리어(Pali)

인도·유럽어족 인도·이란어파의 중기 인도·아리아제어(諸語)의 하나. 남방불교의 성전에 사용되고 있는 언어.

▌페르시아어(Persian)

인도·유럽어족, 인도·이란어파, 이란제어(諸語)의 하나이며, 이란의 국어. 아프가니스탄 등에서도 말해진다. 사용인구 약 3,500만명.

▌폴란드어(Polish)

인도·유럽어족, 슬라브어파, 서슬라브어군. 폴란드 외, 체코스로바키아 등에서도 말해진다. 사용인구 약 3,500만명.

▌프랑스어(French)

인도·유럽어족, 이탤릭어파, 로망스제어(諸語). 프랑스 이외에 스위스 서부, 벨기에 남부, 캐나다의 퀘벡주 등에서 말해진다. 1억명 이상의 화자가 있는 것으로 추정된다.

▌프리지아어(Frisian)

인도·유럽 어족, 게르만 어파, 서게르만 어군. 프리슬란드어라고도 하며 영어에 가장 가까운 언어로 여겨진다. 네델란드 북동부의 프리슬란트주부터 독일의 슐레스비히·홀슈타인주에 걸친 북해연안타인

주 섬 지역에서 말해지고 있으며, 서프리지아어(좁은 뜻의 프리지아
어), 동프리지아어, 북프리지아어의 3개로 나누어진다. 북프리지아어
를 말하는 사람은 5000~1만명. 푀르 방언은, 북프리지아 제도의 푀르
섬에서 말해지고 있다.

핀란드어(Finnish)

우랄어족, 핀·우그르어파, 발트·핀제어. 핀란드의 국어의 하나. 사용
인구는 약500만명. 핀란드 주민의 93%가 모어(母語)로 하고 있으며,
스웨덴, 노르웨이, 카렐리야(러시아) 등에서도 말해진다. 명사의 격
변화(15격), 소유접미사, 모음조화 등을 특징으로 한다.

한국어(Korean)

한반도(제주도 등을 포함; 사용인구 6000만명 이상), 중국의 길림성
(연변 조선인 자치주를 시작으로 동북 3성(省); 사용인구 약180만명)
등에서 사용되는 언어(조선어)로 대한민국의 국어로서의 호칭. 14세
기에 고안된 '한글'이라고 불리는 표음문자로 표기된다. 격조사의 존
재나 SOV 어순 등 일본어와 매우 비슷한 문법적 특징이 있는 한편,
모음이나 자음의 체계 등은 일본어와 상이하다. 서울 방언에 근거한
표준어에서는 볼 수 없지만 일부 방언에서 일본어와 매우 비슷한 고
저 액센트가 존재한다.

헝가리어(Hungarian)

우랄어족, 핀·우그르어파, 오브·우그르(Ob-Ugric) 제어(諸語)의 언어.
헝가리의 국어로 '마자르어'(Magyar)라고도 한다. 헝가리 및 그 주변
(루마니아, 세르비아, 슬로바키아, 오스트리아, 우크라이나 등)에서
사용되며 사용인구는 우랄 어족의 언어로서는 최대인 약 1,500만명.
모음조화, 명사의 격이 많고(20개 이상), 동사의 목적어활용 등의 특
징이 있다.

▌헤브라이어(Hebrew)

아프리카·아시아어족, 셈어파. 기원후 2세기 말경까지 팔레스티나에서 말해졌던 구약성서의 언어로서 알려졌다(성서 헤브라이어). 19세기부터 일상어로서 부활한 '현대 헤브라이어'는 이스라엘의 공용어로 사용인구는 240만명.

▌히타이트어(Hittite)

고대 히타이트 제국(기원전15~12세기)에서 사용되었으며 아나톨리아(=터키 공화국의 아시아 부분)의 인도유럽어의 중심이 되는 언어. 설형문자로 점토판에 새겨진 다량의 문서가 있다.

▌힉사코리나어(Hixkaryana)

브라질 북부의 아마존강 유역에서 말해지는 카리브 어족에 속하는 언어. 사용인구는 350명(1980년)으로 추정된다.

▌힌디어(Hindi)

인도·유럽어족 인도·이란어파, 인도·아리아제어(諸語). 북인도의 중앙부에서 말해지며, 인도의 연방 레벨의 공용어. 모어(母語) 인구는 2억 6천만명(1981년). 파키스탄의 공용어인 우르두(Urdu)어와는 문자와 일부의 어휘 차이가 있을 뿐 사실상 동일 언어로 간주된다.

색 인

(ㄱ)

간략음성표기(broad phonetic transcription)···341
강조 구문···211
개념···132
개별어수(異なり語数)···59
게르만 어파(Germanic)···398
격(case)···164
격표시(case marking)···237, 238
경과음(glide)···327
경구개(硬口蓋 hard palate)···311
경구개음(硬口蓋音 palatal)···323
경험자(experiencer)···165
계속동사···187
고(古) 영어(Old English)···398
고대 그리스어(線文字-B) (Ancient Greek (Linear B))···398
고립어(孤立語)···110
고트어(Gothic)···398
공시적(synchronic)···264
관계절···120, 239
관사···95
교착어(膠着語)···110
구(句)···97
구강(口腔 oral cavity)···311
구개(口蓋 palate)···311

구개범(口蓋帆 velum)···311
구개음화(palatalization)···276
구두음조···368
구성소(構成素 constituent)···100, 223
구절구조(phrase structure)···25, 26
구절구조문법(phrase structure grammar)···23, 24
구정보···209
국제음성기호(International Phonetic Alphabet=IPA)···318, 390
군(群)···98
굴림소리(trill)···328
굴절어(屈折語)···110
권설음(捲舌音 retroflex)···323
그루지야어(Georgian)···398
그리스어(Greek)···398
그림의 법칙(Grimm's law)···294
근대 영어(Modern-English)···399
기능어···96
기본 어순(Basic word order)···223
기본모음(Cardinal Vowels)···333
기본형(basic form)···63
기술적(descriptive)···264
기식(気息 aspiration)···335
기저형···361
기점(source)···166

(ㄴ)

내용어…96
내적 관계…122
능동태…123

(ㄷ)

다언어 병용(multilingualism)…220
다의어(多義語)…155
단어…54
달성동사(accomplishment verb)
…188
대립(opposition, contrast)…350
대모음추이(Great Vowel Shift)…270
대상(object)…165
대응(correspondence)…293
도구(instrument)…166
도달동사(achievement verb)…189
독일어(German)…399
동사…94
동음이의어(同音異議語 homonym)
…155, 287
동의어(同義語)…148
동작주(agent)…165
동작태(動作態 aktionsart)…183, 184
동화(assimilation)…278
드라비다 제어(Dravidian)…399

(ㄹ)

라틴어(Latin)…399
랑그…11, 13
러시아어(Russian)…399
로망스 제어(Romance)…399
로타시즘(rhotacism)…273
르완다어(Kinyarwanda)…400

(ㅁ)

마리어(Mari)…400
마야제어(諸語)(Mayan)…400
마찰음(fricative)…329
말라가시어(Malagasy)…400
명사…94
모달리티(法性)…190
모라(mora)…340
모어화자 직관자료…41
모어화자(native speaker)…41
모음…51
목젖(uvula)…311
몽고어(Mongolian)…400
무기음(unaspirated)…335
무성무기음…336
무성유기음…336
무성음(voiceless)…314
무성화…317
문법…23
문법규칙…23
문법이론…21
문자…269
민간어원(folk etymology)…291

(ㅂ)

바스크어(Basque)…400
반대어(反對語)…151
반의어(反義語/反意語)…151
발성(発声phonation)…313
발음…269
발트·핀 제어(Baltic-Finnic)…400
번역차용(loan translation)…256, 289
변별소성(distinctive feature)…365
보조기호(diacritics)…320
복합(compounding;합성)…74

복합동사(compound verb)…68
복합명사…79
복합어…63
부사…95
부정(不定 indefinite)…172
부정문(否定文)…202
비강(鼻腔nasal cavity)…311
비교문법(comparative grammar)
…292
비음(nasal)…328
빠롤…13

(ㅅ)
사모아어(Samoan)…401
사태(事態)…177
산스크리트어(Sanskrit)…401
상보분포(complementary distribution)
…351
생성문법(generative grammar)
…21, 23, 30
생성음운론(generativephonology)
…360
선택 제한(共起制限)…158
설단(舌端 blade)…312
설단음(舌端的 laminal)…312
설배음(舌背音 dorsal)…312
설선음(舌先音·혀끝음 apical)…312
성대(声帯 vocal chords)…310
성도(声道 vocal tract)…313
성문(声門 glottis)…310
성문음(glottal)…326
소쉬르…10, 17, 20
소쉬르(Ferdinand de Saussure)…263
수동태…123
수용자(recipient)…165

수익자(beneficiary)…165
수형도(樹形図 tree)…25
순간동사…187
순치음(唇歯音 labiodental)…322
스와힐리어(Swahili, Kiswahili)
…401
스웨덴어(Swedish)…401
스페인어(Spanish)…401
슬라브어파(Slavic)…402
시니피앙…14, 15, 17, 30
시니피에…14, 16, 17, 30
시제(tense)…180
신정보…209
실험음성학…303

(ㅇ)
아랍어(Arabic)…402
아르메니아어(Armenian)…402
아이누어(Ainu)…402
아일랜드어(Irish)…402
암하라어(Amharic)…402
액센트 핵…368
양순음(両唇音 bilabial)…321
어간(語幹 stem)…66
어근(語根 root)…62
어미(語尾 ending)…66
어순…223
어스펙트…180, 182
어원론(etymology)…289
어형(語形 word form)…56
어형변화(inflection;활용)…64
어형성(語形成)…63
어휘소(lexeme)…54, 56
언어 접촉(language contact)…254
언어공동체…11

언어기호…10, 14, 15, 17
언어보편(language universals)…222
언어유형론(linguistic typology)
　　…221
언어음…301
언어자료…41
언어형성기…307
에스키모어(Eskimo)…403
에스토니아어(Estonian)…403
역사적(historical)…264
연구개(軟口蓋 soft palate)…311
연구개음(velar)…324
연사관계…18
영어(English)…403
영어의 액센트…371
오스트로네시아 어족(Austronesian)
　　…403
와로고어(Warungu)…404
외적 관계…122
우랄 어족(Uralic)…404
움라우트(Umlaut)…276
원형(prototype)…229
위기언어(endangered language)
　　…220
유기음(aspirated)…335
유성음(voiced)…314
유의어(類義語 synonym)…148, 289
유추(analogy)…283
음삽입(epenthesis)…281
음성기관(organs of speech)…309
음성학(phonetics)…301, 302
음소(phoneme)…53, 346, 350
음운규칙(phonological rule)…361
음운도치(metathesis)…280
음운론(phonology)…301, 359, 360

음탈락(elision)…281
음향음성학(acoustic phonetics)…303
의문문(疑問文)…204
의문사(疑問詞)…211
의미…132
의미론(semantics)…30, 131
의미소(意味素)…140
의미역할(semantic role)…34, 164
의존관계(dependencies)…26
의존문법(dependency grammar)…27
이미지…132
이음(변이음 allophone, (phonetic)
　　variant)…352
이중모음(diphthong)…335
이중분절(double articulation)…53
이탈리아어(Italian)…404
이형태(異形態 allomorph)…69, 72
이화(異化 dissimilation)…279
인구 어족(印歐語族)…404
인도·유럽 어족(Indo-European)
　　…404
인두(咽頭 pharynx)…311
인지언어학(cognitive linguistics)
　　…40
인포먼트(informant)…41
일반언어습득능력…307
일본어(Japanese)…405
입파음(入破音 implosive)…339

(ㅈ)

자음…51
자의성…15
자의적(恣意的 arbitrary)…14
장소(location)…166
재구(reconstruct)…296

전설면(前舌面 front of tongue)
　…312
전성명사(転成名詞)…76
전제(前提)…201
전체상…182
전치모음(prothetic vowel)…281
전치사…95
접근음(approximant)…331
접두사(接頭辞 prefix)…63
접미사(接尾辞 suffix)…62
접사(接辞 affix)…62
접속법…191
정(定 definite)…172
정밀표기(narrow transcription)…342
정서법(正書法 orthography)
　…268, 305
조건 변화(unconditioned change)
　…273
조동사…95
조선어(Korean)…405
조어(祖語 proto-language)…296
조음(調音 articulation)…303, 313
조음법(manner of articulation)…320
조음음성학(articulatory phonetics)
　…303
조음점(point of articulation)…320
주부(head)…241
주요어(主要語)…99
주제(主題)…117, 208
주제화(主題化)…117, 118
주체…164
중(中) 영어(Middle English)…405
중국어(Chinese)…405
중설면(中舌面 centre of tongue)
　…312

중음탈락(重音脱落 haplology)…279
직설법…191
직유(simile)…160
직접구성소…100

(ㅊ)

차용어(loan word)…289
착점(goal)…166
참여자…34, 35
청각음성학(auditory phonetics)…303
초점…210
촘스키(Noam Chomsky)…21, 23
총어수(延べ語数)…59
최소대립쌍(minimal pair)…351
추크치어(Chukchi)…405
측면마찰음(lateral fricative)…329
측면접근음(lateral approximant)
　…331
치경음(歯茎音 alveolar)…322
치음(歯音 dental)…322
치환…20

(ㅋ)

케추아어(Quechua)…405
코카서스 제어(Caucasian)…406
코퍼스…9, 43
코퍼스언어학(corpus linguistics)
　…46

(ㅌ)

타갈로그어(Tagalog)…406
타동사문…232
타밀어(Tamil)…406
탄설음(弾舌音 flap)…329
태국어(Thai)…406

터키어(Turkish)···406
토카라어(Tocharian)···407
통가어(Tongan)···407
통시적(diachronic)···264
통어···17
통어관계···17, 18
통어구조(syntacticstructure)···30, 33
통어론(syntax)···30, 91
통합관계···18

(ㅍ)
파생(derivation)···74
파생어(派生語)···63
파열음(破裂音 plosive)···327
파찰음(affricate)···330
팔리어(Pali)···407
패러다임 관계···20, 60
패러다임관계···17, 32
페르시아어(Persian)···407
폐(肺 lungs)···309
폴란드어(Polish)···407
표어(表語)문자(logogram)···267
표음(表音)문자(phonogram)···268
표의(表意)문자(ideogram)···267
품사···93
프랑스어(French)···407
프리지아어(Frisian)···407
피동자(patient)···165
핀란드어(Finnish)···408

(ㅎ)
한국어(Korean)···408

함의···214
행위동사(activity verb)···189
헝가리어(Hungarian)···408
헤브라이어(Hebrew)···409
혀(舌tongue)···312
혀끝(舌尖·舌先 tip)···312
혀뿌리(舌根 root of tongue)···312
형용사···95
형용사절···120
형태론(morphology)···61
형태소(morpheme)···54
환경(environment)···350
환경동화(environmental assimilation)
    의 작업원칙···351
활용형(活用形)···59
후두(喉頭 larynx)···310
후설면(後舌面·奧舌面 back of
    tongue)···312
후치사(postposition)···95, 226
히타이트어(Hittite)···409
힉사코리나어(Hixkaryana)···409
힌디어(Hindi)···409

(K)
KWIC 색인···44

(V)
VOT(Voice Onset Time)···337

언어학

Linguistics : An Introduction

▌ 역자소개 ▌

▌진남택
　서울대학교 인문대학 언어학과 졸업 학사, 석사
　도쿄대학대학원 인문사회계연구과 언어학전공 박사
　일본학술진흥회 외국인특별연구원(Post-Doc.)
　현재 오카야마대학 교수

▌손재현
　한국외국어대학교 동양어대학 일본어과 졸업 학사
　도쿄대학대학원 인문사회계연구과 언어학전공 석사, 박사
　도쿄대학 박사후연구과정(일본학술진흥회)
　현재 덕성여자대학교 일어일문학과 교수

언어학 제2판

초판 1쇄 **인쇄**	2013년 2월 19일	
초판 1쇄 **발행**	2013년 2월 28일	

저　　자	風間喜代三·上野善道·松村一登·町田健
역　　자	진 남 택·손 재 현
발 행 인	윤 석 현
발 행 처	제이앤씨
책임편집	최인노
등록번호	제7-220호

우편주소	⑦ 132-702 서울시 도봉구 창동 624-1
	북한산 현대홈시티 102-1106
대표전화	02) 992 / 3253
전　　송	02) 991 / 1285
홈페이지	http://www.jncbms.co.kr
전자우편	jncbook@hanmail.net

ISBN 978-89-5668-938-8　　93730　　　　　정가 19,000원

* 이 책의 내용을 사전 허가 없이 전재하거나 복제할 경우 법적인
　제재를 받게 됨을 알려드립니다.
** 잘못된 책은 구입하신 서점이나 본사에서 교환해 드립니다.